# 平和教育の思想と実践

*Thought and Praxis of Peace Education*

山田正行

*Yamada Masayuki*

同時代社

＊目次

# 序章　研究の課題、方法、構成

## 第一節　研究課題

### 第一項　宮原社会教育学の外延の拡大と内包の多面的重層的理解

本書は、反戦平和と平和教育の側面から宮原誠一の社会教育学の意義、その継承を明らかにすることを目的にする。宮原は、社会の諸現実に迫り、その動態的な認識に努める中で一つの独立した思想を形成し、搾取や支配により人間を非人間化する問題に取り組み、そして、この問題を人間が直視し、その解決を主体的に追求し、社会の諸機能を人間化する思想や理論や実践を社会教育に求めた。実践のない思想・理論は修辞を操る机上の空論になりがちであるが、これは宮原にはない。そして、宮原の遺した思想、理論、実践は戦後社会教育学の重要な部分を構成しており、その意義は現在でも大きい。

これについて、戦後の部分は、国土社刊行の『宮原誠一教育論集』(以下『教育論集』と略記)全七巻によって確かめられ、さらに、第七巻所収の「著作目録」から『教育論集』所収の論考は宮原の研究や言論活動の一部であり、その範囲はより広く多方面に及んでいることも分かる。

しかも、『教育論集』所収の論考の初出を見ると、その中には、教育科学研究運動、教職員の教育研究運動、勤労青年の学習活動、労働者自己教育運動、信濃生産大学運動などの共同研究を進める中で書かれたものも多くあり、これらは他の多くの共同研究者の論考をまとめる位置にある。即ち、それらは殆ど宮原の編著書などの総論として書かれている。このことから、宮原がまとめたいくつもの共同研究の領域・範囲を考えるならば、宮原社会教育学の外延はさらに広がり、従って、宮原社会教育学は、それだけ広範で多岐に渡る内包を有していることが分かる。

これらを踏まえて、ここで反戦平和と平和教育に視点を据えて宮原社会教育学を考察するのは、第二次大戦後の宮原の社会教育学の意義については多くが認めており、定説となっていると見なせるが、戦中の宮原に対して、特に彼の戦争責任に関連して、批判がなされており、これに対する検討がまだ充分ではないと考えるためである。

しかも、この批判は戦争と平和という問題に関わる点で、宮原社会教育学の根幹に位置づけられるため、それを避けて宮原を評価することは難しい。それ故、この批判の検討を起点にして、宮原社会教育学を反戦平和と平和教育の側面から考察し、その意義を改めて明らかにすることを、本書では目指す。

この作業は、宮原社会教育学の外延を戦前にまで拡大することであるが、これは同時に、宮原社会教育学の内包がより豊かで多面的で重層的であることを明らかにすることでもある。多面的重層性を評価するのは、パスカルに拠り無限に無限な宇宙において人間は有限であり、一つの思想だけで理想を追求し得ず、いくつもの思想の組み合わせの中に次善を探るべきであると考えるためである。これについては、宮原が戦前戦後の論考の中で示した論理展開を考察することから確認していく。

その際、注意しなければならない点は、戦前では言論の自由がなく、特に戦中では言論弾圧が苛烈であったという現実である。このことは、戦前の論考を考察する場合、文面に表れた表現だけでなく、その文面が導き出される現実的諸条件、特にファシズム体制下の言論弾圧について十分に認識しなければならないことを意味している。ファシズム体制が戦争拡大のプロパガンダを展開する中で、それに反対して平和や平和教育を提起するためには、監視や検閲を巧みに潜り抜け、また、それでも発覚して検挙された場合の拷問や有形無形の迫害などを覚悟しなければならなかった。この点を看過して、戦前の反戦平和の論考を読むことはできない。そして、これについては、次の研究方法の節でさらに詳述する。

### 第二項　社会教育学における平和教育の位置づけ

宮原社会教育学の意義を平和教育の側面からより深く理解することは、社会教育学において平和教育の位置づけを明確にすることになる。これまで、社会教育学において平和教育の位置づけは必ずしも十分ではなかったと言える。この点について、まず、辞典や事典における平和や平和教育の位置づけに即して述べていく。

確かに、一九五五年に岩崎書店から刊行された『社会教育事典』では、実際編の第一一項目が「平和教育」とされ、また索引でも「平和教育」と「平和の海協会」が挙げられている。[1] ところが、その後一九六四年に第一法規から刊行された『PTA事典』、一九七一年と一九八三年にやはり第一法規から刊行された『社会教育事典』と『新社会教育事典』、及び、一九九〇年に東京書籍から刊行された『生涯学習事典』では、平和教育は取り上げられていない。[2]

そもそも、一九四九年六月制定の社会教育法では、第一条に「この法律は、教育基本法の精神に則り」と記されている。そして、一九四七年三月制定の旧教育基本法では、その前文に「日本国憲法の精神に則り」と記されている。また、一九五〇年四月制定の図書館法や一九五一年一二月制定の博物館法では、いずれも第一条で「この法律は、社会教育法の精神に基づき」と記されている。このように、憲法の精神を根幹にして、教育基本法、社会教育法、図書館法、博物館法の法体系が整備されていることが分かる。そして、憲法の精神の中には平和主義と戦争の永久放棄が確固とした位置を占め、これに則り旧教育基本法では「われらは、さきに、日本国憲法を確定し、民主的で文化的な国家を建設して、世界の平和と人類の福祉に貢献しようとする決意を示した。この理想の実現は、根本において教育の力にまつべきものである」（前文）と宣言されているのである。この点で、『PTA事典』、『社会教育事典』、『新社会教育事典』、『生涯学習事典』で平和教育の位置づけが不十分である点は問われなければならない。しかも、一九五五年の『社会教育事典』では既に平和教育が位置づけられていたのである。

その上、岩波書店から刊行された『岩波小辞典・教育』（初版一九五六年、第二版一九七三年）では、「愛国心」、「軍国主義の教育」、「軍隊教育」と共に「平和教育」の項目が立てられており、[3]一九七三年に草土文化社から刊行された『国民教育小事典』でも「軍国主義教育」、「愛国心と教育」と共に「平和教育」の項目が立てられている。[4]さらに、海外の辞典・事典では“peace education”や“peace studies”が項目に挙げられている。[5]それ故、これらと対比すると、『ＰＴＡ事典』、『社会教育事典』、『新社会教育事典』、『生涯学習事典』における平和教育の位置づけの問題は一層鮮明になる。

以上を踏まえて、ここで注目すべきは、一九五五年の『社会教育事典』の編者の一人の小和田は、宮原編『社会教育』の分担執筆者の一人である。また、『岩波小辞典・教育』の編者は勝田守一、五十嵐顕、大田堯、山住正己で、『国民教育小事典』の編集は国民教育研究所となっており、いずれも宮原が積極的に担った教育科学研究運動と深い関係がある。その中で、特に、五十嵐は宮原の継承と発展に努めた。それ故、宮原―五十嵐の学的系譜に即して平和教育の研究を深めることは、上記の問題を乗り越えるための作業となる。

以上は、一般的な見解や理解を反映している辞典・事典に基づく戦後の社会教育における平和教育の位置づけの考察である。次に、社会教育と密接に関連する生涯教育や生涯学習における平和教育の位置づけを考察していく。まず、生涯教育はポール・ラングランが一九六五年一二月にパリのユネスコ本部で開催された第三回世界成人教育推進国際委員会で提唱したことで広く知られるようになった。生涯教育の観念はそれ以前から提起されていたが、[6]その考察は本論文の主題から逸れるため、ここでは生涯教育がユネスコで提起された状況について見る。即ち、ユネスコは平和のために創設され、しかも、そこには第一次、及び第二次世界大戦への反省が重要な位置を占めていた。まず、第一次世界大戦の痛切な反省から国際連合の前身の国際連盟が設立され、それと共に知的協力国際委員会（International Committee of Intellectual Co-operation）が一九二二年にスイスのジュネーブに設立され、一九二五年にはその執行機関がパリに設置され、また同年には国際教育局（International Bureau of Education）がジュネーブに設置された。前者はユネスコ創設の一九四六年まで活動し、後者は一九六九年からユネスコ事務局の一部局となり、これらはユネスコの先駆と位置づけることができる。

これらの努力にもかかわらず、世界大戦は一度で終わらずに第二次世界大戦が勃発した。しかし、それでもまだ戦争の終結が不明な一九四二年に早くも、本国をナチス・ドイツに占領されてロンドンに亡命政府を置いていた欧州各国の教育大臣にイギリス外務省が呼びかけ、連合国教育大臣会議（Conference of Allied Ministers of Education）が開催され、平和回復後の教育制度復興の方法や手段が議論された。そして、翌一九四三年には米国やソ連なども参加し、ユネスコの構想が論議され、戦後の一九四五年一一月に、ロンドンで連合国教育大臣会議が開催され、一九四六年一一月の設立総会でユネスコ憲章が採択された。そこでは「戦争は人の心の中で生まれるものであるから、人の心の中に平和の砦を築かなければならない」と記されている。確かに、当初この文言をめぐり議論があったが、(7)その後、これはユネスコの理念として定着し、これに立脚してラングランは生涯教育を提唱したのであった。

しかし、日本で生涯教育は知られるようになったものの、平和教育の位置づけは既述したように低いものであった。この点を、「生涯教育」を日本に紹介した波多野完治自身が、(8)その一〇年後に指摘している。彼は一九七五年一一月一四日付の『朝日新聞』夕刊の文化欄に掲載された「生涯教育の底流」や「足りぬ平和への視点」という見出しの文章で「人々の心の中に、平和のとりでをきずく」というユネスコの理念を喚起し、このユネスコが提唱した「生涯教育」では「すべては『平和』のためなのだ」と述べた上で、しかし日本の現状では「生涯教育」の「賛成派も反対派も、平和については一言も語らないのである」と問題提起していた。(9)

そして、宮原社会教育学の意義を平和教育に即して明らかにするという本書の課題には、この問題提起に答えることも含まれる。これについては、宮原は社会教育という用語を使っているが、その概念は生涯教育や生涯学習を内包しており、また、戦前から反戦平和と平和教育を一貫して考究していることを述べる中で明らかにしていく。

## 第二節　研究方法

### 第一項　言論統制下の文献研究の方法

#### (1) 言論統制の実態

文献、資料、談論、発言、実践や行為等々、いずれに対しても、それを考察する時には批判が求められる。その上で、ここでは特に厳しい言論統制下の文献の研究方法について述べる。それは、言論統制下で行われた弾圧について表面的に理解するだけでは、その中で発表された文章に含意された内容を把握しきれないからである。特に、この作業は宮原の戦前の文献を考察する上で必須である。

古来から舌禍や筆禍は絶えなかったが、それは明治維新以後、日本が近代国家になっても言論弾圧となって続いていた。ただし、諸外国に近代国家として示すためには言論の自由をある程度認めなければならず、そのために近代的な法制度を整備しながら、それを通して言論統制を続け、時に応じて弾圧を行使した。ここで、言論統制関係の法制度について見ると、一八七五年に新聞紙条例や讒謗律、一八九三年に出版法、一九〇九年に新聞紙法が制定され、これらを通して、社会の「安寧秩序」や「風俗」を乱すという理由で出版が禁止され、或いは××印の伏字により許可されるという言論統制が行われた。このような言論統制は、民主主義の広がりや自由な言論出版活動の発展への体制による反作用であり、一八八〇年の集会条例、一八八七年の保安条例、一八九〇年の集会及ビ政社法、一八九九年の軍機保護法、一九〇〇年の治安警察法と行政執行法、一九二五年の治安維持法（三月制定、四月公布）などにより統制支配が強化された。特に、治安維持法が男子の普通選挙法（衆議院議員選挙法改正）と抱き合わせて制定されたことは、国際的に民主化が進展する中でソヴィエトで社会主義体制が確立し、アジアでも社会主義、共産主義が拡大し（一九二〇年五月にインドネシア共産党、二一年七月に中国共産党が結成）、日本でもこの動勢が避けられないために（一九二二年七月に日本共産党結成）、その実質的な阻止を目的としていたと捉えられる。そして、このことが、民主化に対してファシズムが台頭し、さらに世界大戦が再発して危機が深刻化する中で、より大きな機能を果たすようになった。

思想言論の統制は、政治だけでなく、教育においても現れた。一九二四年一〇月には高等学校会議で全国高等学校の社会科学研究団体に解散命令を出すことが決議された。さらに、一九二六年一月一五日に京都大学学生が治安維持法違反容疑で検挙され（京都学連事件）、五月二九日に岡田良平文相が学生の社会科学研究の禁止を通達（内訓）した。そして、この教育における思想の監視、統制、弾圧は、一九二八年四月の文部省の思想問題に関する訓令、同年七月の帝国教育会の思想問題調査委員会設置、一九三一年七月の文部省学生思想問題調査委員会設置、一九三四年六月の文部省思想局設置（学制部を昇格）、一九三五年一〇月の日本文化協会思想講習会の開催（教員の赤化問題への対処）、一九三七年七月の思想局の廃止と教学局の設置などを通して強化された。

これらは、社会全体に及ぶ思想や言論の監視、統制、弾圧と共に進められた。とりわけ、軍国主義とファシズムが強まる中で、一九二八年七月四日に憲兵隊に思想係が設置され、さらに特高（特別高等）警察課、係、班等も置かれ、軍部が警察組織を掌握し、軍隊と警察が一体となって思想や言論を統制支配するようになった。即ち、憲兵は軍人と軍属を取り締まるだけでなく、直接国民や植民地等の支配地域の市民（非戦闘員）を調査、捜査、押収、逮捕、尋問できる権限を持つことになった。さらに、一九三六年七月の内閣情報委員会、翌三七年九月の内閣情報部を経て、一九四〇年一二月六日にプロパガンダと思想言論の取締り強化を目的に情報局が設置され、その最重要部署である第一部（情報収集と調査）に海軍少将、第二部（報道全体を掌握）に陸軍少将が配属され、これを通して軍部は日本社会全体の情報から言論・思想まで統制するに至った。確かに、総裁は民間から登用されたが、軍部が実権を掌握しており、思想と言論の監視、統制、弾圧は、この情報統制の軍国主義的な強化と重ね合わせて考えなければならない。そして、これらと共に憲兵と特高警察による思想言論の取り締まりを社会全体に徹底させるために、一九三六年の思想犯保護観察法、一九三七年の軍機保護法改正、一九四一年の治安維持法改定による予防拘禁制と条文の拡大解釈、予防拘禁手続令（昭一六司法省令第四九号）、予防拘禁処遇令（昭一六司法省令第三〇号）、言論・出版・集会・結社等臨時取締法（造言飛語の禁止等）、一九四二年の戦時刑事特別法（人心動揺時の刑事犯罪等）などが押し進められた。

しかも、これらには数多くの思想言論弾圧事件が伴っており、各法律の条文に表現されている以上の影響を社会に及ぼした。その中で、一九一〇年の大逆事件について言えば、確かに罪状は天皇暗殺計画とされたが、幸徳秋水たちの思想と言論活動が理由とされたという実態は十分に理解され、この影響は極めて大きく深刻であった。この点について、既に一九〇九年に『ふらんす物語』（博文館）や『歓楽』（易風社）を発禁に処せられた永井荷風の次の文章は、当時言論活動に関わっていた者の心情を端的に示している。(10)

明治四十四年慶應義塾に通勤する頃、わたしはその道すがら折々市ヶ谷の通で囚人馬車が五六臺も引続いて日比谷の裁判所の方へ走って行くのを見た。わたしはこれ迄見聞した世上の事件の中で、この折程云ふに云はれない厭な心持のした事はなかった。わたしは文學者たる以上この思想問題について黙してゐてはならない。小説家ゾラはドレフユー事件について正義を叫んだ為め國外に亡命したではないか。しかしわたしは世の文學者と共に何も言はなかった。私は何となく良心の苦痛に堪へられぬやうな氣がした。わたしは自ら文學者たる事について甚だしき羞恥を感じた。以来わたしは自分の藝術の品位を江戸戯作者のなした程度まで引下げるに如くはないと思案した。

発禁処分を経験しても自らの文学を貫こうとした永井でさえ、江戸時代まで後退せざるを得ないと考える程の影響が、大逆事件にあったことが分かる。換言すれば、文明開化を目指した日本が文明から野蛮へと逆行、或いは退行していくことを、永井は検閲の許す限りの表現で書き記したのであった。

実際、言論統制はこの大逆事件で止まることはなく、発禁処分はさらに続いた。ここで記録に残されている発禁処分の件数を見ると、治安維持法制定の一九二五年の翌年で、出版法による単行本の発禁が一〇三九件（安寧が一六一件、風俗が八七八件）、新聞紙法による新聞雑誌の発禁が二九五件（安寧が二五一件、風俗が四四件）であり、その後風俗発禁には増減があるが、安寧発禁は増加する一方で、一九三一年では、出版法による発禁が二五七五件（安寧が二二四三件、風俗が三三二件）、新聞紙法による発禁が八八一件（安寧が八三二件、風俗が四九件）となった。(11) 以上が記録されている発禁件数だが、これに加えて検閲による文言の改変や削除、伏字の使用などを考えると、言論は極めて大規模かつ緻密に統制されていたことが分かる。さらに、苛酷な言論弾圧は著者、編集者、出版者たちの自粛を導き、その中で、日本古来の文化や思想と密接に結び付き、日本人の修養に必須の中国古典の出版さえ統制されることになった。鈴木修次は、一九四一年に東京高等師範学校に入学して、そこで「与えられた『孟子』は、完本といいながらも、『国家教学』の立場上、八章が削除されていた」と述べ「日本社会の教学には、思いもかけぬ危険な現象というものがある」と指摘している。[12]「完本」と銘打ちながら部分訳を出版することは隠された統制であり、このような隠された出版統制までも含めるならば、その規模はさらに大きく、かつ緻密になる。

次に、統制される言論の内容について見ると、一九三六年九月の全国特高課長会議では伏字の逆効果が取り上げられ、これ以後、伏字とされるような字句や文言を使用する文章自体が許されなくなった。その中で、社会主義、共産主義、プロレタリア文学などの出版に限らず、様々な立場の文学作品が発禁処分とされ、その理由も「安寧秩序」や「風俗」の壊乱・紊乱だけでなく、さらに広がった。一九三九年の芥川竜之介の『侏儒の言葉』に対しては軍人侮辱が（次版改訂）、また一九四三年に『中央公論』連載中の谷崎潤一郎の『細雪』に対しては士気沮喪が挙げられるなど（三月号以後連載禁止）、禁止される内容は多方面に拡大し、言論統制はますます強化されていった。

その上、印刷された言論だけでなく、大学、図書館、さらには、公衆トイレの落書きや講演から大衆浴場の会話（言説やディスクールの一つ）に至るまで監視と捜査と追及の対象とされた。[13] それは、「およそ市民の内面生活すべてを監視下におこうとする完璧な体系」とさえ指摘されている。[14]

そして、これらの言論や思想の統制と弾圧は、治安維持法による犠牲者に限定しても、しかも記録に残されている者だけでも、「明らかな虐殺死」が八〇人、直接的に「拷問・虐待が原因で獄死」が一一四人、劣悪な獄中の環境において「病気その他の理由による獄死」が一五〇三人となっていたという現実と重ね合わせて捉える必要がある。[15] ただし、この数字は治安維持法による死者に限られており、死に至らなくとも身体的心理的に傷つけられた者はさらに多く、それは治安維持法の起訴者数の五一六二人、逮捕後の送検者数の七万五六八一人、未送検者数の「数十万人」という数字から洞察しなければならない。しかも、これらの数字は国内に限られているが、ファシズム体制下で特高警察は憲兵組織に組み入れられ、治安維持法は日本国内だけでなく植民地から占領地にまで適用されていた。記録された一例として、魯迅の妻であった許広平は、上海にいて非戦闘員でありながら憲兵や特高に拘引され、調書、署名、押印などの手続きを経て投獄されて、尋問では拷問を繰り返された[16]。それ故、これらの支配地を加えると、犠牲者や被害者はさらに多くなる[17]。

そもそも、戦後六〇年間も治安維持法適用の第一号は一九二五年一二月一日の「京都学連事件」（日本人大学生ら三三人を検挙）と思われていたが、それ以前に植民地支配下の朝鮮人に対して二五年九月一二日には既に判決が出ていたことがようやく判明した[18]。既に、七六年六月発行の『季刊現代史』通巻第七号で、朴慶植が「『治安維持法』によってもっともひどい弾圧を受け、多くの犠牲を強いられたのは朝鮮人民であった。しかし現在日本の言論、出版、学界などではそのことが明確になされず、治安維持法による日本人民の犠牲だけが言及されている状況である」と指摘されながら[19]、それからも約三〇年が過ぎている。

しかも、上記の例は朝鮮半島の場合だが、治安維持法は他に台湾や樺太でも適用されており、被害の実態はさらに拡大すると言える。その場合、朝鮮人強制連行真相調査団の調査では、一九三二年から四三年の日本国内における在日朝鮮人の年間検挙率は、日本人の四倍（一九三二年）から五三倍（一九四三年）と格段に高く[20]、これを植民地に敷衍すれば、被害の規模は数倍から数十倍になると推計できる。

また、日本人の場合でも、東北地方を中心に生活綴り方教育を実践した「北方教育」の教師たちの治安維持法による冤罪事件に連座させられた被害者について、戸田金一によれば、「三百余といわれていて確定数が不明だ。この事件の裁判経過も明確ではなく、また戦後において、この教師たちが名誉を回復した人生を送れたかどうか、これもまた必ずしも明白ではない」という状況である[21]。これは、東北地方という一地域の「北方教育」関係の被害者を確認できる数字が「三百余」ということであり、「確定数が不明」ということは実際の被害者はもっと多いことを示している。それ故、これを地域的には北海道から沖縄まで、検挙の理由も他の様々のものにまで広げると、やはり被害の規模ははるかに大きくなると推論できる。

さらに、たとえ未送検の者でも、尋問はあり、その中では拷問が行われる場合がしばしばあった。しかも拷問を実行する者には、「国体」のため、「現人神」の天皇陛下のためという大義があったために、非人間的な暴力への心理的抑制はほとんどなかった。

このようなわけで、治安維持法による被害の実態を明らかにすることは極めて困難である。それ故、文献だけに依拠し、しかも、それを皮相的にしか読まないならば、当時の支配抑圧の現実は認識できない。実際、「言論統制の戦時的展開」における法規を解説した文献でも、その冒頭で「所謂『言論の自由』は我が帝国憲法の保障するところであって、之れを尊重すべきことは皇国の進歩発展上もとより異論ない」と述べられている。[22] そして、大日本帝国憲法では第二九条に「日本臣民ハ法律ノ範囲内ニ於テ言論著作印行集会及結社ノ自由ヲ有ス」と明記されていた。明治維新以後不平等条約を撤廃させるために、欧米列強に日本を文明国と認めさせるためには近代国家としての法制度の整備が必要であり、そこには言論の自由が含まれていたのである。

しかし、大日本帝国憲法第二九条に記された「法律ノ範囲内ニ於テ」は極めて重要な意味を持ち、それが言論の自由を抑圧する法的根拠とされたのであった。事実、先述の解説でも、引用箇所に続けて「其の自由なるものも『法律ノ範囲内ニ於テ』許されるものであることも亦憲法に明示されて居り、言論の自由は当然皇国の進歩、発展の見地より整然たる統制に服することを前提とし、其の範囲内に於てのみ認められるのである」と書き加えられている。[23] このようにして自由が制限され、結局は「未遂・予備・陰謀」まで犯罪と認定され、処罰されるにまで至る。[24] しかも、罪状を追及する検察に思想検事が配置され、言論や思想の善悪の審判を下すのであり、これにより体制を批判する言論や思想の余地は全くなくなる。

さらに、当局により言論活動を制約された者たちの中で、著述で生計を立てていた者は生活が脅かされ、生命までも危険に曝される。実際、一九四一年の治安維持法改定で新設された「予防拘禁」はしばしば執行され、その中で具体的な事由がなくても検挙投獄される者は続出し、そして尋問では有形無形の拷問が行使されることも頻繁で、その過程で獄死する者さえいたのであり、たとえ実際に活動をしていなくとも、言論によって体制を批判することは極めて危険であった。様々な形で転向する者が現れる所以であり、戦後、転向が政治と知識人、政治と文学などをめぐり議論されたが、これに関しても転向は残虐な暴力や脅迫によって齎らされたという現実を軽視することはできない。

そして、このような言論弾圧の実態の一部は、法政大学大原社会問題研究所による「日本労働年鑑」特集版『太平洋戦争下の労働運動』、治安維持法犠牲者国家賠償要求同盟（一九六八年設立）による『抵抗の群像』、『治安維持法下の体験』、『不屈のあしあと――ある金属労働者の回想』[25]、及び朝鮮人強制連行真相調査団の調査などで明らかにされている。

以上、言論統制について言論弾圧に視点を向けて論じてきたが、言論統制には、この他に報道管制を強化し大本営発表というかたちで情報発信を一元化して操作するというプロパガンダもあった。即ち、一方で反戦反ファシズムの情報を禁止し、他方で戦争遂行の総動員体制のための情報は大規模に宣伝したのである。従って、言論統制に抵抗する者は、一方で検閲を通過させるために表現に様々な工夫を凝らし、他方でプロパガンダの本質を析出して、その問題を読者が分かるようにしなければならなかった。そこでは、表面的には検閲の許可を得られる表現が用いられているが、いわば行間の論理に体制批判が込められていた。それ故、当時の文献を読む場合、言論弾圧の現実と、検閲の許可を得るために用いられた文章表現の中に込められた論理、特に批判や抵抗の論理を解読することが極めて重要である。そして、戦前の宮原の文献にも、この方法が求められるのである。

他方、ファシズムが進行する中で、その問題も深刻化し、体制内においても問題意識や危機意識も強まり、翼賛体制に身を置きながら抵抗を続けた者もいた。近衛文麿の側近と見なされていた尾崎秀実は国際共産主義運動への関与（所謂ゾルゲ事件）で処刑された。このゾルゲ事件はスパイ事件として知られているが、尾崎は報酬や活動費など全く受けとっておらず、自らの思想信条に従って情報を共産主義者のリヒャルト・ゾルゲに提供していた。確かに尾崎自身は共産主義者ではなかったが、親友の一人には共産主義者で哲学者の古在由重がいた（彼は同志的存在で尾崎の弁護人を探すために奔走する）。また、近衛の政策に深く関わった昭和研究会で常任委員の一人であった三木清は治安維持法違反で検挙され、敗戦直後に獄死している。そして三木の思想と実践については後述する。

このように、ファシズム体制の中でも様々な動きがあったのであり、これは言論統制の側面においても例外ではなく、この点を佐藤卓己は『言論統制――情報官・鈴木庫三と教育の国防国家』において、極めて詳細に考察している。(26)それ故、体制による統制や弾圧と抵抗が多面的であるだけでなく、体制の内部も多面的であることを認識しなければならない。しかも、ゾルゲ事件に関しては、その検挙で重要な位置を占める特高警察の伊藤猛虎は、宮原を訊問し、拷問している。(27)また宮原と三木の思想的実践的連関はこれから詳述する。即ち、ファシズム体制の中の尾崎や三木の思想や実践は宮原の思想や実践と関連しているのであり、ファシズム体制、特に近衛新体制の考察は宮原研究にとって極めて重要である。

その上、近衛新体制におけるファシズムと反ファシズム、軍国主義と反戦平和をめぐる多面的状況は、戦時体制という危機的状況において作り出されていたのであり、状況が危機的であるからこそ、なお一層様々な動きが錯綜し、鬩ぎ合いながら、戦争が拡大し、それがさらに危機的状況を激化させ、一つの極限的な状況へと突き進んでいったのである。そして、宮原は、このような危機的で力動的な時代の中で言論活動を展開していたのであり、それ故、彼の文章表現は、この限界状況的な歴史的コンテクストを踏まえて読み込まなければならない。

以上が、文献研究に関する方法の考察であるが、本論文では、文献資料と合わせて、口述資料も取り上げるので、次に口述資料に関する研究方法についても述べておく。

## 第二項　口述資料の研究方法

口述資料を取り上げる理由や意義としては、まず、言論弾圧が厳しかった戦前の文献をより多面的に理解することが挙げられる。次に、言論弾圧は暴力であるため、それを隠蔽するために、関係書類が湮滅されるが、この湮滅により隠された史実が口述資料により明らかにできる。特に敗戦時には、ファシズムによる侵略戦争と国内統制という構造的暴力の犯罪性を隠蔽するために無数の記録が湮滅されており、この時期の史実を追究するためには口述資料が極めて重要になる。ただし、口述資料を無批判に取り上げることはせず、他の口述資料や文献資料と比較考察して検証する。宮原について言えば、妻が差し入れた『資本論』を獄中で読んでいたという話を複数の関係者から聞いたが、宮原が二度目に投獄された時期は、『資本論』に限らず、当局が発禁処分にした文献を差し入れることなどできず、この口述資料を論拠とすることはできない。二〇〇六年七月三〇日に岡山市で妻の喜美子にインタビューした時に、彼女はこのことを全く話さず、従って、宮原の獄中闘争が語り継がれる中で生じた神話化であると言える。なお、獄中で宮本顕治が『資本論』等を読めたのは例外であり、これについては別の考証が必要である。

次に、ここで言論弾圧という場合、天皇制ファシズム、治安維持法、特高警察、軍国主義の憲兵政治という体制下での物理的な暴力だけでなく、それに伴う心理的象徴的な暴力をも合わせて考察する。検挙や尋問に伴う拷問と、その結果による獄死が頻発していたことは、法的処罰に止まらない大きな威嚇や脅迫となり、批判者や抵抗者に強い心理的圧力を加えた。さらに、全体主義の広がる状況下で、当局の監視、検閲、捜査に加えて、周囲の注進や密告もあった。所謂「反戦言辞」による検挙は、日常的な会話の密告がなければ不可能であった。それ故、戦後のように言論の自由が法的に認められた時代の枠組みを、戦前に当てはめることはできない。そのため、本論文では、ミッシェル・

フーコーの「監視」や「処罰」、そしてピエール・ブルデュの「象徴的暴力」の研究に依拠して、全体主義体制下の言論弾圧を物理的側面だけでなく心理的象徴的な側面からも考察する。[28]

そして、この物理的かつ心理的象徴的な言論弾圧の下で、学習にも強い制約が加えられていた。この点に関連して、ここでは次のようなジョン・デューイをめぐる学習会を取り上げる。宮原は、旧制水戸高校を停学謹慎中の一九三〇年の「六月ごろ」[29]、神田のＹＭＣＡで開催されたプロレタリア科学研究所主催の教育問題講演会で、山下（本名は森徳治から「現代のヒューマニズムはマルクス主義なのだ、これからの教育問題を解決できる理論はマルクス主義を措いてはないというようなこと」と聞いたことを述べている。[30]そして、宮原は講演への「共鳴」や「興奮」から、会の終了後に山下と言葉を交わし、翌日には自宅で話し合い、さらに山下を中心とした学習会に参加することになった。[31]

これは読書会を準備するための集まりで、宮原はそこで波多野完治と出会うことになる。波多野によれば、これが宮原との「交遊」の「幕あき」であり、さらに、この時の話し合いで、デューイが「ソ連の教育についてきわめて好意的な見方をしていた」という理由から、読書会ではデューイの『学校と社会』を取り上げることに決まったと記している。[32]当時、デューイの進歩主義的プラグマティズムを基礎にした民主主義的な教育学は「ソ連の教育についてきわめて好意的」であると受けとめられていたと言える。また、一九二七年と二九年にソ連を訪れた山下は、そこで「デューイの教育方法をとりいれたプロジェクト・メソッド」が行われていることを知っていた。[33]

以上のことは、波多野や宮原の参加した読書会では、社会主義革命の間もない「ソ連の教育」を知るために、デューイの『学校と社会』を読もうと話し合ったことを意味している。ここには、当時の言論統制下で「ソ連の教育」を知る文献を直接読み合うことは危険であるため、まず控えておき、プラグマティストで民主主義者のデューイから入ろうという判断が認められる。また、このことは、デューイの『学校と社会』は「ソ連の教育」に到るまでの一段階と位置づけられていたことを意味している。実際にソ連を訪れ、そこでの教育を見聞していた山下を中心にデューイを読み合うということも、このような読み方に合致していると言える。

そして、波多野が記述した、この読書会の準備での話し合いは、一九三三年に岩波書店から創刊された『教育』で、山下が「社会教育について――現代における社会的教育学の史的概観」の中でデューイを取り上げている意味を、「ソ連の教育」、即ち社会主義、共産主義の教育の側面から理解することを可能にする。[34] つまり、新興教育を提唱する山下は、「ソ連の教育」を展望してデューイを取り上げているという側面である。さらに、宮原が検挙投獄された時に「デューイ」の研究が「人民戦線」に繋がると追及されたことも、この脈絡でより深く認識できる。[35] このようにして、文献資料と口述資料を総合的に考察することにより、それぞれの資料に内包された重層的な意味を、即ち、言論統制下で弾圧を避けるための表面的な意味と体制を批判する本来の意味とを内包した重層的な意味の構造を理解することができる。

また、波多野は、読書会の第一回目に宮原が出席した時、山下が「R・S、かなにかで、学校を無期停学になっている」と紹介したと記している。[36] ここで、口述資料として注目すべきは、波多野が注記なしで使用している「R・S」という略語である（"Reading Society" の略語と考えられる）。これは、波多野や宮原の年代であれば、この「R・S」は説明なしに分かり、山下の紹介のように会話の中でも自然に使われていたということを示している。これはまた、そこでは一定の認識や理念などが共有されていたことを意味しており、「R・S」が当時の口述資料を理解する上で重要な用語であることを意味している。これについて、川上徹が、思想家、哲学者の藤田省三や古在由重などの研究会や読書会などで「読書によって繋がった一つの社会だったのだ」と語られていたと記していることを踏まえれば、[37] この「R・S」には、読書を通した共同学習だけでなく、言論統制下でもなお自らの思想信条を堅持しようとする者たちの連帯、信頼、親密性などの意味が内包されていることが分かる。「R・S」を逆にすれば、「S・R」となり、これは sosial revolution ないし socialist revolution を連想させる。[38] そして、このような「R・S」を、波多野は宮原との「五十年」を回想して、注釈なしに自然に使っているのである。そこには、戦前から半世紀もの「交遊」を続けた波多野と宮原の関係性が現象している。

そして、このような口述資料を研究する方法として、本論文では、まずジグムント・フロイトの精神分析を歴史研究に応用した研究や、それを継承発展させたエリック・H・エリクソンの心理歴史的（psycho-historical）研究に依拠する。[39]特に、戦時下の言論統制や弾圧という構造的暴力を問題とする点で、フロイトが「人間モーセと一神教」において、歴史の「歪曲（改竄）」、「削除（削除）」、「附加（拡大）」の問題に迫り、隠蔽された意味を析出しようとした点は重要であると考える。[40]また、このフロイト＝エリクソンの心理歴史的研究に加えて、オーラル・ヒストリーや口述・口承・口誦・口伝・伝承・説話の生活史（オーラル・ライフ・ヒストリー）の研究方法も参考にする。[41]これは心理歴史的研究に関係しており、フロイトが「伝承」を「不安定」で「不確実」と認識した上で、「歪曲（改竄）」、「削除（削除）」、「附加（拡大）」された文書に比して「伝承は歪曲意図の影響に左右されることが少なく、場合によるといくつかの部分ではその影響を完全に免れ、そのため文書に定着した記録よりも真実性をより多く示すことがありえた」と述べている点に注目するためである。[42]

さらに、この脈絡で、本論文では近年多くの領域に広がっている仏語の discours や英語の discourse を鍵概念にした研究の方法にも注目する。そこでは、書き記された文献だけでなく、「話す」、「語る」、「言う」、「説く」、「証言する」等々として語り伝えられる情報、及び、それを行う実践の意味や価値に視点を向ける立場が示されている。これは、ポストモダンの思潮の広がりの中で、その鍵概念の一つとなり、現在では「言説」という訳語が多用されていると認識できる。しかし、その様々な用例では状況を変革する行動や実践に結びつく議論の意味があり、確かに、語源的に見るとラテン語の discursus では「course（コース）」を「dis（離れる）」という意味があることが分かる。また、中村雄二郎は『ロベール仏語大辞典』よりギリシア語のロゴスに由来すると述べている。[43]これらから、discours や discourse は論理的理性的な議論を内包していると捉えられる。そして、中村は、「叙述」、「叙法」、「話し方」、「論述」、

「陳述」、「説述」、「述話」などの訳語を検討した上で主に「言説」と訳している。[44]

他方、大江健三郎は小田実との対話的な著書『状況へ』において、「書き方《エクリチュール》」と共に「談論《ディスクール》」について論じており、当時の「アジア人会議」の参加者の「『書き方』は、行動と同義語だった。そして、行動と同義語の『書き方』よりほかのものなぞ、いっさい期待してはいないと観察された。それは僕が以下につづく一章のなかでモノーの文章のなかから引いた談論ということに近い。あるいはまさにそれそのものなのだ」と述べている。[45]大江は、状況に対する「行動」の脈絡でdiscoursを「談論」と訳していたのである。それ故、これらを踏まえ、旧くから「談論風発」という熟語がある日本ではdiscoursやdiscourseを「談論」と訳した方が、そこに内包された議論や行動がより表現できると考え、ここでは「談論」を主に用いる。

そして、このように「談論（discoursやdiscourse）」の概念を考察するのは、これから取り上げる佐藤広美が「教育言説にそくして内在的に解析」し、「教育言説の変容の過程を分析」するという方法論を示し、[46]その中で宮原を批判しているという点を検討することにも関連している。それは、「言説」と「談論」の文字の違いではなく、「言説」という用語を使用する佐藤が、戦時下の宮原の「言説」或いは「談論」にどれほど迫ったのかについて検討しなければならないからである。確かに、佐藤の研究は戦前の教育科学研究会を担った教育学者全般に渡り、宮原はその中の一人であるが、少なくとも、宮原に関して言えば、佐藤は宮原の「教育言説にそくして内在的に解析」しているとは認めがたい。むしろ佐藤広美の宮原研究は文献研究が主であり、しかも、その文献の考察において、宮原の発言、対話、議論、また宮原に関する証言、さらに当時広く流布した標語、常套語（句）、決まり文句、流行語、等々の「言説」の位置づけは極めて低い。宮原の実際の行動については尚更であり、従って宮原が弾圧された史実が軽視されている。

これは、佐藤広美の研究が文献に制約されているだけでなく、様々な当時の「言説」に現れた現実を見過ごしていることを示している。確かに、戦時下の宮原の論考には、戦争の永久放棄を宣言した平和憲法を持つ戦後日本の視点から見ると戦争を賛美していると受けとめられる表現がある。しかし、ファシズム体制の言論統制下で検閲を通過して、なお、反戦反ファシズムの意義を広く一般読者に伝えるためには、平和憲法により言論の自由が保障された戦後日本とは全く異なる方法が必要となる。

即ち、ファシズム体制下では、弾圧される危険性を冒して反戦反ファシズムの意義を伝えようとする執筆者とファシズムに賛成し戦争を必要だとする者を多く含む一般読者との関係性は、言論の自由が保障された平和な社会における執筆者と一般読者との関係性とは全く異質である。即ち、大多数の国民が戦争に総動員され、戦争に反対し、躊躇し、傍観するなどの姿勢を見せただけで「非国民」とされ、さらに、これを相互に監視し、告発し、さらには密告さえもするという全体主義体制の下で、一般読者に反戦反ファシズムの意義を伝えるためには、当時のプロパガンダで繰り返され、広く流布していた表現を用いることが一つの方法となる。

戦時体制が強まる以前、学生時代の宮原は「中田貞蔵」のペンネームで論考を発表したこともあるが、ペンネームの使用も現在とは全く異質である。それは、本名を当局に知られなければ、活動が弾圧された場合、検挙者が自白させられて捜査が自分まで及ぶことを防ぐためでもあった。そして、後述するように、現実に新興教育研究所で所長の山下と会計の西村（井口進）が検挙されたときでも、停学謹慎中の宮原（中田）までは追及されなかった。そして、これらの歴史的現実の認識が、当時の「教育言説にそくして内在的に解析」するという佐藤広美に問われるのである。

さらに、佐藤の「教育言説」批判は一九九〇年代になされたが、時代背景を考えるとポスト構造主義やポストモダンの思潮の広がりの中で「言説」が多用されており、この関連が問われる。その際、ポスト構造主義やポストモダンは一元論ではなく多元論や多義性を主張する傾向が強いが、佐藤広美は言論統制下による文章表現を一義的に解釈し、それに対してマルクス主義者で日本共産党員の宮本百合子を援用して批判を加えており、その論証は一元論的である。確かに、多元論を主張することが〝多元論〟という一元論に陥る場合があり、多元論と一元論との対比には十分に注意すべきであるが、少なくとも、「教育言説」を「内在的に解析」すると言う佐藤の論証は、実際には文献研究を主としており、またその解釈も一義的であるということについて検討しなければならず、これについては、第四章第四節でより詳しく行う。

### 第三項　文献資料と口述資料の総合

まず、文献資料について言えば、その含意を把握するために、当時のプロパガンダで用いられ、広く社会に流布していた表現（口述資料も含む）の中で鍵となるものを析出し、文献に記された論理展開の過程を通して、その意味や価値を洞察する。その場合、個々の文言や文章（text）を文脈（context）に位置づけ、文言や文章が何を意味し、また、何故、そのような意味が生成するようになったのかを分析し、洞察する。

その際、重要な点は、視点や立場により様々に解釈される文言や文章ではなく、何よりも解釈が共通する確定的な事実を、文献、「談論」、「言説」の考察の基礎に定置させるということである。宮原に関して言えば、その論考（text）を、ファシズム体制への批判は生死に関わり、その犠牲者は数多いという時代状況の脈絡（context）に位置づけて考察する。その場合、宮原自身も治安維持法により検挙投獄されたが、喀血するに及び、既に抵抗しえない程だと見なされて刑の執行が停止されて生き延びられたという事実は重要である。これがいかに苛酷であったかは、宮原は戦後になってもまだ病気療養を続けていたという事実に示されている。

そして、このような方法論を以て、戦前の宮原について関係者にインタビュー調査も行い、文献研究を補う。これは、戦後の宮原の場合も、また、五十嵐についても同様である。その上で、口述資料としては、戦後、宮原が参加した座談会や対談も同じ方法論を以て取り上げる。確かに、戦後の座談会や対談は文献として記録されているが、それを文献としてだけでなく、談論（discours、discourse）として捉えることも必要だからである。

この場合、先述した「談論」の概念は、宮原の座談会や対談での発言に合致していると認識する。宮原は、座談会や対談での様々な「談論」において自らの思想を積極的に提示し、それを議論の展開の中で、他者の意見を受け止め、或いは捉え直し、また或いは別の見解を提示するなどを通して対話的かつ反省的に検証し、発展させている。それ故、文献として記録されてはいるが、座談会や対談は元来は口述であることから、この点を明確に認識するために、宮原や他の参加者の発言を文献としてではなく「談論」として捉えることを改めて確認しておく。そして、このような方法論は、文献研究をさらに深め、宮原や五十嵐の思想と実践をさらに多面的で重層的に認識することを可能にすると言える。

ただし、口述資料の中には筆者しか聞き取っていないものもあり、それを重視することは論証を主観的に導くことになりかねない。従って、絶えず客観的な検証が可能な文献資料と照合させて口述資料を取り扱う。実際、本論文では文献資料の方が口述資料よりも圧倒的に多い。

## 第三節　研究の構成

### 第一項　宮原の平和教育の思想と実践――論証の起点として

上記の研究方法論を以て、本論文では次のように研究を構成する。まず、戦前戦後を通して宮原社会教育学の構造を平和教育の側面から示し、その意義を導き出し、次にそれが五十嵐顕へと継承発展していることを論証する。そのために、まず第一章では宮原の思想と実践との連関構造について述べる。これを承けて、第二章では、宮原社会教育学の全体像を捉えるために、その思想的な枠組みを示す。第三章では、宮原の思想と実践が戦前から発展していることを捉えるために、学生時代の「中田貞蔵」としての宮原、ファシズム体制が強まり近衛体制から東条体制へと転換する危機的時代の言論統制下の宮原、そして、戦後の宮原の三つに大きく区分し、それぞれを識別した上で、それらを統合していく。ここでは、特に宮原批判との関連で、第二の言論統制下で本名で執筆していた時期の論考や談論に重点を置いて考察を進める。そして、第四章では、宮原が戦争を論じた部分の評価に関わり、戦後の戦争放棄の平和主義とは異なり、戦前では戦争を革命に転化する体制変革論があり、この脈絡で宮原の戦争に関する議論をより深く理解すべきことを提起する。そのために、特に情報将校の鈴木庫三の思想や実践を取り上げ、宮原との関連を導き出す。その上で、第五章では五十嵐の思想と実践を考察し、第六章では宮原や五十嵐の継承発展を地域社会教育実践に即して示し、二人の思想と実践の意義を理論的だけでなく実証的にも明らかにする。

それでは、このように構成される研究をこれから論証していくに当たり、その起点として、宮原の平和教育の思想と実践について考察していく。その場合、取り上げる文献としては、言論統制が大幅に緩和された戦後の方が戦前よりも明示的であるため、まずここでは戦後の文献に即して論述していく。

宮原の戦後の論考は『教育論集』にまとめられており、その中で平和教育に関する論考としては、第一巻ではⅢ「平和と生産のための教育」の中の「平和のための教育活動」（世界評論社版『教育』一九四九年四月号）、「平和教育委員会をつくろう」（世界評論社版『教育』一九四九年一〇月号）、「平和教育の動向」（『日本資本主義講座』第九巻、岩波書店、一九五四年）、「平和教育の構造」（『教育学ノート』河出書房、一九五六年）、第五巻ではⅠ「日本の教師に寄せる」の中の「教師論」（『教師論』角川新書、一九五八年）の七「教師と平和」、第六巻ではⅠ「教育時論」二「教育実践」の中の「平和と教育」（『信濃毎日新聞』一九六三年八月五日）、「平和への自覚と協力」（『北海日日新聞』一九五七年一一月一〇日）、「〝平和〟だけで通じ合う」（『朝日新聞』一九五七年一〇月二七日）などがある。これだけを見ると『教育論集』全体で反戦平和や平和教育の位置はそれ程大きくはないように見えるが、しかし、宮原において、平和教育は人間教育と生産教育と密接に関連し、不可分に構造化されており、必ずしも平和教育を明示していない論考においても確かに定置されている。それでは、これについて、次に平和教育と生産教育と人間教育の構造に即して述べていく。

### 第二項　平和教育・生産教育・人間教育の構造

平和教育と生産教育と人間教育の構造では、まず人間教育があり、それに基づいて生産教育と平和教育が位置づけられている。それ故、この順に従い、初めに人間教育の内容について考察する。

宮原は、「日本社会の教育目標――『生産』概念を中心に」において、「生産〝中心〟の教育」を論じる中で、「歴史的諸条件のもっとも基本的な一環は生産力の発達ということであり、労働する民衆にとっては、労働そのものが目的的な合理的活動となり、能率的な経済的活動となり、人間的に高い労働となることが、生活の全領域を人間的に高めるための基本的条件である」と述べている。(47)「生産力の発達」を「歴史的諸条件」の最も基本に位置づける視座はマルクス主義的であるが、その中で「人間的」という表現が二度繰り返されている点は、宮原においてマルクス主義がヒューマニズムと密接に統合されていることを示している。また、宮原は「生産〝中心〟の教育」は「生産的労働のなかにはたらく知性の、生産的労働ときりむすぶ美意識の、生産的労働における人間関係のモラルの、発達を目標として」おり、「産業の進歩を基盤とし発条として人間生活の全局面を向上させることを目標としている」と述べている。(48)この点についても、マルクス主義では肉体的精神的資質の自由かつ完全な発達という全面発達が提示され、それが実現される社会を共産主義社会として描かれており、宮原の記述もこれに即して理解できるが、しかし、マルクス主義では階級闘争と労働者の階級的優位性が強調される傾向があるのに対して、宮原はあくまでも「人間」に視点を据え、知的美的倫理的な全面発達を論じる。特に労働者のモラルではなく「生産的労働における人間関係のモラル」、また労働者の生活ではなく「人間生活」というところに、これが認められる。[49] ここには、「生産的労働」の意義を認識しながらも、それは人間にとっての「生産的労働」であり、その逆ではないという人間を基本に据えたヒューマニズムがある。

また、確かに後述するように、宮原は歴史を「上から」と「下から」の要求の合流や混在という対立を通した発展の過程として捉えており、ここには階級闘争的歴史観がある。ただし、この点でも人間にとっての階級闘争であり、その逆ではない。即ち、人間が自らの解放のために階級支配のある社会を止揚するのであり、労働者の優位性を理由に、それ以外の階級を差別し、労働者の統制の下に置いてもよいとする考えは、宮原にはない。

このように、宮原の思想では、何よりも人間を基本に据えたヒューマニズムが確固たる位置を占めており、それがやはり同程度に重要な位置を占めているマルクス主義と密接不可分に統合されている。これは、宮原が「われわれは青少年が日本を平和な産業国として名実ともに独立せしめるために身を焼く誠実かつ有能な働き手に成長してくれることを願わずにはいられない」と述べ、それを「自主独立の人間として生きうる道」と概括したところに明瞭に表されている。[50]「平和な産業国」を担う「働き手」として、帝国主義的侵略戦争を行わず、また、戦争を発動する国に追随もしない独立した平和主義の国の労働者が示されている。これはまさに搾取も支配も侵略もない社会を担い、そこに生きる「自主独立の人間」である。ここには、生産する労働者は何よりも人間であり、その逆ではないという視座があり、そこに立って、宮原は人間教育に基づく生産教育を定義したのである。

それでは、次に生産教育と平和教育との関係について考察する。宮原は思想的理論的には生産教育を平和教育よりも基本的であるとしている。宮原は『中央公論』一九四九年七月号発表の「生産主義教育論」において「生産の復興と平和の擁護とは二にして一であるから、この統一的な二者のなかでどちらがいっそう基本的であるかといえば、それはいうまでもなく生産の復興である」と述べ、それに基づいて「生産のための教育と平和のための教育とは二にして一であるが、いまの日本の最基本的な中核となるべきものは生産のための教育である」と論じている。(51) そして、五二年発表の「生産教育の概念」においても、宮原は「平和のための教育と生産のための教育は二にして一であるが、この統一的な二者のなかでどちらがいっそう基本的であるかといえば、独立なくしては戦争か平和かを選択する自由はなく、経済的自立なくして真の政治的独立はありえない以上、経済的自立のための基本的条件の一つをになう生産のための教育のほうが平和のための教育よりもいっそう基本的である」と述べている。(52)

平和のためには、戦争状態を防止し、或いは終息させて平和状態を創り出し、さらに、それを維持し得るだけの力がなければならず、それには「経済的自立」や「政治的独立」が必要であるから、生産教育を平和教育よりも基本に位置づけるのである。ここで「経済的自立」や「政治的独立」が論じられているが、それは国家や社会体制としての議論ではなく、国民、そして人間の立場による議論である。この点は、生産教育を「産業の現在の秩序への教育ではなく、産業の現在の秩序をあらため、産業の新しい秩序をつくりだし」、「産業そのもの」を「もっと人間的な産業にし、「生産的労働そのもの」を「自主的で合理的で創造的で美的な人間活動」とするための教育と述べていることから確認できる。(53) そして、このような生産教育について、宮原は「広義には、科学的な生産人を育成する人間教育」と定義しており、国家や社会体制ではない人間を基本とした生産教育を明確に提示している。(54)

また、これに続けて、宮原は「狭義には、前者の一環としての生産技術の教育」という定義を示している。(55) それは「生産技術」は科学的認識に基づいて習得されるべきであり、意味も分からずに「生産技術」を身に付けさせ、それを生産活動で使わせるというような生産教育ではない。そこでは、他者に統制され、誘導されずに経済的に自立し、社会を支える生産活動を担い、それがまた政治的に独立して問題を考え、取り組むことを可能にするという、実際に自立・独立した人間の育成が考えられており、そのための具体的な能力として「生産技術」が示されているのである。生産教育を「人間教育」と捉えている理由も、ここにある。

さらに、このように生産教育を具体的に現実的な人間教育として提起したところには、宮原の鋭い問題意識や批判精神があった。宮原はこれにより「日本社会の現実を忘れた夢幻的な新教育の風潮が依然として支配的であった当時の教育界」に対して理論的かつ現実的な問題提起を行ったのである。[56] 宮原は戦前からデューイを研究し、戦後は『学校と社会』を訳出しており、それ故、この「夢幻的な新教育の風潮」への批判は「新教育」の意義を充分に理解した上でなされたと言える。既に、前年発表の「生産教育——基礎的・準備的であることの確認」において、宮原は、この問題意識や批判精神を、「基礎的・系統的な学習によって科学を青少年大衆のものとする知的に高い水準の学校をつくることは、われわれの民族が将来貧乏とれい属から脱けだして平和と独立の生産生活をきづいてゆくための血路とさえよんでよいものである。それは理想論どころか、これほどきびしい現実論はないはずである」と表明していたが、[57] それにもかかわらず「当時の教育界」では「日本社会の現実を忘れた夢幻的な新教育の風潮が依然として支配的であった」ために、上記の批判となったと捉えることができる。

ただし、確かに、このように生産教育を平和教育の基本に位置づけることは戦争で荒廃した日本社会の現実の認識に立脚していたが、しかし、その現実的状況が変化する中で、宮原は柔軟にこの位置づけを転換する。「生産主義教育論」は『中央公論』一九四九年七月号の発表だが、その後、宮原は、次のように平和教育に「没入」するようになる。[58]

昭和二四年（一九四九年）の秋といえば、二つの世界のあいだの冷たい戦争がますます深刻な様相をおび、半年後には朝鮮戦争がおこったわけだが、平和への脅威がひしひしと感じられていたときである。いまや何をおいてももとめられるべきものは平和であり、教育の領域においても平和のための教育ということを最前面におしだし、これを教育の中心にしっかり位置づけなければならないときがきていたのである。当然、私は平和教育運動に没入するようになった。

これは、第二次世界大戦が終息してまもなく隣国で戦争が勃発し、日本を占領統治し基地を置く米国が一方の主力として参戦し、しかも日本の産業経済まで重要な戦略的兵站拠点として用いられたという「平和への脅威がひしひしと感じられていた」現実に立脚した判断であった。そのため、あくまでも生産教育を平和教育の基本に位置づけることを「原則」としながら[59]、宮原は生産教育よりも平和教育へと「没入」したのであった。実際、一九五〇年六月二五日の戦争勃発の後、八月一〇日には自衛隊の前身の警察予備隊が発足したとおり、「平和への脅威」は隣国の戦争だけでなく、国内の再軍備としても強まっていたのであり、生産教育から平和教育への転換はこの現実認識に基づいていた。

さらに実践として、宮原は一九四八年一二月から三次にわたり表明された平和問題の討議と声明、一九五〇年五月から三次にわたり表明された日本教育学会の有志の平和声明、一九五一年九月から二度表明された平和問題懇談会の教職員に訴える平和声明書、『教育』誌、『教師の友』誌、日本教職員組合と教育研究大会、教育科学研究会と各地の教育科学研究サークル、歴史教育者協議会、生活教育連盟、日本作文の会、郷土教育研究会、創造美育協会など多方面で平和教育の実践に努めた。このように宮原が広範に様々な領域において平和運動と平和教育を把握していたことは、程度の違いはあろうが、それぞれにおいて宮原が主体的に関わっていたことを示しており[60]、「没入」は誇張された表現ではないことが分かる。

そして、この現実に即応した生産教育と平和教育の転換を踏まえると、「原則」は前者が基本であるが、両者は「二にして一」に「統一」されていることが分かる。この点は宮原の平和教育の定義においても確認できる。宮原は「平和と教育」において、平和教育は「基本的人権を尊重し、労働を尊重し、科学を尊重する全面的な人間教育でなければならない」と定義している。[61] その上で、宮原は生産教育と同様に広義と狭義に区分し、前者を「平和のための社会的条件をつくりだしていく態度と能力をやしなう基礎的な人間教育」と、後者を「国際理解の教育」と定義している。[62]

以上の考察から、人間教育、生産教育、平和教育の諸定義は、次のような概念的構造としてまとめることができる。

宮原における人間教育、生産教育、平和教育の概念的構造

平和教育：基本的人権、労働し、科学を尊重する全面的な人間教育
　広義：平和のための社会的条件をつくりだす態度と能力をやしなう基礎的な人間教育
　狭義：国際理解の教育
生産教育：既存の産業秩序ではなく、それを改革し、新たな産業秩序を創出し、産業自体を人間的にし、生産的労働自体を自主的で合理的で創造的で美的な人間活動とする教育
　広義：科学的な生産人を育成する人間教育
　狭義：その一環としての生産技術教育

人間教育

この構造を踏まえて、さらに平和教育について見ると、前掲「教師論」七「教師と平和」では、広義としては「人間尊重の教育」、「生産尊重の教育」、「科学尊重の教育」、「協働尊重の教育」を挙げ、狭義では「戦争と平和、国際的

理解、世界平和機構などについての学習」が例示されている。[63] その中で、「人間尊重」が第一に位置づけられていることは、「人間教育」が基本とされていることを示している。

また、「平和教育の構造」では、「平和のための国民教育。いいかえれば、平和を希求し、平和のための諸条件をふだんにつくりだしてゆく態度と能力をやしなうことを中心目標とする国民教育」と「諸国民の相互理解をふかめることによって世界平和を維持することに寄与する教育活動」と述べられている。[64] ここでは、「人間教育」が「国民教育」とされ、また「国際理解教育」が「諸国民の相互理解」の教育とされている。前者については、「人間教育」を「国民教育」に限定するのではなく、「国民」は何よりもまず「人間」として尊重され、「人間」らしく生きる権利があるという意味で「国民教育」を「人間教育」の文脈で捉えるべきである。また、後者については、日本人の「国際理解教育」ではなく、国際社会における「諸国民」の「国際理解教育」であり、視点は日本ではなく、国際社会に当てられている。

そして、このような平和教育を進める上で、宮原は、ハーバート・リードの『平和のための教育』に注目している。[65] これは周郷博によって訳されているが、周郷は「訳者あとがき」で「本書の出版に当つて、勝田守一、宮原誠一の両氏及びお茶の水大学の同僚井上茂君がいろいろと励まし」たと記しており、[66] ここでも宮原がリードの平和教育論を高く評価し、かつ、それを共同してできるだけ広く知らせせようとしていたことが示されている。

ただし、宮原は自らも平和教育の実践に努めたが、それを「上から」教え込もうとしていたのではない。宮原は、一九四九年発表の「平和教育委員会をつくろう」で「新しい平和教育はあくまでも人民のあいだの、下からの着実な運動として育成せらるべきである」と提起している。[67] そこには、前年の一二月一二日の「平和問題討議」で「提議」した（1）平和教育の主体は国民であり、その中で特に学校の教師が「もっとも有力な主体的勢力」である、（2）しかし「教師のおそらく大部分は平和教育を有効にくりひろげる能力をもたないから、教師の自己教育が必要である」、

（3）その自己教育のために教師たちが相互に「協力団結し、これを科学者が助けていく態勢をつくらねばならぬ」という観点が集約されている。(68) 即ち、平和教育の主体を国民の中の教師に求め、それを科学者が「助けていく」と提起しながらも、それは「あくまでも人民のあいだの、下からの着実な運動」として進められるべきだと、宮原は論じるのである。

確かに、これはマルクス主義に基づく広範な反戦平和の統一戦線論や大衆運動論と見ることができる。しかし、これらを主張する政党に対して、宮原は以下のように批判している。(69)

近代が破綻して、転換をうながされている世界史的時代に、日本社会は前近代を足腰とする歪んだ近代の姿をさらして身動きもならずに立っている。（中略）近代と前近代とのこのような固着した結合をやぶる力は、敗戦という最大の試練をとおしてさえ、ついに日本社会の内部からはあらわれていない。少なくともそれは国民的な力としてはもりあがっていない。前近代的な習俗と心術とは、保守政党のみならず、社会主義や共産主義の政党の内部にも浸透しているし、労働組合の内面にもふかくひろくひろがっている。

確かに、宮原はマルクス主義を自らの思想に大きな位置を与えたが、しかし、それを以て国内の「社会主義や共産主義の政党」を絶対視して、無批判であったわけではない。また、労働組合の自己教育運動も重視していたが、それに制約されて労働組合への批判を緩和させることもしなかった。ここにも、宮原が、あくまでも現実に即して独立した立場で独自の思想を構築したことが現れている。それ故、前記の「あくまでも人民のあいだの、下からの着実な運動」は、これから論じる「最も実践的な末端」という宮原固有の鍵概念に即して理解すべきである。

また、「前近代的な習俗と心術」に対する問題意識には、社会学、文化人類学、心理学にも及ぶ視角がある。それは、宮原のマルクス主義が、土台が上部構造を決定するという教条的で硬直的な決定論に陥ったものではないことを示している。そして、これらのことから、宮原の人間教育は、このように鋭い批判精神や問題意識と、現実に即した柔軟で多角的な視座に基づいている、と言うことができる。

### 第三項　論証の構成と留意点

これまで述べてきた宮原の平和教育の思想と実践は、戦前の天皇制ファシズムに対する思想的実践的な抵抗を起点としている。即ち、宮原は反戦平和と平和教育を戦前から一貫して追究したものの、それを戦前の言論弾圧下で十分に表明できなかったが、しかし戦後の民主化により、上記のように展開することができたのである。確かに、宮原の戦中の論考の中には軍国主義を賞揚すると受けとめられる文言があるが、それについては天皇制ファシズム体制下の苛烈な言論統制の現実と、これに抗して宮原が反戦平和や民主主義を伝えるために工夫した文章表現や論理展開を十分に踏まえて考究しなければならない。そして、この点について、本論文では第一章から第四章にかけて多角的に考究し、表面的には軍国主義の賞揚と見られる文言に内包された反戦反ファシズムの含意を明らかにする。

そして、第五章で宮原の思想と実践が五十嵐により継承展開させられ、さらに第六章で、二人の思想と実践が地域社会教育実践として展開されたことを論証する。そのために、まず、五十嵐はマルクス主義者であるが、彼のマルクス主義にはヒューマニズムを始め様々な思想が摂取されており、宮原と共通する独自の思想が構築されていることを公刊された文献と共に、未公開の遺稿、ノート、日誌等を基に示していく。さらに、反戦平和と平和教育に即して、五十嵐は自分が将校として従軍した体験を繰り返し反省的に考究し、その中で「わだつみのこえ」に即して戦争責任の反省的認識を深め、また、心に刻むアウシュヴィッツ展の平和運動を契機に、これを天皇制の問題にまで展開させたことの意義を論じる。これは、五十嵐による宮原の継承発展の思想的実践的な到達点である。そして、このような宮原や五十嵐の思想や実践が秋田という地域において平和憲法学習運動や心に刻むアウシュヴィッツ・秋田展として実践され、継承されたことを述べる。

以上が本論文の論証の構成である。その上で、本論文の論証の基軸に宮原から五十嵐への継承・発展があるため、この意味についてさらに述べておく。ここで継承と発展と言う場合、それは、宮原から五十嵐へと思想や実践が単純に継続し、再生産しているという意味ではない。二人は、それぞれに独立した思想を持つ学者であり、かつ実践者でもある。即ち、二人は社会を成立させている基層に視点を据え、そこで社会を支えながら抑圧されている人々の現実を正視し、そのような社会体制を批判し、根本的に改革するための学問として教育学を考究し、それと共に、この学問をできるだけ広く人々に伝えることに努めた。この点で、両者は教育学者であるだけでなく、教育学教育の実践者でもあり、いずれも思想や学問と実践の統合に努めた。確かに、二人の思想にはマルクス主義の位置づけで若干の違いがあるが、いずれもヒューマニズムによってマルクス主義を発展させ、その中で教育学を教育実践者たちと共同して研究し、同時に自らも実践したと言うことができる。

それと共に、世代的な差から、宮原と五十嵐には戦争に対する関わり方に相違がある。特に、これは「きけわだつみのこえ」に対する捉え方に現れている。年長の宮原は、昭和初期に民主主義やマルクス主義を学び、また学生運動や教育運動に積極的に関わり反戦反ファシズムの抵抗を続けて弾圧されたが、五十嵐は旧制高校時代に学生運動に共感を示しながらも、その後、召集されて極めて優秀な将校となり、南方戦線に従軍して敗戦を迎え、捕虜となった生活の中で思想的な格闘を経てマルクス主義教育学者となった。出陣学徒の壮行会が神宮外苑陸上競技場（現国立競技場）で行われたのが一九四三年一〇月二一日で、翌月に宮原は治安維持法により検挙された。他方、五十嵐は一九四一年一二月に卒業後、翌年二月に入営した。このような違いから、五十嵐は「わだつみのこえ」を自分自身の体験と重ね合わせて反省的に考究するが、宮原は、次のように述べている。[70]

これらの学徒は、このようなおもいを胸に秘めて死んでいった。もちろん、多くの人びとは戦争を大義と信じて「散華」していったことであろう。しかし、その残忍な虚偽は、いまでは白日の下にあばかれている。いまわれわれが声なき声に耳をかたむけるならば、大陸や南方の島々や海から、広島や長崎や東京や全国の被爆地から聞こえてくる全戦歿者・全殉難者の声は、「平和だ、平和の世界が一番だ」というひとつの大きなさけびとなって訴えているのではなかろうか。

確かに、ここで宮原は「わだつみのこえ」を平和の脈絡で取り上げ、これは五十嵐と共通している。しかし、「戦争を大義と信じて『散華』していったこと」を「残忍な虚偽」と規定する点は、五十嵐の反省的な捉え方と異なる。それは、反戦反ファシズムの抵抗を続けた宮原は「戦争を大義と信じ」た者から批判され、反対され、さらには治安維持法違反で投獄されたためと言える。宮原から見れば、戦後になり、ようやく戦争が「虚偽」であることが広く「白日の下にあばかれ」たのである。そして、この「虚偽」を「虚偽」と認めることは、「戦争を大義と信じて『散華』していった」者のことを思えば、確かに極めて「残酷」なことであるが、しかし、真実を直視することが重要であり、また、「散華」した者も、真実を知るならば必ずや「平和だ、平和の世界が一番だ」と訴えるであろうと、宮原は述べているのである。しかも、このことを「全戦歿者・全殉難者」の訴えとしている点に、宮原のヒューマニズムがある。

即ち「殉難者」には反戦反ファシズムを訴えて虐殺され、或いは獄死し、或いは出獄できても回復できずに死んでいった犠牲者も含まれる。そして、宮原は、このような「殉難者」を、「戦争を大義と信じ」、戦争反対を訴える者を非国民や国賊と見なして従軍し「散華」した者を含む「戦没者」と同列に位置づけている。ここには、天皇制ファシズム下で「戦争を大義と信じ」た者も、その「虚偽」から解放されて真実を知るならば、「殉難者」と同じ立場で反戦平和を訴えるという、人間肯定のヒューマニズムがある。

しかも、宮原は自分自身が反戦反ファシズムの言論による苛烈な弾圧を体験しており、これは単に理念的に導き出されただけではなく、生命に関わる深刻な試練（例えば獄中の喀血）を乗り越えて錬成された思想である。さらに、宮原はこの思想を実践していた。実際、殉難者になりかねなかった宮原は、かつて軍国主義の優秀な将校として従軍したが、その真摯な反省の上にマルクス主義教育学者となった五十嵐と共に教育科学運動を進めたのである。

その例としては、二人が共同で平和教育の実践を分析した論文「計画的実践の成長」がある。これは「平和のための教育」を特集した『教育』一九五二年七月号に掲載された共著論文で、そこでは、同じ号に掲載された師井恒男の「実践記録・平和のための教育計画——学校の実践と教組活動」が取り上げられている。そして、師井の提示した「1、いのちを大事にする（人権尊重）、2、日本の貧困をたてなおす（生産復興）、3、世界の良心と結ぶ、4、すじみちのたったことにしたがう、5、報道を正しくつかむ、6、なかま意識をたかめる」の各項目は、『教育論集』第一巻所収の「平和教育の動向」でも取り上げられている[71]。

この中で、1の「いのちを大事にする（人権尊重）」は人間教育に、2の「日本の貧困をたてなおす（生産復興）」は生産教育に、3の「世界の良心と結ぶ」は平和教育に対応でき、宮原の構造と対応していることが分かる。さらに、4の「すじみちのたったことにしたがう」や五の「報道を正しくつかむ」は、プロパガンダの問題に対する平和教育の課題であり、6の「なかま意識をたかめる」は、国外の戦争は国内の圧政と一体であるため、それに対して反戦平和を進める主体の共同や連帯と捉えられる。なお、宮原は既に丸山真男との対談「教育の反省」（『教育』一九四八年九月号。『教育論集』第六巻所収）で、戦争とプロパガンダを問題としており、時間的にはこちらが先であり、これについては宮原の思想と実践の全体像を述べる中で、第二章第四節で詳述する。

　このことから、宮原と五十嵐の共同論文は、宮原の平和教育論に基づいていることが分かり、これはまた時期的に五十嵐の平和教育研究の出発点に位置づけられる。そして、五十嵐は前述したように、その後「わだつみのこえ」を通して戦争責任を反省的に追究し、その中で心に刻むアウシュヴィッツ展の平和運動を契機に、これを天皇制の問題へと展開させたのである。

　それでは、以上のような構成でこれから論証を進めるが、これにあたり、宮原の論理展開の考察において留意すべき点を一つ述べておく。

　宮原は、前掲「教師論」の七「教師と平和」を書き出すに当たり、「マッカーサー元帥」が「米国は断じて日本を同盟国として利用する考えはない。（中略）日本の役割は太平洋におけるスイスのごときものであるべきだ」という発言を引用し、彼を「尊敬すべきアメリカ的進歩主義＝合理主義者の典型」と評価した上で、「祖国の平和的将来にたいして、はっきりした意思さえ表明できない日本の『識者』」と対比している。[72] これを表面的に読めば、宮原は朝鮮戦争の司令官として原爆さえも使用しようとして罷免されたマッカーサーを高く評価しているように受けとめてしまう。しかし、それは文言の表面的な解釈による誤読であり、この部分の主旨はアイロニカルな逆説と捉えるべきである。既述したように、宮原は朝鮮戦争勃発に先立つ一九四九年秋から「平和教育運動に没入するように」なっていたのであり、その現状認識と反戦平和の実践は、朝鮮戦争の司令官「マッカーサー元帥」を「尊敬」することと全く対立していた。このことから、この表現は、米国では朝鮮戦争司令官という軍人でさえ「進歩主義＝合理主義」的な見解を示しているのに、日本の『識者』はそれにも及ばないというアイロニカルな逆説として捉えるべきである。特に、わざわざ「元帥」や「尊敬」という表現を用いているところに、逆説的な強調がある。この点を注意して読めば、「尊敬」は「アメリカ的進歩主義＝合理主義者」を形容しており、その「典型」としてマッカーサーが逆説的に挙げられているのであり、マッカーサーを「尊敬」しているのではないことが分かる。

そして、このような宮原の深い含蓄を内包した重層的な論理展開を洞察できないと、他の場合でも宮原を誤読することになる。特に、これから戦中の宮原の論考を取り上げていくが、当時の言論統制下で宮原が軍国主義賞揚や戦意昂揚の決まり文句を使っている箇所にも様々な含意が内包されていることを洞察しなければならない。そうでなく、宮原の文章を表面的にしか読まなければ、戦中に軍国主義を賛美し、また戦後もマッカーサーを「尊敬」しているから、宮原の反戦平和は批判されなければならないということになる。しかし実際は、これからの論証が示すように、宮原は戦前から一貫して反戦平和を主張し、天皇制ファシズムから解放された戦後では平和教育運動に「没入」さえしたのであり、このような思想、理論、実践には学説史的な意義だけでなく、時代を超えて現在においてなお継承されるべきであると考える。

序章　注

（1）蒲生芳郎、小和田武紀、田中彰、平沢薫編『社会教育事典』岩崎書店、一九五五年、pp.249ff。また索引で挙げられた「平和教育」の該当頁はp.121とp.155で、「平和の海協会」はp.423。

（2）重松敬一、品川孝子、平井信義編『ＰＴＡ事典』第一法規、一九六四年。河野重男、田代元弥、林部一二、藤原英夫、吉田昇編『社会教育事典』第一法規、一九七一年。伊藤俊夫、河野重男、辻功編『新社会教育事典』第一法規、一九八三年。日本生涯教育学会編『生涯学習事典』東京書籍、一九九〇年、増補版、一九九二年。

（3）該当箇所は、勝田守一、五十嵐顕、大田堯、山住正己編『岩波小辞典・教育』（第二版）一九七三年、p.1、pp.76-77、pp.77-78、pp.202-203。

（4）国民教育研究所編『国民教育小事典』草土文化社、一九七三年、pp.45-47、p.48、p.50。

（5）Titmus, Colin et als.（eds.）,1979, *Terminology of Adult Education*, UESCO. 東京大学大学院教育学研究科社会

教育学研究室比較成人教育ゼミナール訳『ユネスコ成人教育用語集』一九九五年（この改訂版はパオロ・フェデリーギ／佐藤一子、三輪建二監訳『国際生涯学習キーワード事典』東洋館出版社、二〇〇一年に収録）。Jarvis, Peter, 1990, *An International Dictionary of Adult and Continuing Education*, Routledge, London. Tuijnman, Albert C., 1996, *International Encyclopedia of Adult Education and Training* (2ed edition), OECD, Paris. Jarvis, Peter, 1999, *The International Dictionary of Adult Education*, Kogan Page.

（6）ラングランの提唱よりも早く、一九五八年一〇月一一、一二日の福島大学と福島県立婦人会館を会場にした日本社会教育学会第五回大会で、副会長の波多野は学会第五回記念講演「テレビは社会教育をどう変えるか」で「ライフ・ロング・ラーニングが必要」と繰り返している（宮原誠一会長編集兼発行『日本社会教育学会第五回大会報告書』一九五八年、p.4）。また、波多野は「わたしが『生涯教育』ということばを耳にしたのは、一九六五年一二月のことである」と述べながら、「それまでにも、アメリカやカナダの成人教育の雑誌で『一生涯にわたる学習』というような文字をみかけぬことはなかったが」と記している（波多野完治『生涯教育論』小学館、一九七二年、p.1）。さらに、宮原は「生涯教育とは」（『母と子』一九七一年八月号、『教育論集』第六巻所収）や「生涯学習とはなにか」（宮原編『生涯学習』東洋経済新報社、一九七四年、『教育論集』第二巻所収）で、生涯教育の理念は既にフランス大革命期にコンドルセが提起した教育計画や第一次世界大戦後に英国復興省成人教育委員会がまとめた「一九一九年最終報告書」にあると述べている。なお、後者に関しては、当時において早くも今澤慈海が「大多数の生涯的教育」（「公共図書館の使命と其達成――人生に於ける公共図書館の意義」『図書館雑誌』第四三号、一九二〇年、p.2）や「生涯的普遍的教育」（「公共図書館は公衆の大学なり」『市立図書館と其事業』第一号、一九二一年、p.3）を提起していた。

（7）この文言に対して旧ソ連や東欧諸国は問題提起し、ユネスコ加盟を控えたが、一九五四年に加盟した。この点は、ユネスコ加盟前の日本（加盟は五一年七月）でも『世界』一九四七年七月号の「ユネスコ、その目的と哲学」（ジュリアン・ハックスリー）、四八年一月号の「ユネスコにおけるフロイトとマルクス」（ジェイムス・マーシャル）、四八年二月号の座談会「唯物史観と主体性」（清水幾太郎、丸山眞男、松村一人、真下信一、林健太郎、宮城音弥、古在由重）などで紹介されていた。最後の座談会は、日高六郎編『近代主義』（現代日本思想体系34、筑摩書房、一九六四年）に収録されている。

(8) ラングラン、ポール/波多野完治訳『社会教育の新しい方向――ユネスコの国際会議を中心として』日本ユネスコ国内委員会(一九六五年にラングランがユネスコの会議で報告したワーキング・ペーパーの翻訳と解説)。ラングラン、ポール/波多野完治訳『生涯教育入門』全日本社会教育連合会、初版、一九七一年、同改訂版、一九七六年。

(9) 波多野が文化的再生産論など社会や教育を批判する議論を生涯教育論として紹介したこともこの脈絡で捉えることができる(『続・生涯教育論』小学館、一九八五年)。

(10) 永井荷風「花火」『永井荷風集』(日本近代文学大系第二九巻)角川書店、一九七〇年、p.444。初出は一九一九年一二月の『改造』。他方、森鷗外は処刑前に間接的に批判した(「沈黙の塔」全集第七巻、岩波書店、一九七二年)。

(11) 治安維持法国家賠償要求同盟中央本部『ふたたび戦争と暗黒政治をゆるすな――いまも生きている治安維持法』一九九三年、p.89。法政大学大原社会問題研究所編著『太平洋戦争下の労働運動』(日本労働年鑑特集版)労働旬報社、一九七一年、第四編「治安維持法と政治運動」参照。後者は二〇〇〇年二月二二日からインターネットで公開された電子版による。

(12) 鈴木修次『孟子』(中国の人と思想)集英社、一九八四年、p.277。なお、中国でも明代に統治に不都合な部分を削除した『孟子節文』が編集されていた。

(13) 既に『特高外事月報』一九三七年一二月分では、茨城県土浦町の浴場でブリキ職人が発した「反戦言辞」が記録されている(前掲『ふたたび戦争と暗黒政治をゆるすな』pp.89-90)。さらに「最近に於ける不敬、反戦反軍、其他不穏言動の状況」(荻野富士夫編・解題『特高警察関係資料集成』第二〇巻、不二出版、一九九三年)では、戦争末期の落書や言辞が列挙されている。

(14) 加藤敬事「解説」『特高と思想検事』(続・現代史資料7)みすず書房、一九八二年、p.xvi。

(15) 前掲『ふたたび戦争と暗黒政治をゆるすな』p.53。

(16) 許広平/安藤彦太郎訳『暗い夜の記憶』岩波新書、一九五五年、参照。

(17) ゾルゲ事件は思想言論弾圧ではないが、参考までに、占領下の上海で憲兵・特高に逮捕された中国人は日本人よりも多く三〇名以上になる（氏名不詳等により正確な数は不明）。程兆奇「六十余年前的特殊〝口述歴史〟――《中共課報団李徳生訊問記録》書后」『史林』二〇〇五年第五期、上海社会科学院歴史研究所、pp.21-38。

(18) 朝鮮人強制連行真相調査団の調査。二〇〇五年三月一五付朝鮮新報、及び〇五年四月八日付朝鮮時報の報道。

(19) 朴慶植「治安維持法による朝鮮人弾圧」『季刊現代史』通巻第七号、一九七六年夏季号、p.114。

(20) 朝鮮人強制連行真相調査団が、日本人の人口は総務庁統計局統計調査部国勢統計課「国勢調査報告」、労働力統計課「日本の推計人口」、「推計人口」、「人口推計月報」に、また、その検挙総数は『現代史資料45治安維持法』に基づき、次に、在日朝鮮人の人口は内務省警保局『特高月報』、『社会運動の状況』に、その検挙総数は内務省警保局『社会運動の状況』に基づき算出（洪祥進 <hong@eagle.ocn.ne.jp> の〇五年四月三〇日のメール）。この比較は前記の三月一五付朝鮮新報、四月八日付朝鮮時報で報道。なお一九三二年以前と一九四三年以降も検挙があったが在日朝鮮人の統計がないために三二－四三年の比較となったという。そして、宮原は獄中で朝鮮半島出身者に励まされていた（二〇〇一年一一月一六日から一八日の日本平和学会（立命館大学）での藤田秀雄の談話）。

(21) 戸田金一『真実の先生』教育史料出版会、一九九四年、p.8。

(22) 平出禾『増補戰時下の言論統制――言論統制法規の綜合的研究』（昭和一九年刊、奥平康弘監修「言論統制文献資料集成」第一一巻、日本図書センター、一九九二年）、p.3。

(23) 同前、同頁。

(24) 同前、pp.147ff。

(25) 前掲『太平洋戦争下の労働運動』の中の特に第五編「言論統制と文化運動」第一章「言論・出版・学問研究にたいする弾圧」第二節「出版・雑誌統制（つづき）」を参照。また、治安維持法犠牲者国家賠償要求同盟編の『抵抗の群像』白石書院、一九七六年、同編『治安維持法下の体験』一九九二年、楠山通『不屈のあしあと――ある金属労働者の回想』（治安維持法下の体験第二集）治安維持法犠牲者国家賠償要求同盟、一九九二年も参照。

(26) 佐藤卓己『言論統制――情報官・鈴木庫三と教育の国防国家』中央公論新社、二〇〇四年。

(27) 宮原の妻喜美子の発言（二〇〇六年七月三〇日、岡山市）、及び千野陽一の発言（〇六年四月一九日、東京自由が丘の金田）と四月二八日のメール。千野は東大の助手時代（一九五九－六四年）に宮原から聞いた。ゾルゲ事件と伊藤猛虎については、松本清張「革命を売る男・伊藤律」（『日本の黒い霧』文藝春秋、一九七三年）で述べられている。また、戦後に復刊した「赤旗」の一九四五年十二月十二日号では、八日の「戦争犯罪人追求（＊ママ）人民大会」において発表された「戦争犯罪人名簿」が掲載され、天皇から転向者まで列挙された中に伊藤猛虎がいる。ただし、戦後伊藤は宮原を訪ね〝自分は間違っていた〟と謝り、〝これからどうしたらいいか〟と尋ねたという。これは喜美子が聞いたことで、「場所は東大と思うが確かではなく、時期は忘れた」という。これについて、伊藤が一九五六年一一月一一日に岩手県西根村長就任後、一一月二五日召集の議会で教育委員の人事を提案したが「革新系の人物が入っていたことにクレームがつき、当局側で原案を変更して提案し直し」議会の承認を得たことが『西根町史』（下巻、一九八九年、p.559）で述べられ、文献的な傍証になる。即ち、同年六月三〇日に地方教育行政の組織及び運営に関する法律が施行され、九月三〇日に教育委員会法が失効し、教育委員が公選制から任命制に変えられたが、これに対して教育の国家統制が強化されると大規模な反対運動が起こされ、宮原はそれを推進した者の一人であった。それ故、伊藤は任命制になったばかりの教育委員に「革新系」の人物を登用することで国家統制の強化に歯止めをかけようとし、西根村の「最も実践的な末端」（後述）で、宮原の思想・実践と共同したと言える。これは、元特高の田中義男が文部次官としてこの制度改変を押し進めたことと対照的である（なお田中の下で働いた高石邦男事務官はその後次官となりリクルート事件で逮捕。彼は『教育委員会月報』一九五七年二月号で「都道府県教育委員会の会議に関する規則について」を執筆）。また、千野は「宮原先生と同じく彼の拷問を受けた浪江虔（戦後、農村文化協会で活躍、農村青年の学習活動に大きな影響—政治学習・実践、反封建の学習・実践、農業技術・経営の学習・実践など—を与えた人です）さんが、講演に招かれ、『元特高の政治的復活』に複雑な思いをしたという話も、宮原先生から伺ったこともありました」と述べている。浪江が講演に招かれたのは西根村（町）で劇団仲間が長期的に活動していたことを踏まえれば偶然ではなく、ここにも宮原と共通する立場が認められる。

（28）フーコーに関しては、Foucault, Michel, 1975, *Surveiller et punir: naissance de la prison*, Gallimard, Paris. 田村俶訳『監獄の誕生——監視と処罰』新潮社、一九七七年。Foucault, Michel, 1976, *La volonte de savoire* (Histoire de la sexualite 1), Gallimard, Paris. 渡辺守章訳『知への意志』（性の歴史1）新潮社、一九八六年。Foucault, Michel, 1984,

*L'usage des plaisirs* (Histoire de la sexualite 2), Gallimard, Paris. 田村俶訳『快楽の活用』(性の歴史2) 新潮社、一九八六年。Foucault, Michel, 1984, *Le souci de soi* (Histoire de la sexualite 3), Gallimard, Paris. 田村俶訳『自己への配慮』(性の歴史3) 新潮社、一九八七年。ブルデュに関しては、Bourdieu, Pierre, 1980, Le sens pratique, Minuit, Paris. 今村仁司、港道隆他訳『実践感覚』(1、2) みすず書房、一九八八 - 九〇年。Bourdieu, Pierre, 1997, *Meditations Pascaliennes*, Seuil, Paris. Bourdieu, Pierre, *La domination masculine*, 1998, Seuil, Paris.

(29)『教育論集』第七巻の「年譜」で、宮原は一九二八年に水戸高校文科甲類に入学し、読書会(社会科学研究会)に参加し、第二学年修了後の春休みに検挙されて停学処分を受けたとされていることから、この年は一九三〇年と言える。なお、宮原の場合は茨城県の水戸高校だが、秋田県では一九二六年に「秋田県社会科学研究会学生連盟」が結成され、その後秋田工業高校や秋田商業学校では「反軍事教練闘争」まで組織された。戸田金一「秋田における戦争と教育の歴史」秋田県教職員組合編『戦争と教育』無明舎出版、一九八一年、pp.197-198。

(30) 宮原誠一「教育への反逆」『教育論集』第六巻、pp.356-357。「教育への反逆」は『抵抗の学窓生活』(要書房、一九五一年)、『「新教」複製版月報』No.1 (一九六五年)、井野川潔、森谷清、柿沼肇編『嵐の中の教育――一九三〇年代の教育』(新日本出版社、一九七一年) に掲載され『教育論集』第六巻に収録。なお、『嵐の中の教育』では、時期が「四月か五月ころ」となっているが (p.144)、このように異なる点は、論述に必要な箇所で述べる。

(31) 同前、p.357。

(32) 波多野完治「交遊五十年――その幕あき」『宮原誠一教育論集月報』Ⅱ、一九七七年一月、pp.1-2。

(33) 森徳治「新興教育研究所の創立のころ」前掲『嵐の中の教育――一九三〇年代の教育』p.129。

(34) 山下徳治「社会教育について――現代における社会的教育学の史的概観」『教育』創刊号、一九三三年、p.26。

(35)『教育論集』第七巻、「年譜」p.405。これから論じるようにデューイは「ソ連の教育」と関連し、また「下意上達」と「一即多、多即一の弁証法」を組み合わせれば、人民戦線の思想と理論になる。これらは言論統制下で明示できなかったが、検閲の許す表現で伝えることを宮原は努めたのであり、それを特高警察は見逃さなかったのである。

(36) 前掲「交遊五十年――その幕あき」p.2

（37）川上徹の二〇〇五年一月三一日のメール。川上には「学生の要求と組織」城丸章夫、船山謙次編『教育運動』（講座現代民主主義教育第五巻、青木書店、一九六九年）や『査問』（筑摩書房ちくま文庫、二〇〇一年）などがある。

（38）筆者は一九七三年に大学に入学したが、その時でも〝S・R〟を〝エス・エル〟とロシア語風、ドイツ語風に発音して大学闘争や革命を語る学生がいた。

（39）エリクソンの心理歴史的研究の代表的文献に、Erikson, Erik, H., *Young Man Luther: A Study in Psychoanalysis and History*, 1958, Norton, New York（大沼隆訳『青年ルター――精神分析的・歴史的研究』教文館、一九七四年、及び西平直訳『青年ルター』1、2、みすず書房、二〇〇二―三年）や、Erikson, Erik, H., *Gandhi's Truth: On the Origins of Militant Nonviolence*, 1969, Norton, New York（星野美賀子訳『ガンディーの真理――戦闘的非暴力の起源』みすず書房、一九七三年）がある。「心理歴史的」という用語は、エリクソンが用いているが、そのような方法論は、既にフロイトの「人間モーセと一神教」に認められ、その視座の大きさや深さはエリクソンに優っていると考えている。とはいえ、本書ではフロイト派のようにリビドーや無意識に還元せずに、あくまでも方法論的な応用としている。歴史とリビドーや無意識の統合的理解はエディプス・コンプレクスと割礼や宦官の発生という水準にまで深めなければできないと考えている。なお、この水準まで至らないが、筆者はエリクソン的な心理歴史的研究の応用を日中戦争の歴史認識において試み『アイデンティティと戦争――戦中期における中国雲南省滇西地区の心理歴史的研究』（グリーンピース出版会、二〇〇二年）にまとめ、これは中国で注目され、『自我認同感与戦争』（劉燕子、胡慧敏訳、呉広義監訳、二〇〇四年、昆侖出版社、北京）として翻訳出版された。これには『アイデンティティと戦争』だけでなく、「歴史の共通認識と未来の共同的創造――『アイデンティティと戦争』から」（『人間の尊厳と共生教育研究』日本教育学会課題研究報告書、二〇〇三年）、「ハビトゥスと象徴的暴力の概念による象徴天皇制問題の分析」（『民主教育研究所年報』第四号、二〇〇三年）、「国境を越える教育支援」（『シャクナゲ』第八号、二〇〇三年五月、雲南の子どもたちの教育を支援する会）の3篇の翻訳も収録された。

（40）土井正徳、吉田正己訳「人間モーセと一神教」『宗教論――幻想の未来』（フロイド選集第八巻）日本教文社、一九七〇年、pp.153-155。森川俊夫訳「人間モーセと一神教」高橋義孝、生松敬三他訳『フロイト著作集』第一一巻（文学・思想篇2）一九八四年、pp.301-303。引用は（　）内が後者から。

(41) オーラル・ヒストリーの運動と研究は一九四八年にコロンビア大学で開設されたオーラル・ヒストリー研究室（Columbia University Oral History Research Office）が一起点であり、日本では中野卓編著『口述の生活史――或る女の愛と呪いの日本近代』（御茶ノ水書房、一九七七年）が知られ、現在では戦争被害者から社会的影響力のある者まで様々に用いられている。ただし、後者の社会的影響力のある者はオーラル・ヒストリーによらずとも記録され、そのようなオーラル・ヒストリーの意義はどこにあるのかが問われる。この点で、六〇年安保のオーラル・ヒストリー（森川友義編『六〇年安保――六人の証言』同時代社、二〇〇五年）では確かに記録されなかった平和運動の内情が証言されているが、それでも、森川の「オーラル・ヒストリーとは、意志決定過程において影響力を持った人々の記憶や感情を記録するもの」という観点には注意しなければならない（p.7）。そこには「影響力」がなく歴史から見過ごされ、忘れられ、しかも自ら書き記すことさえもできない民衆の歴史を記録して、「意志決定」に関わる者だけでなく、それに全く関われない者の視点も踏まえて歴史を多面的に捉えるという観点は希薄である。なお、宮原も五十嵐も六〇年安保に深く関わっており、五十嵐は襷をかけて東大デモ隊の先頭を行進していた。

(42) 前掲、森川訳「人間モーセと一神教」p.323。

(43) 中村雄二郎「主要用語解説」、フーコー、ミシェル／中村雄二郎訳『知の考古学』河出書房新社、一九七〇年、p.385。

(44) 同前、同頁。ただし、時に「論述」と訳し、また「話《ディスクール》〔言説〕」と訳した場合（p.306）もある。

(45) 大江健三郎『状況へ』岩波書店、一九七四年、pp.v-vi。なお、小田実は『状況から』を同じく岩波書店から同年に出版した。

(46) 佐藤広美『総力戦体制と教育科学』大月書店、一九九七年、「まえがき」p.iii。

(47) 宮原誠一「日本社会の教育目標――『生産』概念を中心に」『教育論集』p.140。初出は『思想』一九五一年四月号。

(48) 同前、同頁。

(49) 羽仁説子との対談「道徳教育としつけ」『ＰＴＡ教室』一九五一年四月、五月号、及び宮原誠一「教師の倫理」『社会と人倫』（新倫理講座Ⅳ、創文社、一九五二年）を参照。また、宮原は一九五二年六月に日本教職員組合が発表した「教師の倫理綱領」の起草に関わった。

（50）同前、p.141。
（51）宮原誠一「生産主義教育論」『教育論集』第一巻、pp.113-114。
（52）宮原誠一「生産教育の概念」『教育論集』第一巻、p.251。初出は国土社版『教育』一九五二年一一月号（特集「生産のための教育」）。
（53）同前、p.250。
（54）同前、p.253。
（55）同前、同頁。
（56）同前、p.252。
（57）宮原誠一「生産教育――基礎的・準備的であることの確認」『教育論集』第一巻、p.248。初出は国土社版『教育』創刊号（一九五一年一一月号）。
（58）前掲「生産教育の概念」p.252。
（59）同前、同頁。
（60）前掲「平和教育の動向」pp.181-192。
（61）前掲「平和と教育」p.134。
（62）同前、同頁。
（63）前掲「教師論」p.113。
（64）前掲「平和教育の構造」p.227。
（65）同前、同頁。
（66）Read, Herbert, 1950, *Education for Peace*, Routledge & Kegan Paul, London. 周郷博訳『平和のための教育』岩波書店、一九五二年。引用は p.191。なお、周郷博との対談「平和と対決する教師」（『六・三教室』一九五一年三月号）では、リードの平和教育論が繰り返し取り上げられている。
（67）前掲「平和教育委員会をつくろう」p.179。なお、宮原の思想はマルクス主義とヒューマニズムを基本にしているが、この「あくまでも人民のあいだの、下からの着実な運動」の視座については、久野収が指摘する宮原と愛郷会の関連も考慮すべきである（第一章で後述）。そして、鍵概念である「最も実践的な末端」についても同様である。

（68）前掲「平和教育の動向」p.182。また、この討議は「戦争と平和に関する日本の科学者の声明」に結実し、これは議事録と共に『世界』一九四九年三月号に掲載された。

（69）前掲「日本社会の教育目標――『生産』概念を中心に」pp.131-132。

（70）前掲「教師論」七「教師と平和」p.103。また、戦没学生の手記を編集した『きけわだつみのこえ』は、いくつも出版されているが、宮原が取り上げたのは、日本戦歿學生手記編集委員會編『きけわだつみのこえ――日本戦歿學生の手記』（東大協同組合出版部、一九四九年）と思われる。なお、他には、日本戦没学生記念会監修『きけわだつみのこえ――日本戦没学生の手記』（光文社、一九五九年）や日本戦没学生記念会編『きけわだつみのこえ――日本戦没学生の手記』（岩波書店、一九九七－二〇〇四年）などがある。

（71）師井恒男「実践記録・平和のための教育計画――学校の実践と教組活動」pp.201ff、宮原、前掲「平和教育の動向」pp.32-37。

（72）前掲「教師論」七「教師と平和」p.100。マッカーサーの発言は『朝日新聞』一九五〇年五月五日。傍点は宮原による。

# 第一章　宮原における思想と実践との連関構造

## ——戦前の抵抗と戦後の展開

## 第一節　宮原の思想構造の多面的重層性

宮原の思想と実践の連関構造を捉えるために、まず、思想構造について考察する。戦前から戦後にかけて宮原の思想全体を捉える上で重要な点は、様々な要素が多面的で重層的に構成され、それが宮原教育学として一個の独立した構造を形成しているということの認識である。そして、これが戦前では苛酷な言論統制の検閲を逃れて反戦反ファシズムの言論を様々な表現を通して伝え、戦後では複雑に錯綜した現実を柔軟に把握し、その核心的な問題を析出して提示することを可能にしたのである。

この点で、特に戦前についていては、宮原が関わった近衛新体制を一面的に翼賛政治や総動員運動としてのみ見るのではなく、その中には広く国民が参加し、軍国主義を阻止しようとする動きがあったことを認識する必要がある。確かに、近衛翼賛政権は東条軍国主義政権へと進む天皇制ファシズムの過程に位置づけられるが、その過程には様々な要素が混在し、軍国主義へと向かう方向を反戦平和や民主主義へと逆転させようとする試みも存在していたことを認識することが重要である。

元より、現実の社会構造では様々な思想が提起され、それらが接近し、或いは反発し、対立し、また交差し、錯綜して歴史を形成する。具体的に言えば、天皇制ファシズムが翼賛体制から軍国主義体制へと突き進む中でも、右翼、左翼、自由主義、民主主義、現実主義、功利主義、プラグマティズム、資本主義、平等主義、マルクス主義、社会主義、共産主義、合理主義、非合理主義、浪漫主義、脱亜論、アジア主義、平和主義、非暴力主義、軍国主義、好戦主義等々が様々な形態で現れ、しかも、その中には弾圧を逃れるために表面上は別の思想でカモフラージュしていたものもある。そこでは、右翼と天皇絶対化、神格化の動きにおいてさえ、天皇制ファシズムとは区別される思潮があった。五・一五事件に参加した愛郷（塾）会[1]には民衆への視座と農村の疲弊を齎らした体制への問題意識があり、二・二六事件の皇道派は軍閥と財閥と官僚とが癒着した体制を変革しようとした。この点で、橋本徹馬は『天皇と叛乱将校』において、「いわゆる東亜共同体論、或いは日満支三国の経済ブロック論等も、もし米国その他の対日経済圧迫に対抗するがため、真に余儀なき処置をとる以上の、強制的または排他的なものであるならば、その種の思想は断じて八紘一宇の障害となる」と述べ、さらに「われらは予《かね》てわが皇軍の用うる銃器に菊の御紋章が刻せられてあることを最も尊く思うのである」と論じ、それは「『絶対に功利主義のために、この銃器を使用することなし』と解する意味において尊いのである」と説明している。[2]確かに、これは軍人の立場から「東亜共同体」や「八紘一宇」を論じたものであるが、しかし、そこには利を指向する「功利主義」への批判、平等主義による軍閥、財閥、官僚への批判もあり、さらに「菊の御紋章」を以て武器の無制限の使用を禁ずる点は戦争の拡大への抵抗という側面さえあった。この点は橋本が、一九四〇年一二月に「近衛内閣の依頼により渡米して日米間の平和のために努力す」るが、「帰朝後憲兵隊の圧迫により郷里引退のやむなきにいたる」という彼の実践においても確かめられる。[3]さらに、橋本は「人類は孰れもその生まれながらにして太陽と共にあり、空気と共にあるがごとくに、また食物と共にある」と述べており、[4]これは天皇制的な原始共産制の人間観と捉えることができ、特に、第四章で後述する情報将校であった鈴木庫三の思想や実践を重ね合わせるならば、一つの鍵となる重要な意味を内包していると認められる。

このように、天皇制ファシズムにおいても、その思想は一様でも単一でもなく、その多面的重層的理解が必要である。それ故、一九四一年一〇月に発足した東条英機内閣の推し進めた軍国主義の憲兵政治のみにより天皇制ファシズム全体を捉えるのではなく、それ以前には近衛文麿内閣が、国内では不況・恐慌、国外では戦争の拡大という危機的状況を突破するために推進した新体制運動があったことに留意することが必要である。それは確かに三八年五月の国家総動員法から四〇年一〇月の大政翼賛会結成という過程を進んだが、そこには統制の拡大と共に広範な国民の組織化の側面もあり、戦争やファシズムを回避し、或いは反対する者たちも近衛新体制に包含することになった。即ち、これは、内心で反戦反ファシズムの考えを有する者たちが近衛新体制を通して何らかの方法で大政翼賛会の指導部に影響を与えるならば、その影響を広範な国民に広げることができる条件や可能性が生成していたということを意味している。

そして、天皇制ファシズムが軍国主義の憲兵政治へと突き進む状況に対して傍観や回避という選択をしないならば、このような条件があり、その可能性に懸けるという実存的な決断は十分に現実的な意味を持っていた。そこにはまた、たとえ広範に国民が統制されていても、戦争を拡大するファシズム体制の非人間的暴力性が明らかになれば、国民は反戦反ファシズムに立ち上がるだろうという人間性への信頼とヒューマニズムもあった。

近衛内閣が日本のファシズム化に大きな役割を果たしたと解釈できるのは、事後の者である。しかし、同時代の動態的な状況に生きる者には様々な選択肢があり、その中で最善と考える可能性を選ぶ。そして、確かに近衛内閣は東条内閣へと続いたが、その中で様々な可能性に懸けていた者の思想や実践は、当時の条件に即して捉える必要がある。後述する三木清や岸田国士の大政翼賛会文化部に関わる役割も、この脈絡で捉えなければならない。即ち、彼らは東条内閣を導くために大政翼賛会文化部で活動したのではなく、その逆であったと言える。

そして、宮原は、この激動する危機的な現実から回避せず、また傍観もせず、まさにこれを正視して、国民の人間性をあくまでも信頼して期待するヒューマニズムを以て反戦反ファシズムの言論活動を実践したのであった。それは、マルクス主義、デューイの進歩主義的プラグマティズムや民主主義、それらに加えて人間性に信頼と期待を寄せるヒューマニズムや実存主義的決断などによる多面的で重層的な思想構造に立脚していた。さらに、この多様な思想の統合には、西田幾多郎から三木清へと展開した「一即多、多即一の弁証法」もあった。(5) しかも、宮原は監視と検閲を突破するために様々に表現を工夫しており、これもまた、彼の思想の多面性と重層性によってこそなし得たと言える。

このような宮原の思想構造の多面的重層性について、佐藤一子は、共同研究論文「宮原誠一教育論の現代的継承をめぐる諸問題」の中で、宮原を「ユートピア的な社会主義思想、マルクス主義、リベラリズム、プラグマティズム、ヒューマニズムなどを渾然と内包した戦後民主主義思想家」と規定し、「時代と国境を越えて共有しうる豊かさをもっている」と述べている。[6] この多面的重層的な思想は、思想信条の自由が蹂躙されていたファシズム体制下で、なおも反戦反ファシズムを広く伝えようと多様な思想や理論を摂取して構築したものであり、宮原に固有の独立した構造を有している。それは、一定の政治、経済、文化、宗教などの立場に還元され得ない独自の立場に立脚した思想構造である。

そして、この独立した多面的重層的思想構造の理解こそ、戦前から戦後にわたって宮原を統合的に捉えるための鍵となる。宮原は、その独自の立場から多面的重層的な思想を以て、激動する歴史の中で様々な課題に取り組み（英語で表記すればchallengeが相応しい）、戦中の過酷な思想弾圧により自由な言論が不可能となった状況下でさえ、むしろ、そのような状況だからこそ、敢えて検閲を通過する表現を用いてできる限り自らの思想を伝え、広めようと努力した。

確かに、独自の立場は一つの限定された主観により、そのため様々な試行錯誤を繰り返すことになる。しかし、試行錯誤の中で生じた問題を一面的に取り出し、それを以て宮原の思想や学問の全体を批判すべきではない。試行錯誤の中の問題は、様々な思想的理論的な努力の過程において生じた問題であり、それは宮原が到達した独自の思想構造の全体を捉えた上で考察されるべきである。特に総力戦体制の言論弾圧の下で発表された論考の表現を部分的に一面的に取り上げ、それを単純に動揺や転向と見なすことは、当時の天皇制ファシズムの暴力性を看過、或いは軽視することになる。むしろ、その暴力性の実態を認識するならば、検閲を通過した表現の中でも、宮原は可能な限り自分の思想を伝えようと努めたことが読み取れる。

このことは、戦後、言論の自由が大幅に改善された時に、宮原が反戦平和と平和教育の重要性を繰り返し提起しても、戦争の実態と戦争責任について十分に認識している者たちから、それが認められていたことでも確かめられる。この点で、宮原の戦争責任を追及した長浜功が、戦時下で育っただけで青年・成人として天皇制ファシズムの暴力と直接対峙してはいないということは偶然ではないと言える。むしろ、従軍し戦争の実態を身を以て体験した五十嵐顕は、宮原の「教育理論における平和と平和教育の位置」について「ひじょうに留意して考えるべき課題である」と記している。(7)五十嵐は「宮原理論の教育学的骨格」や「教育の本質における矛盾について――五〇年代宮原論文の意味について」などの論考で、繰り返し宮原社会教育学の意義と継承を提起しており、この引用文は、そのような文脈に位置づけられる。(8)さらに、佐藤一子は五十嵐の追悼集に寄せた「宮原教育学に寄せる想い」で「五十嵐先生からの葉書には、今にして思えば宮原先生が亡くなられて十年を経たあと一九八〇年代末頃から、くりかえして同じことが書かれている。それは宮原教育学における青年期教育論と『教育と社会』にまたがる思惟に注目して、それを現代的に継承しなければいけないということだった。そしてご自分は『わだつみのこえ』を通してそのことを考えていく、と必ず書かれていた。(中略)宮原教育学を現代の社会において読みぬけと激励してくださり、そして戦争とファシズムの歴史的現実から照射して教育理論をきたえる必要を身をもって後続の者に示された。このことは私ども戦後世代への問いかけである」と述べている。(9)これらは、宮原の戦争責任に関する問題を捉え直し、平和教育論の意義をより深く把握し、さらに宮原教育学の現代における継承発展の課題を明らかにする上で、極めて重要である。

しかも、戦前の宮原の論考を詳細に吟味するならば、苛酷な総力戦と言論弾圧という危機的状況において、むしろ極めて複雑かつ微妙であると同時にダイナミックに独自の思想を展開していたことが分かり、それはやはり、宮原独特の多面的重層的な思想によると捉えられる。つまり、独立した多面的重層的な思想が、危機的状況に対処し得る柔軟な表現を齎らし得たのである。そして、これについては、第二章でさらに詳しく考察していく。

## 第二節　思想と実践の相互連関

### 第一項　戦前の思想と実践

宮原は天皇制ファシズムの戦時体制下で組織的な抵抗が壊滅させられてもなお、独自に反戦反ファシズムの言論を広めようと努めた。これは一方で監視と検閲の当局には関知されずに、他方で広く分かり易く民衆に知らせるという極めて困難な課題への挑戦であり、また社会教育を研究する宮原の社会教育実践でもあった。このことはまた、宮原が教育学者であると共に教育者でもあったことを示している。しかも、一方的に教化し、教え込むのではなく、相手の状況に応じて対話的に教えようと努める教育学者であり、教育者であった。

それは、宮原が教育に取り組み始める発端から認められる。彼が教育に関わる出発点には、学生運動があり、また新興教育運動があった。この場合、学生運動と言っても、戦後の学生運動ではなく、戦前の学生運動であり、宮原は旧制大学進学以前の旧制水戸高校時代から学生運動と新興教育運動を積極的に担っていた。既述したように、波多野は山下を中心とした研究会で宮原を紹介されたと述べている。その時の様子を、波多野は「宮原にさいしょに会ったのは、山下（森）徳治さんの家で、小さな私どもの研究会がおこなわれたときではなかったか、とおもう。／このころ、わたしたちは山下徳治氏に夢中になっていた」と書いている。[10]

その頃、宮原は検挙されて停学処分を受けていた。停学という処分では、通学の停止だけでなく、学生の身分まで剥奪されてはいないから学生として自宅で謹慎して自学自習に励むことが求められるが、宮原は積極的に学外の自主的な研究会という一つの社会教育実践に参加していたのであった。これは、教育勅語体制による検挙や停学に対する自己教育による抵抗と言える。しかも、この自主的な研究会では教育研究、教育運動、労働運動などが統合的かつ実践的に取り上げられており、それらは戦後になり宮原の研究や実践において全面的に展開されるものであった。

この点について、山下が所長となった新興教育研究所に即して詳しく見ていく。新興教育研究所は、戦前の抑圧体制の下で非合法の組織形態を取らざるを得ない日本教育労働者組合のための宣伝や啓蒙や教育研究を担う合法的な組織として一九三〇年八月一九日に創設された。日本教育労働者組合は、同年五月の全日本教員組合準備会、八月の日本教育労働者組合準備会を経て、一一月に創設されており、両者の創設は併行して進められた。

当時は、山川均、猪俣津南雄、荒畑寒村、向坂逸郎たちが、一九二七年一二月に『労農』を創刊し、また、野呂栄太郎、山田盛太郎、平野義太郎、羽仁五郎、服部之総たちが一九三二年から三三年にかけて岩波書店から「日本資本主義発達史講座」を刊行し、労農派と講座派の論争が展開されたように、言論統制下でも民主主義、マルクス主義、社会主義、共産主義などの思潮と言論が広がっていた。他方、一九二八年三月一五日の日本共産党員大量検挙、四月一七日の東大新人会解散命令（次いで各大学社研に解散命令と教授たちの辞職）、翌二九年三月五日の山本宣治暗殺や、同年四月一六日の再度の日本共産党員大量検挙など、テロリズムや弾圧が続発していた。このような激動する状況の中で、三木清や羽仁五郎たちは一九二八年一〇月に『新興科学の旗の下に』を創刊し、秋田雨雀たちは翌二九年一〇月にプロレタリア科学研究所を創設し、本庄睦男たちは翌三〇年三月にプロレタリア教育学研究所を創設し、そして、山下はこれらの活動に参加していた。

この状況において、停学中の宮原は中田のペンネームで新興教育研究所で大きな役割を担い、また、非合法の日本教育労働者組合の機関紙「教育労働者」の編集も「手伝」っていた[11]。土屋基規は「山下所長の両翼であった帆足、宮原の書記局コンビ」と述べている[12]。その時、帆足は東大経済学部の三年生で、宮原はこの三人の中で最年少であった[13]。さらに、一九三〇年一二月五日に植民地下朝鮮において、新興教育支部準備会の教員や『新興教育』読書会「OL前哨社」に参加した京城師範学校生が検挙され、翌六日に山下と会計担当の西村（井口進）が東京で検挙され、「京城（ソウルの植民地時代の名称）」に連行・拘禁された後、その役割はさらに重大になった。帆足は『新興教育』誌の編集は「自然ぼくと宮原君の上に編集の責任が移ってきた」と述べている[14]。

なお、この検挙は本部と「京城」の支部準備会と読書会の間で交わされた手紙が「警察の検閲にひっかかった」ことが発端となったのであり[15]、当時の検閲の実態が窺える。それでも、宮原や帆足たちが検挙を逃れたのは、山下が全ての責任を負い、山下の意を受けた西村もそのように陳述し、しかも彼らがペンネームで活動していたからであった[16]。

こうして書記局と編集部において重要な役割を担うようになった宮原は、専門研究会でも教育科学や学生運動を担当していた[17]。その中で、「新興教育研究所創立宣言」（『新興教育』一九三〇年九月創刊号掲載）の起草では、土屋は「山下徳治が草案をかき、これを帆足計、宮原誠一、浅野研真、池田種生、本庄睦男らが検討して書き改められ、新興教育研究所の名において公表された」と記している[18]。このことは、新興教育研究所の活動に関わる様々な実務だけでなく、その理念、思想、理論においても宮原が重要な役割を果たしていたことを示している。

確かに、宣言起草の「検討」に名を連ねていても、そこで実質的な発言をせずにいれば、その役割は出席者としてだけになる。しかし、宮原は中田貞蔵のペンネームで、『新興教育』誌創刊号から連続して四回も寄稿しており、これは新興教育研究所の活動において思想的理論的にも宮原が大きな位置を占めていたことを示している。

以下、宮原（中田）論文を列挙する。

『新興教育』創刊号（一九三〇年九月）：「思想善導と学生運動」

同　第一巻第二号（一〇月号）：書評「マルクス主義と婦人問題」（レーニン、リヤザノフ著、新城新一郎訳）。これは「新刊書評」のコーナーで山下徳治によるプレハノフの「マルクス主義宗教論」と浅野研真によるヴァルガの「世界経済年報九輯」の書評と並んで掲載されている。

同　第一巻第三号（一一月号）：「労農党解消運動について」。これは「社会時評」のコーナーで、長谷川一の「既に用意された教員の大衆的馘首」と山下徳治の「大島プロ小学校の解散に直面して」と並んで掲載されている。

同　第一巻第四号（一二月号）：「国際的国内的諸対立の尖鋭化」（政治）。これは「一九三〇年の社会情勢」のコーナーで、村田徹夫（帆足計）「世界資本主義の危機の増大」（経済）、山下徳治「教育界の経済的危機」（教育）、御崎陸平（菅忠道）の「一年間の少年運動情勢の概観」（少年運動）と並んで掲載されている。

これらの論考の内容は当時の政治情勢や社会問題への批判が主で、マルクス主義の要素が極めて強い。文中には、いくつも××による伏せ字があり、言論統制下で可能な限り、その内容を伝えようとしたことが分かる。まだ教育学に専門特化していないが、このような論考が宮原の著述や談論の出発点にあったことは、宮原社会教育学の思想構造を捉える上で重要である。なお、『新興教育』誌掲載の中田貞蔵の論考は、この四編であるが、この点は、宮原の停学が一年であり、復学と大学進学や、一九三〇年一二月の山下の検挙、さらに統制と弾圧の中で『新興教育』誌の編集発行が次第に困難になったことなどと重ね合わせて考えるべきである。

そして、このようにマルクス主義的な思想を以て研究と運動を統合しようと努める宮原は一九三二年に東京大学文学部教育学科に入学する。この年は八月に国民精神文化研究所が設立されて教師の思想統制と教化が強められ、また新聞等では「赤化教員」を問題視するプロパガンダが繰り返され、特高警察の弾圧も激化していた。このような状況において、宮原は吉田熊次、春山作樹、入沢宗寿、阿部重孝たちの指導を受けて教育学を専攻し、卒業後は日本放送協会に勤める中で教育科学研究会に参加し、一九三九年に教科研が全国組織として再発足する時に、留岡清男（幹事長）、宗像誠也、重松鷹泰たちと共に常任幹事となる。そして、この時期は近衛新体制から東条軍事体制へと転換する激動的かつ危機的な分岐点に当たり、その中で、宮原は激化する言論統制を潜り抜ける表現を用いて反戦平和の論考を発表していた。これについて、これからさらに詳しく考察していく。

### 第二項　戦前と戦後の一貫性――「最も実践的な末端」に即して

宮原はその時々の現実と格闘しながら思想、学問研究、実践を絶えず発展させ続けたが、その中にも一貫性がある。これは本論文全体の考察で明らかにされるが、ここでは、その一例として、特に戦前に提示した「最も実践的な末端」（一九四二年発表の「錬成の新性格」）に視点を向ける立場が、戦後も「もっとも実践的な末端」（一九四九年発表の「教育の本質」）として堅持されていることを述べておく。

宮原は、これに示される一貫した視点と立場を以て、現実社会への批判的精神、及び社会を支える生産者、社会の基層で支えながら低層と見られて生きる人々、体制の歴史では無視されて湮滅されるが人類の歴史の発展の原動力となった人々に共感し、そのような人々と共同して搾取や抑圧や支配のある社会を変革すべく教育学を追究し、かつ教育者としてその実践に努めた。このような思想や学問と実践の統合は、まさに戦前の言論弾圧下で身を挺して進めた教育運動や言論活動において認められるが、民主化により言論統制が緩和された戦後ではより鮮明になり、しかも全面的に展開されている。

宮原は「社会教育の再検討」において、「政治的中立」を名目にして教育を様々な社会的問題から遠ざけようとする論調に対して「現代の中心問題であればあるほど論争的であるといってよい状況のもとで、教育が論争的問題に背を向けることは教育の自殺行為である」と指摘している。[19]現実から遊離し、実践を傍観して観念や思弁を論述するという立場への批判である。また、宮原は「町村の社会教育の指導者のこと――社会教育法施行五周年にちなんで」において、「社会教育の学問研究は、みずから実践の責任を負うことなしには一歩も先にすすめなくなっている。私たちは町村のなかでささやかな、しかし苦しい努力をつづけているので、町村のそとから、また上から、社会教育を批評する立場には立っていない」と表明している。[20]確かに「そとから、また上からの意見には謙虚に耳を傾けなくてはならない」と述べ[21]、偏狭で排外的な傾向に陥ることに注意しているが、その上で、宮原は「最も実践的な末端」たる「下から」の立場を明確に選び取っていることが示されている。

しかも、この教育者として「最も実践的な末端」に視点を据える立場は、宮原のマルクス主義を、その教条主義から遠ざけている。確かに、宮原の多面的で重層的な思想構造の中でマルクス主義は比較的大きな部分を占めているが、しかし、これは教条主義的なマルクス主義ではない。それは、抑圧や搾取の廃絶を通して「下」に置かれた人間全ての解放と、この解放のための実践を担う主体の形成を、歴史の発展過程に即して認識するための思想や理論としてのマルクス主義である。これは、マルクス主義政党の指導部が示す解釈を教え込む教条主義とは無縁であり、その視点は政党指導部という組織ではなく、社会を支える人間に向けられている。このような意味で、宮原のマルクス主義は、その中核に人間を位置づける人間主義（ヒューマニズム）的なマルクス主義であり、この教育は教条主義の教化ではなく、自ら望み求める教育を進める自己教育であると言える。

この点は、宮原の文章（テクスト）や談論（ディスクール）に即してこれから詳論していくが、宮原は論考や座談会や対談などのいずれにおいても、まず相手の立場や考え方を踏まえ、それに対応しつつ論を説き起こし、論理的に突き詰め、相手の視点や考え方を発展させ、現実の本質的な理解に導き、その過程で自分自身の思想や理論を伝え教えていくという対話的な方法が用いられている。これは文体（スタイル）でも同様であり、多くの宮原の論考は、その思想の多面的重層性に比して表現はできるだけ平易なものにされている。この点は戦前戦中から見出せるが、戦後の論考ではさらに押し進められ、平仮名が多く用いられている。そのため、却って読者はそこに込められた思想や理論の豊かな内容を見過ごしかねないが、しっかりと精読するならば、そこに内包された多面的重層的な意味を認識することができる。これは、宮原が教育学者かつ教育者として選び取った文体と言える。

そして、このように教育的に配慮された文体には、戦前では、もう一つの目的があった。即ち、宮原は監視と検閲に注意を払いながら、ファシズム体制がプロパガンダで使う用語や表現を敢えて取り上げ、そこから論を説き起こし、論理展開の中で、プロパガンダで多用される用語の意味をプロパガンダから引き離して語義的に本来の意味に立ち返らせ、この意味を知らせることで、ファシズム体制の意図とは反対の結論に導こうと努めた。実際、この方法は厳重な言論統制下では極めて現実的な言論による批判と抵抗であった。多数の国民が皇国の必勝を信じ、或いは祈願し、また或いは拱手傍観または諦観していたのであり、このような状況においては、読者の多くは軍国主義者か非常時だから戦争はやむを得ないと考える者である。その中には進んで当局に反戦言辞を注進（密告）する者さえいた。これが全体主義社会の実態であり、そして多くの読者がこれらのようであれば、まず、そのような読者が文章を読んで受け入れ、次第に読み進める中でプロパガンダとは異なる論理を辿り、最終的に軍国主義的な、或いはやむを得ないと戦争を追認する考え方を転換するように導いていくことが極めて重要な課題となる。それ故、このような論述方法を以て、宮原は監視や検閲に抵抗し、密告を逃れ、治安維持法体制下で非合法とされる思想や理論を内包した論考を公表して軍国主義者や傍観者や諦観者を教育し、その考え方を転換させて、ファシズム体制と侵略戦争に反対する動きを少しでも強めようと努めていたのである。

### 第三項　戦後の思想と実践

戦後の民主化により宮原は自らの思想を公然と表明し、その実践を積極的に展開することができた。特に、社会教育の鍵概念の一つの自己教育は、宮原にとって単なる研究対象やテーマではなく、自分自身の実践でもあった。これについて、碓井は「宮原誠一——その理論と実践と」において「社会教育論者とその生」に注目し「人の自己教育は、この世に生きぬいていこうとする、かれの生きかたにかかわる。そのような自己教育を本旨とする社会教育について、深く論じようとすれば、論者は、まずみずからの生きかたを直視せざるをえないであろうし、深く底に秘めて成り立っていく」と述べて、宮原の「生きかた」と彼の社会教育学や自己教育論との関連を概括している[22]。宮原は、まさに自己教育を思想や学問と実践の統一として追究したのである。

また、神山は『教育論集』第七巻の「解題」で、宮原の「業績の多彩さは、右の六巻（『論集』第一巻から第六巻—引用者）の器をもってしても、とうてい盛りつくせない性質のものを含んでいる。先生はすでに示されたような理論的構築の仕事とならんで、おどろくべき繁忙のさなかに、常に大衆の中に入ろうとする実践を自らに課しつづけた人である」と述べている[23]。この点を、碓井は具体的に「教育科学研究会の再建をはじめ、日教組の教育研究活動、国民教育研究所、総評労働青年研究所、日青協の青年研究活動、子どもを守る会、全国社会教育推進協議会、全国PTA研究会、等々の発足には、いずれも彼が中心的な組織者あるいは助力者となっている。それらのいずれにかかわるばあいにも、かれの教育論の発露があるし、それらの団体の活動の中から、かれは、その教育論をゆたかにする糧をくみとっていた」と記している[24]。これらの中で教科研の再建（一九五一年一一月）では『教育』の復刊にも尽力し、宗像誠也や勝田守一と共に編集代表となった。「国民教育研究所」に関しては、伊ヶ崎暁生が「格調高く名文の設立の『趣旨』の原案を書かれたのが宮原先生だと後から宗像先生に聞きました」と記している。[25] そして、宮原は創設から研究会議員を務める（七八年九月まで）など、その中心的な役割を担った。さらに、労働青年研究所では、運営委員長を務めた。

これらに加えて、神山は、宮原が青年や成人だけでなく、子供「の中に」も「入ろう」としたことを、『論集』第七巻で編集した子供向けの文章により示した。例えば、神山は児童向けに執筆された「教育とはなんだろう」を「子どものための教育学概論」と規定している。[26] その中で、宮原は「あなた」と「私」という対話的な文体で「教育」について説明し、「のぞましい学習を助ける努力――それが教育」というように、子供に分かる表現で発達と学習と教育の関連を明らかにしている。[27] 表現は平易であるが、その論理の本質は保持されており、後述する勝田の発達・学習・教育の概括に通底している。このことから、子供にも理解できるように理論を展開させようと努力する点で、宮原自身も「その教育論をゆたかにする糧をくみとっていた」と捉えることができる。

碓井や神山は主に教育学者としての宮原について述べているが、教育科学運動、教育研究活動、群馬県島村の学習サークル運動という三つ実践において、教育者としての宮原を見ていた斎藤喜博は「三M教授のこと」という『教育論集』月報に寄せた文章で「私が心を打たれていたことは、これらの先生たちが、いくらでも安穏な道を歩むことができるであろう世間的な場を持っていたのに、あえてそれを捨て、より苦しく重い運動や実践のなかにあえて飛び込み、先頭に立って活動しつづけたことである」と述べている。[28] 宮原の思想や学問と実践との統合は、教育学者だけでなく、教育者によっても評価されていたことが分かる。

このように宮原の思想や学問と実践の統合が評価されているが、それでも記録されているものは少なく、またたとえ記録されている場合でも、それは宮原の多面的で広範な活動の一部でしかない。この点について、神山は「残念なことに、先生の業績のこの側面はいわば無形文化なのであった」と述べている。[29] この「無形文化」という指摘は、宮原の思想、理論、実践などを理解する上で極めて重要である。宮原は、極めて多様で広範な活動から理論や思想を演繹し、析出したのであり、これを軽視して、文献だけで宮原の理論や思想を捉えることは極めて不十分である。そして、この多様で広範な活動の中には、中田貞蔵というペンネームで執筆せざるを得なかった、戦前戦中の抑圧体制下の非公然の、或いは半地下の活動も含まれている。

そして、このように思想や学問と実践の統合を自分自身の自己教育として進めることを基盤として、宮原は、形成と教育、社会の基本的な諸機能の「再分肢」として教育、その諸機能の「最も実践的な末端」で営まれる機能としての教育、諸機能における「必要」を「人間化」、「主体化」する実践としての教育、それに基づく社会教育の歴史的理解、人類史、世界史を通した「原形態」としての社会教育の弁証法的発展、そこにおける「上から」の要求と「下から」の要求の合流・混在、その動態における国民教育と自己教育（運動）、学習必要の追求と自覚化（特に青年）などの諸理論を提起した。[30] 平和教育、生産教育、労働者の自己教育運動、青年の学習などにおいても、その論理は、これらの諸理論によって構成され、展開されている。そして、これら全体を統合しているのが、宮原独自の思想である。

このことを踏まえた上で、ここで宮原の思想や学問と実践の統合の具体例として日本社会教育学会、教育科学運動としての「教研活動」、アクション・リサーチの共同研究について述べる。まず社会教育学会では、宮原は一九五四年に創設された社会教育学会の初代会長を務めた。そして、一九五六年に教育行政の一般行政からの独立、地方自治、住民による委員の選挙などを定めた教育委員会法（一九四八年制定）を廃止して地方教育行政の組織及び運営に関する法律が制定されようとした時、社会教育学会の教育政策第一委員会が「意見書」を五六年四月一一日に発表し、「教育委員の任命制は、社会教育への政党からの影響をともないやすく、ことに委員会に対する予算措置その他をつうじて、地方公共団体の首長の選挙対策的諸活動との関連を、青年教育、婦人教育などに生じるおそれが多分にある」と指摘し、結びでは「一般的にみて、教育委員、教育長の任命方式及び第五二条の『措置要求』の条項などは他の教育諸立法とも相まって、教育が国家統制および中央集権化の傾向を強めるものであるが、このような傾向は、地域の自主性を生命とする社会教育を破滅にみちびくものとして重大な警戒を要する」と提言した[31]。

既にこれに先立ち、五六年三月一九日に発表された「文教政策の傾向に関する一〇大学長声明」は、その草稿が宮原により執筆されていた[32]。この「十大学長声明」には、社会教育学会教育政策第一委員会の示した「意見」に加えて、学校教育の「教科書制度」が例示されており、これについて「民主的教育制度を根本的に変えるようなものであり、ことに教育に対する国家統制を促す傾向がはっきりしている」と表明されている。この教育の「国家統制および中央集権化」への「警戒」は、後に論及する元特高官僚の教育委員・教育委員長の任命や家永三郎の教科書検定訴訟を見る時、極めて先駆的で鋭い現実認識であったことが分かる。

さらに、一九七〇年の「急激な社会構造の変化に対処する社会教育のあり方について」について、社会教育学会が、日本国憲法、教育基本法の精神を踏まえて「意見」を発表したことは、この思想と実践の積み重ねの上に位置づけられる。これについては、教育改革や生涯教育政策との関連で後述する。

次に、教育科学運動としての「教研活動」について見る。これは、教育実践の理論化や、それを通した向上だけでなく、教職員の労働運動の発展を目指す労働者自己教育運動の性格も併せ持ち、また、教育学者である宮原にとっては「自己教育」でもあった。そして、戦前から新興教育研究所や教育科学研究会の活動を担ってきた宮原は、戦後は公然と積極的にこの運動を進めた。特に、宮原は、一九五一年一一月一〇日から一二日の第一次全国教研集会から講師として参加し、第三次（一九五四年一月二五日から二八日）や第七次（一九五八年一月二五日から二八日）では、「講師団代表意見発表者」になっている。第十次は、六〇年安保後の一九六一年一月二九日から二月二日に開催されており、それまでを一区切りとすると、「講師団代表意見発表者」に二度なっている講師は宮原だけである。なお、上原専禄は「講演者」に二度なっている。

この「教研活動」の内容について、第一次から第十次までの「講師団代表意見発表者」と「講演者」は、以下のとおりであり、その特徴と学問的文化的水準を知ることができる。(33)

| | 講演者 | 講師団代表意見発表者 |
|---|---|---|
| 第一次（五一年一一月一〇日〜一二日） | 清水幾太郎、大内兵衛、城戸幡太郎 | 宗像誠也 |
| 第二次（五三年一月二五日〜二八日） | 矢内原忠雄 | 福島要一 |
| 第三次（五四年一月二五日〜二八日） | 南原繁 | 宮原誠一 |
| 第四次（五五年一月三〇日〜二月二日） | 上原専禄 | 梅根悟 |
| 第五次（五六年一月三〇日〜二月二日） | 都留重人 | 岡津守彦 |
| 第六次（五七年二月一日〜四日） | 阿部知二 | 山田清人 |
| 第七次（五八年一月二五日〜二八日） | 末川博 | 宮原誠一 |
| 第八次（五九年一月二四日〜二七日） | 桑原武夫 | 日高六郎 |
| 第九次（六〇年一月二六日〜二九日） | 坂田昌一 | 今井誉次郎 |
| 第十次（六一年一月二九日〜二月二日） | 上原専禄 | 勝田守一 |

この「教研集会」は、学校や地域などの「最も実践的な末端」の「教研集会」を積み重ねて全国「教研集会」を作り上げるという方式であり、従って、全国「教研集会」は、数多くの「教研集会」の中の一つである。

その中で、五七年二月の第六次教研集会の直後に日教組は「教え児を再び戦場に送るな」、「平和を守り真実を貫く民主教育の確立」という方針で教育研究所設立を決定し、その後、同年七月二七日に国民教育研究所が創設された。そして、宮原は既述したように国民教育研究所設立趣旨の起草や研究会議員などで中心的な役割を担った。(34)

第三に、アクション・リサーチの共同研究について述べる。これもまた、教育学者である宮原自身の「自己教育」であり、それを通して、宮原は自らの教育学を点検し、発展させようとしていた。ここで、アクション・リサーチと言っても、そこには現実的な効果の測定により仮説の実証を目指す社会工学的な調査研究方法に止まらず、デューイの進歩主義的プラグマティズム、「最も実践的な末端」の立場に視点を据えて現実を認識し、変革しようと努めるマルクス主義、自分自身の「生きかたにかかわる」ものとして実践に「入ろう」とする、さらには「没入」する実存主義などの側面もあったと言える。

そして、このように多面的重層的な思想に基づく宮原的なアクション・リサーチとしては、教育実践の研究の他に、労働者自己教育運動、生産大学運動、地域学習サークル運動などの研究がある。具体例としては、日本教職員組合の「教研活動」、労働組合やナショナル・センター（全国中央組織）の労働者自己教育運動、長野県駒ヶ根市の「信濃生産大学」（総主事を務める）、群馬県島村の全村教育的な地域学習サークル運動（島村小学校斎藤喜博との協力共同）があり、それぞれ東京大学社会教育学研究室の助手や大学院生が参加した共同研究として進められた。

その中で、労働者自己教育運動について見ると、宮原は「最も実践的な末端」に迫る視座で、政治や経済や文化の必要を捉え直して「人間化」し、「主体化」する「再分肢」機能としての教育論を生産と労働の場に適用すべく、生産教育から労働者自己教育へと共同研究を展開し、それをアクション・リサーチとして進めた。東京大学大学院・宮原研究室「労働者教育運動の現段階」の第一部「労働者教育運動組織の現状」として、『月刊社会教育』一九六七年七月号から一一月号にかけて連載された共同研究論文の「はじめに」では、「労働者教育関係諸氏からの聞取りや、文献の蒐集や、労働組合訪問や、アクション・リサーチとして自主的サークルを労働者とともにつくって運営することなど」が具体的に挙げられている。[35] そして、このアクション・リサーチの主な成果は、「地域と職場の学習集団の研究」（『東京大学教育学部紀要』No.4 一九五九年）、『青年の学習――勤労青年教育の基礎的研究』（前掲、一九六〇年）、「事業内職業訓練と公立工業高校との連携」（一九六一年、簡易製本）、「トヨタ自工と豊田市における教育」および「技術革新にともなう地域変動と地域の教育」（日本人文科学会『技術革新の社会的影響――トヨタ自動車・東洋高圧の場合』東京大学出版会、一九六三年）、「技術の高度化と現場作業員の学力」（『東京大学教育学部紀要』No.7 一九六四年、その補充調査は六五年にまとめられている）、前掲「労働者教育運動の現段階」（一～五、一九六七年）、「共同研究：労働組合教育活動の現段階」（『東京大学教育学部紀要』No.11 一九七一年）、前掲『生涯学習』（一九七四年）などに見ることができる。なお、他にも共同研究の論文があるが、ここでは労働者自己教育運動論が主題ではないため言及は控える。その主題的な考察は「戦後日本労働者教育研究における自己教育論の展開と意義――東京大学社会教育学研究室労働者教育共同研究の場合[36]」で行った。

次に、これらの共同研究論文の内容を見ると、それは生産の「最も実践的な末端」における勤労青年や労働者の学習・教育に関する研究である。その生産への視角には職場だけでなく地域も包摂されており、豊田市という地域とトヨタ自工という企業とを関連させているように、地域もまた生産の「最も実践的な末端」として捉えられている。それ故、これは生産大学や地域学習サークルのアクション・リサーチとしても同時並行的に進められ、全体として宮原研究室の共同研究となっていくのである。

確かに、その後、宮原は定年退官を前にした大学院最終講義でアクション・リサーチを「うまく実らないで中途で終わった」と述べているが、しかし、それでもなおアクション・リサーチを「いちばん有効な方法」、「最後のきめ手」と規定しており、この規定自体を改めるとまでは発言していない。[37] この研究方法論（methodology）としての評価については、これから明らかにしていくが、宮原はマルクス主義、デューイのプラグマティズムや民主主義、西田・三木の弁証法や人間学などの思想や学問を摂取しており、これらを踏まえて宮原はアクション・リサーチを研究方法論として「いちばん有効な方法」及び「最後のきめ手」と見なしていたのである。このことから、宮原は、様々な思想や学問を踏まえてアクション・リサーチを研究方法論に選び、そして、いくつもの実践に適用し、それを積み重ねたが、自分が東京大学を退くに至って、それは「中途で終わった」と反省的に総括し、その上で、やはり研究方法論的に「いちばん有効な方法」、「最後のきめ手」として大学院の若い研究者に託そうとしたと考えられる。そして、二一世紀になって、佐藤一子は、宮原のこのアクション・リサーチの意義を国際的な研究動向の展開の中に位置づけている。(38) ここから、宮原が構想し、多方面で進めたアクション・リサーチが確実に継承されていることが分かる。

それでは、このような宮原の思想、学問と実践の統合をさらに深く理解するために、次章で考察を戦前にまで広げていく。

第一章　注

（1）久野収は「当時水戸高校の寮の残飯を貰い受けて暮しの足しにしていたのはなんと橘孝三郎が指導するファッショ団体、かの五・一五事件のテロ実行者を供給した『愛郷塾』の連中だった。この問題に宮原君はたぶん気づいていた。（中略）なるほど思想的にはファナティックで偏狭で始末におえないとはいえ、右翼の方が民衆とどうつながるかを真剣に求めていた。学校教育の秀才ばかりあつめる結果になった左翼よりも民衆とつながってその思想をどう変えるかにとりくんでいた。めずらしく宮原君にはその点のきちんとした理解があった」と述べている。「八〇年代社会教育への期待――久野収氏に聞く」『月刊社会教育』一九七九年一二月号、pp.10-11。

（2）橋本徹馬『天皇と叛乱将校』日本週報社、一九五四年、pp.91-93。

（3）引用は、同前巻末の著者紹介。また、橋本は『日米交渉秘話』を一九四六年に紫雲荘出版部から刊行し、一九五二年には増補第四版を出版している。

（4）同前、p.88。
（5）三木は、アウグスチヌス、クザーヌス、パスカル、フッサール、ハイデガー等を摂取し、それを東洋思想と統合しようと努めた西田の継承発展に努めた。これについては後に文化政策論に関連して詳述する。ここでは、序章で引用した宮原の「生産のための教育と平和のための教育とは二にして一である」という観点に、これが認められていると指摘しておく。春山作樹が「本邦教育史研究の意義」で「一中の多」、「多中の一」、「異中の同」を論じている点も注目すべきである。『日本教育史論』国土社、一九七七年、pp.324-325。初出は『教育』一九三四年一月号。また西田の戦争への関与については第三章第五節第五項で述べている。
（6）佐藤一子「宮原誠一教育論の今日的検討課題」（「宮原誠一教育論の現代的継承をめぐる諸問題」序章）『東京大学大学院教育学研究科紀要』第三七巻、一九九八年、p.315。
（7）五十嵐顕「宮原理論の教育学的骨格」『宮原誠一教育論集月報』Ⅲ、一九七七年、p.2。
（8）同前「宮原理論の教育学的骨格」、及び五十嵐顕「教育の本質における矛盾について――五〇年代宮原論文の意味について」『教育』一九七八年一二月号（特集「宮原誠一先生の死を悼んで」）。
（9）佐藤一子「宮原教育学に寄せる想い」五十嵐顕追悼集編集委員会『五十嵐顕追悼集』同時代社、一九九六年、pp.333-334。宮原、五十嵐、佐藤という学的系譜については、山田正行「五十嵐顕『教育費と社会』を自己教育の視点から読む（1）」『社会教育学研究』第八号、二〇〇四年で端緒的に論じている。
（10）前掲「交遊五十年――その幕あき」『宮原誠一教育論集月報』Ⅱ、一九七七年一月、p.1。参加者には、他に正木正、依田新、矢川徳光などがいた。
（11）前掲「教育への反逆」p.358。
（12）土屋基規「解説」②『新興教育復刻版月報』No.2、白石書店、一九七五年、p.1。
（13）山下は発足時の書記局員を、山下、中田（宮原）、本庄睦夫、長谷川一、田部久で構成したと述べており、帆足は、その後に加わったと言える。山下「新興教育研究所の創立のころ」前掲『嵐の中の教育――一九三〇年代の教育』p.131。
（14）帆足計「新興教育のあけぼの」前掲『嵐の中の教育――一九三〇年代の教育』pp.150-151。当時の経緯については、宮原誠一の前掲「教育への反逆」、及び海老原治善「解説」山下徳治（海老原治善編）『明日の学校』（世界教育学選書76、明治図書、一九七三年、特にpp.252-253）を参照。
(15) 前掲「新興教育研究所の創立のころ」pp.135-136。
(16) 前掲「教育への反逆」『教育論集』第六巻、p.359。
(17) 井野川潔「『新教』の教育運動」前掲『新興教育復刻版月報』No.2、p.5。
(18) 土屋基規「解説」①『新興教育復刻版月報』No.1、白石書店、一九七五年、p.5。
(19) 宮原誠一「社会教育の再検討」『教育論集』第二巻、p.235。
(20) 宮原誠一「町村の社会教育の指導者のこと——社会教育法施行五周年にちなんで」同前、p.245。
(21) 同前、同頁。
(22) 碓井正久「宮原誠一——その理論と実践と」全日本社会教育連合会『社会教育論者の群像』一九九三年、p.281。
(23) 神山順一「解題」前掲『教育論集』第七巻、p.385。
(24) 前掲「宮原誠一——その理論と実践と」p.286。
(25) 伊ヶ崎暁生の二〇〇二年一〇月二四日の筆者宛書信。伊ヶ崎は東京大学教育学部助手から国民教育研究所所員となり、宮原の思想や人間性について身近で知っていた。また「設立趣旨」は、宮原誠一、丸木政臣、伊ヶ崎暁生、藤岡貞彦編『資料・日本現代教育史』第二巻、三省堂、p.486に収録。
(26) 前掲、神山「解題」p.386。
(27) 宮原誠一「教育とはなんだろう」『教育論集』第七巻、p.201。初出は『児童百科辞典』第七巻、平凡社、一九五二年。この学習論は、「学習とは何か」（『家庭の教育』全集第二巻、主婦の友社、一九六七年、『教育論集』第七巻所収）でより詳しく論じられている。
(28) 斎藤喜博「三M教授のこと」『教育論集』月報Ⅶ、一九七七年一一月、p.2。当時「戦後の教育科学運動の先頭に立っていた」宗像、宮原、勝田は「三M」と呼ばれていた。
(29) 前掲「解題」p.386。

(30) 括弧付きの諸概念については、これからの考察で引用箇所を明示する。
(31) 日本社会教育学会教育政策第一委員会名の文書で、B５の紙一枚とB４の紙一枚に印刷され、後者を二つ折りにして合わせてB５版にして綴じられている。
(32)「十大学長声明」は、前掲宮原他編『資料・日本現代教育史』第二巻、p.157。宮原の草稿執筆については、伊ヶ崎の二〇〇二年九月一〇日付の筆者宛書信より。学長たちには教育学を専門とする者が見当たらず、また後述するように、東大学長として名を連ねている矢内原忠雄と宮原の戦前からの思想的実践的関係性を踏まえれば、これは妥当と言える。
(33) 日本教職員組合編『教研活動の一〇年』一九六一年。なお、第九次と第十次は、日教組と日高教の合同の「教研集会」である。
(34) 国民教育研究所編『民研三〇年のあゆみ——国民教育の創造をめざして』一九八八年、pp.8-9。
(35)『月刊社会教育』一九六七年七月号、p.56。執筆は宮原誠一と藤岡貞彦。なお、各号では、労働大学、労働者教育協会、勤労者学習センター、日本労働者教育協会、中央労働学園が取り上げられている。
(36)『社会教育学・図書館学研究』No.6、一九八二年。
(37) 宮原先生を偲ぶ会編『社会教育研究の方法——宮原誠一先生最終講義（大学院演習）』一九九〇年、p.9。
(38) 佐藤一子「社会教育研究とアクション・リサーチ——参加的アクション・リサーチ国際ネットワークの展開における宮原誠一の位置」『社会教育学会紀要』No.41、二〇〇五年。

# 第二章　宮原社会教育学の思想的枠組み

## ——人間発達と社会発展の総体的認識の学問としての社会教育学

## 第一節　宮原社会教育学における中田貞蔵の位置

### 第一項　マルクス・レーニン主義

既述したように、宮原社会教育学には様々な思想が摂取され、さらに、それぞれが宮原の視座から組み合わせられて、一個の独自の思想構造が構築されている。そして、この独自の思想構造に基づき、宮原は様々な理論を社会的諸現実に適用させ、そこで営まれている実践の中で検証し、発展させた。宮原は独自の思想構造を獲得していたからこそ、特定の価値体系や信念体系、及びそれらに基づく組織や運動に規定されることなく、独立した立場で事物の本質に迫り、それを通して自らの理論を展開させることができたと言える。たとえ、既存の理論や、それを表す概念を用いる場合でも、そこには宮原独自の構造化と応用と展開があった。そして、これは中田貞蔵時代から認められる。

戦前から戦後にわたる宮原（中田）の論考、談論、実践を見渡すとき、一九三〇年頃の政治情勢や社会問題へのマルクス主義的批判や新興教育運動、四〇年代の「文化政策」論や教育科学運動、そして戦後の社会教育学や教育研究運動、自己教育運動という思想や学問と実践の相互展開が見出せる。その過程では、次第に視座が社会教育に焦点づけられているが、しかし、これを狭い専門領域への特化と捉えるべきではない。宮原において、時代や社会を総体的に認識し、そこにおいて人間が抑圧され、社会が停滞或いは後退させられている諸問題を批判しつつ、人間発達と社会発展の方向性を提示しようとしていたことは一貫している。そして、戦前の言論統制下では、自らの思想や理論を表現することが困難であったが、戦後は、それを全面的に展開し、特に社会教育に即して提示した。それ故、彼の思想的枠組みを把握するためには、中田貞蔵時代の出発点を踏まえながら、宮原の思想や理論が自由に全面的に展開された戦後の論考、談論、実践に即して考察しなければならない。その上で、言論統制が激化した中で発表された諸論考に込められた思想や論理に迫り、同時に、それへの批判について批判を加えなければならず、この作業は第三章と第四章で行う。

それでは、このような視座から、まず中田貞蔵時代の四つの論考を見ると、これらは、確かに『新興教育』という教育誌に発表されているが、内容は政治情勢や社会問題へのマルクス主義的批判が主であり、教育への論及は少ない。この点については、戦後になり、帆足が自省的に「そのころの、ぼくたちの、理論水準は（中略）公式主義のコチコチ」であったが「公式主義とはいえ、正統派マルクス・レーニン主義」と述べている[1]。学生（帆足は東大在学中で、宮原は停学中の旧制高校生）であれば、これは当然である。しかし、このことは、帆足や宮原がマルクス・レーニン主義を基本文献に基づいて的確に理解し、それを論考にまとめていたことを意味している。そして、彼らの論考は、当時のマルクス主義の解説や評論として今もなお十分に読む価値がある。

このような理論研究と共に、宮原は教育の現場に目を向け、それと格闘していた。『嵐の中の教育』所収の「教育への反逆」では、帆足の自省に照応して、宮原は「考えてみれば、まだ高校生の身で現場の教師たちを組織することをやっていたわけである。だから、わたくし自身のことからすれば、学生運動気分であり、はなはだ質の低いものだった。あの時期の客観的な社会的条件としては革命的な条件ももっていた情勢の高揚を、主観的に受けとって、革命前夜のように思いこみ、ただひたすら純粋に主観的に一途に活動していたのである」と述べている[2]。その上で、宮原は、次のように具体的な体験を述べて結んでいる[3]。

しかし、それとは別に、現場の教師で組織にはいってきた人たち、さらに地方で活動した人たちの場合には、もっとちがったものをもっていた、ということは考えておかなければいけない。山口近治さん、浦辺史さんなどは、現場の教師の気持ちもよくわかっており、しっかりした人たちだった。浦辺さんからは、とくにわたくしなどは、教労・新教の現場から浮き上がっているという強い批判をうけたことを思い出す。

ここでは、中田貞蔵時代から既に「最も実践的な末端」に迫り、そこから自らの思想や理論を錬成しようとする宮原の立場が認められる。

さらに、この「現場から浮き上がっているという強い批判」を受けた体験は、山下たちの検挙と、植民地下朝鮮への連行と重ね合わせると、青年期の宮原にとって、極めて強烈で重要なものであったと考えられる。しかも、それ以前に、羽仁五郎や三木清が山下を訪れ、さらに運動を前進させようと提案したが、これに山下が応じず、羽仁と三木が帰った後、若手の所員が強硬な意見を山下に出したという経緯もあった。[4] そして、この若手に宮原が含まれていたと想定することは難しくない。「公式主義のコチコチ」であれば、当然と言える。

しかし、その山下が検挙されても、なお自分を批判した若手の所員をかばい、一人で責任を負った。これにより、西村（井口）以外の若手の所員は検挙されず、その中の一人の宮原は復学することができた。この点を、宮原は「年が明けて、やがて四月にさしかかっても、山下たちは帰ってこなかった。わたくしは、研究所や組合の人びとに別れをつげて、遠くソウルの空に感謝の念を捧げながら水戸に帰った」と記している。[5] その中で「遠くソウルの空に感謝の念を捧げ」という部分は、先述の「現場から浮き上がっているという強い批判」と重ね合わせて理解する必要がある。

ただし、この弾圧による困難な状況下で、中田＝宮原は極めて重要な役割を果たしており、これについて次に述べる。

## 第二項　中田＝宮原の組織防衛

ここでは、司法省刑事局思想部が一九三三年九月に『思想研究資料』特輯第六号[6]としてまとめた「我国に於けるプロレタリア教育運動」に記された中田＝宮原の組織防衛の実践について述べ、そのプロレタリア教育運動における意義を示す。この『思想研究資料』特輯第六号の表紙には「取扱注意」、及び四角で囲んだ「秘」が記されており、警察の秘密資料である。ただし、秘密扱いとされているが、それでも明らかにされていない点がある。これから述べる新興教育研究所内の会議での発言を警察に伝えたのは誰か、という情報を収集し提供した主体である。しかも、この情報収集・提供の主体は、新興教育研究所の中央委員会や常任委員会の状況を詳しく系統的に把握しており、委員か、委員と密接に連絡を取りあえた者であると捉えられる。

確かに、刑事局思想部の名が付された「はしがき」[7]では、この「我国に於けるプロレタリア教育運動」は東京地方裁判所検事局思想検事中村義郎が「長野県下に於ける小学校教員等に対する治安維持法違反事件その他を取調中蒐集した資料」を「整理」して報告した文書と記されている[8]。しかし、その記述を読めば、「蒐集」された「資料」は文献だけでなく、会議での発言などの口述資料も含まれていることが分かる。この点について、思想検事が「プロレタリア教育運動」に参加したことはありえず、他の誰かが情報を中村に提供したことになるが、その誰かについて、中村は述べていない。その理由として、中村が書き忘れたか、研究論文のようにいちいち注記する必要性を覚えなかったかなども考えられるが、当時の言論統制の現実と思想検事の立場を考えるならば、情報蒐集の方法や過程を書くことができなかったため、即ち、情報は思想警察の諜報部員や密偵を通して蒐集されたためと捉えることができる。それでは、これを踏まえて、中田＝宮原の実践について詳しく述べていく。

第一編「新興教育同盟準備会発展過程」（昭和八年三月）では、新興教育研究所の活動が詳しく報告され、「中田」の名前も度々挙げられている。その中に、以下のような記述がある。(9)

当時所長にして書記局責任者たりし山下は書記局会議及び中央委員会を殆んど召集せず『新興教育』の編輯、其の発送、通信物の処理等を中田某と両人のみにて為し書記局会議及中央委員会無視の態度ありし為め所内に反山下的ブロック形成なり、所内のデモクラシー、『新興教育』の大衆化を強調せり。斯くて雑誌の大衆化は『新興教育』第二号（五年十日《ママ》発行）に於て投書欄『学校から』『赤いチョーク』を充実して大衆との連絡にその第一歩を踏み出し、また同号よりソヴェート欄、エドキンテルン欄、ピオニール欄を創設せり。

偶々同年十二月山下検挙せらるゝや反山下派ブロックは急激に進出し書記局の改組常任委員会の再建常任書記の任命編輯部組織部の確立等に付協議決定すべく臨時中央委員会を開催し次の如く決定せり。

常任委員

常任書記

而して組織部確立の必要上常任委員会は組織部従来の通信物及発送アド読者名簿等山下の（中田某と共に）従来なし居りたる事務全般の引継を中田某に要求したるに同人は『読者のアドは危険故渡されぬ』其の理由として従来組織部は非合法にして教育労働者組合の統制下に在りしことを述べ、合法的なる新研究所の統制を受くることの非及今後もなほ非合法組織部の必要なる事を主張せり。常任委員会はこの主張を正当なりと認め爾来翌六年十一月上旬に至る迄組織部は研究所の統制を全く離れ教育労働部の統制を受け居れり。其の間常任委員会と組織部との連絡は村川某橋本某藤田三郎等によって為され常任委員会は右三名を通して概括的報告を受け居りたり。

この文から、組織全体を把握していた代表の山下と会計の西村（井口）が検挙された後、合法組織の新興教育研究所と非合法の教育労働者組合の接点に位置していたのが中田＝宮原であったことが分かる。そして、「発送アド読者名簿等」は、最も公安警察の欲していた情報である。これが得られれば、組織を潰滅できる。しかし、これに対して中田＝宮原は「危険故渡されぬ」と拒否し、組織を防衛した。既述したように中田＝宮原の実践は当時の状況を知る者から評価されているが、これを、正反対の立場の公安警察によっても再確認できるのである。

その上で、注目すべき点は、まず「中田某」と記されていることである。「我国に於けるプロレタリア教育運動」では、この引用箇所の前の、『新興教育』創刊号について述べた一一頁で、既に「中田貞蔵」の名前が「思想善導と学生運動」の執筆者として出ている。ところが、一三頁の書記局員の名前では、「中田某」となっている（他には、山下徳治、本庄睦男、長谷川一、田部久となっており、「中田某」は山下に次いで二番目に挙げられている）。また、一七頁の学生運動研究会の担当に「中田」と記されている。そして、他のメンバーで「中田」と呼ばれている者は見あたらない。

このように、読み進めるうちに忘れることなどあり得ない程短い間で三通りの呼び方が使われているのである。このことは、「中田」等の情報が個々バラバラに報告され、かつ、それらをまとめた者が注意を払っていなかったことを示している。しかも、上記引用文中の「中田某」の発言や行動は極めて具体的で、臨時中央委員会の会議にいた者でなければ得られない情報であるが、それが『新興教育』掲載の中田貞蔵論文に結びつけられていないのである。このことは、情報収集・提供者が臨時中央委員会に出席できる程の者か、或いは、その者と密接な者でありながら、『新興教育』誌をまともに読んでいないことを示している。これは、情報収集・提供者が、専ら内部の組織や活動に関心を向け、研究内容などには無関心であったことを意味しており、まさにスパイであったことがこの点でも確かめられる。

第二に、確かにそれぞれ情報はその都度検討されたろうが、『我国に於けるプロレタリア教育運動』として個々の情報をまとめる段階では、思想警察の担当官にとっては価値がなくなっていたと推論できる。現場（これも一つの「最も実践的な末端」）の警察官にとって、評価されるのはどれ程運動を弾圧して弱体化させ、潰滅するかであり（小林多喜二虐殺を始め多くの共産党員への拷問を現場で直接指揮した中川成夫は一九三六年一一月二七日、共産党潰滅の功労者に特別叙勲・褒章が行われた際に天皇賜杯銀杯一個を授与された）、その後で活動をまとめても評価などされない。しかし、現場の警察官と異なり、高官にとっては分厚い文書は業績になる。つまり、『我国に於けるプロレタリア教育運動』は、思想検事という上層幹部の中村義郎にとっては価値がある。ただし、彼は、部下たちが機械的にまとめた文章を自分だけの業績として上部に報告しただけであり、原稿をまともに通読さえしなかったことは、一一〜一七頁の「中田貞蔵」、「中田某」、「中田」というバラバラな呼称に端的に現象している。

第三に注意すべき点は「反山下的ブロック」である。「研究会の確立」について、「当時新興教育研究所は其の主たる活動を機関紙『新興教育』の発刊と研究会に注ぎ居りたるが、十月に至りて、左の如き研究会の確立を見、毎週一回宛研究所事務所にて研究会を開催せり」と記され、九つの研究会と、計画中の五つの研究会が挙げられている。[10]ところが、その直後に「当時所長にして書記局責任者たりし山下は書記局会議及中央委員会を殆んど召集せず『新興教育』の編輯、其の発送、通信物の処理等を中田某と両人のみにて為し書記局会議及中央委員会無視の態度ありし為め所内に反山下的ブロック形成なり、所内のデモクラシー、『新興教育』の大衆化を強調せり」と述べられている。[11]『新興教育』の創刊は九月であり、山下たちの検挙は一二月である。数ヶ月の間に機関誌を創刊し、研究会を九つ発足させ、さらにまた五つも計画しているにもかかわらず、その点を評価せず、会議を開催しないことを追及している。ところが、この間に毎週一回研究会が開催されているのであり、意見を山下に伝える機会は無数にあったのである。「デモクラシー」を主張しながら、いかにも形式主義的で、性急である。

しかも、この主張と共に「大衆化」を提起し、「ソヴェート欄」、「エドキンテルン欄」、「ピオニール欄」と左傾化を強めさせている。確かに、これは新興教育運動の本来の目標に則っており、まさに正論であるが、これでは急進的な活動家しか運動についていけない。なお、先述したように、宮原は後日「現場から浮き上が」っていたと反省しているが、まさに青年宮原はこの影響下にあったと言える。しかし、それでも宮原は、このような「反山下的ブロック」から出された「発送アド読者名簿等」の要求を拒否しており、引きずられてはいない。

以上から、この「反山下的ブロック」は、困難な状況下でなお運動を前進させている点を取り上げずに、性急に形式的に指導部を批判し、かつ、正論を公式主義的に提起して左傾化を強めさせているが、公式主義的正論を取り去ってその実質を見ると、そこには、組織の中に分裂を引き起こし、中心となる代表を批判して活動を弱体化させ、さらに、組織メンバー全員の情報を得ようとする、という意図が現象する。これはまさに公安警察の目的と戦略であった。そして、山下がいない状況で、これを中田＝宮原が阻止したのである。

しかも、これは、この場だけの偶然的な対応ではない。宮原は監視と弾圧に対する組織防衛を日常的に意識していたことは、戦後の日常的な実践から確かめられる。千野陽一は「宮原先生は、大学院のゼミで、議論の間があくときなど、よく予定を書き込んだ小型のノートを取り出し、済んだ事柄を太字の万年筆で丹念に塗りつぶしておられた」と述べている[12]。

これについて、筆者と共に千野の話を聞いていた川上徹は、その日常の実践には、既に過去になったことにはこだわらず、何よりも現在を生き抜く姿勢が示され、文章や発言で自らを飾ろうとする者を遥かに凌駕した、宮原の思想が結晶化していると語った。筆者もそれは確かだと考える。この日常的に自分の足跡を消し去る実践は、殊更に自分の業績を他者に知らせようとする姿勢や心性とは対極にある。それは、自分ではなく、他者のために、社会のために実践するという姿勢や心性である。なお、逆に体制や御用学者は都合の悪い部分は記録を抹消し、或いは隠蔽して、都合の良いところは大いに記録し、そのための文書も容易に作成して頒布できる。従って、時を経て当事者が少なくなり、記憶も薄れる段階になると、これらのことが分からない者は、文献に依拠し、その影響下で歴史を理解したつもりになる。それ故にこそ、自分の足跡を消す宮原の思想と実践の意義を明らかにし、継承する必要がある。

この点を踏まえて、先述の中田＝宮原の組織防衛の実践を踏まえると、宮原がノートの「済んだ事柄を太字の万年筆で丹念に塗りつぶし」たのは、公安警察の情報収集について十分に理解し、たとえ戦後でも「逆コース」が激化し、ファシズム体制が復活し、自分が弾圧され、自分のノートが没収されたとき、そこから他に弾圧が広がることを避けるためであったと捉えられる。即ち、自分が弾圧された場合、自分だけがそれを引き受け、さらに時間を稼いで、他が自分の弾圧を知り、できるだけ対応や準備ができるようにすることが、暴政下の抵抗活動の基本的な心構えであり、これを宮原は戦後になっても保持し続けたと言える。

なお、中田＝宮原が「発送アド読者名簿」の引継を止めていた時点では、公安警察はまだ「中田某」が停学謹慎中の宮原であることまで掴みえていなかった。確かに宮原は水戸では検挙されたが、東京ではまだ知られていなかったと言える。しかし、もしそのまま活動を続けていれば、「中田某」が宮原であり、水戸高校で検挙された者であることが判明したであろう。まさに危険な線にまで踏み込んでいたことが分かる。しかし、まもなく宮原は一年間の停学処分を終え水戸に帰り、山下の思想と実践を心に刻み勉学に集中し、東大に進学し、山下の継承と発展に努めた。

### 第三項　山下徳治の社会教育論

このように青年の中田＝宮原に強い影響を及ぼした山下について、ここでは考察する。彼には社会教育に関する論考があり、『プロレタリア科学』一九三〇年七月号で「社会教育批判」を、また、一九三三年の『教育』創刊号で「社会教育について——現代における社会的教育学の史的概観」を発表している。まず前者を取り上げると、そこでは「個人主義と社会主義との《ママ》哲学の間」、「個人的教育も社会的教育も既に古くより存在」、「個人主義的教育と社会主義的教育との対立」など、個人主義と社会主義、或いは個人的と社会的との二項関係が提示されている。[13] ここには、後述する『学校と社会』でデューイが示した個人主義（個人的見地）と社会主義（社会的見地）の統一との関連が認められる。その上で、彼は「社会教育批判」の課題は「社会は何れの方向に動いてゐるかとふ、歴史的課題性に於ける具体的、現実的問題」であると捉え、その議論の結びで「文化革命や教育の革命は現在の激化せる社会情勢から恣意的にではなく必然的に抽象されたマルキシズムを根基とするプロレタリア教育科学」を求めていると提起している。[14] 即ち、山下は個人と社会を統合的に捉えるデューイ的な視点をマルクス主義的なプロレタリア教育科学へと展開させているのである。この点は、「社会教育について——現代における社会的教育学の史的概観」では、「『社会の自己指導』J.Dewey」、「デュウイの社会的教育の著名なる貢献は、学校が社会発展の自己指導であ」ると、デューイの位置づけがより明確にされ[15]、社会教育の批判ではなく、社会教育を「社会発展の自己指導」の学問として歴史的に捉えるという社会教育論として提示されている。

そして、青年宮原は、自主的な研究会、新興教育運動、教育労働運動などを通して山下の影響下でデューイを研究しており、それは「マルキシズムを根基とするプロレタリア教育科学」の構想の下で進められたと言える。この点について、藤岡貞彦も宮原のデューイ研究には「あきらかにマルクス主義研究学徒」の「視角」があると述べている。[16] さらに、藤岡は前掲『教育論集』第一巻「解題」を結ぶに当たり、「およそ事物が生長しつつあるところにおいては、一人の形成者は千人の再形成者に値する」を、Where anything is growing, one former is worth a thousand re-formers. の原文と共に引用している。[17] これは『学校と社会』に記されているホーレス・マンの文言であり、藤岡は宮原のマルクス主義的なデューイの理解の代表として、これを選んだと言える。そして、これを含む部分の宮原訳については、次項でより詳しく考察する。

以上から、社会の現実的諸問題を正視し、その解決のために人間発達と社会発展を考究すべく社会教育の歴史的理解に努める宮原社会教育学の原点には、マルクス・レーニン主義や、それに基づく山下の批判的社会教育論があると言うことができる。

### 第四項　「ソ連の教育」とジョン・デューイ――理念型としての「ソ連の教育」

山下と宮原の思想的理論的関係性に即して見ると、宮原社会教育学における進歩主義的プラグマティストのデューイの位置づけが、より深く理解できる。既述したように、山下を中心とした読書会では、「ソ連の教育についてきわめて好意的な見方をしていた」という理由でデューイの『学校と社会』の輪読が行われていた。即ち、ソヴィエト教育学を見据えてプラグマティズムの民主主義教育について研究していたと言える。

確かに、米国で提唱されたプラグマティズムは、古代ギリシア語で「物」や「事象」を意味する「プラグマ」に由来しているように、その論証の方法に「物」や「事象」に基づく実証を位置づけているところが唯物論と類比的であるが、しかし、それを実物的な効果や経験の概念で説明する点が弁証法的唯物論と異なる。また、デューイも『学校と社会』では社会主義に言及し、ソ連を訪問しながらも、その後、社会主義から離れるようになる。即ち、プラグマティズムには唯物論に近接する側面があり、また、デューイがソ連に接近した時もあったが、しかし、あくまでもそれぞれは異なり、思想的実践的な共通性は形成されなかった。

この点に留意した上で、ここで重視すべきは、たとえ一時的であれ、デューイが社会主義に言及し、ソ連を訪れたのは事実であり、これに基づいて山下を中心にした読書会ではデューイをソ連の教育の脈絡で理解し、そして、この理解が、戦後の宮原において幾分修正されながらも、やはり明確に位置づけられているということである。これは、山下（森）徳治と中田貞蔵と宮原誠一を結ぶ思想的理論的な系譜である。

それでは、これについて、デューイの『学校と社会』の翻訳に即して詳しく述べていく。まず、既述したように『教育』創刊号に、山下は「社会教育――現代における社会的教育学の史的概観」を寄稿し、その中でデューイの「社会の自己指導」を提示している。[18] そして戦後、宮原は『学校と社会』を翻訳し、その中で、この「社会の自己指導」を用いている。[19] この一致は、宮原のデューイについての理解に関わって重要である。

ここで、デューイの原文を見ると、宮原訳の「社会の自己指導」に該当する個所は、以下の通りである。

Here individualism and socialism are at one. Only by being true to the full growth of all the individuals who make it up, can society by any chance be true to itself. And in the self-direction thus given, nothing counts as much as the school, for, as Horase Mann said, "Where anything is growing, one former is worth a thousand re-formers."

これに対応した、春秋社版と岩波文庫版の宮原訳は、以下の通りである。

まさにここにおいて個人主義と社会主義とが統一されるのである。社会を構成するすべての個人の完全な成長に忠実であることによってはじめて、社会はいかなるばあいにも自らに対して忠実たりうるのである。そして、そのようにして行われる社会の自己指導ということにかけては、学校ほど重要なものはない。ホレース・マンがいったように、「およそ事物が生長しつつあるところにおいては、一人の形成者は千人の再形成者に値いする」からである[20]（春秋社版）。

まさにここにおいて個人的見地と社会的見地とが統一される。社会を構成するすべての個人の完全な成長に忠実であることによってはじめて、社会はいかなるばあいにも自らにたいして忠実たりうるのである。そして、そのようにしておこなわれる社会の自己指導ということにかけては、学校ほど重要なものはない。なぜならば、ホレース・マンがいったように、「およそ事物が生長しつつあるところにおいては、一人の形成者は千人の再形成者に値いする」からである[21]（岩波文庫版）。

ここで、両者の異同、特に「個人主義と社会主義」と「個人的見地と社会的見地」については後述することにして、まず「社会の自己指導」について注目する。これに対応する原文は"the self-direction thus given"であり、「社会の」は"thus given"を意訳したものと言える。そして、"thus given"の意味である前の文章を読むと個人の成長発達と社会の発展の統合が述べられており、その意味を「社会の」に込めたことが分かる。機械的に対応関係を見るならば、個人の側面が欠落していると思うことになるが、山下―宮原は「自己指導」の「自己」に個人の意味を込め、「社会の自己指導」に個人の成長発達と社会の発展とを統合する観点を組み入れたと言える。その上で、後年の宮原の自己教育論を考えると、この「自己指導」には人間が自分自身の成長発達のために自ら求める教育・指導を創り出していくという意味があると捉えることができる。

次に、この宮原の訳について、他の訳との対比を通してさらに検討していく。まず、河村望の訳を取り上げると、彼の当該部分の訳文は、以下の通りである。

ここで、個人主義と社会主義は一つになる。それを構成する個人のすべての十全な成長に真実であることによってのみ、社会はいかなる機会にも、それ自身にたいして真実でありうる。このようにして与えられた自己指導において、学校ほど重要なものはない。というのは、ホレース・マンがいったように、「およそ生長が見られるところでは、一人の形成者は千人の再形成者に値いする」からである(22)（河村訳）。

ここで河村は宮原とは異なり“the self-direction thus given”を「このようにして与えられた自己指導」と直訳している。ここで、翻訳に関する河村の観点を見ると、彼は、『学校と社会』には「すでに多くの訳書があり、なかでも岩波文庫版の宮原誠一訳は定訳版といってよい」と評価しているが、その上で、この『学校と社会』は、河村の翻訳編集する『デューイ＝ミード著作集』には「欠くことができな」く、しかも、宮原訳では「デューイの認識論的立場の無理解が、不十分な訳となっているところがある」と指摘して、宮原訳を「参照」した上で新しく訳出したと述べている(23)。河村の翻訳は二〇〇〇年に刊行され、宮原訳以後に毛利陽太郎と市村尚久の翻訳が出たが、それでも河村は宮原訳を「定訳版」と評価している(24)。河村の「無理解」という指摘は、この評価の上でなされているのである。なお、参考までに、毛利訳と市村訳の当該箇所を、以下に紹介する。

ここにおいて、個人主義と社会主義とは合致することになる。社会は、社会を成り立たせている個々人のすべてに、十全な成長を保障することによってのみ、いかなる場合であれ、社会みずからに対する責任を果たすことができるのである。そして、このようにして、社会によって〔未来の成員一人一人に〕その機会が与えられる自己指導という点において、学校ほど重要なものは他にない。というのは、ホーレス・マンが述べたように、「およそいかなるものでも成長しつつある場合には、一人の形成者は、千人の矯正者に値するものである」からである[25]（毛利陽太郎訳）。

ここにおいて、個人主義と社会主義は一体になる。社会は、社会をつくりあげているすべての個人の十全な成長にそむかないようにすることによってのみ、いかなる場合でも、社会自体に対して誠実でありうるのである。さらに、そのようにして社会によって得られる自己指導という点からすると、学校ほど重要なものは他にない。というのは、ホーレス・マンが述べたように「およそ何事によらず成長しつつあるところにおいては、一人の形成者は千人の矯正者に値する」からである[26]（市村尚久訳）。

いずれにおいても、「自己指導」に「社会によって」を補って訳しており、そのため、人間が自ら求める教育・指導を創り出すという自己教育論的な意味は弱められている。なお、re-formersを「矯正者」と訳している点は、二人に共通した特徴である。

これらを踏まえた上で、改めて、河村の指摘する宮原の「無理解」について検討する。確かに、宮原にジョージ・H・ミードとの関連におけるデューイの認識論的立場への関心は見受けられない。しかし、プラグマティズムを基軸に内省的行為を社会的文脈において、また社会関係を象徴的な相互作用として捉えるなどのミードの認識論から、デューイを理解することは、一つの理解であり、戦前戦中に山下たちの試みた「ソ連の教育」との関連でデューイを理解することも、また一つの理解である。しかも、それは天皇制ファシズムの言論統制だけでなく、戦後では社会主義と資本主義の対立が冷戦となり朝鮮半島で戦争まで引き起こし、その後はスターリニズムが批判されるというように、「ソ連の教育」との関連は歴史の激動の中で様々な側面から問われていたのである。春秋社版宮原訳の刊行は朝鮮戦争勃発の三ヶ月前で、岩波文庫版の刊行はスターリン批判の翌年である。ところが、このような歴史認識は河村の「訳者あとがき」では認められない。それ故、河村が宮原の「デューイの認識論的立場」に関する「無理解」を批判するならば、河村の方には、激動する歴史の現実と、これと格闘した宮原についての「無理解」が問われる。

この点をさらに問うていくと、河村はデューイやミードの翻訳を進める以前にマルクス主義社会学を研究しており、(27)ミードもデューイもマルクス主義者ではない点で、これらの思想的理論的な関係が問われる。これは、彼の翻訳編集する『デューイ＝ミード著作集』は、かつて彼が研究していたマルクス主義社会学とどのような関係があるのかという問題にも関連する。確かに、マルクス主義社会学からミードとデューイの統合的な理解を目指すことは、一つの思想的理論的展開と言えるが、これを示すためには、マルクス主義とデューイ＝ミードを統合する、或いは少なくとも関連づける視座や枠組みが求められる。しかし、このような視座や枠組みは河村の議論には見出せない。それ故、河村はマルクス主義社会学からデューイやミードの翻訳に作業の重点を移行させた、或いは前者を止めて後者を始めたと言うことになる。しかし、これでは一つの思想や理論から別の思想や理論に変えただけである。そして、河村が一つの思想から別の思想に変わっただけだとすれば、このことは、宮原が様々な思想や理論を取り入れて、独自の思想や学問を、即ち宮原社会教育学を構築していたことと比べて検討されなければならず、これはまた河村の指摘する宮原の「無理解」についても同じように当てはまる。

以上を踏まえた上で、改めて「社会の自己指導」という訳について考察を進める。宮原は、「訳者の序文」の「附記」(28)で、一九〇五年の文部省・馬場是一郎訳、一九二三年の田制佐重訳、一九三五年の頼順生訳を挙げている。先の引用箇所に対応する訳文を、それぞれ以下に引用する。

是れ個人主義たると社会主義たるとによりて異なる所なし苟も社会を組織する個人全体の発達を誤らざるとき

は社会は自ら誤ることなきなり此社会自導の道途に於て天下何物と雖も能く学校に比肩するものなきなり「ホーレス、マン」言へるあり「事物の生長時代に當ては一の成作者は千の改革者に優る」と至言といふべし[29]（文部省・馬場訳）。

此処に個人主義と社会主義とは合体する。社会がそれを構成する総ての個人の完全なる発展を完うせしむることが、やがて又、如何なる場合にも社会自体にとって忠実なるを得る所以である。而して、斯く與へられたる社会の自己指導に於て、学校ほど有力有効なるものはない。何故なれば、ホーレス・マンの言へる如く、「凡そ事物の発展しつゝある場合には、一の創成者は千の再成者に匹敵する」からである[30]（田制佐重訳）。

此処に個人主義と社会主義とが合一する。社会を構成する総ての個人の完全なる発展に忠実なることに依つてのみ、社会は如何なる場合にも自らに忠実なることが出来るのである。そして斯く與へられた社会の自己指導に於て、学校ほど重要なるものはない、何となれば、ホーレス・マンの言へる如く、「凡そ事物の成長発展しつゝあるところに於ては、一人の創成者は千人の再成者に値する」からである[31]（頼順生訳）。

また、文部省訳の以前に一九〇一年の上野陽一訳（三松堂）もあり、そこでは、次のように訳されている[32]。

この点に於ては社会主義も個人主義も一致する。云ふまでもなく、社会は個人から成立て居るにちがひはない、かくて個人の完全なる発達を助くるには学校に若くものはない。ホレース、マンは「何にても生長しつ、ある際には一の創始者は千の改革者の価値がある」。といふて居る。

それでは、以上の訳文を比較しつつ、宮原の訳した「社会の自己指導」について考察する。上野訳では、「社会の自己指導」に相当する部分が訳されていなく、また宮原も上野訳を取り上げていないので、これ以上ここでは論及しない。次に、宮原が挙げた先行の訳書を見ると、文部省・馬場訳では「社会自導」だが、田制と頼の訳ではいずれも「社会の自己指導」となっている。このことから、「社会の自己指導」と既に意訳されていたことが分かる。また、マンの文言中の re-formers は、「改革者」や「再成者」と訳され、人間が社会を変革していくという意味が明確に示されている。特に、馬場の訳であるが文部省訳として公刊された書物に、「社会主義」を積極的に評価し、「改革」を提唱する議論が述べられていることは、たとえ天皇制の下であってもファシズム以前ではまだ「社会主義」に対する言論統制が厳しくなかったことを示している。それ故、文部省・馬場訳の「社会自導」は「社会の自己指導」と同様の意味を内包していると考えられる。

それ故、"the self-direction thus given" の意味を「社会の自己指導」と捉える観点は、一九〇五年の文部省・馬場訳、一九二三年の田制訳、一九三五年の頼訳と継承され、その間の一九三三年の山下の「社会教育——現代における社会的教育学の史的概観」における「社会の自己指導」が位置づけられるのである。そして、山下を中心とした読書会で『学校と社会』が「ソ連の教育」に接近するために取り上げられていたのであり、そこに出席していた宮原は、この学問的系譜の中で「社会の自己指導」を理解していたと考えられる。

ここで、当時における「ソ連の教育」の捉え方や受けとめ方について見ると、そこには新しい社会への期待や希望という側面があった。即ち、社会主義革命を実現したソ連では、フリードリッヒ・エンゲルスが『空想から科学へ』や『反デューリング論』(33)で述べた「社会の全員にたいして、物質的に完全にみちたりて日ましに豊かになっていく生活だけでなく、さらに彼らの肉体的および精神的素質が完全に自由に伸ばされ発揮されるように保障する生活」が可能になるユートピアに向かっていると受けとめられていた。そして、特に後者の「肉体的および精神的素質が完全に自由に伸ばされ発揮されることを保障する生活」という箇所は、人間の全面発達とされる理念で教育学や心理学で注目されていた。このことから、「ソ連の教育」では、平等に人間の全面発達が保障され、それを社会の発展や豊かな生活と結びつけることが目指されていると見られていた。しかも、一九二四年のレーニン没後の権力闘争やスターリニズムの粛清はまだあまり知られていなかった。これは、日本だけではなく、マルクス主義の理想がソ連で実現されているのではという見方は欧米にも広がっていたのであり、デューイの訪ソもその中の一例に挙げられる。また、アジアでも、一九一九年から展開した朝鮮半島の三・一独立運動、中国の五・四運動や文学革命もソ連の社会主義革命に影響されていた（この時期にデューイは訪中した）。

山下を中心にした研究会で「ソ連の教育」が注目されたのは、このような世界的規模で広がった体制変革の時代的潮流においてであった。それは、一時代において一つの理想が実現したと思われた理念型としての「ソ連」の教育であり、権力闘争による大規模な粛清や一党独裁体制下で無数の強制収容所を齎らし、一九九〇年代に至って崩壊した「ソ連」の教育ではない。そして、この時代的潮流の中で、宮原は山下の講演から「現代のヒューマニズムはマルクス主義なのだ、これからの教育問題を解決できる理論はマルクス主義を措いてはないというようなこと」を聞き、停学謹慎の立場をむしろ活用して自分の「勉強の路線」を「マルクス主義とデューイの教育学」の「二つの線」に定めたのであった。[34]

それ故、この山下—宮原の思想的理論的系譜に即して見るならば、「社会の自己指導」は、このようなデューイのマルクス主義的な捉え直しという脈絡で理解すべきであることが分かる。ただし、山下の「社会の自己指導」は一九三三年の論考で発表され、宮原のそれは、一九五〇年発表の翻訳においてであり、そこには一七年の間がある。しかし、五〇年三月付の春秋社版「訳者の序文」を見ると、宮原「私は十年ほど前に原著の訳稿を整えたが、刊行が不可能になって蔵していたものを太平洋戦争中警察吏に奪われて失」ったと書いている。[35]これは、一九四〇年頃に翻訳を終えたが、言論統制が激化して、刊行ができなくなり、さらに四三年から四四年にかけての検挙・投獄で没収され、その上、敗戦時の証拠隠滅の中で訳稿の所在が不明となったことを意味している。

その上で、視点を宮原が山下と出会った時期にまで向けるならば、宮原は、停学、復学、大学進学、そして教育学研究へとライフサイクルを進めた一〇年ほどの間に『学校と社会』を翻訳したことになる。それは、ファシズム体制の言論弾圧下で山下たちから教えられたことを実現しようとする努力であったと言える。しかし、その努力は言論弾圧の中で無に帰せられるが、それでもなお宮原は戦後再び『学校と社会』の翻訳に取り組む。ここでも、山下との関係性の強さが認められる。そして、以上の考察から、宮原訳『学校と社会』における「社会の自己指導」は、一九三〇年から五〇年までの戦前戦中戦後の歴史変動と、それと格闘した宮原の努力を踏まえて理解する必要があると言うことができる。

## 第五項　青年毛沢東とデューイ——前項の傍証のために

### （1）青年毛沢東の実践と思想形成

ここでは、山下や宮原がソ連の教育の脈絡でデューイを理解したことの妥当性を傍証するために、青年期の毛沢東がマルクス主義者となる過程でデューイから影響を受けたことについて考察する。そのために、まず湖南省長沙市にある第一師範学校の記録や第一師範青年毛沢東紀念館の『毛沢東在第一師範（第一師範における毛沢東）』（発行年なし）、北京市の新文化運動紀念館の文献、及びエドガー・スノー『中国の赤い星』（増補改訂版、エドガー・スノー著作集2、松岡洋子訳、筑摩書房、一九七二年）、竹内実『毛沢東——その詩と人生』（文藝春秋、一九六五年、武田泰淳との共著）、『毛沢東ノート』（新泉社、一九七一年）、『毛沢東』（岩波新書、一九八九年）などに基づき、青年毛沢東の学習、実践、思想形成について述べていく。

毛沢東は、一八九三年に湖南省湘譚県韶山の農家に生まれた。父は吝嗇で、また利殖に努め貧農、中農、富農と社会的地位を上昇した。母親は仏教の信心が深く、慈愛、慈善を行うが、父は反対していた。このような父が息子に教育を受けさせたのは、教育投資としてであった。

毛は小学校時代に図書館で幕末の志士の僧、月照の詩「男児立志出郷関／学不成名誓不還／埋骨何須桑梓地／人生無処不青山」を西郷隆盛の作といわれて読み、感銘を受け、同時に明治維新について知った。そして、長沙の中学に進学し、そこで初めて新聞を読み、民族革命派の『民力報』から清朝打倒の革命運動が存在していることを知るようになった。また、彼は一人の級友と共に弁髪を切り落とし、さらに二人で、切ると約束したのに守らない十人の弁髪を無理やり切り落として弁髪全廃を訴えた。この時期は辛亥革命の激動期で、毛は湘郷中学から革命軍に入隊するが、袁世凱が中華民国初代大総統になると除隊し、長沙第一中学、実業学校、省立第一中学で学ぶという次々に変転する生活を送った（実業学校入学前には警察学校、石鹸学校、法律学校の入学手続きをし、実業学校の在籍も一ヶ月）。さらに、省立第一中学も半年でやめ、省立湖南図書館で独学し、世界史、世界地理、ギリシア神話、『国富論』、『種の起源』などを読んだ。

そして、一九一二年、毛は一九歳で省都長沙市の公立第四師範学校に入学し、翌年秋に第四師範が第一師範と合併したため、第一師範に在籍することになった。第一師範では「修身」と「教育学」を担当した楊昌済から多くを学んだ。楊は日本とイギリスに留学し、ドイツも訪れ、一九一三年に帰国した後、湖南省教育局長の地位を断り第一師範などで教鞭を執っていた。毛の最初の妻の楊開慧は楊の娘である。

第一師範在学中、毛は社会変革を目指し労働者夜学校（一九一七年一一月九日に正式に開学し、歴史科を担当[36]）や農村調査（一九一七年七月）を実践した。翌一八年の四月一四日に発足した新民学会では規約を作成し、幹事になった。この新民学会の設立趣旨は、学術を革新し、品行を磨き、人心風俗を改良し、浪費、賭博、売春を禁ずるという修養的なものであったが、その後は革命的になる（後述）。

一九一八年夏、毛は第一師範を卒業して九月には北京に、翌年一月には上海に行き、新文化運動やマルクス主義と接触したが、四月に長沙に戻った。また、一九一八年に、毛沢東は末弟の沢覃を第一師範附属小に入学させている。

この間、一八年一〇月から一九年三月まで、北京大学図書館新聞閲覧室の助手を務めた。新文化運動紀念館の資料では、二月の月給が八元であった。学長の蔡元培は六〇〇元、文科長の陳独秀は三〇〇元で、同じ新文化運動を進める者の間でも格差は大きかったことが認められる。そして、毛沢東は北京から上海に行く途中で天津に立ち寄り、湖南会館で同郷のオーギュスト・コント学校（後に北洋大学、現在天津大学）で学びつつ教えていた劉念慈（原名は劉澤霖、字は若愚、族名は承禧）から一〇元を借り、曲阜の孔子廟などを遊歴して上海に着いた(37)。

その後、上海から長沙に戻ると、毛沢東は修行小学校に住みこみ、高等小学部で歴史（毎週六時間）を教えたり、洗濯物の集配をするなどして生計を立てて、活動を続けた。そして、一九一九年に「五・四運動」が起きると、毛は六月に湖南学生連合会を組織し、これを中心に統一戦線的な湖南各界連合会、その下部組織の救国十人団を組織した(38)。さらに、七月に学生連合会機関誌『湘江評論』を創刊し、その「創刊の辞」では「平民教育主義」を提唱したが(39)、これは軍閥の圧力で一ヶ月、五号で停刊となった。しかし、一二月に、毛は日本商品排斥運動を弾圧した軍閥に対して反対運動を展開し、長沙では一部の小学校を含めて中学生（日本の高校生も含む）一万三千余人がストライキに入った。そして、翌年六月に軍閥の張敬堯は湖南から追われた。なお、毛はこれらの活動の中で、一九一九年に母を長沙に連れてきて医師に診察させた。母は同年一〇月に実家で死去し、彼は「霊聯」という対句形式の詩を二篇と母を祭る文を書いた。翌年に父も死去したが、毛は帰郷せず、追悼の文章もない。

一九二〇年秋から二二年冬まで、毛は第一師範学校附属小学校（一九一九年開学）の主事（校長と説明されている）を務め、第一師範に「民衆夜学」と「失学青年補習」のクラスを開設した。二〇年一月に、毛は「少年中国学会」に加入した。「少年中国学会会員終身志業調査票」に、彼は「教育学」と「教育事業」と答え、「教育を終身の職業とする」と書いている。[40] さらに、七月二七日に湘譚教育促進研究会の書記・幹事、九月一六日に湖南ロシア研究会の書記・幹事、一〇月二二日に文化書社（同年八月発足、前掲『中国の赤い星』では「文化書会」p.104）特別交渉員となるなど、多方面に活動を展開した。他に星期同楽会という親睦会もつくった。そして、一一月に湖南（長沙）共産主義小組が成立した。

一九二一年には、一月一三日に長沙社会主義青年団が結成され、毛は書記となった。また、新民学会は、二一年一月の大会ではボルシェビズムが多数を占めるようになった。そして、毛は七月に湖南共産主義小組代表の一人として上海における中国共産党第一回全国代表大会に出席した。一〇月一〇日には、中国共産党湖南支部を結成して書記となり、さらに同党湘区委員会を結成して書記となった。また、教育実践では、八月に湖南自修大学の開設に関わり、秋には、第一師範交友会会長となり、九月二五日に、長沙教職員連合会の編輯幹事となった。そして、翌二二年九月一一日には、湖南自修大学附設補修学校の指導主任となったが、冬には附属小学校主事を辞して革命家となった。なお、二一年には、次弟の沢民も長沙に来て、第一師範附属小事務員となり食堂の経理を担当した。

### (2) 毛沢東とデューイの接点

一九一九年の二度目の上海訪問で、毛沢東は胡適（アルファベット表記は Hu Shi）に会っている。[41] 日付は記されていないが、その頃にデューイは中国に来ており、胡適とデューイの関係（後述）から関連する情報を得ていた可能性は大きい。毛は「当時の私はアメリカのモンロー主義と門戸開放の熱心な支持者だった」とも述べており、[42] 米国思潮の影響を受けていたことも、この点を補強している。

一九二〇年一〇月、デューイは蔡元培、章炳麟（太炎）、呉稚揮、胡適たちと共に長沙を訪れ講演し（通訳は胡適）、そして、毛は湖南『大公報』の要請でその記録員となっていた。[43] それぞれについて説明すると、蔡元培は一九一二年に中華民国臨時政府の教育総長となり、その後、一七年には北京大学学長に就任し、陳独秀、李大釗、胡適たちを招き、北京大学を新文化運動の中心とした（毛が一八年一〇月から一九年三月まで助手であったことは先述）。章炳麟は蔡元培らと一九〇四年に清朝打倒・漢民族復興の革命結社光復会を結成したが投獄され、一九〇六年に出獄後、日本に亡命し排満民族革命論を提唱し、一一年の辛亥革命で帰国後も袁世凱批判で監禁されるが、一三年から中華民国教育部の読音統一や表音文字制定を主導し、「中華民国」の名付け親と言われる。呉稚揮は一九〇二年に蔡元培たちの愛国学社の教員となり、一三年二月の読音統一会では議長に選ばれ、二八年には国語統一籌備委員会主席となるなど、国語運動を主導した。なお、胡適については後述する。また、『大公報』は一九〇二年六月に天津で創刊され、中国近現代史に大きな影響を与えた民営の新聞である。一〇月に刊行された湖南『大公報』では二九、三〇日に「教育哲学」のシリーズでデューイの講演が報道されているが、これが毛の記録かどうかまでは未確認である。

そして、二〇〇六年四月現在、第一師範学校内の青年毛沢東紀念館の説明では、毛の思想形成において、デューイはバートランド・ラッセルや武者小路実篤とともに大きな位置を占めていると記されている（三人の写真と略歴が並んで展示されている）。ただし、現在では、その説明の根拠を示せる者は、第一師範にも、紀念館にもいない。[44] 従って、第一師範時代の毛を知る者（既に死去）の証言＝口述資料に基づいた説明が、そのまま現在の展示でも使われ続けてきたと考えられる。

しかし、これは推論であり、この点を確かめるために二人の思想に着目すると、一九二〇年一〇月二九日の『大公報』では、デューイが「教育新思想」を提唱し、「教育の目的は階級制の打破である。少数が教育を受け、多数が無教育であってはならない」と訴えたと報道されている㊺。そして、先述したように、毛沢東は、この年に「終身志業」を「教育学」と「教育事業」と表明していた。この脈絡から青年毛沢東がデューイから影響を受けた可能性は極めて大きいと言うことができる。

さらに、この点について毛沢東自身の発言に即して見ると、スノーの『中国の赤い星』では、「この頃の私の思想は自由主義、民主主義的改良主義、ユートピア的社会主義の奇妙な混合物でした。〝十九世紀民主主義〟、空想主義、古い型の自由主義について漠然とした情熱を抱いており、明確に反軍閥主義であり、反帝国主義でした」と述べている㊻。デューイの名前は挙げられていないが、これまでの考察から「民主主義的改良主義」を含めた「奇妙な混合物」にデューイが含まれていたと認識することはできる㊼。

それでも、毛は「一九二〇年の冬、私ははじめて政治的に労働者を組織し、そうするにあたって、マルクス主義理論とロシア革命史の影響によって導かれるようになりました」と述べており㊽、デューイに関心を向け、その影響を受けたとしても、それは短期間で、専ら毛はマルクス主義に進んでいく。しかし、その中でも、一九二五年二月、毛沢東は実家に戻り、農民を集めて「雪恥会」を組織し、さらに、毛氏の宗廟では夜学を開き、農民の教育に努めた。そして、毛は共産党組織を拡大し、中国共産党韶山支部を組織したが、地主と反動派の軍隊に追われて広州に一時撤退した。しかし、二七年にはまた戻り、急速に広がった農民協会運動を調査して「湖南農民運動視察報告」を発表した。

ここで、毛氏の宗廟での夜学と第一師範時代の民衆夜学や失学青年補習や自修大学などを重ね合わせて考えるならば、毛沢東の革命運動では、しばしば教育実践が組織されていることが分かる。これは、彼が革命家であると共に教育者でもあった、或いは教育者の性格を持つ革命家であった、少なくとも教育者としての一面も保持し続けていた、ということを示している。それは、『論語』の冒頭に「学びて時にこれを習う、また説ばしからずや」が位置づけられているように、学問・学習を重視する儒学・儒教文化が強く、王朝が変わっても科挙が続けられた中国の文化や社会意識やイデオロギーから生まれた革命家の性格であり、また、それらに合致していたと言える（中国語の「読書」は日本語の「読書」の他に「勉強」、「勉学」も意味する）。そして、この革命家と教育者の組み合わせは、その後も、一九五〇年一二月に第一師範に贈った「人民の先生になるためには、まず人民の学生になるべきだ」という一文や、(49)一九六六年に発動し、中国大陸だけでなく世界的に影響を及ぼしたプロレタリア文化大革命における「下放」(50)という学習成果の実践、理論と実践の統合、知識人の再教育などにおいて、毛沢東の生涯を通して認められる。

以上から、確かに第一師範時代の青年毛沢東の思想形成においてデューイは一定の位置を占めていると言える。ただし、それは影響を受けたというよりも学んだという程度で、毛はデューイ的な民主主義、進歩主義、プラグマティズムという方向には進まず、マルクス主義を選び革命家となり、さらに中国共産党を指導するようになる。しかし、それでも毛の思想形成におけるデューイの位置を全く無視することはできない。毛沢東は一九四一年五月「われわれの学習を改革しよう」において、「漢書・河間献王伝」にある「実事求是」をマルクス・レーニン主義や唯物論の文脈で提起したが、(51)これを可能にしたのは、デューイを通してプラグマティズムを摂取した思想構造が毛に形成されていたからであると言える。

ところが、毛沢東とデューイとの関連は、政治的な要因のために取りあげることが困難であった。まず、デューイと陳独秀の関係があり陳は共産主義から転向したと批判されている。(52)次に、デューイは胡適と関係が深く、そして、胡適は毛の政権下で激しく批判されたからである。胡適は、一九一〇年から米国に留学し、コーネル大学で農学、コロンビア大学で哲学を専攻し、ここでデューイに深く傾倒した。一九一七年に帰国し、二六歳で北京大学教授となり、口語文（白話）を基礎とする標準語が国民国家を創出するとして文学革命、白話文運動を提唱した。ただし、この運動の中で共産党には反対し、さらにその後国民党蒋介石政権のブレーンとなり、三八年に駐米大使、四二年に帰国、四五年に北京大学学長となったが、一九四九年の中華人民共和国成立前に米国に亡命した（五八年から台湾居住）。

そして、共産党政権は、五四～五五年に胡適を反動派の代表として批判運動を進め、その中で多くの自由主義知識人が排除、迫害される。これでは、言論が統制された中国で青年の毛がデューイから影響を受けたことを議論することなどできない。なお、胡適批判と同じ時期に、宮原が「社会主義」から「社会的見地」と訳を変えた点は、この複雑に錯綜した思想的政治的関連構造も踏まえて考える必要がある。

そして、改革開放政策が進展し、部分的に思想言論の統制が緩和され、ようやく近年になって毛におけるデューイの影響を取りあげることができるようになった。紀念館の説明やスターの研究が人民大学出版社により翻訳出版されたことは、その表れといえる。後者に関しては、人民大学の性格を踏まえれば、共産党体制が青年毛沢東とデューイの関係をある程度認めたことを示している。これはまた胡適が歴史上の人物となったことを意味している。

その上で、本書の議論に即して見れば、社会主義、共産主義の脈絡でデューイに注目したことは、宮原たちが特別なためであったからでなく、当時の時代的思潮であり、また、この時機のデューイの思想や実践にも、これを導く側面があったと言える。この点については、次に詳しく述べるが、その前に毛と宮原の実践的な共通性についてもう一つ示しておく。

毛沢東は働きながら学ぶフランス留学運動（勤工倹学運動）が起き、新民学会で全員がフランスに留学しようという意見が出された時、中国に残り社会変革に努めると答えた。前掲『中国の赤い星』では「私はこの運動を組織するのに助力し、また新民学会はこの運動を支持しましたが、しかし、私はヨーロッパに行きたくありませんでした。自分の国について十分知っていないし、中国にいる方がより有益だと感じたのです」と、また前掲『毛沢東――その詩と人生』では「ぼくは長沙を離れようとは思わない。かなり長期にわたって、この土地で学会のために基礎を固めたいと思う」と書かれている。[53] そして、宮原はデューイの勉強会で、「自分もソ連へいって、ソ連の市民になりたい」という発言に対して、「いや、それよりも、日本をよくしましょうや。日本人にとっては日本がいちばん住みよいはずですよ」と応じた[54]。まず、自分の拠って立つ場の変革に取り組む、この実践的な姿勢においても、毛と宮原は共通していたと認識できる。

### （3）デューイの日本帝国主義批判と変革期中国における実践

ここで青年期の毛沢東の思想と実践に注目するのは、時期も場所も異なるが、同じ青年期にあった宮原たちがソ連の教育に視点を向けてデューイを学ぼうとしたことの意義を傍証するためである。先述したとおり、当時ソ連はマルクス主義の思想を実践して、その理想を実現した国と見られ、この時代状況の中で、デューイ、毛、宮原たちは生き、教育を通して社会を変革しようと考えていた。この点で、宮原たちのソ連の教育を展望したデューイの理解は、特殊ではなく一般的普遍的であったことを示している。そして、これについて、ここではさらに中国におけるデューイの講演内容を取り上げて、その妥当性を補強する。

当時『大公報』は大々的にデューイの講演を報道しており、一九二〇年の湖南版では、次のようになっている[55]。

①「教育哲学」二月一、二、一〇、一一、一二、一四、一五日、三月六、七、八、二一、二二、二三日、四月二三、二四、二五、三〇日、五月一、四、五、九、一〇、一一、一二、一九、二〇、二一、二二、二三、二四、二八、二九、三〇、三一日、六月一、二、三、四、五、六、一二、一三、二〇、二一、二二、二三日、一〇月二九、三〇日、一一月一、二、三、四、五、六、七、八、九、一一日（計五八回）

②「社会哲学と政治哲学」二月五、六、一九、三月一、一一、一二、一九、二〇日（計八回）

③「哲学史」四月二一、二二日、五月二、三、六、七、八、一三、一四、一五、一六、一七、一八、二五、二六、二七日（計一六回）

④「欲望の性質、及び快楽との関係」三月一三日
⑤「欲望と物質的誘惑」四月一日
⑥「欲望と風俗制度の関係」四月五、六日
⑦「民主制度の真義」四月八日
⑧南京高等師範学校での講演、四月一八、一九日
⑨「新人生観」四月二七、二八日
⑩「デューイ博士の日英同盟論」五月三一日
⑪「職業教育の精義」六月七、八日
⑫「教育行政の目的」七月二一、二二、二三日
⑬「小学校教育の趨勢」七月二五、二六、二七、二八日

これにより一年間で一〇一回も報道されたことが分かる。一九二〇年では平均して三~四日に一回、デューイの講演が伝えられたのである。

この講演について、中国語で記録されたものの英訳が出版されている。[56] 第一部は「社会政治哲学(Social and Political Philosophy)」で胡適の序論が付いている。第二部は「教育の哲学(A Philosophy of Education)」で、補遺に“Additional Lectures in China, 1919-1921”が収録されている。しかし、①から⑬までの項目を見ると、英訳版は講演全体の一部であると言える。即ち、一冊の書籍以上の内容を、デューイは講演したのである。そして、これと先述した講演回数の多さを考えあわせるならば、デューイは極めて精力的に中国で講演に励んだことが分かる。

ところが、デューイは中国に渡る前に来日しているが、中国におけるような活動は認められない。しかも、日本で

の滞在期間は一九一九年二月九日から四月二八日までの予定通りだが、中国では予定を大幅に延長して二年間も滞在した。そして、この相違はデューイの判断と選択の結果であり、そこには彼の思想が現象している。当時、日本は「大日本帝国」という帝政で、中国は「中華民国」という共和制であった。そして、帝大法科の大講堂で行われた八回の連続講演（二月二五日から三月二一日）では、第一回では約千名が聴講したが、「終り頃にはわずか三〇人から四〇人だけ」になった。(57)その理由には「多くの日本の専門の哲学者」たちは、「ドイツ哲学によって長い間支配されて、デューイやプラグマティストたちのより経験的具体的実際的学説よりも、合理的絶対論体系的哲学をとった」ことが挙げられているが、それだけでなく、デューイの民主主義や自由主義が敬遠されたことも考えられる。八回の講演のタイトルを見ると、第三回「哲学改造の社会的原因」、第四回「近代科学と哲学改造」、第六回「論理に影響を及ぼすものとしての改造」、第七回「倫理ならびに教育に影響を及ぼすものとしての改造」、第八回「社会哲学に影響を及ぼすものとしての改造」と、五回も「改造」が取り上げられている。これに第五回「経験と理性についての概念の変化」の「変化」を加えれば、デューイの講演の¾は「改造」と「変化」であり、だからこそ、帝国の学者たちはデューイの講演に出席しなくなったと言える。

ただし、デューイは、「学界以外で」は「日本の生活面で政治的社会的自由主義（リベラリズム）」が広がり、その中で帝国大学でさえ「リベラルな思想家たちをかくまって」おり、東大新人会の活動もあることを知った。(58)同時に、彼は「『神の子（Son of Heaven）』としての天皇が国民の絶対服従に負う最高の支配者である」という「神話」が、「すべての学校において教えられ」ている状況も把握していた。(59)彼は現人神の教育勅語に基づく学校教育の実態がイデオロギーの教化であることを認識していたことが分かる。さらに、「火災が発生した際には、天皇の御真影を持ち出すのに教師自身が焼死したり、子どもたちを焼死させたりすることがよくあるそうだ」という事態さえ知り、「公立学校の教師たちはおそらくこの国の最も熱心な愛国者であったろう」と認識していた。(60)そして、「日本はアジア、とりわけ中国において神意を受けた特別の使命を持っており、しかも日本の侵略的軍事的アジア政策に反対する人々は、神にも国家にも反対しているのであるという主張を支持することが官僚制により利用されていた」が、他方、「一般の自由主義者たちは日本の軍国主義および帝国主義には批判的であったが、彼らはそれに敵対する世論を喚起することなく、ほとんど何もすることはできなかった」と、現状を分析していた。(61) デューイに対して天皇が「旭日賞」を授与すると連絡を受けたが、これを辞退したのは当然であった。(62)

ところが、その後デューイは中国を訪れると、前述のように予定を延長して二年間ほど滞在した。ここで、中国の状況を見ると、デューイが中国に着くや、一九一九年五月四日から反帝反封建の五・四運動が始まり、しかもデューイの通訳であった胡適は文学革命や白話文運動などでこれを先導していた。まさに、デューイは自由と民主を求める中国の大きなエネルギーを直接体験したと言える。ところが、日本は一九一五年五月七日の二一項目の要求で中国大陸への侵略を本格化させていた。これについてデューイは把握しており、日本の「侵略的な好戦的政策」を批判している。(63) また、前掲五月三一日付『大公報』では「デューイ博士の日英同盟論」の講演が報道されており、彼は列強の帝国主義の脈絡で二一項目要求の問題を捉えていたことが分かる。日英同盟は日露戦争を前にした一九〇二年に締結され、第一次大戦の時は日本の参戦の根拠とされた（二二年廃棄）。そして、五・四運動の発端は、ヴェルサイユ講和会議でドイツが領有していた山東利権を日本が代わって領有することが認められたことへの憤激と抗議であった。

このような時代状況を踏まえるならば、デューイが予定を大幅に延長して二年も中国に滞在し、しかも各地で講演活動に励んだという史実は、彼が中国における社会変革の運動に呼応したことを示している。また、それ故にこそ、帝国日本での講演は最初の千名から最後は三、四十名に激減したのであった。

以上の考察から、宮原たちが天皇制日本の変革を展望し、「ソ連の教育」の脈絡でデューイを学ぼうとしたことは的確であったと言うことができる。それは、宮原たちが大日本帝国という国家や民族を超えた普遍的な視座でデューイを捉えていたからこそ可能であった。そして、この普遍的な視座によって、次に述べるとおり、宮原は「ソ連の教育」から脱却してデューイを理解するようになる。

### 第六項　「ソ連の教育」から脱却したデューイの理解

既述したように、宮原は一九五〇年の春秋社版で「個人主義と社会主義」と訳した箇所を、一九五七年の岩波文庫版では「個人的見地と社会的見地」と改めている。他の変更は、旧字体を新字体に改め、「対して」や「行われる」を平仮名にしているだけであり、これは特別である。

この変更について、単純に個人主義や社会主義を避けるためと考えるべきではない。その理解のためには、一九五〇年から五七年までの歴史的変動、特に、「社会主義」をめぐるイデオロギー的状況の変化について注意することが重要である。この点で、冷戦構造が深刻化し、さらに一九五六年二月からソ連で起きたスターリン批判と、それに伴うイデオロギー論争の激化、東欧の民主化とそれへの抑圧などが注目される。即ち、一九五七年の時点では、「社会主義」は徒に論争に巻き込まれ、さらには誤解を引き起こしかねない言葉となっていたのである。さらに、日本国内でも宮原は「「前近代的な習俗と心術」が「保守政党のみならず、社会主義や共産主義の政党の内部にも浸透しているし、労働組合の内面にもふかくひろくひろがっている」（先述）ことを認識していた。それ故、宮原はこの「社会主義」の使用を避け、「社会的見地」と変更したと考えられる。独立した立場で鋭い現実認識と柔軟な思考を有していた宮原であれば、この可能性は極めて高いと言える。

元より、『学校と社会』は、一八九九年四月の連続講演を基に原著初版が同年に出版され、改訂版は一九一五年刊行で、それはロシア革命に向かう歴史的過程における公刊であり、ましてスターリニズム以前であった。また、デューイは社会主義者ではなかった。それ故、デューイは社会主義革命を現実に即して捉えて「社会主義」と表記したのではなく、ロシア革命へと進展する歴史の動態において「社会主義」を歴史的な理念と見なして、これを用いたと言える。

従って、宮原が「社会主義」を「社会的見地」と変えたことは、デューイの記述から「社会主義」を隠蔽するというよりも、デューイが社会主義を評価していたという誤解を与えかねない表現を避け、元来プラグマティストであったデューイの思想をできるだけ的確に表現するためであったと考えられる。この点は、宮原が岩波文庫版の「解説」で、デューイが「イデオロギーとしてのソーシャリズム」と「『事実としての』ソーシャリズム」を区別し、アメリカ社会は「資本主義的ソーシャリズム」と「公共的ソーシャリズム」の分岐点にいると論じ、その一方で、マルクス主義を「批判」し、「排撃」したと指摘していることから確認できる。[64] さらに、そこでは「社会主義」ではなく「ソーシャリズム」とカタカナ表記にしていることも、上述の論争的状況の中で、スターリニズムと混同されずに本来のsocialismを論じるために工夫していたことを示している。

この点に関して、毛利は訳注で、「ここでの個人主義とは、個人の成長、つまり人格形成を重視する立場を意味し、また、社会主義とは、そのような個人の十全な成長は社会的に実現されるものであり、それを『共同社会の義務』として社会的に保障していくべきだとする立場を意味している」と述べている。[65] これはデューイの言う「社会主義」には彼独特の意味が内包されており、マルクス主義、ロシア革命、ソ連などとは区別されるということを示しており、宮原が「社会的見地」と意訳したことの妥当性を補強する訳注と言える。元より、マルクス主義者や社会主義者ではなかったが、デューイが時代と共に思想を変遷させ、多面的な思想構造を構築していたことも確かであり、時代が社会主義革命へと展開する時には、彼は独自に「社会主義」に接近したこともあった。しかし、『学校と社会』で述べられる「社会主義」にはあくまでもデューイ的な意味が内包されており、それは彼のプラグマティズムの文脈に即して理解されなければならない。

以上の考察から、確かにデューイは socialism を使ったが、しかし、そこにはデューイ独特の意味があり、それ故、一般的に考えられている「社会主義」ではなく、さらに冷戦等の緊張状態の中でイデオロギーの対立も深刻化している論争的状況を踏まえてスターリニズムと混同されることをさけるために、「社会主義」を「社会的見地」の訳に改めたと推論できる。そこには、プラグマティストのデューイを社会主義者と誤解しかねない「社会主義」よりも「社会的見地」の方が、訳語としてはデューイの思想を忠実に表現でき、そしてまた、直訳よりも、原語に捕らわれずにその意味内容を伝える方が、デューイの理解にとって重要であるという判断があったと捉えられる。

そして、このような判断ができたことは、戦前において既にスターリニズムの粛清を認識し、その上でなお、マルクス主義を自らの思想構造の中で大きな位置を与え続けたという、独自の独立した社会主義の認識が宮原にあったからである（後述）。それは、マルクス主義とヒューマニズムを統合した視座から捉えた「社会主義」であり、これにより、宮原はデューイが用いた socialism を「社会的見地」と意訳する一方で、「解説」では「ソーシャリズム」を積極的に論じることができたのである。

この点に関して、宮原がプラグマティズムを慎重に批判していたことは重要である。宮原は「いわゆる新教育の思想は、G・S・カウンツなどがつとに批判しているように、アメリカの中間階級上層の、裕福な、満ち足りた家庭を背景としてかたちづくられてきたものであり、本質的に消費生活中心のものである」と指摘し、また、「コミュニティ・カレッジ運動」については「民衆の教育要求がここではカレッジ段階で教育の制度の正面に向けられ、労働者・市民が自分たちの学習のためにカレッジの全体を使用する便宜があたえられることを当然の権利とみなしはじめていることと」を踏まえた上で、そこでは「総じてアメリカの市民生活のプラグマティックな性格が濃厚に反映されており、課程全体にそうした基調と限界が読みとられる」と批判している。(66)

このように、宮原はプラグマティズムを批判的に捉え、同時にイデオロギー的論争に流されることなく「ソーシャリズム」を議論するという独自の視座を以て、socialismを「社会的見地」と意訳したのである。このことは、宮原に言葉やイデオロギーに捕らわれない独立した思想、特にマルクス主義とヒューマニズムを統合する思想があったからこそ行い得たのであると言える。それはまた、宮原が「ソ連の教育」から脱却した上で、なお『学校と社会』の段階のデューイに意義を認めていたことを示している。

しかも、ここでは『学校と社会』の翻訳に即して「ソ連の教育」からの脱却を示したが、後述するように、宮原は一九三九年発表の「ソ聯邦の青年教育」においてスターリン体制下の粛清を問題としていたのであり、「ソ連の教育」からの脱却は、既にこの時点においてなされていたのである。(67) これについては、特に、三木清のマルクス主義の人間学的基礎づけ、或いは人間学のマルクス主義的展開との関連で後に考察する。ここでは、三木が近衛新体制において「文化政策」の推進を提起し、また、ファシズムを批判すると同時に一九三七年のトゥハチェフスキー事件からスターリニズムを批判したことが、宮原の思想や実践と共通していることを述べておく。

このトゥハチェフスキー事件で、三木は的確にスターリニズムの粛清を批判しており、スターリニズムを批判し得なかったコミンテルン指導下のマルクス主義者や共産主義者との違いが現れている。三木は「政治の論理と人間の論理」において、「トハチェフスキー元帥等の銃殺及び最近ソヴェートにおける清党工作」を問題として取り上げ、「言論の統制が完全に行はれてゐる國」としてソ連を認識し、そして、「今日の世界の不幸は独裁政治であるといふよりも政治の独裁である。独裁政治はむしろ政治の独裁の一つの形態である。戦争の危機を前にして政治の独裁は強化されるばかりである。かやうな政治の独裁が制御されねばならぬ、政治の独裁に対する批判的な力が強化されねばならない。言ひ換へれば、人間の論理、ヒューマニズムの論理が政治に対する批判的な力として強化されて現はれることが大切である」と論じ、「政治の論理に対する人間の論理の批判がなくなる場合、政治は狂気になるであらう」と問題提起している。[68] このような三木について、内田弘は、『三木清——個性者の構想力』の第四章「ファシズム批判とソヴィエト批判」（五）「トゥハチェフスキー事件と三木清」で、「三木は同時代のファシズムとスターリニズムを両面批判し、逆にこの二つに挟撃されながらも、マルクスの経済学批判の物質的生産の観点を発展させ『創造の哲学』(19:22) を構想し、それを実現しようと行動しつづけたのです」と評価している。[69] 即ち、三木はファシズム批判では体制派から、スターリニズム批判では反体制派から、これら「二つに挟撃され」たのであり、それ故、近衛新体制における彼の独自の思想と実践も十分に理解され、評価されていないというのである。

そして、同様に宮原も、確かにマルクス主義を重視しているが、しかし、戦前からスターリニズムは批判している。宮原は一九三九年の「ソ聯邦の青年教育」で、次のように指摘している。[70]

スターリンはソ聯全土凡ゆる分野にわたって驚くべき広範な粛清工作を行った。一国の行政機関・経済機構・軍部を通じ首脳的人物の七割を処断更迭するなどといふことは、政治の常識からいって考へられるところではない。それはおそらく現存政権の転覆を意味するであらう。しかしスターリンはそれをやり通し、スターリン政権は今のところ倒壊の危機に臨んでゐるとはいへない。どうしてゞあらうか。

それはスターリンが青年層を味方にひきつけてゐるからだ、と今では全世界が答へる。「十月の子たち」は今や成長して青年になった。ソ聯人口の約半数を占めるかれらは、ソヴェート政権そのものとともに生い育ち、謂はゆる「スターリン的に鍛へられた」青年層となった。スターリンの絶対性を盲信するこの青年層の支持のもとに、粛清工作は強行されたのである。

その上で、宮原は、この指摘の後に続くソ連の青年教育に関する記述では、批判や評価を控えて、その状況を詳しく説明している。スターリニズムと社会主義、共産主義を建設しようとするソ連の人々の実践とが区別されていると言える。宮原の視点は権力者のスターリンではなく、ソ連における「最も実践的な末端」の青年に向けられていたと言える。

さらに、宮原は「日独伊防共協定の成立、全体主義国家の発展、欧州および極東における国際政局の緊迫等近年ソ聯にとって脅威的である一聯の国際情勢は、粛清工作の強行による国内の不安と相俟って、ソ聯為政者を駆って国民各層に対する政治的再教育の慌たゞしい強化に立ち向かわしめている。ソヴェート的愛国主義運動がその集中的表現であり、とうぜんコムソモールを中心とする青年層がその最重要な地盤である」と、スターリニズムがファシズムやナチズムなどの全体主義の台頭と「脅威」に対する反作用であると論じ、それぞれを相対的に、統合的に捉えている。[71] そして、その上で、宮原は搾取も支配もなく働いた者が働いただけの成果を享受する公平で平等な理想社会を建設しようとする青年教育の実践を見ていたのである。これも、独立した思想構造の中にマルクス主義を位置づけていたからこそ可能であったと言える。

そして、以上の考察を踏まえて「社会の自己指導」について見るとき、その概念は、人間が生き、つくりあげる社会が、権力に支配されず、資本に搾取されず、社会に生きる人間自身が自らの必要と要求に基づいて教育を組織し、それを通して得られた認識を以て、自らの進むべき方向（direction）を決め、それがまた社会の発展を導くというように、自己教育論に即して理解すべきである。[72] この場合、戦後において宮原を含む「教育学者有志」が、「教育制度の改革に関する答申」（政令改正諮問委員会）に対して、一九五一年一〇月に表明した「意見」において使われている「社会の更新作用としての教育の機能」という教育の認識は、[73]「社会の自己指導」の概念を実践的に理解する上で重要と言える。この社会に「更新作用」があるという認識は、社会は「自己指導」できると捉えることと共通し、いずれにおいても、社会を構成する者自身が社会の進むべき方向（direction）について学びあい、自ら求める教育を組織し、その成果に立って論議し、合意を形成して決定するという意味が内包されている。そして、この内包を認識するためには、宮原が中田貞蔵時代の「公式主義」的なマルクス・レーニン主義からデューイを手がかりに「ソ連の教育」に接近するが、スターリニズムの問題を通して脱却したという思想形成を理解することが必要である。

## 第二節　『宮原誠一教育論集』の内容と構成

これまでに得られた戦前の思想形成の理解に基づき、これから戦後の宮原について考察する。そのために、まず、戦後の宮原の論考や対談を編集した『宮原誠一教育論集』の全体像を概観すると、その第一巻（教育と社会）の最初に「教育の本質」が位置づけられていることが分かる。[74] これは、宮原にとって社会教育は「教育と社会」の総体的な認識のための概念であり、社会教育を通して「教育の本質」を追究したことを示している。それはまた、宮原が社会教育学を人間発達と社会発展の総体的認識を考究する学問と見ていたことを意味している。

これを踏まえて、次に『教育論集』第二巻（社会教育）の最初に位置づけられている「社会教育の本質」に注目する。宮原は社会教育を論じる場合でも、視点を社会教育に限定して学校教育を排除することはせず、教育と社会の全体を見渡す視座を保ち続けている。宮原は「社会教育の本質」において、「社会通念」、「法概念」、「歴史的範疇」に即して概念規定を行い、その上で「社会教育の発達形態」を論じ、「だいたい一九世紀にはじま」る「社会教育の運動」は「近代的学校制度に相対するもの」であると述べている。[75] そして、この「『相対する』関連」を「理解」するために、社会教育を「学校教育の補足として」、「学校教育の拡張として」、「学校教育以外の教育的要求として」として捉える三つの観点が挙げられている。[76] 即ち、宮原は学校教育も視角に収めた上で、それとの「相対」において社会教育を論じているのである。しかも、宮原は学校教育について既存の理解を取り入れ、それに基づいて両者の「相対」を論じてはいない。宮原は「学校教育の再検討」までも提起しており、これは社会教育からの学校教育への問題提起と言える。(77) このことから、宮原は社会教育も、学校教育も共に社会と関連づけて総体的に捉え、その本質の認識に努めていたことが分かる。

これは教育の総体的認識の追究であり、宮原はこれを「最も実践的な末端」という視座から人間が自らに必要な教育を自覚し、それを組織するという自己教育論として展開した。「社会教育の本質」で、宮原は「民衆の民主主義的自覚」を提示し、「政治上の民主主義とは、要するに主権が人民にある」、「政治上の意思決定の最高の主体は人民である」、「人民による主権の行使は、多数決の原理によ」る、この「形式的ではない実質的な実現」が「現代の課題」であると論じ、それを踏まえて「全成人の全面的学習」と「教育の社会計画」を提起している。(78) それと共に、宮原は民主主義が形骸化し「衆愚政治」や「少数の支配者の利益に奉仕する外見的民主主義」となる問題や「社会教育と宣伝との問題」について指摘しており、(79) これは「民衆の民主主義的自覚」に関わる諸問題の指摘であり、それは同時に社会教育の課題の提起となっている。このように、民主主義の形骸化などの問題を認識し、「自覚」的に民主主義の実現の努力する「民衆」が創り出す「教育の社会計画」は、人間と社会の全般に関わる民主的な計画であり、それを教育の側面で進めるところに「社会教育の本質」があると、宮原は論じており、ここにおいても、宮原が教育を通した人間と社会の総体的認識の学問として社会教育学を捉えていたことが示されている。

これは、碓井が宮原社会教育学を論ずる中で「形成と教育」に大きな位置を与えていたことからも確かめられる。(80) 宮原の視角は教育を超えた「形成」にまで広がり、そこから人間と社会を総体的に認識するために社会教育学が構想されたのである。即ち、宮原にとって、社会教育学は全ての人間がその資質や能力を十全に発達させてより良く生きるために社会を民主的に発展させるべく社会計画を構想し、立案し、実践し、それらを省みて点検・評価するための実践的な学問であった。この点で、宮原社会教育学は、後に生涯教育として提唱される理念と同じ外延を有しており、彼はユネスコの生涯教育が日本に紹介されるのに先駆けて、既に社会教育として、その理念を提起していたと言える。

そして、このことは「教育の本質」と「社会教育の本質」の二論文だけに止まらない。それは、宮原の論考、談論、実践の全体に広がっている。それでは、これについて『教育論集』の内容に即して確認していく。

『教育論集』全七巻は、碓井正久を代表とする編集委員会によってまとめられた。ここで、代表の碓井について見ると、彼は、『社会教育』（教育学叢書第一六巻、第一法規出版、一九七〇年）、『社会教育』（戦後日本の教育改革第一〇巻、東京大学出版会、一九七一年）、『社会教育の学級・講座』（講座現代社会教育第五巻、亜紀書房、一九七七年）、『日本社会教育発達史』（講座現代社会教育第二巻、亜紀書房、一九八〇年）、『社会教育――文化の自己創造へ』（講談社、一九八一年）、『新社会教育』（倉内史郎との共編著、学文社、一九八六年、改訂版一九九六年）、『社会教育の教育学』（碓井正久教育論集第一巻、国土社、一九九四年）、『生涯学習と地域教育計画』（碓井正久教育論集第二巻、国土社、一九九四年）などの編著書に認められるように、社会教育研究で大きな業績を残している。そして、碓井は全日本社会教育連合会が編集発行した『社会教育論者の群像』において三〇人の論者の中で宮原を担当している。[81] さらに、前掲『社会教育――文化の自己創造へ』では内外の一二人の中の一人に宮原が選ばれ、「社会教育の本質」を中心に島田修一が論じている。また、碓井自身は、イギリスの労働者自己教育運動を発展させた労働者教育協会（ＷＥＡ）の先駆であるチャーティスト運動を代表する一人で、知識、啓蒙、教育を重視したウィリアム・ラヴェットを『チャーチズム』に即して論じており、これは、宮原が「だいたい一九世紀にはじま」ると捉えた「社会教育の運動」をより深く理解するための論考と言える。そして、この中で、碓井は「大衆を目ざめさせ、大衆にしみわたり、大衆をつき動かしてきた精神は、知的探究の精神である」というテーゼに注目している。[82] これは、同書に付けられた栞の言葉にも採用されており、『社会教育――文化の自己創造へ』の内容を集約させた文言と言える（次頁の写真）。

大衆を目ざめさせ
大衆にしみわたり
大衆をつき動かして
きた精神《スピリット》は
知的探究の精神である

**ラヴェット**

このように、碓井は宮原の思想、学問、実践を確実に把握してまとめており、『教育論集』全七巻は、この碓井を代表とした委員会により構成されているのである。そして、各巻のタイトルと編集者（括弧内は編集と解説の担当者）は以下の通りである。

第一巻「教育と社会」（碓井正久・藤岡貞彦）
第二巻「社会教育論」（小川利夫・島田修一）
第三巻「青年期教育の創造」（木下春雄・千野陽一）
第四巻「家庭と学校」（千野陽一・室俊司）
第五巻「教師と国民文化」（北田耕也・神山順一）
第六巻「教育時論」（碓井正久・宮坂広作）
第七巻「母と子のための教育論」（北田耕也・神山順一）

次に、各巻の内容を見ると、まず第一巻と第二巻では、「教育の本質」と「社会教育の本質」に関して既述したように、教育の総体的な認識の学問として社会教育が論じられている。そして、第三巻では、働く青年に焦点を当てて、宮原社会教育学が展開されている。第四巻以下は、各タイトルに示されるように、その展開が、学校、教師、家庭、文化、子供等々へと広がっている。さらに、その内容は、理論研究から、それを子供向けに平易に解説した、あるいは創作した説明や物語もあり、極めて多様で広範である。

ただし、確かに多様で広範だが、それは『教育論集』全七巻に尽きるものではない。即ち、『宮原誠一教育論集』は宮原の全集ではなく、そこに収録された論考は宮原が執筆した文献の全てではない。

第七巻には、「著作目録」があり、そこでは1著書、2編著書・監修、3訳書、4調査報告書、5論文、その他と、五つに分類されて、宮原の著作活動の全体像が示されている。その中には、戦意高揚や転向と受けとめられて批判されることもある戦前戦中の論考も含まれている。しかし、宮原の逝去は一九七八年九月二六日で、「著作目録」を収録した第七巻の発行は、それ以前の七七年一一月一五日であり、このことは、戦前戦中の論考を含めた「著作目録」について宮原自身が承知していたことを示している。この点で、宮原には戦前戦中の論考を隠蔽する必要性も意図はなかったことが分かる。

なお、「著作目録」に記載されていない論考や文献もあるが、これは、その論考が『文化政策論稿』（新経済社、一九四三年、配給元日本出版配給株式会社）に集約されているためであり、戦意高揚や転向が記されているためとは言えない。この点については、これからの考察の中で順次明らかにしていく。

## 第三節　宮原の編著書の内容と構成

### 第一項　概観

『教育論集』の内容と構成の理解に立ち、次に、宮原の編著書を取り上げる。それは、宮原が他の研究者と協力して、どのような社会教育の思想、理論、実践を示そうとしたのかを理解するためである。たとえ自分の力量に限りがあり十分な展開や追究ができないとしても、共同研究の中で他の理論的作業と組み合わせることにより、自ら構想した内容をより広く大きな視角や範囲で提示することができる。編著書にはこのような性格があり、宮原の編著書を考察することにより、彼の構想した思想、理論、実践の外延が把握できる。

この観点から、ここでは、宮原の編著書として『社会教育』(光文社、一九五〇年)、『生産教育』(国土社、一九五六年)、『青年の学習——勤労青年教育の基礎的研究』(国土社、一九六〇年)、『教育史』(『日本現代史大系』、東洋経済新報社、一九六三年)、『農業の近代化と青年の教育』(農山漁村文化協会、一九六四年)、『生涯学習』(東洋経済新報社、一九七四年)を取り上げ、各巻の問題意識、テーマ、構成などから宮原社会教育学の学問的思想的広がりを考察していく。

まず問題意識について見ると、それは各巻の刊行された時期の現実的諸問題に向けられている。そして、これがテーマに結び付けられ、時期を追って、社会教育、生産教育、勤労青年の学習と教育(労働者と農民)、教育史、そして生涯学習となっている。本論文との関連では、確かに反戦平和や平和教育はないが、しかし、これから考察していくように、反戦平和や平和教育はそれぞれの問題意識や論理展開に通底して存在している。そして、このような問題意識とテーマを多面的に考察するために、多くの研究者や実践者が組織されて、その論考により各編著の内容が構成されている。それでは、以下、各編著について詳しく述べていく。

### 第二項　平和・独立・民主と『社会教育』、『生産教育』

まず『社会教育』の出版された一九五〇年に注目すると、それは、社会教育法制定の翌年である。この社会教育法は、戦争の反省に立ち平和主義、民主主義、主権在民などを謳った憲法、旧教育基本法の精神に則り、国民の自己教育、相互教育を推進すべく制定施行された。確かに、これに対して批判もあるが、そこに盛り込まれた法の精神は重要である。他方、一九五〇年六月二五日に朝鮮戦争が勃発し、八月一〇日に警察予備隊令が公布され、翌五一年八月には、サンフランシスコ講和条約の調印と同時に日米安保条約が締結され、翌月には警察予備隊が発足した。このように、平和で民主的な文化国家として日本を再建させようとする動きと、米国の対日政策の転換により民主化の「逆コース」や再軍備を進める動きとが重なり合う中で、社会教育について多面的に論じたのが『社会教育』であった。『社会教育』のタイトルには「現職教育必携」（2）と付記されている。そして、最後に印刷された出版案内では、この「現職教育必携」として、他にも『教育行政学』（安藤堯雄）と『教育社会学』（周郷博）が見られる。ここから、「現職教育必携」は、教育について、広く社会を見渡す視点から、また行政の制度、組織、政策などとの具体的現実に即して考えようとするシリーズと言える。このような出版計画に基づいて『社会教育』は編集されたのであり、ここでも宮原の教育全体を見渡した人間発達と社会発展の総体的で現実的な認識への追究が認められる。さらに、筆者が東京神田の古書店玉英堂で求めた『社会教育』には「教育の社会計画をどうたてるか」というサブタイトルがあり、宮原が「社会教育の本質」の結びで提起した「教育の社会計画」論が明確に示されている。なお、大阪教育大学付属図書館収蔵の『社会教育』には、このサブタイトルはない（いずれも一九五〇年七月二五日付初版）。

この点を踏まえて、その内容を見ると、次の通りになっている。宮原は「編者のことば」と第一部「総論」で第一章「社会教育の本質」を分担執筆している。後者は、既述したように、『教育と社会』一九四九年三月号発表の論文であり、『教育論集』では第二巻の冒頭に収録されている。そして「総論」は第二章「社会教育法の解説」（小和田武紀）と合わせてこれら二篇で構成されている（括弧内は執筆者、以下同様）。

続いて第二部「各論」となり、第一章「図書館」（中井正一）、第二章「公民館」（森岡良夫）、第三章「学校拡張」（山本敏夫）、第四章「青少年団体」（田代元弥）、第五章「婦人団体」（富田展子）、第六章「ＰＴＡ」（金田智成）、第七章「体育とレクレーション」（西田泰介）、第八章「純潔教育」（山室民子）、第九章「視覚教育」（波多野完治）、第一〇章「放送教育」（西本三十二）となっている。

その中で、分担執筆者の一人の中井正一は、西田幾多郎が嘱望した哲学者、美学者であり、戦前は日本のファシズム化に抵抗するために知識人の人民戦線的結集を試みたとされて一九三七年一一月に治安維持法違反容疑で検挙・投獄され、一九四〇年に懲役二年（執行猶予二年）の判決を受けたが、翌年に再び検挙・投獄された。そして、戦後は一九四五年に尾道市立図書館長を勤め、一九四八年に国立国会図書館が創設された時に初代副館長に就任した。当時、中井を強く推薦したのは歴史学者で参議院議員（当時参議院図書館運営委員会委員長）の羽仁五郎であり、彼もまた検挙投獄を体験していた。中井が第一章「図書館」の分担執筆者となっていることは、これらの思想的実践的脈絡に位置づけて捉えなければならない。そして、羽仁や中井の図書館論については「記憶の風化と歴史認識に関する心理歴史研究」（『社会教育学研究第12号、二〇〇七年）で詳述している。

次に『生産教育』を見ると、これは国土社教育全書の第二巻で、この全書には他に第一巻『生活教育』（籠山京編）、第三巻『教育計画』（三井透編）、第四巻『児童文化』（波多野完治編）、第五巻『児童問題』（三木安正編）、第六巻『児童心理』（依田新編）、第七巻『比較教育』（鈴木朝英編）、第八巻『教育科学』（宗像誠也編）がある。このような構成に位置づけられた『生産教育』で、宮原は「まえがき」と第一部「生産教育の意義と系譜」の第一章「生産教育の意義」を執筆している。後者は教育論集第一巻に収録された論文である。そして、以下、第一部第二章「教育と労働を結びつけた教育思想の系譜」（小林澄兄）、同第三章「総合技術教育の歴史的系譜」（矢川徳光）、第二部「生産教育の前史」第一章「明治以来の耕作教育」（清原道寿）、同第二章「明治以来の技術教育」（長谷川淳）、第三部「生産教育の実践」第一章「高等学校における産業教育」（細谷俊夫）、同第二章「中学校職業・家庭科における工業的教材」（鈴木寿雄）、同第三章「中学校職業・家庭科における農業的教材」（堀越久甫）、第四部「生産教育の社会計画」第一章「総合開発と生産教育」（三井透）、同第二章「生産教育計画の構想」（城戸幡太郎）と続いている。

このように構成された「生産教育」論は、一九四九年に宮原が提唱した「生産主義教育論」の展開として捉えられる。[83] これについて、宮原は「生産主義教育」や「生産教育」だけでなく、「生産技術学習」という「よび名」や「ことば」もあり、それらの違いをめぐり議論があるが、名称に拘泥するのではなく、それぞれの内包として「平和と独立のための教育の具体的な内容として、生産的労働を尊重し、勤労大衆を尊重するという基本的角度から、人権と科学（社会科学および自然科学）を尊重する教育をしっかりやっていく」という点を理解することが重要であると論じている。[84] それは、自分の理論や思想が、一つの名称に結び付けられて一定の主義主張や立場に還元させられることを避け、様々な立場にある国民に対して「生産」という領域において多様に対応できる「教育」として「生産教育を」を提唱しようとしたためだと言える。宮原は、冒頭で「生産教育」を「生産労働を尊重する国民教育」と概括している。[85] この中の「国民」は、様々な立場の人間を包摂した概念であり、人間教育の文脈で理解すべきである。

第三項　歴史創造の主体と『青年の学習』、『教育史』、『農業の近代化と青年の教育』

一九五〇年の『社会教育』と五六年の『生産教育』に続き、六〇年に宮原は『青年の学習――勤労青年教育の基礎的研究』を編集した。この十年間は、一九五一年のサンフランシスコ講和条約と日米安全保障条約の締結、五六年の日ソ共同宣言と国連加盟、その後の安保反対の国民的運動の中での安保条約継続というように、敗戦からの復興、安保体制による国際社会への復帰、それへの反対運動の国民的展開というような激動期であった。

このような状況の中で、一九五四年の日本青年団協議会による「共同学習」（日青協・青年団研究所『共同学習の手引』）の提唱に見られるように、青年の共同的な学習運動や学習サークルが広く多様に実践されていた。そして、青年の多様で共同的な学習の実践に視点を据えて、その現状と問題の認識を踏まえて実践の方向性や課題を提起したのが『青年の学習』であった。それは、戦後日本の独立と民主をより確実にして、将来の日本をさらに自由で平等で公平な社会とするために、その将来の社会を担う主体としての「青年の学習」の研究であった。それは、青年たちが時代の犠牲者にされず、またその潮流に流されずに、自分たちの歴史を創造する主体となるべく自己を形成するための学習論の研究であった。

また、この十年間で、宮原は着実に若い世代を育成していた。『社会教育』や『生産教育』と比べて、『青年の学習』の執筆者は相対的に若い世代である。即ち、宮原は自分よりも若い世代の研究者による、日本社会の若い世代の学習の共同研究として『青年の学習』を編集したのであった。ここには、学問と実践の統合が示されている。

これを踏まえて、その内容を見ると、タイトルでは「学習」が使われている一方、サブタイトルでは「教育」が使われているように、「勤労青年」の「学習」に視点を据えた上で、それを進めるための「教育」のあり方が多方面から考究されている。これは「勤労青年」を主体に位置づけた学習と教育の統合的な研究と言える。[87]そして、宮原は、この「勤労青年」の学習・教育論から「青年期教育」を捉え直し、その「再編成」を提起している。この点で、『青年の学習』は「勤労青年」の学習と教育を通した人間と社会の総体的認識だけでなく、その「再編成」という実践論にまで迫る共同研究であると言える。

次に、この内容は、宮原の「序文」と第一部第一章「青年期教育再編成の視点」に続き、同第二章「青年期教育の歴史的背景」（村田泰彦）、第二部第三章「高等学校定時制・通信教育の変容過程」（坂口茂）、同第四章「定時制高校の教師」（宇野一）、同第五章「青年学級の変容過程」（宮坂広作）、第三部第六章「戦後青年団運動の系譜」（小川利夫）、同第七章「農村のサークル活動」（木下春雄）、同第八章「農村青少年クラブの現実と課題」（鈴木弘）、第四部第九章「職場のサークル活動」（竹内真一）、同第一〇章「労働者サークル活動の性格と役割」（那須野隆一）、同第一一章「事業内職業訓練の諸問題」（倉内史郎）、第五部第一二章「勤労青年の心理的態度とその形成」（碓井正久）、同第一三章「青年学習集団のひろまりとふかまり」（千野陽一）、同第一四章「サークル活動の方法」（藤田秀雄）、第六部第一五章「青年の読書の特質」（裏田武雄）、同第一六章「青年の読書会」（上岡安彦・竹内真一）、同第一七章「青年の放送学習」（神山順一）となっている。

そして、この『青年の学習』を出版した後も、宮原は『青年期教育の創造』（国土社、一九六二年）や『青年期の教育』（岩波新書、一九六六年）などで「勤労青年」の学習・教育論を展開した。さらに、それは一九六四年の『農村の近代化と青年の学習』へと続き、一九七四年には『生涯学習』へと展開する。ただし、ここではそれらへと進む前に、一九六三年の『教育史』について述べておく。

これは「日本現代史体系」の一巻として編集されている。各巻に番号は付されていないが、配本順に『農業史』（大内力）、『法律史』（鈴木安蔵）、『映画史』（岩崎昶）、『軍事史』（藤原彰）、『科学史』（湯浅光朝）、『経済史』（守屋典郎）、

『技術史』（山崎俊雄）、『文学史』（小田切秀雄）、『財政史』（鈴木武雄）、『教育史』（宮原誠一）、『政治史』（中村哲）となっている（『教育史』に付された「刊行案内」[88]より、括弧内は編者）。

このように体系化された現代史研究の一つとして『教育史』は編集された。そして、宮原はその「はしがき」と第一章「明治維新の教育状況」の一「幕藩体制の崩壊と教育状況」、二「明治初年の教育状況」、三「『学制』の思想と現実」、及び第二章「天皇制教育の成立」を執筆している。第二章「天皇制教育の成立」は『教育論集』第三巻「青年期教育の創造」に「天皇制教育体制の形成と中等教育の路線」と改題されて収録されているが、内容的には第一巻「教育と社会」に位置づけることもできる。

次に、各章について見ると、宮原の論文を基軸にして、第一章の四「大教宣布運動」（宮坂広作）、第三章「日本資本主義の形成と教育」の一「天皇制イデオロギーの浸透過程と教育思想の推移」（宮坂）、二「科学・技術教育の展開」（宮坂）、三「移り行く民衆の生活と教育」（宮坂）、四「社会教育と労働者教育」（那須野隆一）、第四章「帝国主義的発展と教育」の一「帝国主義戦争と教育」（宮坂）、二「学校制度の整備・拡充」（村田・宮坂）、三「教育の内容統制と帝国主義的教育思潮」（村田・宮坂）、四「社会教育政策の創出」（宮坂）、第五章「天皇制教育体制の動揺と再編」（宮坂）、第六章「日本ファシズムの教育体制」（宮坂）、第七章「戦後の教育」の一「占領軍の教育管理政策」、二「新学制と新教育」、三「教員組合運動の展開」、四「社会教育と労働者教育運動の推移」の（一）「戦後社会教育の発展」（以上村田泰彦）、四の（二）「戦後労働者教育運動の推移」（那須野）と編集されている。このような構成から、宮原は『教育史』において「社会教育の歴史的理解」を天皇制日本の資本主義から帝国主義、その破綻と戦後の民主化という歴史的展開過程に即して検証し、それを通して社会教育と労働者教育運動の関連を共同的に研究してまとめたと言える。これはまた、多くの人間を時代の犠牲者とした戦前戦中の歴史認識を踏まえ、生産し社会を支える人間がそれぞれに固有な発達を達成できるための社会を実現するための教育に関する共同研究であった。

その上で、本書の主題である五十嵐の継承と展開との関連では、五十嵐は帝国主義の観点から『教育史』を評価している。(89)『教育史』では戦前の天皇制と教育の問題が論じられており、これはまさに侵略戦争を繰り返し植民地支配を拡大した大日本帝国の帝国主義の展開と破綻を教育史に即して考察した議論であり、それを五十嵐は評価したのである。逆に見れば、大日本帝国の名の通り、戦前の日本は明白に帝国主義の国家であったにもかかわらず、この史実に迫る教育史研究が少ない中で、宮原は確実に戦前の教育史を天皇制の帝国主義と関連づけて考究することに努め、それを五十嵐は的確に捉えたのである。

さらに、翌六四年に、宮原は『農業の近代化と青年の教育』を編集出版し、「序」と序説「農業の近代化と青年教育の動向」(『教育論集』第三巻所収)を執筆している。そこにおいて、宮原は「日本の農業の近代化」は「農民＝国民の手による近代化でなければならない」と提起し、この課題に対して「農林行政系統と文部行政系統の両方について、農村青年を対象とする教育訓練の主要な局面をおさえることと、農村青年の自主的学習運動の代表的な部面をおさえることを目途として」共同研究を進め、「農村青年教育の現状の総合的な検討と分析」を行ったと述べている。(90)

これを承けて、各論では農村の「勤労青年」の学習と教育が実際の事例に基づいて論じられている。その内容は、Ⅰ「農業の近代化と農村青年教育の再編成」において、一「宮崎県におけるSAP運動の展開と問題」(千野陽一)、二「経営伝習農場の変貌と農業教育センターの発足」(藤岡貞彦)、三「青年学級と勤労青年学校」(伊藤三次)、四「千葉県農村中堅青年養成所の経験」(竹内義長)、Ⅱ「農村における民間学習運動」において、五「生産大学運動の構造——信濃生産大学を中心に」(小林元一)、六「農村青年の学習運動と青年団——福島県を中心に」、七「公民館と青年の生産学習——栃木県茂木町の経験から」(笹島保)、八「農民運動と青年の学習——高知県土佐市農民組合を中心に」(神崎茂)、Ⅲ「農業の近代化と学校教育」において、九「農業近代化と農村青年の進路」(小川利夫)、一〇「農業高校再編の現実と展望」(碓井正久)、一一「国民のための農科大学の創造」(石川武男)となっている。そして全体として、農村を中心に歴史を創造する青年の主体形成が実践に即して論じられている。

### 第四項　生涯教育と『生涯学習』

『社会教育』、『生産教育』、『青年の学習』、『教育史』、『農業の近代化と青年の教育』と共同研究を積み重ねてきた宮原は、一九七四年に『生涯学習』を編集し刊行した。これは、一九六五年にユネスコ成人教育会議でラングランが「生涯教育」を提唱してから一〇年後であり、序章で既述したように、波多野が「生涯教育」は「すべては『平和』のためなのだ」が、その「賛成派も反対派も、平和については一言も語らないのである」と指摘したのは、その翌年であった。これは、宮原編著『生涯学習』に対する批判ではなく、むしろ、宮原も波多野も日本で広がり始めた生涯教育の内実に対して共通した問題意識を持つようになったと捉えるべきである。

元より、宮原は、一九五〇年以降警察予備隊、保安隊、自衛隊と再軍備が進められ、それが安保条約継続に焦点化し、国民的規模で安保反対運動が広がった一九六〇年に『青年の学習』を編集刊行し、その中の「青年期教育の再編成の基本的視点」の結びにおいて「核戦争の脅威のもとに、青年たちの生命を守ろうとする力と、青年たちの生命を掌握して死の取引に売渡そうとする力とが、世界じゅうで拮抗し、自国のなかでもはげしくたたかいつづけているとき、青年たち自身が世界の政治にたいして無関心であることは青年たち自身にとって最大の悲劇であるといわなくてはならない。」と提起していた[91]。しかし、国民的な反対運動にもかかわらず安保条約が継続し、さらにそれが一九七〇年でも繰り返されたが、むしろ、高度経済成長で得た物質的豊かさの中で戦争の記憶は風化するようになり、反戦平和の意識が低下することが危惧されるようになっていた。

他方、ラングランの提唱した「生涯教育」が、日本ではユネスコ創設の理念である平和から離れて、産業や経済の領域では能力主義と人材育成の手段として、また文化の領域では趣味や教養を嗜む方法として受け止められ、全体として広がっていった。いずれにおいても、他者との共同的な実践を通して相互に社会現実の認識を深めあうのではなく、他者から少しでも優越する能力の習得のために、或いは自己の狭い私的な世界で趣味や教養を楽しむために「生涯教育」が捉えられる傾向にあったのである。

このような動向において、文教行政では一九六八年七月に文部大臣の「急激な社会構造の変化に対処する社会教育のあり方について」の諮問を受けた社会教育審議会が、七一年四月三〇日に答申を発表し、「生涯教育」を「家庭教育、学校教育、社会教育の三者を有機的に統合する」理念として提起した。そこでは、「生涯教育」を取り上げて「社会教育」を包含する上位概念として位置づけており、これは直截に表明してはいないが、「社会構造の変化」を理由に、社会教育法第一条に明記されている「教育基本法の精神に則」るという「社会教育のあり方」を再検討し、戦争の反省に立ち平和で民主的な文化国家を実現すべく自己教育、相互教育として出発した社会教育に代えて、能力主義的で私生活主義的な「生涯教育」へと施策の重点を移すことを示唆していた。

特に「教育基本法の精神」に関しては、七一年六月の中央教育審議会答申で学校教育の全面的な再編成のために提起された「第三の教育改革」と重ね合わせて考える必要がある。この「第三の教育改革」は、一八七二（明治五）年の学制や一八九〇（明治二三）年の教育勅語体制という明治期の教育制度の確立という第一の教育改革、戦後の教育基本法に基づく第二の教育改革に続く教育改革として提起されており、それは平和と民主主義を謳う旧教育基本法の改定と密接に関連していたと捉えられる。その後八〇年代半ばの臨時教育審議会では、この「第三の教育改革」がさらに強く提唱され、しかも、この文脈で臨教審は生涯学習の推進に重点を置いたのであった。このことから、憲法―教育基本法―社会教育法という法体系において、社会教育に生涯教育や生涯学習を対置させることは、旧教育基本法、そして憲法の改定と連動していたと認識できる。

このような文教政策の動向に対して、七〇年九月二二日に社教審が答申「急激な社会構造の変化に対処する社会教育のあり方について」の「案」として「中間発表」を示した後に、日本社会教育学会が一一月二五日に発表した「意見」が注目される。(92) そこでは、「社会教育の理念について」として、以下のように述べられていた。

急激な社会の変化に対処する社会教育の理念として、われわれが拠りどころとすべきものは、日本国憲法、教育基本法の精神である。この文脈に沿って考えるならば、主権者の形成による民主主義の発展ということが主軸にならなければならない。しかるに、この答申案には民主主義、主権者という表現はどこにも見出せない。そのことが状況に「対処」する姿勢でなく、状況に「適応」するという印象を与える結果となっている。本答申では、主権者の形成、民主主義の発展という理念を明確にする必要がある。

そして、翌年に発表された答申の「まえがき」では「わが国の社会教育は、戦後、憲法、教育基本法の理念に基づき、民主主義の実質化をめざして行われてきたのであって、この基本的な理念はこれからも守り育てていかなければならないし、また、社会教育の実践において具現させていかなければならない」と加えられた。社会教育学会の意見で提起された憲法、教育基本法、民主主義が盛り込まれたことが分かる。ただし、「主権者」の文言はなく、権利としての教育まで答申に取り入れることはなかった。

そして、このような社会教育と生涯教育をめぐる政策的動向の中で、宮原は『生涯学習』において、「生涯学習とはなにか」を考えるために「フランス革命の教育理想」をコンドルセの「教育計画」から説き起こし、次のように指摘した。(93)

ライフロング（生涯にわたっての）という言葉が教育についてつかわれたのは、イギリスではちかごろのことではなく、たとえば有名な成人教育委員会の『一九一九年報告書』のはじめにかかげられているロイド・ジョージ首相あての前文のなかに成人教育は『万人のもの、そしてライフロングでなければならない』と書かれている。アメリカでは第二次大戦直後からライフロング・ラーニング（生涯にわたっての学習）という言葉がさかんに使われている。

ここでまず確認すべきは、これは、既に一九七一年八月号の『母と子』に掲載された「生涯教育とは」に述べられていたという点である。(94) このことは、宮原が「生涯教育」であれ、「生涯学習」であれ、その表現にかかわらず、そこに内包された意味を取り上げ、問い直し、その中で『一九一九年報告書』や第二次大戦直後の米国の教育を重視していたことを示している。

次に、これらの内容について見ると、まず『一九一九年報告書』では「成人教育は永遠の国民的な必要性であり、市民権に不可欠の要素であり、それ故、万人のもの、そしてライフロングでなければならない（SHOULD BE BOTH UNIVERSAL AND LIFELONG）と述べられている。(95) この中で、宮原は「ライフロング（生涯にわたっての）」に注目しただけでなく、「ユニバーサル」を「万人のもの」と訳しており、この点に、宮原の思想と歴史認識が現れている。そこには、一九世紀から「万人に教育を（Education for All）」を要求した英国の労働運動と労働者自己教育運動への理解がある。実際、『一九一九年報告書』の冒頭では「悪い精神に指導された最も整備された機械でさえも、それ自身が選んだ土俵で、自由な人々の自発的な自己組織化の活動により打ち倒される」と、(96) 自由と民主主義の意義を提起している。確かに、第一次世界大戦後に、戦勝国が一方的で苛酷な債務を敗戦国のドイツに課し、これがその後のナチス台頭の要因の一つになり、この文章も、その側面から再検討する必要があるが、それでもなお、「万人のもの、そしてライフロングでなければならない」という理念が平和と復興の文脈で『一九一九年報告書』に盛り込まれたことの意義は大きい。そして、宮原は、これを踏まえて生涯学習や生涯教育を理解すべきであると提起したのである。

次に、第二次大戦直後の米国の「ライフロング・ラーニング」に関しては、確かに、カリフォルニア大学のバークレー校とロサンゼルス校の大学拡張部で、一九五〇年から『生涯学習（Lifelong Learning）』誌が発行されていた。[97]そして、一九五八年一〇月一一、一二日の福島大学と福島県立婦人会館を会場にした日本社会教育学会第五回大会で、副会長の波多野完治（会長は宮原）は、学会第五回記念講演「テレビは社会教育をどう変えるか」で「ライフ・ロング・ラーニングが必要になってまいりました」と繰り返していた。[98]波多野は『生涯教育論』の序文でも「わたしが『生涯教育』ということばを耳にしたのは、一九六五年一二月のことである」と述べながらも、「それまでにも、アメリカやカナダの成人教育の雑誌で『一生涯にわたる学習』というような文字をみかけぬことはなかったが」と指摘している。[99]宮原も波多野も、このような歴史的社会的脈絡において生涯学習や生涯教育を捉えていたのである。なお、ラングランに先駆けては、米国でも一九六二年にマルカム・S・ノウルズが『合衆国における成人教育運動』において「生涯学習」や「生涯教育」の用語を提示していたが、[100]一九五八年の日本社会教育学会第五回大会で提示された「ライフ・ロング・ラーニング」は、ノウルズにも先駆けていたのである。

その上で、先述したように、宮原は「ソ連の教育」との関連でデューイの進歩主義教育を研究し、『学校と社会』を翻訳している。さらに、次節で取り上げる座談会「平和のための教育」（『世界』一九四九年七月）では、宮原は米国の中で少数の教師が平和教育のために努力していることを紹介している。それ故、宮原は、このような視点で米国の「ライフロング・ラーニング」に注目していたと言える。

以上を踏まえ、さらに宮原が提示する「生涯教育」や「生涯学習」の論理について考察すると、『母と子』に掲載された「生涯教育とは」では、国家や財界の主導する生涯教育への批判と、「最も実践的な末端」への視点や立場が、より明確に表されていることが分かる。即ち、宮原は「生涯教育ということが、最初から国家の教育政策の問題として政府の側からもちだされていることに、重大な意味がある。それは財界の先導と推進のもとに着々とすすめられてきている、教育にたいする国家統制の基本路線のうえにのってもちだされてきたのである」と述べ、これを「これまでの能力主義と国家主義のいっそうの前進である」と指摘し、これに対して、「教育の主人公は自分たちなのだ」、「労働組合が、ほんとうに労働者の立場に立つかぎり」、それは可能であると、労働者自己教育運動に即した生涯教育の理解を提起している。[101]

元より、宮原は、一九四九年の「社会教育の本質」では「民衆の民主主義的自覚」の論理を、一九六〇年の『青年の学習』では「学習必要の追求とその自覚化」の論理を提示してきたのであり[102]、一九七一年の「生涯教育とは」や一九七四年の「生涯学習とはなにか」は、その理論的な展開として位置づけられる。それはまた、「全成人の全面的学習」や「年長青年の学習活動の創造」として個別的に提起された学習論を、生涯にわたるライフサイクル全体に拡大したことを示している[103]。さらに、一九六〇年に『青年の学習』で、宮原が青年の中に「学習意欲」の「潜在」、「ゆがみ」、「欠落」、そして「無関心」を問題としていたことを踏まえるならば[104]、一九七四年の『生涯学習』では、社会全般において「無関心」が広がり、「無気力」と「無責任」を加えて「三無主義」、さらに「無感動」を加えて「四無主義」等々という造語が流行し、「アパシー」や「スチューデント・アパシー」という社会心理的状況が広がるという現実に対して、生涯にわたり広く国民全体が意欲をもって主体的に共同的な学習を進めるための実践的な共同研究がまとめられたと言える。

そして、このような『生涯学習』の内容は、宮原の「序言」と序章「生涯学習とはなにか」に続き、第一章「自己啓発と自己教育」（藤岡貞彦）、第二章「住民運動と生涯学習」（井上英之）、第三章「環境問題と生涯学習」（阿久津一子）、第四章「マス・コミュニケーションと生涯学習」（神山順一）、第五章「教育福祉施設と生涯学習」（島田修一）

となっており、付録に日本経済調査協議会の調査報告『新しい産業社会における人間形成――長期的観点からみた教育のあり方』（一九七二年）とフランス労働総同盟（CGT）ユネスコ委員会の「継続教育の枠組みにおける成人教育」（一九七二年、阿久津一子訳）が収録されている。ここでは、学習論が青年期からライフサイクル全体に拡大しているだけでなく、産業、企業、地域、環境、マス・コミュニケーション、福祉へと領域的にも拡大している。

以上が、『社会教育』、『生産教育』、『青年の学習』、『教育史』、『生涯学習』の編著書から分かる『教育論集』だけでは把握しきれない宮原の理論的思想的な広がりと多面性である。

## 第四節　対談や座談会などにおける談論の展開
### ――議論を通した相互理解の発展

### 第一項　対談と紙上討論

#### (1) 概観

宮原の思想の広がりや多面性は『教育論集』や編著書に止まらない。それは、宮原が、現実の諸問題に即して、研究者、思想家、知識人、実践者たちと意見を交わして相互理解を深め、諸問題を解明し、それを通して各人の思想や理論の発展を目指した対談や座談会や紙上討論などにも及んでいる。しかも、宮原が出席した座談会や対談は多く、紙上討論もあり、さらに討議を通して作成された組織としての宣言や意見もある。その中で、ここでは反戦平和と平和教育の側面から対談と誌上討論、座談会、宣言や意見について考察していく。

まず、宮原の対談では、前出の丸山眞男との「教育の反省」や周郷との「平和と対決する教師」の他に、鈴木健次郎との「社会教育法十周年と社会教育の現実」(『月刊社会教育』一九五九年六月号。『鈴木健次郎全集』第二巻、秋田青年会館、一九七四年に収録)、竹内好との「教師というもの、教研というもの」(『教育』一九六〇年二月号。『論集』第六巻「教育時論」所収) などがある。その中で、周郷との対談は、第一章で述べた宮原の平和教育論が教師論やリードの平和教育論に即して展開されている。それ故、その考察は第一章と重なるために、ここでは以下の部分を取り上げるだけにする。それは、宮原が戦争で利益を得たのは「財閥」や「軍需成金」だけでなく、その周囲の「下請業者」や「ブローカー」もおり、そのような人々が戦後も「いたるところでささや」き、「戦争があったほうがいい、という空気をつくっていく」と発言すると、周郷が「その宣伝力はたいしたもんだ」と応じ、さらに宮原が「そういうようなささやきに、おくれた大衆がついていくというのは、さけられないと思うけれど、それこそ教師という人々が、このようなささやきに耳を傾けて、やがてはかろがろしくも、そういくことを口にだすということは不思議きわまる」と指摘した箇所である[105]。ここには、「最も実践的な末端」に視座を据えながらも、その現実を直視し、「大衆」の「おくれた」要素も、さらに指導すべき教師がそれに追随するという状況も把握した現実認識がある。そして、このような現実認識が、宮原の多面的で柔軟な思想と実践を可能にしたと言える。また、宮原が「ささやく」と指摘した問題を、周郷が「宣伝力」と応じた点は、二人のプロパガンダの理解の広さを示している。

これらに加えて、対談ではないが、寺中作雄との『読売新聞』紙上での論争的性格を有する討論があり、それは「青年学級のありかた――自主的たれ」(一九五二年一一月一五日)、「青年学級の〝自主〟について――宮原誠一氏への公開状」(一一月二二日)、「青年学級の位置――寺中作雄氏へのこたえ」(一一月二九日)、「青年学級助成は即公民館の整備――再び宮原氏へ」(一二月一三日) として掲載されている[106]。この寺中との誌上討論は、文部省で寺中と共に社会教育法制定や公選制の「公民館委員会」による公民館の普及を目指した鈴木との対談について考察する中で再び取り上げる。

### （2）丸山眞男との「教育の反省」

三つの中で時期的に最も早い丸山との対談「教育の反省」は、本論文の主要な課題である教育の戦争責任を考える上で重要である。戦争責任の問題について、丸山は、天皇制のみならず、それに対して獄中非転向を貫き抵抗し続けた党員を擁する日本共産党に至るまで考究している。[107] このように多角的に戦争責任の考究に努める丸山が、宮原と戦前戦中の「教育の反省」を踏まえ戦後の教育のあり方について議論したのが、この対談である。明治期の福沢諭吉の評価に注意しつつ、ここでは平和教育に即して考察する。

対談の中で、宮原は過去の戦争に対する教育の責任だけでなく、戦後の戦争の問題について議論し、平和教育の課題を明らかにしている。特に、戦争とプロパガンダの関係についてバートランド・ラッセルを援用して議論した箇所は、高度情報社会における情報操作と戦争の問題に迫り得る内容となっている。[108] ラッセルは哲学者で、社会評論家、社会運動家として第一次大戦時から非暴力不服従の反戦平和運動を進め、第二次大戦後はパグウォシュ会議、百人委員会、ラッセル平和財団などを組織した。一九五〇年にノーベル文学賞を受賞し、一九五五年七月九日にはロンドンで物理学者のアルバート・アインシュタインと共にラッセル・アインシュタイン宣言を発表し、核兵器の廃絶と国際紛争を解決するためには平和的手段が必要だと訴えた。

このようなラッセルの思想と実践を踏まえ、宮原は、戦争と国内統制と教育の問題を論じ、確かに教育にはプロパガンダの要素があるが、だからこそプロパガンダに対する教育が必要であり、「あらゆるプロパガンダにたいして自主的に判断をくだす」習慣や能力を養うべきだと発言し、また、「省略によるプロパガンダ」も取り上げ、情報を隠匿する情報操作についても問題としている。[109] 宮原が援用している点について、ラッセルは、以下のように述べている。[110]

厳罰主義の教育の効果についてはどうかといえば、私の懐いている見解は、同時にヨーロッパの全独裁者が懐いている見解と同じである。第一次大戦後、ヨーロッパの国々の殆どすべては、自由な学校をたくさん作って、あまり訓練をせず、あまり教師を尊敬しなくなったように見えた。ところが一つまた一つというふうに、軍事独裁制があらわれて、ソヴェト共和国もそのうちの一つとなり、教師を小型フューラーないし小型ドゥーチェというならわしに逆戻りした。すべての独裁者は、学校におけるある程度の自由が民主主義のための訓練として正しいもので、学校における独裁制が、国家における独裁制の当然の序曲をなすものだと、考えているにちがいないとおもう。

もし私が教育の衝に当たっていると仮定すれば、私は時事問題を最も激しく雄弁に擁護する人々を、各方面に求めて、児童にこれを逢わせ、かれらにはB・B・Cから学校向けに放送させることとする。教師は、そのあとで、児童に、そこに使われている議論を要約させ、雄弁というものが充実した理性とは逆比例をなすものだという考えかたを、おだやかにほのめかす。雄弁に対する免疫性をえるということは、民主政治の市民にとって最も重要なことである。

これに続いて、ラッセルは「宣伝」や「広告」の問題を指摘し、「民主政治の市民」のための教育の意義を提起している[111]。さらに、彼は「独裁制の近代的な形は、いつも一つの信条と結びついている。ヒットラーの信条か、ムッソリーニの信条か、スターリンの信条か、いずれかと結びついている」と指摘し、「戦時ヒステリー」や「集団ヒステリー」の群集心理について問題提起している[112]。このようにファシズムやナチズムとスターリニズムを統合的に捉えるラッセルを援用していることから、やはり宮原は、自らの思想においてマルクス主義に大きな位置を与えながらも、スターリニズムは峻別していることが分かる。

　そして、このような戦争とプロパガンダの問題と、それに関する教育をめぐる議論は対談の中の一例に過ぎず、宮原と丸山の議論は多岐に展開している。その中で、本論文として、もう一つ注目すべき点として、宮原が教育の本質について「教育とは政治の教育化、経済の教育化、文化の教育化のことであって、それ以外の何ものでもない。つまり基本的領域の必要を人間的な主体的な力に仕立ててゆく過程、これを教育だと考える」と発言し、これに対して、丸山が「それはたしかにそうですね」と応じた部分である。[113]ここで宮原が教育の本質論として提起したのは、社会の様々な領域の「必要を人間的な主体的な力」に転化していく教育の「再分肢」機能論であり、これを丸山が「たしかにそうですね」と認めたのである。

### (3) 鈴木健次郎との「社会教育法十周年と社会教育の現実」

　鈴木健次郎は、東大法学部を卒業後、一九三〇〜三一年朝鮮元山神学院で法律を教え（一九二九年カトリック本郷教会で受洗）、一九三二年に大日本連合青年団嘱託、一九三六年に同商工課長、一九四一年に大日本青少年団組織課長、一九四四年に同参事企画室主査代理などを務めた。この経歴から教化総動員運動に関わる戦争責任が問われるが、キリスト者としては矢内原忠雄に共通する立場、また青年運動では『青年』に連載された『次郎物語』が一九三二年三月に自由主義的だとして中止させられ四月に日本青年館を離れた下村湖人や、四国善通寺の講演で「敗戦は絶対にさけがたい。この苦難を通らなければ平和はこないし日本も救われない」と公言して倒れた田澤義鋪との関係を考慮する必要がある。[114]彼らには天皇制ファシズム体制の教化総動員運動を進めながらも、社会教育の「最も実践的な末端」における人々の実情を知り、少しでも軍国主義を押し止めようとした側面もあったと言える。

　従って、戦後の民主化と、それを推進するための社会教育に鈴木は努力する。そして、彼は寺中と共に平和で民主的な文化国家として日本を復興させるためには、地域で生活し働く一人ひとりが平和や民主主義について学び、文化を向上させるだけの資質を身につけることが課題となり、その達成のためには公民館において自己教育、相互教育としての社会教育を実践することが求められるとして社会教育法の制定に努めた。これは既に戦後民主化の「逆コース」や再軍備の動きが始まっていた一九四九年に制定されたが、その第一条には「教育基本法の精神に則り」とあり、平和主義や民主主義を基調とした憲法と旧教育基本法の法体系に確固として位置づけられている。

　そして、この法の精神について、寺中作雄は『公民館の建設――新しい町村の文化施設』で、「**われわれの為の、われわれの力による、われわれの文化施設――それが公民館の特徴であり、公民館の本質である**」と表明している[115]。これは、エイブラハム・リンカーンのゲティズバーグの演説（一八六三年一一月一九日）の結びの「人民の、人民による、人民ための、政治」に倣っており、民主主義の原点と言える[116]。そして、注目すべきは、一九五四年三月に文部省社会教育局が編集した『社会教育の方法』でも、社会教育法第二条の解説の中で「民主主義は、われわれのわれわれによるわれわれのための政治であり、思想である」と記されており[117]、まさに民主主義の原点に立脚した法の精神が、戦後民主化の「逆コース」にもかかわらず、社会教育行政においてはなお堅持されていたのである。社会教育法制定、公民館の建設・普及、自己教育・相互教育としての社会教育の実践などは、この民主化や戦争放棄の平和主義と「逆コース」や再軍備が拮抗する動態に即して捉える必要がある。先述した宮原と寺中との論争的誌上討論も、この点を踏まえて考えなければならず、そもそも、立場や視点が異なりながらも、両者に一定の共通基盤があったからこそ議論を交わすことが可能であったと言える。

　以上を踏まえて、次に、宮原と鈴木の対談「社会教育法十周年と社会教育の現実」を見ると、これは社会教育法制定後の一〇年間を振り返るという趣旨で、主として宮原の質問に対して鈴木が応えている。そこでは、公民館の自主的な運営や地域自治を中心に議論が進められ、これは「最も実践的な末端」において実質的に民主主義が機能し、自己教育、相互教育が実践されているのかについての対話的な検討となっていると言える。その中で、特に「社会教育法でつぶされた公民館委員会」という小見出しの部分は注目される。[118]即ち、ここで鈴木は公民館を論じながら明瞭に社会教育法を批判している。これは、鈴木が一九五一年六月に文部省社会教育施設課長補佐（課長山室民子）を辞して、福岡県教育委員会に社会教育課長として赴任し、社会教育法の精神や自らの公民館論を地域で実践しようと努めた理由を示しており、それがまた寺中との差異となっている。確かに、その後も鈴木は寺中との違いを敢えて明示することなどなく、また、寺中の方でも「私と鈴木君とは、いわば呼吸の合った二人三脚のチームのように、ぴったりと結ばれ合って、一つの仕事の貫徹のために青春の情熱を燃やすことになった」と述べている。[119]しかし、「一つの仕事」が終わった後に鈴木が文部省を離れたのは事実であり、従って「ぴったりと結ばれ合って」いた関係は、その時点まででであったと考えられる。即ち、鈴木は積極的に違いを明示せずに寺中から離れたのであり、この微妙であるが明確な差異は重要である。そして、宮原が寺中とは論争する一方で、鈴木とは対談したという違いは、この両者の差異によるものと考えられる。ただし、この差異は対立にまでなってはいなかった。一九五九年に社会教育法が大幅に改定され、制定当初の主旨に変更が加えられた後、寺中と鈴木と宮原は鼎談を行い、そこでは差異を持ちながらお互いに意見を対話的に交わしており、その関係は極めて微妙である。[120]

それでは、この点を踏まえて、鈴木と宮原の対談について考察していく。まず、鈴木は「あの戦争中の社会教育に対する反省、国の政策・思想のために国民を動員して御用をつとめる社会教育を破きし」、そして新たに「自主的な公民館」を建設するために「公民館委員会」は「公選制の決議機関」とするように努めたと発言している。[121]ここでは、戦争の反省に立ち、地域自治と民主主義を基本とした公民館論が示されている。そして、鈴木は様々な地域で、このような公民館の普及に努め、その豊富な実践に基づき「当時公選を実施したところは例外なしにいい成績をあげておりました。自分たちのものだ、自分たちの手でやるのだという意識が住民のあいだにもりあがった。私はそういう気持ちで当時公民館のお世話をしたのですが、社会教育法ができて、私いちばん感じたことは、公民館がなにかこの精神を失って形式的なものになったということです」と発言している。[122] 社会教育法制定により、住民の地域自治や民主主義が後退したというのである。この点について、鈴木は、公民館委員会の「任命制の諮問機関」への変更は「教育委員会と見合っているわけです。教育委員会が公選制であって、民意を直接反映しますから、重複をさけて公民館委員会を館長の諮問機関としての運営審議会に切りかえたんですね」と指摘している。しかし、この教育委員会が戦後民主化の「逆コース」の中で公選制から任命制へと変えられ、その前提が崩されているのである。[123] 即ち、一九五六年の教育委員会法の廃止の前に、公選制の公民館委員会から任命制の公民館運営審議会への変更があり、この問題が指摘されているのである。

それにもかかわらず、鈴木は地域自治と民主主義に立脚した公民館普及に努めたが、しかし、「公民館運営審議会は郷土の良心となって発展の原動力になるように考えていたのですけれど、実際は郷土における勢力的な側のために積極的なものにならず消極的なものになってしまった。月に一回の公民館審議会はおろか、年に三回とか一年に二回とかひどいところになると年に一回位の形式的な審議会というものもありました」と述べている。[124] 形式は地域自治や民主主義が保障されているが、実態は全く形骸化したという指摘であり、これを鈴木は全国各地の実践を踏まえて発言したのである。そして、これらは鈴木の発言であるが、これを引き出したのは宮原の問題提起であり、従って、そこにおける社会教育法批判と戦争の反省、地域自治、民主主義に立脚した公民館の提起は二人の対談から導き出されたものである。

この対談の他にも、鈴木は「戦後における社会教育の動向と反省」において「戦後十年の社会教育を反省して、問題は住民大衆にあるのではなく、むしろ社会教育行政当事者や指導層の中にあることが強く考えられる」と問題提起している。[125] これは結論の部分で書かれており、従って、この「社会教育行政当事者や指導層」への批判は、社会教育法制定の結果に対する鈴木の総括的な認識から導き出されていると言える。さらに、そこにおける「住民大衆」への視点には、宮原の「最も実践的な末端」への視点に対応している。実際、鈴木は社会教育とは教育者が地域の人々の「足を洗う」ような実践であると捉える思想を擁しており、[126]それを様々な地域において実践していた。このことを踏まえるならば、二人の対談では、「最も実践的な末端」と「足を洗う」という思想と実践が交流していたと言える。

ただし、鈴木の思想には宮原のようにマルクス主義の要素が見られるわけではない。むしろ「足を洗う」ことに努める点にはキリスト者の立場が現れている。[127]それでもなお、福岡県社会教育課長の後に日本教育テレビ嘱託を勤めて一九六三年三月に退職した鈴木を、秋田県の教育の振興のためにと招聘した秋田県知事の小畑勇二郎の信条を見ると、様々な側面がある中でマルクス主義を評価した部分も見出せる。

小畑は、ユネスコの生涯教育が日本に紹介されると都道府県の中でいち早く導入と普及に努めた。確かに、政治的には秋田は基本的に保守県で、小畑の支持基盤は保守政党を中心としている。そして、彼の生涯教育に関する考えをまとめた『秋田の生涯教育』の冒頭では天智天皇の御製「秋の田のかりほの庵の苫をあらみわが衣手は露にぬれつつ」が取り上げられ、「庵の苫をあらみ」のような県政とならないように生涯教育の推進に努めたと述べられている。[128]また、小畑は「善政は善教にしかず」という孟子の信条（『孟子』「尽心」上）も提起している。[129]これらは、保守的な政治家にしばしば見られる政治的信条である。

ただし、小畑はこれに止まらず、一九六五年のソ連視察の出発前に「レーニンの奥さんであるクループスカヤ女史」の『ソ連の幼児教育』を読み「たいへん感激した」と発言し、また生涯教育振興のために、英国、仏国、米国の動向を紹介する中で、仏国の「アニマトゥール」を「いわゆる指導主事（民衆教育主事）」と紹介してもいる。[130]さらに、前掲『秋田の生涯教育』の扉には「学ぶとは、胸に刻むこと　教えるとは、ともに希望を語ること」が掲げられている。[131]これは引用ではないため典拠は記されていないが、作家で共産党員のルイ・アラゴンの詩句と類似しており、それが小畑の著書の扉にアラゴンの名とともに使われたことは注視すべきである。従って、小畑県政は政治的には基本的に保守であったが、この中には多様な思想が取り入れられており、その一つにマルクス主義者の学習観、教育観への評価があったことが分かる。そして、このような小畑が鈴木を秋田に招聘し、また鈴木もそれに応えたのである。

宮原と鈴木の対談は、このような脈絡において捉えるべきであり、「最も実践的な末端」と「足を洗う」との思想的な交流は、一方がマルクス主義的で他方がキリスト教的という単純なものとして見るべきではない。そこでは、それぞれの重点は異なるが、いずれにおいても多面的で重層的な思想を擁した者同士が、人々が日々働き生活する地域において、いかにして憲法—教育基本法—社会教育法の精神や理念を実践していくべきかについて意見を交わし、それを通して相互理解を作り出し、発展させようとしたと言えるのである。

### （4）竹内好との「教師というもの、教研というもの」

竹内好との対談には、戦争責任の問題に関わり注意すべき点がある。竹内は魯迅研究や社会批評で知られているが、思想的にはアジア主義が基本にあり、その中に民族主義、日本浪漫主義、「近代の超克」派のイデオロギーなどの性格が強く、米英開戦直後には「大東亜戦争と我等の決意」という宣言を一九四二年二月発行の『中国文学』第八一号で発表した。[132] 確かに、その後竹内は大東亜文学者大会に不参加を表明したが、[133] しかし、これと「大東亜戦争と我等の決意」との関係については戦後になっても説明していない。さらに戦争には「日本民族の全エネルギーが投入されたわけです。それがいかんということになると、エネルギーのやり場がなくなってしまう。（中略）日本民族の使命感を連続的にとらえなおすのでないと、エネルギーの行き場がなくなって、日本民族の主体性がなくなってしまう」と主張している。[134] ファシズム体制下でも反戦反ファシズムの抵抗は根強く存在していたのであり、「日本民族の全エネルギーが投入されたわけ」ではない。また「使命感」は「日本民族」だけでなく、尾崎秀実たちのように国際主義的立場の「使命感」も存在した。そして、このような竹内好について、竹内実は、亀井勝一郎らと『日本浪漫派』を一九三五年に創刊した保田与重郎と組み合わせて「保田―竹内好ライン」と概括し、「民族的使命感に立脚するイデオローグ」と規定している[135]。

宮原がこのような竹内好と対談している点で、その内容が問われるが、二人の対談は主に竹内が日教組執行部を批判し、教育研究運動の講師を辞めることをめぐり[136]、教育運動、労働運動、そこにおける教師のあり方について議論しているため、講師団の中心的な役割を担っていた宮原が、講師を辞任する竹内と相互理解を深めようとしたと捉えることができる。対談の終わりに近づく部分で、竹内好は「私は、こんど講師を辞めたけれど、関心はずっともちつづけたい」と発言している。講師団に留まり続けた宮原としては、何よりも竹内からこの発言を引き出し、それを『教育』誌に掲載することが重要であったと言える[137]。

また、確かに宮原は講師団に留まったが、日教組と教研運動を無批判に是認していたわけではない。宮原は「教研講師じゃなくて、教組の講師になるべきだという考えかた」に反対を表明していた[138]。一つの組織や運動に教育研究が従属させられる傾向に対して批判したのであり、これは竹内好と共通していた。

しかし、宮原が竹内好と異なる点は、批判すべき側面はあるが、それだからこそ、教育研究運動を改善し、発展させることが必要であるという、教育研究運動を主体的に担う立場である。それだからこそ、講師を辞める竹内好と対談して、教育研究運動に「関心はずっともちつづけたい」という発言を引き出したのである。他方、竹内好の議論は一般に鋭く激しく見えるが、それを、この講師辞任のような実践と重ねあわせて考える必要がある。

そして、日教組執行部において教育研究運動を組合組織に従属させる傾向があることに対して、対談の終わりに近づく部分で、二人は「下から」の「学習サークルの運動」の意義を確認し、最後に、宮原が「それが再出発のはじめの地点だ」と発言し、これによって対談が締めくくられている[139]。組合執行部という「上」を問題としながらも、あくまでも「下から」の、即ち「最も実践的な末端」からの運動の着実な積み重ねにより、この「上」の問題を解決しようとする宮原の立場は一貫しており、これを、様々に言葉を使うが六〇年安保の動勢の中で心を変えて日教組講師を辞した竹内好との間で確認し、これにより、辞任後もなお協力的な関係を維持しようと努力したと言える。それにより、六〇年安保を前に平和運動で重要な役割を担っていた日教組における影響を最小限に止めようとしたのである。なお対談掲載号の「主張」は「研究をとおして組織の統一へ」であった。

## 第二項　座談会

### (1) 概観

座談会としては、前掲寺中・鈴木・宮原「公民館創設のおもいでと忠告」の他に、宮原誠一、清水幾太郎、今井誉次郎、上飯坂好実、猪野謙二、新村猛、中井正一、吉野源三郎の「平和のための教育」(『世界』一九四九年七月)、宮原誠一、宗像誠也、丸山眞男、飯塚浩二、玉城肇、上飯坂好実、奥田美穂の「教育界における近代と前近代」(世界評論社発行の『教育』一九五〇年一月号)、宮原誠一、勝田守一、岡津守彦、丸山眞男、竹内好、磯田進、鶴見和子の「日本人の道徳」(教育科学研究全国連絡協議会編集の『教育』一九五二年三月号)、宮原誠一、宗像誠也、勝田守一、丸山眞男、辻清明の座談会「政治と教育」(『岩波講座教育』第八巻、一九五二年)などがある。

それぞれについて、宮原との関連に即して見ると、座談会「平和のための教育」の参加者の一人の中井は、前述したように宮原編『社会教育』で第一章「図書館」を分担執筆している。また、「教育界における近代と前近代」では、宮原は最初の発言者で、問題提起の役割を果たしている。また、「日本人の道徳」が掲載された『教育』一九五二年三月号の編集委員を宮原は、勝田守一、宗像誠也、山田清人、大田堯、岡津守彦と共に務め、その後、『教育』五二年七月では、このメンバーに五十嵐顕が加わっている。そして、三月号では特集「日本教育の本流」が組まれ、その中には宗像誠也と宮原誠一の共同論文「教育科学運動の反省」があり、七月号では、既述したように特集「平和のための教育」が組まれ、宮原は五十嵐と「計画的実践の成長」を共同で執筆している。

全体として、ファシズムと戦争を齎らした日本人の意識や心性を問い直し、その前近代性を乗り越えて近代化し、平和で民主的な社会を建設するための教育の課題が論議されている。その中で、座談会と特集の違いがあるが、『世界』一九四九年七月や『教育』五二年七月号に「平和のための教育」が掲げられたことは、平和教育の位置づけの大きさを示している。

（2）「**平和のための教育**」

それでは、この平和教育との関連で、座談会の中で特に「平和のための教育」に注目して考察する。この座談会が行われた一九四九年には、中国大陸では共産党軍が国民党軍を台湾に退けて内戦を制し、一〇月に中華人民共和国を建国し、それに伴い朝鮮半島で緊張が高まっていた。座談会「平和のための教育」は、このような時代状況の中で開かれたのであった。掲載紙『世界』編集部の吉野は最初の発言の中で「第二次世界大戦が終わりましても、明るい永続的な平和は期待することができず、むしろ年を追って米ソの関係が緊迫し、特に昨年中は著しく悪化して、戦争の脅威が身近に感じられるところまでまいりました」と発言している。(140) この「緊迫し」た動向がそのまま進み、翌年に朝鮮戦争が勃発したのであった。

しかし、この動向の中でも、吉野は「もう一度ファシストやファシストの手先の連中が出て来て、まことしやかに民衆を戦争に向かってけしかけても、こんどこそ、そんなものにだまされないだけに民衆が生長する」ことを提起している。(141) そして、この提起を受けて「教育における空白時代と新しい教育理想」、「平和問題に対する無関心について」、

「教員組合と教育の覚醒／平和は単なる理想ではない」、「小学生・中学生・高校生と平和問題」、「女子工員の場合／農村の青年たちはどうか」、「平和のための啓蒙活動について」、「啓蒙教育の限界／学校教育と社会／学校の新しい機能」、「アメリカの場合／平和のための教育と教師の再教育／何をなすべきか」、「平和のための教育を地につけよ／実際的な問題」、「結語」と議論が続いた。その中で、「戦争責任」の問題も取り上げられたが、その中で宮原は「戦争責任」を追及されず、むしろ積極的に発言し、「無関心」の問題を指摘した。[142] この「無関心」の問題は、一九六〇年発表の「青年期教育の再編成の基本的視点」（前出）においても、「核戦争の脅威のもとに、青年たちの生命を守ろうとする力と、青年たちの生命を掌握して死の取引に売渡そうとする力とが、世界じゅうで拮抗し、自国のなかでもはげしくたたかいつづけているとき、青年たち自身が世界の政治にたいして無関心であることは青年たち自身にとって最大の悲劇であるといわなくてはならない」と述べているように、宮原が一貫して重要視していた問題の一つである。

さらに、宮原は「教師自身が、平和のための教育を行い得る能力を身につけなければならぬ」と「教師の再教育、自己教育」を提起し、その「方法」を七つ列挙した。[143] その要点は、それぞれ「第一は、教師はまず現代の戦争の恐ろしさ、その残虐さを十分に理解しなければならない」、「第二に、教師は戦争の根本原因について研究を進めなければならない」、「第三は、戦争を避ける方法、即ち武器に訴えないでいろいろなコンフリクト（紛争）を解決してゆくことについて、特に歴史的に研究してゆく」、「第四は、世界の現状について、幅の広いインフォーメーション（情報）を与えなければならない」、「第五には、人間は人間を理解しなければならない。従って倫理学、人類学、さまざまの社会科学によって、人間の性質及び社会生活の法則について基礎的理解をもつようにならなければならない」、「第六には、特に宣伝（プロパガンダ）の扱いについて、教師は研究しなければならない」、「第七に、教師は平和の問題を単に国家間の問題─国際的の問題として考えるばかりでなく、同時に国内の問題として、自分の地域社会の中の問題として、自分の教室の中の問題として、いつも考えていかねばならぬ」である。[144] なお、宮原の提起する「再教育」は社会主義体制における思想改造や迫害とは明確に区別され、教育の「再分肢」機能論の文脈で、旧来（当時では天皇制ファシズム）の教育を捉え直して人間性を取り戻し、主体的に生きるための「人間化」、「主体化」の教育として理解すべきである。宮原は旧教育基本法は「歴史的に読みと」るべきであり、「教育されなければならないのは教育者だった」と指摘している[145]。

そして、宮原はこれら七項目を米国の資料を基に提示しているが、天皇制ファシズムによる侵略戦争が破綻した直後であることを踏まえれば、まさに教育勅語体制の「教育の反省」という脈絡で考える必要がある。実際、前項で取り上げたように前年に宮原は丸山と「教育の反省」というテーマで対談していた。ただし、米国の資料に依拠しているとはいえ、宮原は米国を一面的に評価するだけでなく、「大多数のアメリカの教師は戦争に対して手をこまねいて傍観している、戦争の起こるのを静かに待っている、少数が積極的に戦争防止のために活動している、そして、さらに少数の教師が、世界協力体制という新しい問題のために奮闘している」という状況を紹介し、「つまり、大部分のものは戦争が起こることを静かに待っておるということは、先進国においてもあまり変わりがない」と発言している。この中の「傍観」や「待っている」という態度は先述の「無関心」の問題として捉えることができる。これに対して、宮原の注目する「少数の教師」による平和運動や教育運動は、その後一九五〇年二月からジョセフ・マッカーシー上院議員が発動した反共キャンペーン（マッカーシズム）と直接対峙することになる。その中で、「少数の教師」は大規模に抑え込まれていくが、それでもマッカーシーは一九五四年一二月の上院の問責決議を契機に失脚し、マッカーシズムも終息した。

その上で、ここで注意すべきことは、サンフランシスコ講和条約の調印により、米軍中心の連合国軍の日本占領が終わったのは一九五一年一一月であり、宮原がこのように発言する二年後のことである。即ち、宮原はまだ日本が連合国（実態は米国）の占領下に置かれていた時に、米国政府に対する反戦平和の運動を紹介したのである。天皇制ファシズムの監視や検閲はなくなったが、占領下ではマッカーサーを司令官とする連合国軍総司令部（ＧＨＱ）が監視と検閲を行っていた。宮原のこの発言に対して、清水幾太郎が「気が強くなったね」と「笑声」で応じたのは、このような時代状況を踏まえて理解すべきである。[146]清水もこの状況を十分に認識した上で、占領下においてもなお独立した立場を堅持し、体制を批判している宮原の発言を、しっかりと、しかも「笑声」の余裕をもって受け止めたと言える。

さらに、清水は、宮原が七つの平和のための「教師の再教育、自己教育」の「方法」について提起し終えると、「出尽くした感じだね。それを先にやれば、この会をやらなくてもよかった。」と、再び「笑声」で評価した。[147]しかし、その後で、今井誉次郎が「もう一つ附けますと、第八番目に、日本の子供たちに幸福な体験を与えてゆきたい」と発言した。すると、これを受けて、清水は再び、事前にドイツの「平和教育学（フリーデンスペダゴーギク）」について調べてきたが「宮原さんの報告されたアメリカの状態は、ドイツなどに比べると非常な進歩です」と発言した。[148]

また、宮原の提起した「教師の再教育」に関して、マルクス主義との関連を考えると、マルクスのフォイエルバッハに関する第三のテーゼの「環境と教育の変化に関する唯物論的教説は、環境が人間により変えられ、そして教育者自身が教育されねばならぬことを忘れている」に注目する必要がある。[149]確かに、宮原は発言の中でマルクス主義には言及していないが、彼の思想、時代状況、座談会の文脈を踏まえれば、フォイエルバッハに関する第三テーゼが「再教育」の概念の基礎にあると考えられる。

これについて、社会主義諸国では「再教育」を理由に多くの人々が自由や人権を蹂躙した強制収容所に拘禁され、強制労働と共に思想改造を強いられた歴史的現実が明らかにされるが（中華人民共和国では労働改造所における「労働教養（労働を通して教え養う）」という「教育改造」）、宮原は、これを是認する立場で「再教育」を提起したのではない。宮原の論旨は、支配統制の「末端」で教化を行う「教育者」から、人間が自分自身の成長発達のために自ら教育を組織する「自己教育」において教育を担う「教育者」へと転換するという「自己教育」論にある。即ち、宮原は「再教育」を「自己教育」と組み合わせて提示しており、この点で、社会主義体制下で行われた「上から」の一方的で強制的な思想改造や教化とは異なる自己教育的な「再教育」であると言える。

### (3) 中井の「土の上で」と宮原の「大地に足をつけ」た平和教育の実践

座談会「平和のための教育」が発表された一九四九年は、中井正一が国立国会図書館副館長に就任してから一年後で、また中井の「図書館」論を収録した宮原編『社会教育』が出版される一年前であった。中井の副館長就任には、日本の天皇制ファシズムから民主化への転換において極めて大きな意味があり、これについて羽仁は次のように述べている。[150]

国立国会図書館の創設にあたり、その最初の館長候補として、衆議院が書斎の文人姉崎正治を考えていたとき、参議院の図書館運営委員会が戦争反対すなわち治安維持法違反の獄中生活の体験を持つ哲学者中井正一を館長候補として参議院議長に報告したのは、たしかに日本のそれまでの図書館の理論を一変したものであり、衆議院はこの参議院の主張におどろいて、新しく出なおして、金森徳治郎を候補としてあげ、その結果、国立国会図書館の初代の金森館長、中井副館長が実現したことは、たしかに図書館についての日本のそれまでの現状を一変したものとして公認された。

国立国会図書館館長は国務大臣に相当すると位置づけられ、当然、副館長は副大臣待遇となる。[151] この国立国会図書館副館長に、かつて非国民や国賊と見られた思想犯が就任したのであり、これを羽仁は「たしかに図書館についての日本のそれまでの現状を一変したものとして公認された」と概括したのである。ここには、大日本帝国と日本国の間の確実な変化があった。そして、この中井と宮原は、座談会の中で以下のように意見を交わしていた。

先に（2）で述べたような議論の展開を踏まえ、中井は「もう一つ注意しなければならぬのは」、「教育運動であるから、それは文化的活動にちがいないが、しかし、そのために悪くするとサロン化する恐れがある。（中略）たとい戦争の手段に訴えないとはいえ、この戦い（平和運動―引用者）はまことに身体をはらなければならぬ。身体をはる気魄を備えるということ、これはぜひ通らなければならぬ」と発言した。[152] これに対して、宮原は米国でも「それと同じことが論ぜられております。識者はその点について警戒しています。言葉の上の平和論、リップ・サービスの平和論というものは、現実に二つの戦争を経過したことによって卒業しなければならぬといっているのです」と応じた。すると、さらに中井は「こういう絨毯の上でこの問題を論じているだけではだめだ。土の上でやらなければならぬ」と発言した。これに対して、宮原はさらに「符節を合するようなことをアメリカでも言っていますよ。言葉の上の平和論から脱する道は、地域社会の日常生活に結びつくことである。教師は子供を通じて、地域社会の両親と一緒に、労働者とともに、農民とともに、地域社会の実状に即した平和の会合をいろいろとつくって行かねばならない。日常社会の上にこの運動を起こさなければ、言葉の上だけの平和運動をやっておることになってなんの力もない。大地に足をつけることが必要である。という点で、いまの中井さんの言葉と一致しておるわけです」と発言した。ここでは中井の「土の上」に対して宮原が「大地に足をつける」と応じたと言える。そこには、宮原の「最も実践的な末端」に視点を据える立場があった。そして、この応答の後は新村猛の発言となり、宮原と中井の議論は終わった。

この二人の議論から、文章化された表現でも強く鋭い緊張感が伝わるが、それでも、議論の基調は対話的である。そして、中井が、戦争ではない「戦い」、「身体をはる気魄」、「土の上でやらなければならぬ」という発言を投げかけたのは、座談会ではここだけであった。即ち、中井は座談会において宮原とだけ鋭く緊張した議論を行ったのであった。

これは、中井が宮原を追及するためではなく、議論するに相応しい相手として認めたことを意味している。その基礎には、中井が戦前では『土曜日』誌などで、また戦後では広島などでの地域学習サークルや読書会などで実践を進め、宮原も、戦前の反戦反ファシズム、戦後の自己教育運動、教育研究運動、平和運動などで実践を進めたという共通性があった。この共通基盤に立ち、中井が「サロン化」や「絨毯の上」の議論を批判したことに、宮原は「言葉の上だけの平和運動をやっておることになってなんの力もない」と応じ、地域社会の「両親」や労働者や農民たちと共に平和運動を進めるべきだと提起したのである。

以上から、宮原は、中井の空論や欺瞞や妥協を許さぬ姿勢から発した平和のための「戦い」、「身体をはる気魄」、「土の上でやらなければならぬ」の意味を十分に把握し、しかも、これに呼応すべきだと感じ取り、そして、十分に応ずることができたことが分かる。むしろ強く鋭い緊張感があったからこそ、二人は極めて理論的で実践的で緊密な対話的関係を創り出すことができたと言える。また、このことから、一年後に出版される宮原編『社会教育』の中井の分担執筆は、この対話的関係の所産として捉えることができる。

### 第三項　宮原の関わった宣言や声明

対談、座談会、紙上討論に加えて、宮原が関わった宣言や声明にも、その起草のための談論や討議や共同作業を通して、宮原は自らの思想や理論を反映させ、同時に、それらをさらに研鑽していたと言える。このような宣言や声明などを、反戦平和や平和教育に即して挙げると、以下のようになる。なお、それらが記録されている文献名は、それぞれを引用するところで述べる。

一九三〇年九月：「新興教育研究所創立宣言」
一九三〇年一一月：「日本に於ける教育労働者組合運動に就いての一考察(153)」
一九四九年三月：「戦争と平和に関する日本の科学者の声明」
一九五〇年一月：「講和問題についての平和問題談話会声明」
一九五〇年九月：「三たび平和について(154)」
一九五〇年五月：日本教育学会「全世界の教育学者に送る日本の教育学者の平和の呼びかけ」
一九五一年五月：同「再度全世界の教育学者に日本の教育学者の平和の呼びかけを送る」
一九五二年五月：同「全世界の教育学者に送る日本の教育学者の平和の呼びかけ」第三次声明(155)
一九五一年九月：平和問題懇談会「五十万教職員諸君に訴える」平和声明書
一九五二年一二月：同「再び全教職員に訴える」平和声明書(156)
一九五一年一〇月：教育学者有志「（吉田茂首相の私的諮問機関「政令改正諮問委員会」が五一年七月に発表した）教育制度の改革に関する答申に対する意見」
一九五一年一一月：「教育」で手をつないで教育科学運動を育てよう（『教育』創刊号）
一九五二年六月：日本教職員組合第九回定期大会「教師の倫理綱領」（中央執行委員会決定の草案は五一年六月）
一九五六年三月：「文教政策の傾向に関する十大学長声明」
一九五六年四月：教育委員会法廃止などの文教政策に対する日本社会教育学会の教育政策第一委員会の「意見書」
一九五七年七月：「国民教育研究所設立趣旨」
一九五八年一〇月：「社会教育法等の一部を改正する法律案」に対する日本社会教育学会特別委員会の「社会教

育法改正法案に関する報告」
一九七〇年一一月：文部省社会教育審議会「急激な社会構造の変化に対処する社会教育のあり方について」の「中間発表」に対する日本社会教育学会の「意見」

この中で、特に反戦平和と平和教育について見ると、戦前の二つの文書は軍国主義化の動向に対する批判や抵抗と捉えられる。そして、戦後になると言論統制が大幅に緩和され、反戦平和を明確に主張できるようになった。上記の三つの平和声明はこの現れである。ここで、前二者を収録した日高六郎編集・解説の『近代主義』(筑摩書房、一九六四年)、三番目の声明を掲載した『世界』一九五〇年一二月号、及び前掲「平和教育の動向」に基づき、そこにおける宮原の役割を見る。最初の「戦争と平和に関する日本の科学者の声明」は一九四八年一二月一二日、東京青山の明治記念館で開かれた平和問題討議の総会で発表され、翌年に『世界』四九年三月号に掲載された。この総会での討議において、宮原は新村猛、渡辺慧、中野好夫、川島武宜たちと「直接、平和教育について」発言し、既述したように平和教育の主体を国民とした上で、特に教師の役割、その自己教育、相互協力と団結、これへの科学者の支援態勢を「提議」し、その結果、声明の第一〇項では科学と教育の役割が取り上げられた(157)。

次に、「講和問題についての平和問題談話会声明」は一九五〇年一月一五日に発表され、『世界』一九五〇年三月号に掲載された。宮原は三五名の出席者の一人であった。さらに、「三たび平和について」は「平和問題談話会研究報告」として九月に発表され、『世界』一九五〇年一二月号に掲載された。この時、参加者は「東京平和問題談話会」と「京都平和問題談話会」に分かれて列記され、宮原は前者の一人であった。そして、これら三つの平和声明について、日高六郎は「それは戦後の言論活動としては、おそらく戦後最大といってよいほどの強い影響を国民にあたえた」と述べている(158)。なお、その参加者の中で、教育学者は宮原だけであった。

また、これらの平和声明は「ユネスコ本部が一九四八年七月一三日附を以て発表した八人の社会科学者の共同声明を機縁として」いる。[159] そこには、次第に中国大陸で共産党軍の国民党軍に対する優勢が明らかになり（翌四九年一〇月に中華人民共和国成立）冷戦が激化し、一九四八年一月にマハトマ・ガンディーがインド独立（四七年八月）直後に暗殺され、また、同年六月からソ連がベルリンを「壁」で封鎖し始める（翌年完了、一九八九年一一月撤去）という時代状況に対する危機感があった。

次に、「講和問題」は、米ソの冷戦によりソ連等を排除し、しかも日米安保条約と合わせて対日講和条約が調印されようとする中で取り上げられ、これに対して平和のためには全面講和が必要であると提起された。当時は、一九五〇年六月二五日に朝鮮戦争が勃発し、直後に自衛隊の前身である警察予備隊が設置されるというように、隣国で戦争が再発し、国内で再軍備が進められていた。

これに関して、一九四九年四月二〇日から二五日にパリで開催された「平和擁護世界大会」では、次のように宣言されていた。[160]

世界の七二ヶ国人民の代表たるわれわれ、あらゆる文明、信条、哲学、人種からなる男女たるわれわれは現在またもや世界を脅やかしている恐しい危険、戦争の危険をあますところなく検討した。過ぎさった世界の大悲劇後四年にして人民は危険な軍拡競争に直面させられている。（中略）われわれは戦争準備のためにファシスト政権を支持することに反対する。／われわれは西ドイツと日本の再軍備を非難する。

このように日本の再軍備は国際的にも注視され、「非難」されていたのであり、日本における「講和問題」への取り組みはこれに呼応し、連帯するものであった。

これは日本教育学会でも行われ、一九五〇年五月の第九回大会において七九名の有志署名により「全世界の教育学者に送る日本の教育学者の平和の呼びかけ」が発表され、そこでは「かつて無謀な戦争を犯した敗戦国の教育学者として青少年をして再度の参加の犠牲たらしめてはならないと」提起された[161]。次いで一九五一年五月の大会でも一〇四名の署名賛同者を得て「再度世界の教育学者に日本の教育学者の平和の呼びかけを送る」が発表され、「世界平和の維持と人類福祉の増進という教育本来の使命にあくまでも忠実であろうとする決意」が表明された[162]。さらに、第三次声明では「世界の平和を維持する力がけっきょく世界の各国民のうちにあり、世界の中の父親、母親、わけても青少年のうちにあるを思うとき、教育こそは世界の平和をまもり、人類の未来をきずく最後の原動力である」と提起されている[163]。

そして、これらに加えて「平和問題懇談会」の二つの平和声明書がある。そこでは教職員に再軍備の動向に対して平和憲法と旧教育基本法に基づく平和教育の意義が提唱されていた[164]。また、この平和声明書は、上記の科学者や教育学者の平和の声明や呼びかけと同時期に発表されていた。このことから、同時並行的に、反戦平和と平和教育が様々な科学者を通して広く日本社会に訴えられ、その努力が教育学者により国際社会に表明され、そして、教育の「最も実践的な末端」を担う教職員に実際に平和教育を実践することが提起されたということが分かる。

これらの声明や呼びかけは一九四九年から五二年にかけて合計八回発表されており、隣国の朝鮮戦争（一九五〇年勃発、五三年に休戦協定）という現実と重ね合わせて見ると、その世界史的な意義が明らかになる。そして、この八つの声明や呼びかけに関して、宮原は重要な役割を主体的に担っていた。

このように、活字で記録されているだけでも、宮原の談論は著述や実践と密接に関連しながら多面的に展開していることが分かる。そして、活字にされない談論は、それを遙かに上回ると考えられる。宮原の思想や理論の広さや多面性は、それを通して形成されており、本論文で宮原の文献や談論、実践を考察する上でも、この点を絶えず留意しておく必要がある。

以上、戦前の中田貞蔵の時代から宮原の思想を考察し、宮原社会教育学の広さと多面性を示し、そこで人間発達と社会発展の総体的な認識が追及されてきたことを述べた。そして、その中で反戦平和と平和教育の位置を示してきた。

第二章　注

（1）前掲「新興教育のあけぼの」p.151、p.153。
（2）前掲『嵐の中の教育』版の「教育への反逆」p.148。
（3）同前、同頁。
（4）森徳治「新興教育研究所創立当時の回想」『日本教育運動史』三一書房、一九六〇年、前掲井野川「『新教』の教育運動」、前掲海老原「解説」（山下徳治『明日の学校』）。
（5）同前、同頁。
（6）ここでは、戦後に刊行された社会問題資料研究会編『我国に於けるプロレタリア教育運動』（社会問題資料叢書第一輯、東洋文化社、一九七一年）を用いる。その「刊行のことば」は、社会問題資料研究会会長、京都大学人文科学研究所教授渡部徹によって執筆されている（同書、pp.i-iii）。
（7）刑事局思想部による一九三三年八月付の文章。頁は記されていない。
（8）「長野県下に於ける小学校教員等に対する治安維持法違反事件」については、一九三三年の長野県教員赤化事件を踏まえて考えなければならない。前掲『我国に於けるプロレタリア教育運動』では第二篇「ピオニール運動」七「小学校修身科指導方針及び児童に反映せる影響調査」が該当。
（9）同前、pp.17-18
（10）同前、p.16。
（11）同前、pp.17-18。
（12）千野陽一の二〇〇六年四月一九日、東京東横線自由が丘駅近くの宮原ゆかりの「金田」における発言、及び四月二八日の筆者宛メール。千野は宮原研究室で社会教育を専攻し、一九五五年に東大卒業後、五九年まで長野県中野市で公民館主事・社会教育主事として勤務し、その後東大助手、東京農工大学教授、日本社会教育学会会長等となった。他に佐藤一子、藤田秀雄、藤岡貞彦、川上徹も同席していた。

(13) 山下徳治「社会教育批判」『プロレタリア科学』一九三〇年七月号、p.93。

(14) 同前、p.94、及びp.99。

(15) 山下徳治「社会教育――現代における社会的教育学の史的概観」『教育』一九三三年創刊号、p.26、p.42。

(16) 藤岡貞彦「解題」前掲『教育論集』第一巻、p.417。

(17) 前掲、藤岡「解題」p.420。

(18) 前掲「社会教育――現代における社会的教育学の史的概観」p.26。

(19) 宮原誠一訳『学校と社会』春秋社、一九五〇年、p.4。これは、五四年刊行の普及版でも同様で、岩波文庫版（一九五七年）ではp.18。

(20) 前掲、宮原訳春秋社版『学校と社会』pp.3-4。

(21) 前掲、宮原訳岩波文庫版『学校と社会』pp.17-18。

(22) 河村望訳『学校と社会』（『デューイ＝ミード著作集』第七巻所収）、人間の科学新社、二〇〇〇年、p.13。なお、二〇〇〇年五月の初版第一刷では「生長が見られるところ」と印刷されているが明白な誤植として、訂正して引用しておく。

(23) 河村望「訳者あとがき」同前、p.313。

(24) 毛利陽太郎著訳（長尾十三二監修）『学校と社会』（世界新教育運動選書10）明治図書、一九八五年。市村尚久訳『学校と社会・子どもとカリキュラム』講談社（学術文庫）一九九八年。

(25) 前掲、毛利訳『学校と社会』pp.55-56。

(26) 前掲、市村訳『学校と社会・子どもとカリキュラム』p.63。

(27) 特に、河村望『日本社会学史研究』（上・下）人間の科学社、一九七三年、七五年。『国家と社会の理論』青木書店、一九七九年。
(28) 前掲宮原訳、春秋社版『学校と社会』、p.2、岩波文庫版『学校と社会』、pp.3-4。
(29) 文部省翻譯（馬場是一郎委囑）『學校と社會』、日本書籍、一九〇五年、p.2。
(30) 新訳世界教育名著叢書Ⅰとして、パウル・ナトルプ（田制佐重訳）の『哲学と教育』と合わせて、一九二三年に文教書院から出版。引用箇所はp.252。なお、吉田熊次が編輯顧問として「総序」を寄稿している。
(31) 世界教育文庫第一部「学説篇」第一一巻として、エレン・ケイ（山吉長訳）の『児童の世紀』と合わせて、一九三五年に世界教育文庫刊行会から出版。引用箇所はpp.3-4。
(32) 上野陽一訳『學校と社會』東京書肆（三松堂、井冽堂）一九〇一年、p.2。
(33) それぞれ、一九世紀後期に著された『空想から科学への社会主義の発展』と『オイゲン・デューリング氏の科学の変革』の通称。それらは多くの出版を重ね、また翻訳も多数あり、さらに、いずれも単行本だけでなく、マルクス＝エンゲルスの全集や選集にも収録されている。ここでは、マルクス＝エンゲルス全集（大月書店版、一九五九－九一年）の寺沢恒信と村田陽一の訳で、前者は、第一九巻、p.223、後者は第二〇巻、p.291。
(34) 前掲「教育への反逆」pp.356-357。講演という談論に関する宮原の記憶は、山下徳治「社会教育批判」（『プロレタリア科学』一九三〇年七月号）から文献によっても確認できる。また、宮原は、当時の読書として、ブハーリンの『唯物史観』、マルクス＝エンゲルスの『フォイエルバッハ論』、カウツキー版のマルクスの『資本論』、デューイの『民主主義と教育』などを挙げている。
(35) 前掲、宮原訳、春秋社版『学校と社会』p.2。
(36) 毛沢東「工人夜学招学広告」（一九一七年）竹内実監修『毛沢東選集』第一巻、北望社、一九七二年、参照。
(37) 前掲『中国の赤い星』pp.103-104。及び、劉念慈の息子の劉英伯（長沙在住）の二〇〇六年九月二七日付手記より。なおその後、毛は革命家になり、劉に返金する機会は訪れなかった。
(38) 毛沢東「民衆的大聯合」（一九一九年七月二一日／二八日／八月四日）前掲『毛沢東選集』第一巻、参照。
(39) 毛沢東「湘江評論創刊宣言」（一九一九年七月一四日）同前、p.53。また、匿名論文「倡尋中国現代新教育思想的先行

者―毛沢東」(インターネット「中国韶山」、http://www.china-shaoshan.com/bbs/shotopic.asp、二〇〇五年九月六日発表、二〇〇六年三月三一日検索)参照。また「平民教育」については宋恩栄編著/鎌田文彦訳『晏陽初:その平民教育と郷村建設』(農文協、二〇〇〇年)を参照。

(40) その文書は北京新文化運動紀念館で展示(〇六年九月八日)。

(41) 前掲『中国の赤い星』p.105。

(42) 同前、同頁。

(43) 彭幹梓「毛沢東早期教育思想溯源」(インターネット「二十一世紀」二〇〇四年七月号、総第二八期、http://www.ihns.ac.cn/readers/2004、二〇〇六年三月三一日検索)。

(44) 劉英伯の調査による。〇六年四月から五月の日付のある手書きのノート参照。

(45) 前掲「倡尋中国現代新教育思想的先行者―毛沢東」。

(46) 前掲『中国の赤い星』p.101。

(47) ジョン・スターも毛とデューイの思想的関連を指摘している。Starr, John B., *Continuing the Revolution: The Political Thought of Mao*, Princeton University Press, Princeton, 1979(曹志為、王晴波訳『毛沢東的政治哲学』中国人民大学出版社、北京、二〇〇六年)参照。なお「奇妙な混合物」については、毛個人の問題というよりも、当時の共産主義もそうであった。中国共産党においても当初は社会民主主義や無政府主義など様々な思想が混在していた。さらに、一九二四年の第一次国共合作では共産党員は党籍を保持したまま孫文率いる国民党に入党した(二重党籍)。

(48) 前掲『中国の赤い星』p.106。

(49) 前掲『毛沢東在第一師範』p.17。この冊子の冒頭には自筆の「要做人民的先生/先做人民的學生」が掲げられている。

(50) 当初は都市と農村、労働者と農民、精神労働と肉体労働の格差撤廃の理想を掲げ、都市労働者や教育を受けた知識青年が農山村や放牧地帯に移住し、また自発的志願が原則とされ数年後に帰還できた。しかし、次第に永住的な性格へと変化し、さらに文革の思想闘争、政治闘争の激化の中で理想とかけ離れた暴力が横行し、思想改造を理由にした懲罰的な強制労働にもなった。

（51）『毛沢東選集』第三巻、外文出版社、一九六八年、p.20。
（52）Benjamin I. Shwartz／陳玮訳『中国的共産主義与毛沢東的崛起』中国人民大学出版社、二〇〇六年、一四頁以降。
（53）それぞれ、p.41、p.102。
（54）前掲「交遊五十年――その幕あき」p.2。
（55）前掲、劉英伯のノート。
（56）Dewey, John, translated and edited by Robert W. Clopton and Tsuin-chen Ou, *Lectures in China, 1919-1920*, The University Press of Hawaii, Honolulu, 1973.
（57）ダイキューゼン、ジョージ／三浦典郎、石田理訳『ジョン・デューイの生涯と思想』清水弘文堂、一九七七年、pp.278-280。
（58）同前、pp.282-283。
（59）同前、p.283。
（60）同前、pp.285-286。
（61）同前、pp.283-284。
（62）同前、p.287。
（63）同前、pp.297-298。
（64）前掲、宮原訳、岩波文庫版『学校と社会』pp.184-186。
（65）前掲、毛利訳『学校と社会』p.199。
（66）前者は「生産教育の意義」『教育論集』第一巻、p.266。後者は「青年期教育再編成の基本的視点」同第三巻、pp.91-92。
（67）宮原誠一「ソ聯邦の青年教育」『教育思潮研究』第三〇巻第一輯「青年教育」。復刻版は、雄松堂から一九七九年に刊行。
（68）三木清「政治の論理と人間の論理」（『セルパン』一九三七年八月）『三木清全集』第一五巻、岩波書店、一九六七年、p.155、p.157、及びp.158。

(69)内田弘『三木清――個性者の構想力』御茶の水書房、二〇〇四年、p.168。
(70)前掲「ソ聯邦の青年教育」p.316。
(71)同前、pp.333-334。
(72)この訳は、宮原の死後、日本の社会教育学において注目されるようになった自己決定学習や自己管理学習などと訳される self-directed learning を検討する上でも重要と言える。
(73)宮原誠一、丸木政臣、伊ヶ崎暁生、藤岡貞彦編『資料日本現代教育史』2、三省堂、一九七四年、pp.35-40。なお、この「答申」と「意見」については後述する。
(74)初出は全日本社会教育連合会『教育と社会』一九四九年三月号。
(75)初出は「社会教育本質論」として『教育と社会』(全日本社会教育連合会)一九四九年一〇、一二月号。引用は『教育論集』第二巻、pp.7-15。
(76)同前、pp.15-24。
(77)同前、pp.31-35。
(78)同前、pp.28-29、及び pp.35-45。
(79)同前、p.29、及び p.44。
(80)前掲「宮原誠一――その理論と実践と」pp.282-285。
(81)この「宮原誠一」は、全日本社会教育連合会発行の『社会教育』で一九八八年一〇月号から九二年三月号まで連載された合計三〇人の「社会教育論者」のシリーズの一つで、これはその後九三年にまとめられ、大槻宏樹の「近代社会教育論の展開過程」を加えて『社会教育論者の群像』として発行された。
(82)碓井正久「ラヴェット『チャーチズム』」同編『社会教育――文化の自己創造へ』講談社、一九八一年、p.117。
(83)宮原誠一「生産主義教育論」『中央公論』一九四九年七月号。『論集』第一巻では「生産主義の教育課程」と改題されて収録。
(84)『論集』第一巻、p.263。

(85) 同前、同頁。
(86)『共同学習の手引』については、吉田昇の「共同学習の本質」を参照(『吉田昇著作集』第二巻(共同学習・社会教育)三省堂、一九八一年所収)を参照。
(87) 既述したように、宮原は一九五二年に子供向けに平明に説いた「教育とはなんだろう」において「のぞましい学習を助ける努力——それが教育」と述べていた(先述)。この宮原の学習・教育論は、勝田が「能力と発達と学習——教育学入門Ⅰ」において「学習を媒介にして発達〔に影響〕を及ぼす教育」、「教育とは、学習の指導だ」と概括した学習・教育論に先駆けている(一九六二年一月から『教育』で連載、六四年に『能力と発達と学習』として国土社より出版、七三年に『勝田守一著作集』第六巻「人間の科学としての教育学」国土社に収録、引用は著作集のp.150)。
(88) この「刊行案内」に宮原は「教育の感覚」を寄せており、そこではイギリス、前ソ連の一学級の児童生徒数が紹介され、対比的に日本の教育を捉え返すことが示唆されている。
(89) 五十嵐顕「序文——教育研究における帝国主義の観点について」『東京大学教育学部紀要』第六巻(戦前の日本の国家権力と教育)、一九六三年、p.1。なお、この時期の『東京大学教育学部紀要』は一つの主題に即して論文が編集されており、五十嵐の「序文」に続いて、平原春好「明治期における教育行政の機構と思想」、神田修「地方(視学)機構編成論」、岡本洋三「帝国主義教育に対する批判の運動と思想」の三篇が収録されている。
(90) 宮原誠一「序」同編著『農業の近代化と青年の教育』農産漁村文化協会、一九六四年、p.1、及びp.2。
(91) 宮原誠一「青年期教育の再編成の基本的視点」。引用は『教育論集』第三巻、p.98。
(92) 日本社会教育学会名でB4版に印刷された文書。後に『学会通信』第四〇号、一九七一年二月に掲載された。
(93) 宮原誠一「生涯学習とはなにか」前掲『生涯学習』所収。引用は『教育論集』第二巻、pp.123-125。
(94) 宮原誠一「生涯教育とは」『母と子』一九七一年八月号。該当箇所は『教育論集』第六巻、では、p.117。
(95) Adult Education Committee, Ministry of Reconstruction, 1919, *Final Report*, His Majesty's Stationery Office, London, p.5。そこでは提案が九項目あり、その内の五と六は大文字で記され、これは五の部分である。
(96) ibid., p.1.

(97) 日本では広島大学が収蔵。

(98) 宮原誠一編集兼発行『日本社会教育学会第五回大会報告書』一九五八年、p.4。

(99) 波多野完治『生涯教育論』小学館、一九七二年、p.1。

(100) Knowles, S. Malcolm, 1962, *The Adult Education Movement in the United States*, Holt, Rinehart and Winston, New York, p.280. 岸本幸次郎訳『アメリカの社会教育――歴史的展開と現代の動向』全日本社会教育連合会、一九七七年、p.288、及びp.289。

(101) 前掲「生涯教育とは」pp.118-123。

(102) 前掲「社会教育の本質」p.28、及び前掲「青年期教育の再編成の基本的視点」pp.82-83。

(103) 前掲「社会教育の本質」pp.35ff、及び前掲「青年期教育の再編成の基本的視点」pp.66ff。

(104) 同前「青年期教育の再編成の基本的視点」pp.70-73、及びpp.97-98。

(105) 前掲「平和と対決する教師」p.22。

(106) これらは『教育論集』第六巻の宮坂の「解題」に収録されている（pp.453-458）。

(107) 丸山眞男『日本の思想』（岩波新書、一九六一年、後に『丸山眞男集』第七巻、岩波書店、一九九六年に収録）、及び「戦争責任論の盲点」『丸山眞男集』第六巻、一九九五年、岩波書店（初出は『思想』一九五六年三月）。なお、石田雄「『戦争責任論の盲点』の一背景」（『みすず』編集部編『丸山眞男の世界』一九九七年）参照。

(108) 宮原・丸山「教育の反省」前掲『教育論集』第六巻、pp.417-418。

(109) 同前、pp.417-419。

(110) Russell, Bertrand, 1938, *Power: A New Social Analysis*, George Allen and Unwin. 東宮隆訳『バートランド・ラッセル著作集』第五巻（「権力――その歴史と心理」みすず書房、一九五九年）第一八章の「権力はいかにしておさえるか」pp.321-340、引用はpp.331-332とp.334。他に、Russell, Bertrand, 1926, *On Education: Especially in Early Childhood*, George Allen & Unwin, London、魚津郁夫訳『バートランド・ラッセル著作集』第七巻「教育論」一九五九年も参照。

(111) 同前、p.334。

（112）同前、pp.333-336。
（113）前掲宮原・丸山「教育の反省」p.408。
（114）鈴木文庫懇談会編『鈴木健次郎集』第三巻、一九七六年、pp.447-448、及び『田澤義鋪選集』田澤義鋪記念会、一九六七年、p.1109。
（115）『公民館の建設――新しい町村の文化施設』（公民館協会、一九四六年）は、寺中「公民館の振興と公民館の構想」『大日本教育』（一九四六年一月号）、文部次官通牒「公民館の設置運営について」（一九四六年七月五日発第一二二号）、寺中『公民館の経営』（社会教育連合会、一九四七年）、寺中・鈴木『公民館はどうあるべきか』（社会教育連合会、一九四八年）と合本で日本現代教育基本文献叢書の一つとして『社会・生涯教育文献集Ⅴ』（企画／編集は小川利夫、寺崎昌男、平原春好、編集は上田幸夫、二〇〇一年、日本図書センター）に収録されている。引用は、p.17。強調は原文。
（116）高木八尺、斉藤光訳『リンカーン演説集』岩波文庫、一九五七年、p.149。
（117）引用は、p.5。傍点は原文。
（118）前掲『鈴木健次郎集』第二巻、pp.306。
（119）寺中作雄「公民館と鈴木君」前掲『鈴木健次郎集』第三巻、p.337。
（120）この点は、寺中の「あのころの青年の一部は、政府のすることにいちいち反対するので困りました」という発言に端的に現れている。このような捉え方は、宮原や鈴木の発言には見られない。寺中作雄・鈴木健次郎・宮原誠一「公民館創設のおもいでと忠告」『月刊社会教育』一九六一年一一月号、p.74。
（121）前掲『鈴木健次郎集』第二巻、p.307
（122）同前、同頁。
（123）一九四六年七月五日付文部次官通牒「公民館設置要綱」四の（三）「公民館事業の運営は、公民館委員会が主体となってこれを行うこと。公民館の委員は町村会議員の選挙の方法に準じ全町村民の選挙によって選出するのを原則とすること」、及び四の（五）「公民館長は公民館委員会から選出され、その推薦によって町村長が委託すること」を参照。
（124）前掲『鈴木健次郎集』第二巻、p.310。

(125) 鈴木健次郎「戦後における社会教育の動向と反省」『鈴木健次郎集』第二巻、p.300。
(126) 前掲『鈴木健次郎集』全三巻に加えて、鈴木健次郎記念会編『鈴木健次郎の生涯』(秋田県青年会館、一九九〇年)、山田正行「学習者の足を洗う社会教育実践を目指して――『鈴木イズム』の継承と発展」(『社会教育――来し方、行く末』(秋田県社会教育委員連絡協議会結成三〇周年記念誌、二〇〇二年)同「生涯学習と大学の地域貢献」(『秋田大学教養基礎教育研究年報』第五号、二〇〇三年)、同「足を洗う社会教育実践」(『あきた青年広論』第八七号、二〇〇五年一月)を参照。
(127) 『聖書』にイエスが過越の祭りの前に弟子の足を洗うと記されている(ヨハネ傳一三章)。
(128) 小畑勇二郎『秋田の生涯教育』全日本社会教育連合会、一九七九年、pp.13-15。
(129) 同前、pp.15-17。一九七〇年から九七年まで秋田県青年会館の事務局長であった田口清克は、この「善政は善教にしかず」を「生涯教育を用い、当時ピタリと運動的発想的に定着しました」と述べている(田口の二〇〇一年一〇月三〇日付手書きメモ)。
(130) 小畑勇二郎「七十年代の教育を考える――生涯教育体系の確立を」(一九七〇年九月七日、秋田青年会議所主催の講演会の要旨)小畑勇二郎顕彰会編『大いなる秋田を――『小畑勇二郎の生涯』補遺選』二〇〇一年、pp.139ff。前掲『秋田の生涯教育』ではpp.24-26。
(131) 前掲『秋田の生涯教育』の扉。及び、ルイ・アラゴン/大島博光訳『フランスの起床ラッパ』三一書房、一九五五年、p.141。
(132) 発表時は無署名だが、『竹内好全集』第一四巻(筑摩書房、一九八一年)に収録。pp.294ff。
(133) 一九四二年一〇月三一日付けで、同前、pp.433ff。
(134) 座談会「混沌の中の未来像――若い世代の貌」『世界』一九五九年一二月号、p.182。
(135) 竹内実『日本人にとっての中国像』春秋社、一九六六年。引用は『日本人にとっての中国像』(同時代ライブラリー120)岩波書店、一九九二年、pp.191-199。
(136) 竹内好の日教組執行部批判を含めた教育研究運動論や教師論については、「危機の教研と日教組」『日本読書新聞』一九五九年三月二三日(『竹内好全集』第八巻、筑摩書房、一九八〇年)、「教師について」(『教師』岩波講座現代教育学第一八巻、一九六一年、前掲『竹内好全集』第八巻）、「教育は政治に無力か――森田提案を読んで」（『教育』一九六二年一一月号、『竹内好全集』第八巻）を参照。
(137) 前掲「教師というもの、教研というもの」p.440。
(138) 同前、p.423。
(139) 同前、pp.441-441。
(140) 前掲「平和のための教育」p.24。
(141) 同前、p.27。
(142) 同前、p.30。
(143) 同前、p.43。
(144) 同前、同頁。なお原文では、第一、第二等々は太字である。
(145) 宮原誠一「教育の方針」『教育論集』第一巻、p.86。初出は宗像誠也編『教育基本法』新評論、一九六六年。
(146) 前掲「平和のための教育」p.43。なお清水は後述する全貌社では冒頭で「戦争と言論統制を謳歌した平和教祖」という見出しで取り上げられている。『進歩的文化人――学者先生戦前戦後言質集』（一九五七年）の目次やp.17。
(147) 同前、p.44。
(148) 同前、同頁。西ドイツが戦争責任を積極的に認めるのは一九六〇年代以降である。
(149) Marx, Karl, "Thesen ueber Feuerbach", *Karl Marx-Friedrich Engels Werke*, Band 3, 1958/69, Institut fuer Marxismus-Leninismus, Dietz Verlag, Berlin, pp.5-6. 真下信一訳「フォイエルバッハにかんするテーゼ」大内兵衛、細川嘉六監訳『マルクス・エンゲルス全集』第三巻、大月書店、一九六三年、p.3。
(150) 羽仁五郎『図書館の論理――羽仁五郎の発言』日外アソシエーツ、一九八一年、p.1。
(151) 国立国会図書館法第四条第二項。これについては、第一六二国会で二〇〇五年四月に規定削除の改正が成立・施行となった。それに関して、国立国会図書館による戦争被害調査を実現しようとする「戦争被害調査会法を実現する市民会議」は、三月二三日に「改めて、国立国会図書館長の重責達成に期待して」の談話を発表し、三月二九日の衆議院議院運営委員会では、筒井委員が提案理由で、規定削除の改正は「国会職員法等の給与に関する規定との関係を整理しようとするものでありまして、館長等の職責、国立国会図書館の任務・位置づけを変更するものではありません」と説明した。『市民会議通信』No.32、二〇〇五年七月一五日、p.10。

(152) 前掲「平和のための教育」p.45。以下、中井と宮原の発言はいずれも同頁。

(153)『新興教育』一九三〇年一一月号に渡辺良雄の筆名で発表された共同論文で、日本教育労働者組合の綱領的文書。

(154)「戦争と平和に関する日本の科学者の声明」、「講和問題についての平和問題談話会声明」、「三たび平和について」は一連の声明であるため、時期的に前後するが、次の「全世界の教育学者に送る日本の教育学者の平和の呼びかけ」の前に置く。

(155) 三次に及ぶ「全世界の教育学者に送る日本の教育学者の平和の呼びかけ」も、科学者の平和声明と同様の理由でまとめておく。

(156) 二つの平和声明書も、同様にまとめておく。

(157) 前掲「平和教育の動向」p.182。また総会での討議については『世界』一九四九年三月号掲載の「平和問題討議会議事録」参照。

(158) 日高六郎編集・解説『近代主義』筑摩書房、一九六四年、p.369。

(159) 同前、pp.369ff。及び、『世界』五〇年一二月号、p.21。

(160) 法政大学大原社会問題研究所編著『日本労働年鑑』一九五一年版（第二三集）時事通信社、第二部「労働運動」第四編「その他の社会運動」第一章「平和運動」（二〇〇〇年二月一五日公開開始のインターネット版による）。

(161) 伊ヶ崎暁生「サンフランシスコ体制下の教育反動と平和教育のたたかい」五十嵐顕、伊ヶ崎暁生編『戦後教育の歴史』青木書店、一九七〇年、p.122。

(162) 同前、同頁。

(163) これを含めた九行に及ぶ呼びかけの部分を、宮原は「注目に値いする」として前掲「平和教育の動向」で引用している(p.191)。

(164) 同前、pp.211-212。

# 第三章　戦時下の宮原の論理展開

# 第一節　宮原の戦時下の文章表現追及における諸問題

## 第一項　文献と現実の差異——戦前の思想統制と宮原の実践

戦時下の宮原の戦争責任を問題とする議論の特徴には、専ら文章表現を取り上げ、宮原が置かれた時代状況の重く厳しい現実には迫らないという点がある。この点で、まず注意すべきは、文献と現実は同一ではないことである。

確かに、過去を考察する場合、記録に残る文献を批判を通して根拠とすることは当然である。しかし、既述してきたように、過去の中でも特に戦争という構造的暴力を考察する場合、それが暴力的であることから、当事者は証拠となる文献を廃棄し、湮滅し、或いは改竄することが多い。そのため、文献だけに依拠した戦争の研究は、暴力的な現実から遊離した議論となりやすい。

次に、言論により抵抗した者の文献に注目すると、総力戦の遂行のために国内の支配統制は強化され、言論弾圧も激化するため、この支配体制や、その遂行する戦争を批判しようとすれば、表面上は監視や検閲を通過する表現を用いて、その下に体制批判の内容を潜在化させなければならない。それ故、このような批判が潜在的に書き込まれているる文献を表面的に読むだけなら、そこに内包されている批判を見逃し、むしろ体制や戦争を推奨し、讃美しているように受け取ってしまう。それ故、後の時代から、残されている文献を表面的に読むだけで議論するのではなく、その時代の現実を踏まえ、文献の文章表現を、その時代の様々に錯綜する政治的経済的文化的心理的等々の諸力学の脈絡に位置づけなければならない。

実際、戦前戦中の日本では、数多くの抵抗者や批判者が治安維持法により、しかも、その違反の容疑だけで検挙され（予防拘禁）、投獄されたという状況が現実であり、宮原もその被害者の一人であった。先述したとおり、宮原は、水戸高校時代の一九二八年に検挙され、一学年の停学処分を受けた。この一九二八年の四月に文部省は思想問題に関する訓令を発令し、四月一七日に東京大学新人会に解散命令が出され、次いで各大学の社研にも解散が命令され、京大の河上肇、東大の大森義太郎、九大の向坂逸郎、石浜知行、佐々弘雄たちが大学を追われた。このような思想や言論の統制と弾圧の中で、旧制高校生の宮原は、支配統制への抵抗の実践を通して自らの思想を形成した。そして、検挙と停学を体験したが、それにもかかわらず中田貞蔵のペンネームで体制批判の論考を発表した。さらにその後は、強まる言論統制の中で体制批判を内包させた論考を発表し続けたが、一九四三年一一月に再び検挙・投獄され、四四年四月に獄内で喀血し、刑の執行停止となり出獄した。当時は、既に弾圧の対象が共産主義者や社会主義者だけでなく、民主主義者や自由主義者にまで拡大され、一九四二年九月から、自由主義的な学者や知識人、改造社、中央公論社、日本評論社、岩波書店の編集者などが治安維持法違反容疑で検挙されていた。この代表的な弾圧が泊事件や横浜事件として知られている。

それら一連の弾圧により、一九四五年までに六〇人以上が検挙され、その約半数が起訴されて有罪となり、また尋問中に四人が獄死した。これに関して、戦後、拷問を行ったとして特高警察官三人が実刑を受けたにすぎなかった。しかし、一九八六年から、元被告や遺族が再審を請求し、横浜地裁は二〇〇三年四月に、ポツダム宣言を受諾した四五年八月一四日以降に治安維持法は効力を失ったため同月末から九月に出された有罪判決は法令適用に誤りがあるとして再審開始を決定し、検察側は法令適用の誤りは事実誤認などと異なり再審開始決定の要件とならないと主張して即時抗告したが、東京高裁は二〇〇五年三月一〇日に拷問による自白の信用性に顕著な疑いがあり当時の判決に事実誤認があると改めて再審開始決定を支持し、これに対して検察側は最高裁への特別抗告を断念したため再審開始が確定した（その後〇六年二月九日に横浜地裁の松尾昭一裁判長は免訴の判決を言い渡し、弁護側は控訴した）。

これらの事実を重ね合わせて考えるならば、宮原が獄中で喀血して仮釈放されたことは、彼が人道に反する国家権力の犯罪により生死の臨界点という限界状況にまで迫害されたということを示している。そうでなければ、仮釈放であれ思想犯を獄外に出すことはあり得なかった。そして、このような限界状況に置かれたことは、天皇制ファシズム体制が宮原の論考の内容に見逃せない体制批判の要素を認めたからに他ならない。それ故、この生死にかかわる重大な現実を看過して、宮原の文献を読むことは研究方法としては致命的な欠陥がある。

確かに、地下活動が広く強固に組織されていれば、非合法の地下出版により体制批判を明らかにした表現が可能となり、宮原は何故それを選ばなかったのかという点が問われるが、これは天皇制ファシズム体制下の日本では壊滅していた。地下出版どころか、組織的な地下活動すら殆ど壊滅的な状況にあった。佐藤広美は宮原批判に対置して宮本百合子を評価するが（後述）、彼女の所属していた日本共産党は苛烈な弾圧下でも他の政党より粘り強く地下活動を続けていたものの、それでも、機関紙の『赤旗』さえ党中央委員と印刷局員の度重なる検挙のために一九三五年二月二〇日付の第一八七号で中断し、それ以後は戦後になるまで復刊されなかった。宮原が論考で用いた表現は、このような言論弾圧の苛烈な暴力的状況を認識した上で考察されなければならない。

さらに、問題とされている宮原の文献は非合法に出版されたものではない。宮原は検閲を通過して出版される文献において可能な限りの表現で、体制の問題を広く伝えようと言論を通した抵抗を実践したのであった。

### 第二項　戦時下の文章表現追及に対する家永三郎の指摘

前項を踏まえて、次に宮原の表現を問題としてきた経緯を見ると、まず長浜功の『教育の戦争責任』と佐藤広美の『総力戦体制と教育科学』が注目される。前者は、一九七九年に大原新生社から出版され、その後、一九八四年に明石書店から再版され、一九九二年には増補版が明石書店から出版された。また、後者は一九九七年に大月書店から出版された。時間的順序では、まず長浜の『教育の戦争責任』があり、次いで佐藤の『総力戦体制と教育科学』がある。そして、確かに両者の論調は同じではないが、以下に述べる家永三郎の長浜批判について、佐藤は考慮してはいない。このことは、佐藤広美が長浜と同じ水準で宮原の戦争責任を論じていることを示している。

それでは、次に、家永の長浜批判を考察していく。一九七七年に家永は日高六郎との対談「歴史と責任」の中の「知識人の戦争責任」の箇所で、長浜の戦争責任追及について危惧を示している。即ち、長浜が「戦後、民主主義、平和主義の陣営の先頭に立つ人々でさえ、戦争中にはこういうことを言っていたという実例を挙げ、そして、その人たちのうちには、部分的に自己批判したうえで戦後の活動を始めている人もいるけれど、自己批判していない人が少なくないことを問題にしている」と紹介し、それを「痛烈な戦争責任弾劾」と表現した上で、「こういう弾劾のやり方は、へたをすると全貌社あたりの『戦中戦後文化人』変節論につながってしまう危険もある」と、家永は指摘している。[1]これは、大原新生社版『教育の戦争責任』の出版の二年前で、家永は一九七六年三月付の『東京学芸大学紀要』（教育科学部門）第二七集掲載の「教育の戦争責任」と一九七七年三月二四日付の「『ながはま』という、この人のガリ版の個人紙」に基づいて、「全貌社あたりの『戦中戦後文化人』変節論につながってしまう」と危惧していたのである。[2]そして、家永は『ながはま』から七行、及び九行からなる二つ文章を引用しており、[3]これらと『東京学芸大学紀要』の論文を読むと、その論調と主旨は『教育の戦争責任』と同じであることが分かる。それ故、この家永の指摘を踏まえるならば、長浜の「弾劾」の前に全貌社の「『戦中戦後文化人』変節論」があったことになる。そして、この点を佐藤広美はどのように考えるのかという点が問われるが、佐藤はこれについて取り上げていない。

それでは、この「全貌社あたりの『戦中戦後文化人』変節論」とは何か、さらに、それと長浜の『教育の戦争責任』は「つながって」いるのかという点が論点となるが、この点を考察する前に、家永は「戦争責任」について、歴史研究においても、また実践においても一生を通して追究したことを確認しておく。この点で、碓井が宮原を論じて「この世に生きぬいていこうとする、かれの生きかたにかかわる」と述べたことは、家永にも当てはまる。まさに、「戦争責任」論において、思想的にも、学問的にも、実践的にも、家永は極めて重要な位置にいる。

家永は、三二年以上に及ぶ教科書検定訴訟の原告として、戦争の歴史認識、それに基づく歴史教育、教育の国家統制などを問い続けた。この訴訟は三次に渡り、第一次訴訟は一九六五年六月一二日に国家賠償を求めて提訴した民事訴訟、第二次訴訟は一九六七年六月二三日に行政処分取り消しを求めて提訴した行政訴訟、第三次訴訟は一九八四年一月一九日に国家賠償を求めて提訴した民事訴訟であり、その過程で戦後最大規模の教育裁判となり、所謂「家永訴訟」や「教科書裁判」として広く知られた。その内容は、第一次訴訟では、自らが執筆した高校教科書『新日本史』(三省堂)が一九六二年度教科書検定で不合格になり、一九六三年度検定では条件付き合格になったため、一九六五年に国に損害賠償を求めて提訴した。第二次訴訟では、一九六六年度検定での不合格処分取り消しを求めて一九六七年に提訴した。第三次訴訟では、「七三一部隊」や「南京大虐殺」などの記述の削除や修正を求めた一九八〇、一九八三年度検定が不当だとして、損害賠償を求めて一九八四年に提訴した。これに対して、第一次、第二次訴訟は主張が退けられて判決が確定したが、第三次訴訟では、一九九七年の最高裁判決では、検定自体は合憲としながらも「南京大虐殺」などの記述削除を求めた検定側意見を「裁量権逸脱で違法だ」という判断が示され、「一部勝訴」が確定して一連の裁判が終結した。家永の長浜に対する指摘は、このような思想、歴史研究、実践を踏まえて理解する必要がある。

その上で、家永の指摘する全貌社の「『戦中戦後文化人』変節論」について見ると、全貌社は一九五四年に内外文化研究所編の『学者先生戦前戦後言質集』を出版し、そして、一九五七年には全貌編集部編として『進歩的文化人――学者先生戦前戦後言質集』を出版している。そこでは、多くの教育学者が取り上げられ、その中に宮原もいる。さらに、『学者先生戦前戦後言質集』の出版は、民主党（現在の民主党ではなく自由党と保守合同して「自由民主党」を結成した民主党）の『うれうべき教科書の問題』発行と時期を同じくしている。そして、この『うれうべき教科書の問題』においても、宮原を始め全貌社で取り上げられた教育学者が「問題」とされている。この点で、長浜―全貌社という枠組みにおける宮原たちへの戦争責任追及は、教育基本法の精神に基づき民主教育や平和教育の実践を目指して編集された教科書をめぐる、戦後民主化とその「逆コース」や再軍備という政治的動向とも密接に関連している。それでは、次に『学者先生戦前戦後言質集』と『うれうべき教科書の問題』の関連を詳しく考察し、その上で、これに関わって宮原が示した教科書論を取り上げ、その意義と先駆性を示していく。

### 第三項　戦時下の文章表現追及と戦後民主化の「逆コース」及び再軍備との関連性

全貌社の『学者先生戦前戦後言質集』は全一七六頁で、『進歩的文化人――学者先生戦前戦後言質集』は全二八六頁となっている。三年間で大幅に分量が増えており、それだけ全貌社が力を傾注した書籍であることを示している。後者の小汀（小浜）利得の「序」に続く「編者」名の「はしがき」では、元々「一部が『全貌』誌上に連載され」、それを基に『学者先生戦前戦後言質集』として出版し、さらに増頁して『進歩的文化人――学者先生戦前戦後言質集』

としたと述べられている。[4] そこでは、全員で四四人の「進歩的文化人——学者先生」が取り上げられており、その中で教育関係者（括弧内は見出しの文言）では、宗像誠也（強制兵役教育論の権威）、宮原誠一（武士道教育論から日教組お抱え講師）、矢川徳光（高度国防国家体制の建設を説く）、長田新（「醜の御楯」論から絶対平和論）、周郷博（日教組お抱え講師で論旨一変）、国分一太郎（支那民衆宣撫の辣腕家）がおり、全体の一割以上を占めている。編集者が教育に重点を置いていたことが現れている。それでは、何故、どのような目的のために、このように全貌社が社としての力を傾注してこのような編集をしたのかが問題となる。

しかも、『進歩的文化人——学者先生戦前戦後言質集』で取り上げられた四四人のいずれも、最初に見出しと共に顔写真と現住所が明記されている。この点を「言質」という論争的表現と重ね合わせると、顔写真と現住所は、取り上げられた「進歩的文化人」への圧力が込められたメッセージとなっていると言える。

この圧力という点で、当時の状況について見ると、戦争中に中国で反戦兵士による侵略戦争反対運動を進めた鹿地亘は一九五一年一一月二五日に米国の謀略組織のキャノン機関（本拠は東京都文京区旧岩崎家邸宅）により拉致監禁され、一九五二年一二月七日に解放された。そして、この拉致監禁事件は、帝銀事件（一九四八年一月二六日）、下山事件（一九四九年七月五日）、三鷹事件（同年七月一五日）、松川事件（同年八月一七日）、レッドパージ開始（同年九月から）、白鳥事件（一九五二年一月二一日）、血のメーデー事件（同年五月一日）、菅生事件（同年六月二日）などの一連の謀略事件の中の一つであった。さらに、安保体制反対に焦点づけられた反戦平和運動が高揚する中で、一九六〇年一〇月一二日には社会党委員長浅沼稲次郎が暗殺され、翌六一年二月一日には嶋中事件が起きた。このような謀略と暴力の事件が続発した状況において、顔写真と現住所が明記され、その「言質」が取り上げられたことは、当人にとって極めて重大で深刻である。

さらに、政治と教育に注目すると、一九五四年三月三日、文部省は衆議院文教委員会に偏向教育として二四の事例を提出し、国会が紛糾した。そして、翌五五年二月の総選挙で、民主党は選挙綱領で「文教の刷新、施設の整備、国定教科書の統一」を十大政綱の一として掲げて公約し、選挙後の七月の衆議院行政監察特別委員会では教科書がソ連や中華人民共和国に偏向し、日本を暗く描きすぎていると問題にし、翌八月から一一月にかけて『うれうべき教科書の問題』というパンフレットを第三集まで発行した。これに対して、日教組は民主党に『うれうべき教科書の問題』の回収と配布中止を申し入れたが、民主党は拒否したため、九月に日教組は全国緊急書記長会議で『うれうべき教科書の問題』配布に対する闘争方針を決定した。

この『うれうべき教科書の問題』は、戦後民主化に対する反動の中で出された。文部省は日本国憲法が施行された一九四七年の七月に「あたらしい憲法のはなし」を発行し、それが中学一年生の教科書として使われたが、二、三年後には止められた。文部省は新憲法を学ぶための教科書を作成したが、直ちに自らその使用を止めたということは、民主主義や平和主義による日本の再建に対する復古、反動（逆コース）が教科書において現象したことを示している。そして、これが軍国主義者、国家主義者としてGHQにより公職を追放されていた者が、一九五二年四月二八日の対日講和条約発効とともに解除されて復権してからさらに強まった。

一九五三年八月に「社会科教育の改善に関する答申」が中教審から出され[5]、それと共に、文部省は社会科を廃止し、地理、歴史、社会の教科を新設した。一九五五年九月に正式発表した「学習指導要領」（昭和三〇年度改訂版）の社会科編では、戦前の修身、国史、地理を取り上げ、また、各学年の「基本目標と具体目標」の中で、第六学年の「主題」として「日本と世界」の項目を挙げ、「わが国の憲法によって、天皇は国の象徴、国民統合の象徴としての立場に立っておられ、また政治は国民が選んだ代表者による議会政治によって行われている」と説明した。このように戦後民主化の「逆コース」が政治から教育へと進められたのである。

しかも、これと同時に再軍備も進められた。憲法に「国権の発動たる戦争と、武力による威嚇又は武力の行使は、国際紛争を解決する手段としては、永久にこれを放棄する」（第九条）と記されていながら、政府は拡大解釈して一九五〇年に警察予備隊を創設し、一九五二年に保安隊とし、さらに一九五四年には、日米相互防衛援助協定（MSA協定）の調印と防衛二法（自衛隊法・防衛庁設置法）の成立を経て陸、海、空の三軍を備えた自衛隊を発足させた。このように、政治から教育政策、教育行政、教科書へと及ぶ民主化の「逆コース」と再軍備という動向において、『うれうべき教科書の問題』と『進歩的文化人――学者先生戦前戦後言質集』が発行されたのである。

それでは、以上の政治と教育をめぐる動向を踏まえて、次に、その内容を考察する。まず『うれうべき教科書の問題』を取り上げると、その第一集では「教科書にあらわれた偏向教育とその事例」として「四つの偏向タイプ」が挙げられている。その第一は、教員組合運動や日教組を無条件に支持し、その政治活動を推進するという「タイプ」で、宮原誠一編の高等学校社会科社会の『一般社会』（実教出版）が挙げられた。宮原は「日教組の講師団のなかでも、とくに指導的な地位にある」と紹介されている[6]。第二は、日本の労働者が悲惨であると描き、これにより急進的な破壊的な労働運動を推進するという「タイプ」で、宗像誠也編の中学校社会科の標準中学社会で『社会のしくみ』（教育出版）が挙げられた。第三は、ソ連や中華人民共和国を讃美して、祖国日本を暗く描くという「タイプ」で、周郷博編の小学校社会科の六年『あかるい社会』（中教出版）が挙げられた。そして、第四は、マルクスやレーニンの思想や共産主義の思想を子供たちに植えつけようとしているという「タイプ」で、長田新編の中学校社会科の『模範中学社会』（実教出版）が挙げられた。これに対して、例示された教科書の編集者や著者から、「日本民主党の『うれうべき教科書の問題』に対する抗議書」、「日本民主党の『うれうべき教科書の問題』はどのようにまちがっているか」などによって反論が表明された。

その上で、ここで注目すべきは、このような『うれうべき教科書の問題』で「偏向」とされた教科書の編者である宮原、宗像、周郷、長田は、いずれも『進歩的文化人――学者先生戦前戦後言質集』でも取り上げられているということである。即ち『うれうべき教科書の問題』と『進歩的文化人——学者先生戦前戦後言質集』とにおいて共通性と関連性がある。それ故、戦後は平和を強調する「進歩的文化人」は戦前に戦争を称賛していたという「言質」を出し、これを理由に平和運動や平和教育で重要な役割を果たしている「進歩的文化人」の言動は信頼できないという『進歩的文化人——学者先生戦前戦後言質集』のメッセージは、戦後民主化の「逆コース」と再軍備の動向において旧教育基本法に謳われた民主教育や平和教育を「問題」とする政治的動向と関連させて認識する必要がある。

さらに、「偏向教育」について見ると、「大百科事典の平凡社」は、一九四八年に『社会科事典』を刊行し、さらに「偏向教育」が文部省により出され、内外文化研究所編『学者先生戦前戦後言質集』が出版された五四年の翌年に補遺新装版を出版し、しかも、補遺新装版では次のように書かれている。(7)

（初版から補遺新装版の—引用者）の間に、世界の各国民は、戦争の痛手を克服して、新しい建設に立ち向かっている。しかし、一方、平和をめぐる緊張の中に、並々ならぬ事件が相ついで起った。例えば朝鮮戦争、原子力問題の発展などであり、また、サンフランシスコ条約が結ばれて、対日講話問題に一段落が与えられた。／日本の教育界においては、社会科を中核とする新教育体制は殆んど完成したが、一方、社会科自身の性格については論議が起こり、多少とも変貌しつつある。この間に社会科事典が果たした役割は小さくない。

このように補遺新装版では、文部省が「偏向教育」を主張していることを踏まえた上で「社会科を中核とする新教育体制は殆んど完成し」、また「この間に社会科事典が果たした役割は小さくない」と述べられているのである。即ち、「大百科事典の平凡社」刊行の『社会科事典』では「社会科」は「偏向教育」の文脈では取りあげられてはいない。そして、「大百科事典」が学問研究の集大成であることを踏まえるならば、宮原たちの社会科教科書は当時の学問研究の成果の上に編集されており、逆にそれを「偏向教育」と主張したことは、それを行った者自身が「偏向」していたということが分かるのである。これは、特高官僚であった大達茂雄が文相（一九五三～五四年）、田中義男が文部次官（五三～五六年）となった事実からも再確認できる。なお、その後も、緒方信一は文部次官（六〇～六二年）、奥野誠亮は文相（七二～七四年）となった。

## 第二節　再軍備と「逆コース」に対する宮原の批判

### 第一項　共同的な「意見」や「声明」

再軍備と「逆コース」が進められる中で、マッカーサーの後任のリッジウェイ総司令官が一九五一年五月一日にポツダム政令と関係法規を検討する権限を日本政府に与える声明を出し、吉田茂首相は五月一四日に私的諮問機関「政令諮問委員会」を設置し、これは七月二日に、旧教育基本法に沿って整備された教育制度を評価しながらも日本の実情に合わない点があるとして「教育制度の改革に関する答申」を発表した。そこでは、教科書検定制度を原則としながら標準教科書を国家が作成する、教育委員会は公選制から任命制に変え文相の責任体制を明確にするなどと述べられていた。これに対して、宮原を含む「教育学者有志」は、一〇月に「意見」（前章で既述）を表明し、「答申には、その表現と実質との間に大きな食い違いがある」、「社会の更新作用としての教育の機能を認めず、現存の社会秩序を動かない前提とし、『実状に即する』という名目で、前近代的、非民主的な日本の社会、経済、政治組織に教育を奉仕させようとしている」、「教育行政の民主化に逆行する」などと批判した(8)。

また、吉田内閣は社会科を改変し修身、歴史、地理の教科とすることを文部省に要請し、また、文人文相の天野貞祐の辞任（八月一二日）の当日に、自由党の党人で自治庁長官岡野清豪を兼任で起用した。その後、中央教育審議会が一九五二年に設置され、翌五三年一月に第一回総会が開かれ、七月に「義務教育に関する答申」、八月に「社会科教育の改善に関する答申」、翌五四年一月に「教員の政治的中立性維持に関する答申」を出した。これに対して一九五三年八月に社会科問題協議会が設立され、繰り返し社会科改変反対の声明が発表されたが、五五年に社会科は改変された。

さらに、「政治的中立」を理由に教員の政治的活動を制限する「義務教育諸学校における教育の政治的中立の確保に関する臨時措置法」と「教育公務員特例法の一部を改正する法律」（所謂「教育二法」）が五四年六月に施行され、その後、やはり「政治的中立」を理由に、教育委員の公選を定めた「教育委員会法」が「地方教育行政の組織及び運営に関する法律」の制定を以て一九五六年九月三〇日に失効とされた。「政治的中立」という理由で政治的活動を制限することは、既存の政治体制で政治に関わる者だけに政治を委ねる結果になり、それは多数与党の政治家と官僚による政治の追認を齎らす傾向を強めるようになる。これにより、民主主義の形骸化が進み、様々な立場にある者の自立した考えを通した多様な意見は取り上げられなくなり、その結果、自立した考えができるような人間を育てようとする教育は抑えつけられることになる。

これに対して一九五六年三月の「文教政策の傾向に関する十大学長声明」や同年四月の教育委員会法廃止などの文教政策に対する日本社会教育学会の教育政策第一委員会の「意見書」が提起された。前章で述べたとおり、そこでは教育の「国家統制および中央集権化」が進められると批判されている。これらの「意見」や「声明」の作成において宮原は重要な役割を担っていた。そして、任命制とされた後に、前述した戦前の特高課長・思想課長の田中義男が中央教育審議会委員や東京都教育委員長となったように、実際に「国家統制および中央集権化」は進んだ。[9]

### 第二項　宮原の教科書検定批判と自主的で多面的な教科書研究・使用の提起

文部省の「社会科教育の改善」や民主党の『うれうべき教科書の問題』と共に、教科書の検定においても「逆コース」が進められた。戦後の民主化の中で教科書の国定制度が検定制度へと変わったが（一九四八年教科用図書検定規則公布、翌四九年教科用図書検定基準発表）、その検定意見が次第に「逆コース」に沿ってなされ、しかも、その徹底が図られて規制が厳しくなった。

この教科書検定をめぐる動向について、宮原は「検定教科書の現実とあるべき方向――批判的な研究と使用を」で取り上げ、「教科書にたいする官僚統制は、着々とすすめられ、現在では検定制度とはいうものの、教科書が事実上、半国定状態におかれている」と批判している。[10]そして、宮原は批判するだけではなく、「検定制度から思想統制的操作を排除」し、「教科書を批判的に研究し、使用すること」を提唱している。[11]

ただし、これは検定制度を前提とした「あるべき方向」の提唱であり、宮原の議論はここに止まらず、さらに高い次元へと展開している。即ち、宮原は「教科書は検定制度をなくして自由に出せるようし、教師が自主的に採択するようにするのが、ほんとうはいちばんよい」と論じている。[12]「検定制度から思想統制的操作を排除」するよりも「検定制度を」なくす方がよいと言うのである。ただし、これは教師の主観的な、さらには独善的な教科書の採択と使用を認めているのではない。教師は「任意の三、四種類をすこし入念に読みくらべ」、また「教委、教育会、教組、PTAが協力して、教科書研究を組織」し、そして「教師の責任と父母の見識と指導主事の参考意見」が組み合わされ、これらを通して教科書が用いられるべきだと宮原は論じているのである。[13]ここでは、自立した立場による自由な意見交換を基礎に専門家の研究と関係者の民主的な検証を通して教育内容が合意され、それを取り入れた教科書がいつくか編集され、それらを教師が比較検討して授業で使用することが提起されている。それは、授業実践という「最も実践的な末端」から教育を創り上げていく自己教育の論理を教科書に即して示したという意味で、教科書検定による教育の国家統制に対する教科書の自己教育論の対置である。

このような意味で、宮原の教科書論は、その後、歴史教科書の検定をめぐり日本だけでなく近隣の国々や地域も巻き込んで議論される問題に対する先駆的な見解である。家永教科書裁判の第一次訴訟は一九六五年に起こされたのであり、宮原の教科書検定への批判と、多数の立場による自主的で多面的な教科書の研究と使用の提起は、これに先駆けている。さらに、教科書裁判が一部勝訴で確定した後も、特に歴史教科書の問題として、教科書検定について国内国外から問題が引き続き提起されており、宮原の指摘した「官僚統制」や「思想統制的操作」は、現在でも重要な意味を持っている。

ただし、当時は、宮原は教科書検定問題に集中はせず、既述したように、以前から再軍備と戦争の再発の危機的状況に対して「平和教育運動に没入」していた。そして、教育運動では「教え児を再び戦場に送るな」と、平和で民主的な教育を守り発展させようという活動が幅広く展開し、それは国民運動的な広がりを示していた。

この「教え児を再び戦場に送るな」というスローガンは、一九五一年一月の日教組第一八回中央委員会で初めて掲げられた。これは、戦前の教育勅語と軍国主義の教育体制の下で果たした教師の役割を反省し、平和教育を進めることを表明したもので、一九五〇年六月に朝鮮戦争が勃発し、翌五一年九月に旧ソ連や中華人民共和国・中華民国の署名のない米国主導の対日講和条約と共に日米安保条約が締結される中で、全ての関係諸国との全面講和を求める平和教育運動へと展開した。そして、既述したように、日教組は一九五一年六月一〇日に中央執行委員会決定として「教師の倫理綱領」を発表したが、この「草案」作成には、宮原が関わっていた。それは、教師は日本社会の課題にこたえて青少年と共に生きる、科学的真理に立って行動する、平和を守る、労働者である等の一〇項目から成り、働く人々のための平和で民主的な教育を目指すという内容となっている。その後、この「教師の倫理綱領」は一年間の下部討議を経て、一九五二年六月の日教組第九回定期大会で採択された。その過程で、『教育』一九五二年三月号では宮原も含めた座談会「日本人の道徳」（前掲）が掲載され、また同年出版された『社会と人倫』において宮原は「教師の倫理」を執筆した。(14)

また、全国教育研究大会では、一九五三年の第二回大会の「基本目標」は「平和と独立のための教育体制をめざして」であり、第三回では「平和と日本民族の独立をめざす民主教育」、第四回では「平和を守り真実を貫く民主教育の確立」というように、平和と教育が取り上げ続けられた。そして、宮原は民主党により「日教組の講師団のなかでも、とくに指導的な地位にある」と評される程まで重要な役割を担っていた。民主党や全貌社の宮原に関する文章（text）は、このような文脈（context）から書かれ、その延長に長浜の文章（text）が位置づけられるのであり、このことから家永の危惧が的確であったことが分かる。

## 第三節　戦時下の文章表現追及と戦前の復活との関連性

全貌社は、戦後に反戦平和や平和教育を進める者が戦前に発表した論考の中で戦意高揚などに関わる部分を文脈から切り離して、そこに内包されている反戦反ファシズムの論理展開を分からなくさせ、戦前から一貫して反戦反ファシズムを論じた者を、時流の変化で転向した者と描き出した。他方、文部省と民主党は戦後の民主教育と平和教育を否定し、教育を戦前に逆行させようとした。また、再軍備は戦争の反省に立ち憲法で宣言した戦争の永久放棄の平和主義の形骸化を進めた。それぞれに共通する点は、民主主義や平和主義の否定と、国家統制の強化や軍備拡張であり、これと、米国の対日政策の転換によるA級戦犯の免責復権を重ね合わせるならば、これはまさに戦前の復活に他ならない。このような脈絡（context）において、全貌社は、戦前の反戦反ファシズムの抵抗を貶めることで戦後の平和運動や平和教育の意義も低下させる役割を果たしたのである。

従って、これを逆から見て、何故、全貌社や民主党が宮原たちを問題としたのかについて考えるならば、宮原たちが民主教育や平和教育で果たしていた役割の大きさが分かる。即ち、彼らの民主教育や平和教育の思想、学問、実践こそ、国家統制の強化や軍備拡張にとって重大な妨げとなるからである。これは、逆説的であるが、国家統制の強化に対する民主教育と軍備拡張に対する平和教育において、宮原たちの果たした役割の評価の高さを示している。

ただし、これまでの考察は戦後の宮原が中心であり、全貌社や長浜たちが問題とする戦時下の宮原については論じていなかった。それ故、次に戦時下の宮原の論考について考察し、全貌社や長浜が問題としている点が全く妥当ではないことを論証する。むしろ、戦時下の宮原は、苛烈な言論弾圧を潜り抜け、さらには突き抜けて反戦反ファシズムの内容を伝えようとしたため、極めて奥深くダイナミックな論理展開を行っており、宮原の思想と実践についてより深い認識を得させるものとなっている。

# 第四節　言論弾圧下の宮原の論理展開(1)

## 第一項　宮原の「武士道」と新渡戸著・矢内原訳『武士道』

『進歩的文化人――学者先生戦前戦後言質集』で、宮原に対しては「武士道教育論から日教組お抱え講師」という見出しと共に、「日教組講師団」や「平和教育委員会」という所属が記載されており、編集者の関心が教職員組合運動と平和教育に向けられていることが分かる。そして、その主旨は、まず『世界』一九五五年四月号掲載の「父母と教師の協力」(五六年出版の河出書房『教育学ノート』収録。『教育論集』では第五巻「教師と国民文化」所収)や『教育』一九五二年一一月号掲載の「生産教育の概念」(前掲)で、宮原が「平和論、反戦論を唱え」、平和教育を提唱しているが、戦前の「錬成の新性格」(『日本評論』一九四二年五月号)、「新文化体制と教育」(『日本評論』一九四〇年一〇月号)、「政治の新方向と青年教育」(『青少年指導』一九四二年)での表現を「言質」にして、戦中は戦意高揚に努めていたと述べ、最後は「学者の心と秋の空」と結んでいる。[15] その「言質」とされる表現は、「錬成の新性格」では「武士道的錬成」であり、また「新文化体制と教育」では「国民動員と国民参政とを、上意下達と下意上達とを統一化するところの大政翼賛の機構」である。特に、見出しにも使われた「武士道」に引き付け、「この偉大なる戦争の精神が大和民族にあるのなら、宮原先生が昨今叫び続けているように平和平和といっても、そりゃ無駄でしょう」と述べている。[16]

しかし、宮原が提起しているのは「武士道」ではなく「武士道的錬成の精神であり原理」である。[17] 確かに、「武士道」

は、享保年間に鍋島藩士山本常朝の談話をまとめたものとされる「葉隠」に記された「武士道といふは、死ぬ事と見付けたり」で知られ、これが軍国主義下で総力戦に利用された。しかし、「武士道」には、新渡戸稲造が英文で執筆し、矢内原忠雄が訳出した『武士道』もある。[18] そして、「精神」や「原理」という場合、新渡戸や矢内原の「武士道」が想起されて当然である。[19] 従って、一般的には総力戦の国策に沿った「葉隠」的意味のある「武士道」を用いながら、その内包に新渡戸―矢内原の「武士道」の「精神」や「原理」を込めることができ、これはまた当局の監視や検閲を逃れて反戦平和の論考を公表するための方法としても効果的である。それは、「武士道」における戦士としての「精神」を、反戦平和の闘いに転換することである。ただし、これは新渡戸―矢内原の「武士道」に総力戦に対置できる平和の「精神」や「原理」があってこそ可能であり、次に、この点について考察する。

まず新渡戸も矢内原も基督者で、平和主義を基本的立場としていた。この二人による『武士道』では、確かに戦争は推奨されておらず、むしろ「武士道の窮極の理想は結局平和であったことを示している」と、「平和」が提起されている。[20] 即ち、新渡戸と矢内原によって思想的に深められた「武士道」では、戦争へと進む中で、その戦争を潜り抜けて逆に平和に到達しようとする方向性が示されていたのである。そして、新渡戸の『武士道』を矢内原が翻訳出版したのは「錬成の新性格」の四年前である。つまり、矢内原と宮原は同時代を共に生きファシズム化の動きを反戦平和へと転換しようとしていたと考えられる。

ここで、当時の矢内原と宮原の関係を見ると、矢内原は教育科学研究会と密接に関係していた『教育』（岩波書店発行）に「大陸経営と移植民教育」（第六巻第一号、一九三八年）や「植民政策に於ける文化」（第七巻第四号、一九三九年）を寄稿している。後者では、宮原の「言語政策と言語教育――アメリカに於ける二重言語児童」も掲載されており、テーマも関連している。即ち、矢内原は新渡戸を承けて「植民は文明の伝播である」と論じ、宮原は「バイリングァリズム」という国家主義や民族主義を超える議論を提示している。[21] 即ち、宮原の「バイリングァリズム」は、植民地において日本語教育を強制した皇民化教育と対立している。また、矢内原は、その後一九四〇年に朝鮮半島に渡り、聖書を講義しており、これも皇民化政策への抵抗であった(22)。そして、このような矢内原と宮原の関係は戦後も続いており、矢内原は教研集会で講演し、他にもこの主旨に沿った教育論をいくつも発表している(23)。

このように反戦平和に関して、宮原と矢内原には多くの点で共通性を認めることができる。それでは、次に矢内原の思想と実践に視点を据えて、さらに考察を深める。なお、矢内原は、第五章以下で論じる五十嵐の思想と実践の考察でも取り上げるため、これは、そのための準備的な作業にもなる。

### 第二項　矢内原の植民地政策論と平和主義

矢内原は盧溝橋事件が引き起こされた一九三七年に発表した論文「国家の理想」に反戦思想があるとしてファシズム体制から批判され(24)、東京帝国大学教授を辞職した（戦後復職し一九五一年から五七年まで総長）。先述したとおり、『武士道』の翻訳出版は、その翌年である。この点について、矢内原は辞職に追い込まれたため転向し、翌年『武士道』を翻訳したと捉えることはできない。辞職後も、彼は一個人として『嘉信』の発行に努め、また少数の青年に古典を講ずる「土曜学校」を開き、ファシズム体制下でも思想的抵抗を続けた。その中で、『嘉信』は個人誌であったにもかかわらず、当局から度々発行停止や削除の処分を受けた。それは、桐生悠々の『他山の石』、正木ひろしの『近きより』、中井正一や能勢克男の『土曜日』などと共に、個別的ではあるが、天皇制ファシズムへの日本人の言論による抵抗を示す実践であった。これを踏まえれば、矢内原が辞職の翌年に『武士道』を翻訳出版したことは、表面的には戦意高揚の国策に沿うように見せて、内実では反戦平和を伝えるためであったと認識できる。

次に、矢内原の専攻の植民政策論に注目する。これについては、確かに言論統制下で様々な制約があるが、それを考慮するならば、戦後の南北問題、従属的開発、ポストコロニアリズム、人道支援、人道的介入などをめぐる議論に対して先駆的な意義を有していると言える。ここで、一九一九年の朝鮮半島における三・一独立運動、中国における反帝反封建の五・四運動を見ると、前者は日本の植民地支配への抵抗運動であり総督府は激しく弾圧し、また、後者は第一次大戦後のヴェルサイユ講和会議における日本の山東利権承認などを発端としていた。たとえ軍事、外交、政治などではなく「教育」や「文化」を論じるとしても、「大陸経営」や「植民政策」を考える場合、この日本の帝国主義的な侵略と支配の問題を軽視することはできない。しかし、朝鮮半島も中国も、封建的支配が根強く、国内の分裂や各種勢力の対立による内戦的状態や混乱は深刻で、匪賊（土匪）は族生し、掠奪、拉致、人身売買も横行していた。社会基盤も未整備で飢餓や伝染病に対する対応も不十分であった。福沢諭吉に代表される脱亜論が封建主義の旧弊への批判から出され、それが中国や朝鮮半島の反封建の動きと呼応し、孫文が西欧列強の覇道に対する王道の大アジア主義の立場で日本に期待していたように、日本の「植民政策」が中国・台湾や朝鮮半島の近代化と社会の安定を進めようとしていたという側面も確かにあった。それ故、帝国主義的な国策や自国の実利を優先させるプラグマティクな実学に注意しつつ、個々人が中国・台湾や朝鮮半島で生活する人々の向上を目指して努力した様々な活動や営為を識別する必要がある。

この点で、中国の「国父」とされる孫文が日清戦争に際して一八九五年一〇月に広州で反清の挙兵を試みたことは、立場も思想も全く異なるが、清国の封建主義に対する戦いという点では共通していたことを示している。実際、この挙兵は失敗するが、その後、孫文は日本に亡命し、弁髪を切り落とし、洋装に変えており、日本が反封建の思想や実践の拠り所となっている。そして、この後に孫文は欧米に渡るなどして中国革命の活動を広く展開し、一九一一年に辛亥革命を達成した。また、魯迅も一九〇二年に日本に留学し、弁髪を切り落とし、帰国後は文学を通して中国革命を目指し、一九一〇年代後半から起きた文学革命で大きな役割を果たした。さらに、日露戦争に関しても、一九〇六年に丁未出版社と英文志社から出版された桜井忠温の旅順激戦の体験的実録小説『肉弾』は、一九〇九年に黄郛により中国語に翻訳され、新学社と武学編訳社から出版された。ここでは、中国人が、ヨーロッパの大国ロシアを破った日本に学ぼうという志向が示されている。

このように、日本の近代化と富国強兵は中国の反封建、近代化、革命などに複雑に影響しており、帝国主義的な植民地支配と侵略戦争の問題を明確に認識した上で、そのような国策とは異なり、個々の日本人が中国・台湾・朝鮮半島などの近代化に努力したことの意義を捉える必要があり、この点から「大陸経営」や「植民政策」について多面的に考察することが求められる。少なくとも、天皇制ファシズムの前に帝国主義が存在していたのは歴史的事実であり、欧米の帝国主義に対しては、日本と中国・台湾や朝鮮半島は立場を共通するところがあった。

このような意味で、矢内原の植民政策論は、帝国主義列強に植民地化された前近代のアジアを近代化して解放しようという歴史的な国際関係に即して考える必要がある。一九二六年執筆の「朝鮮統治の方針」で、矢内原は「仮に自主朝鮮が全然日本から分離独立を欲するとしても、その事は日本にとりて甚だしく悲しむべき事であるか。……朝鮮が、我国統治の下に於て活力を得、独立国家として立つの実力を涵養することを得ば、これわが植民政策の成功であり、日本国民の名誉ではないか」と論じている。[25] 即ち、矢内原は朝鮮独立こそが「植民政策の成功」と論じているのである。さらに、これを導く議論を見ると、矢内原は「従属主義の統治政策は植民地をば全然本国の利益に従属せしむるものである」と指摘し、「従属政策を標榜せず、原住民の保護発達を統治の方針とするに至れば、その手段若くは方向に関して同化政策と自主政策とが分れる」と分類し、「我国の植民地統治政策は一般的に同化主義の色彩を帯ぶ」と述べた上で、「政策による同化は不可能である。故に同化政策は誤謬である」と批判している。[26] 即ち、植民地の「統治政策」として「従属主義の統治政策」と「同化政策」を否定し、残された「統治政策」は「自主政策」だけであると論じており、従って、朝鮮独立こそ「植民政策の成功」という上記の結論は、矢内原の植民統治を通して、その統治自体を否定して発展を達成するという弁証法的な理論的帰結である。注(22)で述べた台湾の許介鱗による被支配者としての批判を考慮した上で、なお注目すべきである。

しかも、この植民政策の理論的展開は、戦前の言論統制下でなされたものである。この点について、戦後に刊行された全集第二〇巻の「序」で、矢内原は「私は社会科学者としては植民政策を専攻した関係上、民族問題や国際関係論に興味をもち、人間、殊に基督者としては心から平和を愛する者である。この両者は常に結びついて考えられ、学ばれて来た」と述べている。戦前に植民政策を論じ、戦後に平和主義を表明したことが広く認められたのは、矢内原がファシズム体制下で東大を追われ、それでもなお独立した立場で個人誌を通して抵抗を続けたからだけではない(27)。彼の植民政策論が平和主義を基調として、それが植民地の近代化、独立、解放を目指すという、本質的には植民地の否定と止揚を内包させた植民政策論であったからと言える。

また戦後、矢内原は、一九五二年一一月二九日に長野県教育会臨時総会で「平和と教育」の講演を行い、翌五三年の第二回全国教育研究大会（一月二五日〜二八日）でも「平和と教育」を講演している。これは、矢内原が戦前の「植民政策」を糊塗して時流に合わせて変えたのでも、また、これが不問に付されているのでもなく、彼が戦前から一貫して「基督者としては心から平和を愛」していることが理解されていたためと言える。

そして、以上から矢内原が反戦平和の闘いを戦前戦後と一貫して続けていたことが分かり、これこそが、宮原の提起する「武士道」の「精神」であり、「原理」であると考えられる。それでは、次に新渡戸の『武士道』の思想を取り上げ、考察をさらに深めていく。

### 第三項　新渡戸稲造の『武士道』における平和思想

新渡戸の『武士道』における平和思想を考察するために、まず基督者の新渡戸が『武士道』を執筆した事情や当時の時代状況に注目すると、『武士道』が英文で書かれ、米国で出版されたことが示すように、新渡戸は英語を読める者、即ち外国人への、特に欧米列強の指導層や知識人への、日本人のメッセージとして執筆したことが分かる。『武士道』が刊行された一八九九年は、欧米列強の治外法権が撤廃された年であり、それは日清戦争の勝利の後、日英同盟締結の前であった。この一八九九年には、オランダのハーグで第一回万国平和会議が開かれ、国際紛争の平和的解決、戦争法規の規定、国際仲裁裁判所設置などが決められたが、それは実質的には列強の勢力分割を取り決める場という性格が強かった。このように欧米列強による世界の帝国主義的分割支配が進められる状況において、日本はその存在を示す必要があった。

これに対して、新渡戸は「武士」という日本的戦士を英文で知らせたが、それは単に強い戦闘能力を誇示するためではなかった。たとえ欧米列強が帝国主義的侵略を進めていたとしても、民主主義の理念を廃棄するまでには至っておらず、国際法や万国平和会議での議論を尊重する姿勢は示されていた。従って、欧米に遅れて近代国家建設に踏み出した日本は、富国強兵や殖産興業だけでなく、文明開化によっても欧米列強に近代国家として認められる必要があった。そして、産業や武力による強国だけでなく、文明の側面でも日本を近代国家として示すという課題に取り組んだのが新渡戸であった。

そのために、新渡戸は、欧米の思想や理論を十分に踏まえて、その上で、従来から日本には欧米に提起し得る実践的な思想や倫理が「武士道」として既に形成されており、それは日本の近代化の中で「消失」するだろうが、その「徳」、或いは「精力と活力」は生き続けるとして、次のように提起した[28]。

基督教と唯物主義（功利主義を含む）――将来或はヘブル主義とギリシア主義といふ更に古き形式に還元せられるだろうか？――は世界を二分するであらう。小なる道徳体系は何れかの側に與みして自己の存続を計るであらう。武士道は何れの側に與みするであらうか。それは何等まとまりたる教義若くは公式の固守すべきものなきが故に、全体としては身を消失に委ね、桜花の如く一陣の朝風に散るを厭はない。併し乍ら完全なる絶滅がその運命たることは決してあり得ない。ストイック主義は滅んだと、誰が言ひ得るか。それは体系としては滅んだ。併し徳としては生きて居る。その精力と活力とは今日尚人生多岐の諸方面に於て――西洋諸国の哲学に於て、全文明世界の法律に於て、感知せらる。

この引用文中で、基督教は新渡戸が基督者であることから当然であるとして、「唯物主義」について見ると、まず、『武士道』が米国で執筆されたように「功利主義」としての「唯物主義」の位置は大きい。新渡戸は、結びに当たる第一七章「武士道の将来」において「封建日本の道徳体系はその城郭と同様崩壊して塵土に帰し、而して新道徳が新日本の進路を導かんがため不死鳥《フェニックス》の如くに起ると、預言する者があった。而してこの預言は過去半世紀の出来事によって確かめられた。かかる預言の成就は望ましきことであり、且つ起り得べきことであるが、併し不死鳥はただおのれ自身の灰の中から起き出でるのであって、候鳥でもなく、又他の鳥の借り物の翼で飛ぶのでもなき事を忘れてはならない」と論じている。これは、「過去半世紀」の歴史に即して見れば、明治維新による富国強兵、殖産興業、文明開化が日清戦争で近代日本が封建中国に勝利したという事実によって確かめられたと読み取れる。それは、近代の前近代（封建時代）に対する勝利という歴史認識であるが、しかし「預言の成就」を幕末から日清戦争勝利に至るわずか「過去半世紀の出来事」に求める点は、時間をも超越した絶対的な神を信じる基督者の認識というよりも、現実主義的で「功利主義」的な解釈である。

ただし、新渡戸の「唯物主義」は、このような「功利主義」だけに止まってはいない。彼はマルクスにも注目し、第一章「道徳体系としての武士道」の前半部分で『資本論』を取り上げている。[29] さらに、彼はマルクス主義の系列にあるソースタイン・ヴェブレンも取り上げ、「ヴェブレンの説くが如くに、既に『本来の産業的諸階級の間に於て儀式的礼法の衰微せること、換言すれば生活の通俗化は、鋭敏なる感受性を有つ凡ての人々の眼に澆季文明の主なる害悪の一つと映ずるに至った。』」と論じている。[30] ここでは『武士道』と同じ年に出版されたヴェブレンの『有閑階級の理論』の論旨が早くも摂取されている。[31]

ここでマルクス主義について見ると、矢内原も一九三二年に『マルクス主義とキリスト教』を著し、キリスト教の立場からマルクス主義の思想的意義を認識した上で、それを批判している。[32] 矢内原は、戦後の一九五六年に執筆された「序」で、この『マルクス主義とキリスト教』を「昭和年代の初め、マルクス主義の盛んであった時に書かれたキリスト教弁護論」と自己規定しているが、[33] このように「弁護論」を展開したのは、彼が対象の意義を十分に把握し、「弁護」するだけの価値を認めたからである。そして、このようなマルクス主義との対峙と評価において、新渡戸―矢内原の思想的系譜に『武士道』と『マルクス主義とキリスト教』を位置づけることができる。

それでは次に『武士道』の論理と倫理へと考察を進める。新渡戸は、欧米の新旧の思想を踏まえた上で「武士道」を実践倫理として論じる。『武士道』の第一章は「道徳體系としての武士道」であり、その後の章題では、義、勇、仁、禮、誠、名誉、忠義、克己等々の徳目が列挙されており、実践倫理としての「武士道」が多方面から論じられていることが分かる。そして、この実践倫理を体現する武士として、具体的に新渡戸は「典型的なる一人の武士〔西郷南州〕は、文學の物識《ものしり》をば書物の蠹と呼んだ」と述べている。[34]

ここで注目すべき重要な点は、この「典型」が非暴力の文脈で提示されていることである。新渡戸は「武士道が如何なる高さの非闘争的非抵抗的なる柔和に迄能く達し得たるか」について、小河立所や熊沢蕃山と共に、この「典型的なる一人の武士」たる西郷隆盛を挙げて、次のように述べている。[35]

彼の高き額の上には「恥も坐するを恥ずる」西郷〔南州〕から引用しよう、曰く「道は天地自然のものにして、人は之を行ふものなれば、天を敬するを目的とす。天は人も我も同一に愛し給ふ故、我を愛する心を以て人を愛するなり。人を相手にせず、天を相手にせよ。天を相手にして己れを盡し人を咎めず、我が誠の足らざるを尋ぬべし」と。之等の言は吾人をして基督教の教訓を想起せしめ、而して實踐道徳に於ては自然宗教も如何に深く啓示宗教に接近し得るかを吾人に示すものである。

西郷は反乱軍の逆臣として敗れる中で自刃したのであり、このような存在を元号がまだ明治の時点で新渡戸は評価している。そして引用文中の「天は人も我も同一に愛し給ふ故、我を愛する心を以て人を愛するなり」は「敬天愛人」として知られる実践倫理で、それを、新渡戸は「實踐道徳に於ては自然宗教も如何に深く啓示宗教に接近し得るかを吾人に示す」と述べているように、「おのれの如くなんぢの隣を愛すべし」という基督教の隣人愛に引き付けて捉えている。[36]この隣人愛は「心を儘し、精神を儘し、思ひを儘して主なる汝の神を愛すべし」と合わせて黄金律と呼ばれている二つの「誡命《いましめ》」である。[37]そして、これら二つに共通している「愛」は、「主なる神」の示したアガペーとしての「愛」であり、エロスの性愛やフィレオーの愛好・嗜好ではない。それは、博愛、慈愛、人類愛などの内包と外延、或いは、その文脈で捉えるべき愛である。

新渡戸が西郷の実践を通して提示した「愛」は、このアガペーとしての愛と共通していると捉えられる。それでは、西郷の如何なる実践が、このような愛を示しているのであろうか。新渡戸において、「文學の物識《ものしり》をば書物の蠹と呼ぶというところに示されるように、何よりも武士道は実践倫理として捉えられていた。この点で、特に取り上げるべきは、勝者の側の西郷が敗者の側の勝海舟と談判（対話、交渉）し、非暴力で江戸城の無血開城を実現したという実践である。

実際、新渡戸は勝海舟についても論じ、その中で「眞の勝利は暴敵に抵抗せざることに存する」、「血を流さずして勝を以て最上の勝利とす」、「之等はいづれも武士道の窮極の理想は結局平和であったことを示している」と提示している。[38]そして、先に引用した「武士道の窮極の理想は結局平和であった」は、この勝海舟を論じる文脈で書かれているのである。

ここで勝について見ると、彼自身も『氷川清話』で、西郷の「大胆識と大誠意」や「至誠」を高く評価している。[39]これらの中の「大誠意」や「至誠」は、新渡戸が隣人愛と捉えたところを、勝としての言葉で表現したものと言える。また、勝は、坂本龍馬が西郷に初めて出会った時の印象を、次のように紹介している。坂本は勝に「西郷というやつは、わからぬやつだ。少しくたたけば少しく響き、大きくたたけば大きく響く。もし、ばかなら大きなばかで、利口なら大きな利口だろう」と語ったという。[40]このような意味で、いわば西郷と勝は「響き」合って、無血開城を実現させ、戊辰戦争を内戦にまで拡大せずに非暴力で解決し、日本を近代化に導いたと言える。これが、戦《いくさ》を本来の使命とした武士の歴史的な到達点であった。まさに、武士が武力＝暴力で解決せず、談論（談判）で、非暴力で解決したのであり、この時こそ、武士の時代が終わった時であった。

しかし同時に、これは「維新」という近代化の始まりでもあった。この点を、新渡戸は「武士道は一の独立せる倫理の掟としては消ゆるかも知れない。併しその力は地上より滅びないであらう」と概括している。[41]即ち、前近代の日本が形成してきた武士の戦う「力」は、近代日本では「消ゆるかも知れない」が、それを非暴力の平和の「力」として止揚（揚棄）させ、昇華させ、発展させることはでき、それがまた欧米列強に日本が近代国家として認められるために必要である、ということが、基督者新渡戸の「武士道」論であった。

ただし、このように「武士道」を平和のための実践倫理に導いたとはいえ、新渡戸の議論において注意すべき点もある。西郷と勝の非暴力の対話的な談判で近代化へと前進したが、その後、日本は列強に倣い富国強兵を進め、日清戦争、台湾の植民地化、日露戦争、朝鮮半島の植民地化、第一次大戦と対華二一ヶ条要求、シベリア派兵、山東派兵、柳条湖事件、傀儡満州国、盧溝橋事件、大陸全面侵略、第二次大戦というように、侵略戦争と勢力拡大を繰り返してきた。これは、たとえ一度「非闘争的非抵抗的なる柔和」の高みに到達したとしても、それが続かずに闘争的暴力的で野蛮な水準に退行するようにもなることを示している。当然、その中で西郷の征韓論や台湾派兵の主張や西南戦争も問われなければならない。その場合、確かに国内では不平士族が溢れ、また当時の中国や朝鮮半島は前近代の封建社会であったように、西郷を暴力的に「響」かせた対象や条件を考えなければならないが、それでもなお問う必要はある。

また、新渡戸は、既述したように「新道徳が新日本の進路を導かんがため不死鳥《フェニックス》の如くに起る」という「預言の成就」を「過去半世紀の出来事によって確かめられ」と述べている。この「過去半世紀の出来事」について、『武士道』が出版された一八九九年を考えると、九四年から九五年の日清戦争は除外できない出来事である。そして、このような記述は日本の戦争と、その勝利を肯定し、高く評価していることを示している。この点で、基督者である新渡戸における、基督教国の欧米列強、及びそれに倣った日本への楽観があることに注意しなければならない。実際、英国国教会を有する大英帝国は国策として阿片を中国大陸に輸出、販売し、そのためには戦争さえ発動した。新渡戸が阿片まで認めているとは言えないが、これと武力行使とは区別し、それは欧米の近代国家が封建時代の遅れた段階にあるアジア諸国を開花させるためであり、そのために致し方なく武力が用いられるという理由が用意されていると考えられる。新渡戸が、後に児玉源太郎台湾総督や後藤新平民政長官の下で植民地台湾の産業を振興した点も、このことを傍証していると言える。

ただし、たとえこれが歴史的制約のためであるとしても、新渡戸が「鴨緑江に於て、朝鮮及び満州に於て戦勝したるものは、我等の手を導き我々の心臓に搏ちつつある我等が父祖の威霊である」とまで述べていることは、やはり問われなければならない[42]。先述した台湾の許介鱗による批判もこれに関連している。新渡戸は一九三三年にカナダのバンクーバーで病没したのであり、一九一五年の対華二一ヶ条要求、一九一八年から二二年のシベリア派兵、一九二七年と二八年の山東派兵、一九三〇年の台湾霧社事件（毒ガス使用）[43]、一九三一年の柳条湖事件と満州侵略などについて認識し、この文言について修正や加筆することは出来た。しかも、かつて彼は国際連盟事務局長を務め国際会議などで平和を提唱していたのである。

確かに、ここにもまた歴史的な制約があり、これをもって新渡戸の平和思想を全面的に否定すべきではない。彼の見た「朝鮮及び満州」は腐朽しつつあった封建社会であり、この問題を傍観すべきでないという点も看過できない。さらに、たとえ文言の修正や加筆を行わなかったとしても、新渡戸が日本の帝国主義的侵略の拡大を是認していたとは限らない。新渡戸が祖国を離れ、異国で老後を迎え、日本が国際連盟を脱退した年に病没したという死に方は、侵略を拡大する大日本帝国への一つの態度表明と言える。実際『武士道』でも「平和の長子権を売り、産業主義の前線から後退して侵略主義の戦線に移る国民は、全くつまらない取引を為すものだ！」と感嘆符付きで提起されている[44]。それ故、上記の日清戦争の評価について十分に注意した上で、なお、基本的に新渡戸は非暴力の平和思想の文脈で実践倫理として「武士道」を提起したと言うことができるのである。

## 第四項　「錬成の新性格」と「人間の錬成」

「武士道」という言葉でも、その「精神」や「原理」を追究するならば平和へと導くことができる点を論じてきた。これを踏まえ、次にこの「武士道」を手がかりにして宮原がファシズム体制には戦意高揚であると当局に説明できる表現を使いながら、反戦平和の思想を確実に伝えようとしていたことを明らかにしていく。

宮原は「錬成の新性格」において、前述の「武士道的錬成」の「精神」と「原理」を提示する箇所で「末次大将」の名を出している。海軍大将の末次信正は、かつて一九三〇年のロンドン軍縮会議で海軍補助艦の制限率が議論された時に軍令部次長であった。彼は加藤寛治海軍軍令部長と共に「艦隊派」の軍人として条約調印に激しく反対した。そして、反対に抗して濱口雄幸民政党内閣が条約を調印した時、軍令部は統帥権を持つ天皇の補佐機関で帝国海軍の最高機関であるにもかかわらず、この意見を受け入れない濱口内閣は天皇に対して反乱を起こしているのも同然であり、そもそも軍事条約の調印は統帥権に含まれて内閣の職務ではなく、これは「統帥権の干犯」であると主張した。そして、濱口首相は「国賊」にされ、三〇年一一月一四日に暗殺された。これは、大正デモクラシーから昭和ファシズムへと転換した上で重要で象徴的な事件の一つであった。

このように軍備拡張を主導した軍人の末次の名を出して「武士道」を提示すれば、当然、宮原は軍備拡張を支持したと思われる。しかし、宮原はこの前後に議論を展開し、その中で出来る限り自らの反戦反ファシズムの思想を伝えようとした。しかも、検挙されたことのある宮原にとって、自らの思想を伝えるためには、当局の監視と検閲に察知されないことが必須条件であった。この点で天皇制ファシズムの推進に重要な役割を果たした「末次大将」は、監視や検閲を逃れるために極めて有効であったと言える。

それでは、この「末次大将」の前後で、宮原はどのような議論を展開しているのかについて、次に考察していく。宮原は「末次大将」を引いて「武士道的錬成の精神であり原理」を提起する前に、「錬成は学校以外のいたるところで行われた」、「年々中央吏僚が地方に派遣されて学事を督励して歩いた際の報告書である『巡視功程』」の「殆どいづれもに《ママ》おいて私達が見るものは、中央政府の画一的方針の行き過ぎを指摘し、その是正をもとめる熱烈火を吐くやうな文字でなければ、府県の吏僚、町村役場の吏員、小学校長、教員、或ひは一人の助教（代用教員）をさえ捉へての懇切きはまりない督励と指導の詳細な経緯を綴る文字である」と述べている。[45] ここでは「中央政府の画一的方針の行き過ぎ」が指摘され、また「錬成」が実践される現場の人々への「懇切きはまりない督励と指導」が評価されている。そして「成功の最後の条件が『民族』の力であり、したがって勝利の最後の鍵が『人間』の錬成にある」と提起している。[46] 宮原は「『民族』の力」を提起しているが、そこには「人間」が確固として位置づけられている。これは、宮原の思想が「中央政府」ではなく実践の現場の「人間」にあったことを示している。

この点は、この論文を結ぶ段階において一層明確になる。宮原は「人間の錬成」のためには、「教室教授観念を中心とする従来の学校教育観念の揚棄を前提」とし、「学校教育形態を否定」すべきであると論じる。[47] その上で、「国家のすべての職能の最も実践的な末端――それぞれの職能を遂行する『人間』の活動が行はれる一切の場面」を提起する。[48] ここでは、教育の「再分肢」機能論の鍵概念である「最も実践的な末端」が既に用いられている。さらに引用文中で使われている「揚棄」は独語の Aufheben の訳語でもあり、この Aufheben は普通名詞として使われるが、マルクス主義においては重要な鍵概念となっている。

そして、最後の部分では「皇道精神を体得し尽忠報国の至誠に溢れた有能達識な職能人を育成するためには、真の科学精神或ひはまた芸術精神と真の教育精神との結合が必要である」と提起する。[49] 前半の「皇道精神」や「尽忠報国の至誠」だけを取り上げれば、「武士道」や「末次大将」と同様に戦意高揚となるが、宮原は、その後に「真の科学精神或ひはまた芸術精神」や「真の教育精神」を強調している。そこには、天皇制ファシズム体制下で「皇道精神」や「尽忠報国の至誠」を信じている者であっても、「真の科学精神或ひはまた芸術精神」や「真の教育精神」に基づく実践である「人間の錬成」によるならば、人間としての覚醒に導かれるだろうという主旨が込められている。そして、宮原は「国民基礎教育も実は国家のすべての職能がそれぞれ下に向かって要求する基礎訓練の最大公約数を基準としてはじめてその教育内容を正確に決定できる」と述べて論を結ぶ[50]。ここでは「国民」を「国家」に対置し、「国家」が「下に向かって要求する基礎訓練」をそのまま認めるのではなく、その「最大公約数」を「基準」とすべきだと論じられている。確かに、「下に」に対する「上に」という方向は明示されてはいないが、前述した「最も実践的な末端」と「揚棄」の論理を踏まえるならば、「下」から「上に」という方向は確固として伏在していたと言える。これは、まさに自己教育の論理であり、当然支配体制の容認できるものではなかった。

## 第五項　「上意下達と下意上達」の統一

「下」から「上」への方向性が、より鮮明に示されているのが、全貌社編集部自身が「新文化体制と教育」から引用している「国民動員と国民参政とを、上意下達と下意上達とを統一化するところの大政翼賛の機構」である[51]。この中の「上意下達」と「下意上達」の組み合わせは、一九四〇年八月二八日、新体制準備委員会第一回会議で発表された近衛文麿の声明に見られる。為政者の表現の引用は、監視と検閲を潜り抜けるためには極めて効果的である。「新文化体制と教育」の発表は一九四〇年で、「錬成の新性格」の二年前、近衛政権から東条政権へと変わり、米英に開戦する一年前であるため、「国民動員」に対して「国民参政」を、「上意下達」に対して「下意上達」を明示して提起することができたと言える。なお、近衛新体制の評価については、マルクス主義に人間学的な基礎づけを与えて発展させた三木清の位置づけ、或いは尾崎秀実や西園寺公一たちの活動や、彼らが反ファシズムにより連帯した国際共産主義運動との関連で、これから考察を積み重ねていく。(52) その際、近衛新体制下で、「乏しきを憂えず、等しからざるを憂う」という標語(文献だけでは捉えきれない口述的性格を有する資料)が用いられていたように、(53) 近衛新体制には平等主義的で社会主義的な性格もあったことは軽視できない。

また、このように「下」から「上」への方向性を明示したか否かを理由に、四〇年の「新文化体制と教育」と一九四二年の「錬成の新性格」の間に宮原に転向が起きたとは言うことはできない。何故なら、後述するように、四三年の『文化政策論稿』でも「最も実践的な末端」の一つで働く「学校使丁」、「小使いさん」が取り上げられているからである(第六節で後述)。それ故、前項で示したように「錬成の新性格」においても「最も実践的な末端」への視点が貫かれ、「国民参政」や「下意上達」が確かに伏在していると言えるのである。

そして、このことを踏まえると、宮原が「武士道」ではなく「武士道的錬成の精神であり原理」を提起していることの内実が重要になる。実際「錬成の新性格」を発表した翌年の一九四三年に宮原は治安維持法違反で投獄されたのであり、これは当局が宮原は「転向」していないと認めたからである。

本来的にファシズム体制は上の命令に下が服従する関係を原理としており、この軍隊においては、「末端」の兵士は「精神」も「原理」も必要なく、命令に盲従して死地に突撃すればいい。「皇道精神」、「尽忠報国」、さらには「八紘一宇」、「大東亜共栄圏」、「聖戦」等々が叫ばれたが、それらが一定の原理に基づく体系的理論によって認識されたわけではなく、圧政とプロパガンダと教化によって信じ込まされていたのであった。確かに崇高な感情を抱いて死地に突撃する将校や兵士もいたが、それは現実に対する「真の科学精神」が形成されず、また、たとえ形成されようとしても押し潰され、或いは歪められた結果であった。(54) それ故、宮原の提起する「真の科学精神」、或いは人間性を追究し謳歌する「真の」「芸術精神」が「最も実践的な末端」に広がるならば、それはファシズム体制とその軍隊を根底から揺るがすことになった。

実際、「最も実践的な末端」にいる人々が「精神」や「原理」に覚醒し、これが体制批判の思想に結びつき、それを基軸に社会組織が結集して巨大で自発的な力となって激発したことはロシア革命で示されたところであった。ロシア革命では労働者（プロレタリアート）と共に農民や兵士が、立ち上がりツァーリ専制の帝国を倒したのであった。この革命思想では、前衛である労働者が農民と兵士と連帯（労農兵）して階級闘争に勝利することにより革命が達成されると提起されていた。帝国主義段階において帝国主義列強の戦争の矛盾を革命に転化することが、ウラジミール・イリイチ・レーニンの戦略であり、それは遅れた資本主義国であり、資本主義体制の弱い環である帝政ロシアでは可能であり、実際に彼はそれを実現した。従って、これを天皇制ファシズムの日本に当てはめるならば、その進めている帝国主義的侵略戦争により矛盾が激化し、「下」の「最も実践的な末端」の立場の兵士が労働者や農民と共にファシズム打倒に立ち上がるという展望は導き出せる。

この点は、宮原が、既に組織的な反ファシズム抵抗運動が壊滅していた中で「下」からの要求を見る視点を独自に堅持しつつ軍隊について論じていることを考える上で、極めて重要である。当時は、戦争の永久放棄を宣言した日本国憲法は未だなかった。即ち、平和憲法下の枠組みを、当時の軍隊に関する議論に機械的に当てはめることはできない。むしろ、多くの労働者や農民たちが軍隊の最低層に組織されていたのであり、この「最も実践的な末端」にいる兵士たちが、侵略戦争の現実に気づき、そこから「真」の「精神」や「原理」に覚醒するように働きかけることは、共産主義や社会主義だけでなく、反戦反ファシズムの民主主義的自由主義的勢力の重要な課題であった。ただし、誤解を避けるために確認すると、これはあくまでもファシズムと戦争という歴史的条件において必要とされる捉え方であり、戦後の平和主義と民主主義を基調とした日本には当てはまらず、当然、宮原も平和教育と民主教育を提起し、実践した。

このような意味で、軍隊を取り上げ、その「錬成」を「人間の錬成」と規定し、「最も実践的な末端」にいる人々に「真の科学精神或ひはまた芸術精神」を導く「真の教育精神」を提起することは、ファシズムの兵士を反ファシズムの戦士に変革することを意味していた。それ故、「錬成の新性格」には、天皇制ファシズムで重要な役割を果たした「末次大将」を引きながら、その下で「最も実践的な末端」の兵士たちの思想的覚醒を大胆に説くという論理が、伏在的であるが、確固として存在していると言えるのである。

宮原は、世界大戦に突入し、民主主義や反戦平和の運動だけでなく、落書きや日常の会話さえも密告により徹底的に弾圧していたファシズム体制の下で、あくまでも絶望することなく、「最も実践的な末端」で「精神」が覚醒することに希望を寄せていた。そこには、歴史を動かし創り出すのは富を生産する者であり、そのような生産者が主人公になる社会の実現は歴史的な必然であり、それ故、生産ではなく侵略と略奪により富を得るファシズムの破綻も必然であるというマルクス主義的な現状認識もあったが、それだけでなく、少しでも希望があれば前進でき、矛盾が凝縮した「最も実践的な末端」の現実に苦しむ人々が少しでもその矛盾に気づけば、そこから「真」の「精神」への歩みが始まり、矛盾の「揚棄」が実現するという弁証法的なヒューマニズムもあったと言える。しかも、宮原は、このような思想を、反戦反ファシズムの組織的活動が壊滅的になり、ただ個別的な抵抗しか実践されていなかった状況の中でなお保持し、表現を慎重に工夫しながら出来る限り伝えようとしたのであった。そしてまた、これは根拠のない楽観主義ではなく、現実に立脚してさえいた（これについては次章で情報将校鈴木庫三との関連で詳述）。それ故、以上の考察から、宮原の「武士道」は新渡戸—矢内原の平和主義の脈絡に即して捉えられると言うことができる。

### 第六項　「すべての職域・地域にある国民全部」の「政治の新方向」

前項で示したように、宮原は近衛新体制の「大政翼賛」を「国民動員と国民参政」、「上意下達と下意上達」の「統一化」と捉え、これを基に反戦反ファシズムの議論を展開した。そして、これは「政治の新方向と青年教育」では、「すべての職域・地域にある国民全部」の「政治の新方向」として、「下から」の立場と視点がさらに徹底されて展開されており、この点についてここで詳しく述べていく。

「政治の新方向と青年教育」において、宮原は、まず谷正之情報局総裁（外務大臣兼任）の「政治の新方向」の文章を引用する。[55] その中に「み民われ」という語句があるが、宮原はこれを結びの部分でも使って繰り返している。[56] これは、宮原が「み民われ」を強調していることを示しているが、しかし、そこに天皇制讃美を見ることは浅薄な理解である。宮原は、読者の目に付きやすい初めと終わりの部分で「み民われ」を繰り返して、検閲に対する表現上の工夫を行っていると言える。しかも、初めでは体制の高官である谷の名前まで挙げている。

しかし、終わりの部分の「み民われ」は、初めとは異なる内包が込められており、初めの意味を逆転している。この点について、さらに詳しく考察していく。この「み民われ」は、確かに「天皇の民」を意味しており、これだけを取り上げれば天皇讃美の文章となる。しかし、後述するように万葉の時代にまで語義を辿るならば、それだけに止まらない意味もあることが分かる。即ち、何故「民」に「み」即ち「御」という敬語を付けたのかと言えば、「民」はみな分け隔てなく天皇に属していると自分自身に誇りを感じていたという時代の感覚が、「み民われ」には内包されているのである。ここには、社会の発展が始まったばかりで、生産力もまだ低く、富の蓄積や私有が未発達であまり不平等が生じていなかった原始共産制的社会の記憶、感覚、感情がまだ根強く残存していた時代、有力な長者、家長、族長などの連合体の上に天皇が位していた時代の天皇観と人間観が示されている。例えば、平城京の時代、行基は聖武天皇が発願した東大寺大仏造営の勧進に起用され、それに対して多数の民衆が結縁、合力、寄進などで呼応した。

確かに、江戸時代には、国学者の賀茂真淵の「み民われ生けるかひありて刺竹の君がみことを今日聞けるかも」があり、それは、茂る竹のように盛んな「君」の御言葉を今日聞けることだから「み民われ」は生きる甲斐があるという意味で、「君」への讃美を詠った作品となっている。ただし、この「君」の解釈では、歌に「やんごとなき御まへにまうす」とあり、高木市之助は「この歌の次ぎに、宝暦四年、宗武の四十の賀に侍して歌った歌があるので、ここは主君宗武にはじめて会った時の感激を歌ったものか」という解釈を示している。[57] 歌の作られた江戸中期は尊皇思想が高揚する幕末ではないため、主君を差し置いて天皇を讃美するとは考え難く、この点で賀茂馬淵が天皇を賛美しているわけではないが、しかし、それでも、主人、即ち支配者への賛美には変わりない。これは封建時代の通念であった。

しかし、注意すべきことに、これには本歌がある。古代において海犬養宿禰岡麻呂が詠った「御民われ生ける験あり天地の栄ゆる時に遭へらく思へば」(万葉集九九六)[58] では、「天地」の栄える時に出会ったと思えば、「御民」である「われ」は、生きる「験」即ち霊験や御利益や効能などがあるという意味で、民衆の実生活の讃美の内容が強い。まさに「み民われ」と、「民」が自分自身に敬語を付けた本来の意味が明確に表れている。

そして、宮原は「『み民われ』の生けるしるし」と記している。[59] 明らかに賀茂真淵ではなく海犬養宿禰の方を選んでいるのである。その上で、これを「純粋に感じ、作業台の前に誇らかに立つ青年の姿勢のなかに青年教育の今日の課題が秘められている」と、宮原は提起する。ここで描かれる「青年の姿勢」は、自分自身の「作業」に誇りを持つ労働者の姿であり、そこに青年教育の方向があると論じるのは、自らの生産労働に誇りを持つ青年の教育の主張である。

しかも、宮原はこの青年教育を「政治の新方向」の文脈で提起している。これは「政治の新方向」は労働者の立場に立った「方向」であることを意味している。それ故、宮原は天皇制ファシズム下で、高官の用いた「み民われ」を語義的により深い次元で捉え返し、一方では古代の歌を通して原始共産制に視点を向けさせ、他方で「政治の新方向」を労働者の立場へと転換すべきだと提起したのである。これは天皇制ファシズムを変革する共産主義革命という提起であり、政府高官のメッセージが完全に逆転或いは「揚棄」させられている。

しかも、宮原はこの共産主義革命を短絡的に主張してはいなく、中田貞蔵時代の「公式主義」から脱却している。宮原は「新政治体制運動の理念は、運動の発足と同時に近衛公の声明を通じて国民の前に明白にされた」と確認する。これは前掲一九四〇年八月二八日の近衛の声明である。そして、宮原はそれを一九四二年において取り上げているが、第三次まで続いた近衛文麿内閣は一九四一年一〇月に終わっている。近衛は東条陸相の対米英主戦論に屈服させられ、以後は東条が首相となり天皇制ファシズムの支配抑圧と侵略戦争を強力に押し進めた。このことは、宮原が憲兵政治（既に憲兵組織に特高警察の機能は組み入れられていた）と称された東条専制体制下で近衛の政治理念を対置していることを意味している。

確かに、戦後、近衛は戦犯に指定された（拘引直前に自殺）。そして、近衛の翼賛体制に対しては、東条ファシズム体制への前段階という評価が主である。しかし、近衛体制の中には三木がおり、さらに近衛の側近と見られた尾崎（内閣や満鉄調査部の嘱託）や第二の近衛と目された西園寺（外務省や内閣の嘱託）の活動があり、それは反ファシズムにおいてリヒャルト・ゾルゲたちの国際共産主義運動に連帯していたのである。尾崎やゾルゲは処刑されたが、西園寺は戦後全貌社に「斜陽貴族の偽ボルシェヴィーキ」（前述）と称される程の活動をした。

この点について、宮原の検挙は一九四三年一一月であり、特高警察の訊問では「自由主義思想」の肯定、「人民戦線」との繋がり、その教育科学研究会における活動などが追及された。[60] そして、尾崎は共産主義者ではないが、共産主義者のゾルゲの情報収集活動を支援しており、まさに「人民戦線」の一例であった。さらに、一九四一年一〇月に治安維持法、国防保安法等違反で逮捕されたゾルゲや尾崎には一九四三年九月に判決が下され、大審院がゾルゲの上告を棄却したのが一九四四年一月で、尾崎の上告棄却は四月であり、獄中の宮原が喀血して刑の執行が停止（仮釈放）されたのも四四年四月であった。この時期的な関係は軽視できない。なお、ゾルゲや尾崎の死刑執行は四四年一一月で、彼らと共に検挙された宮城与徳と河村好雄は審理中に獄死し、ブランコ・ド・ヴケリッチ、水野成、船越寿雄は刑の執行中に獄死し、北林ともは釈放直後に死亡し、戦後まで生き延びた者は少なかった（西園寺は一年六ヶ月の刑で執行猶予二年）。刑死よりも獄死などの方が多かったという事実は、獄中の状況が如何に苛酷であったかを示している。[61]

そして、東条ファシズム体制下で宮原が「近衛公の声明を通じて国民の前に明白にされた」と明記したことは、このような歴史的脈絡に位置づけ、その現実に即して考えなければならない。それでは、これを踏まえて、「政治の新方向と青年教育」の理論展開について考察していく。

東条に対して近衛を提示した上で、さらに宮原は近衛の「声明」を長く引用する。ここでは、宮原が傍点を付けて強調した三箇所だけを以下に紹介し、宮原が近衛の「新政治体制運動」をどのように捉えていたのかについて確認する（傍点は宮原による）[62]。

> しかしながら更に重要なるは、これ等の基底をなす万民翼賛にいはゆる国民組織の確立（文中の「これ等」は「議会翼賛体制の確立等」）
>
> 思ふに従来の如く国民の大多数が、三年か四年に一度の投票により選挙に参加するのみを以て、政治と関係する唯一の機会とするが如き状態にあっては、国民全部が国家の運命に熱烈なる関心を持ち得なかったのも寧ろ当

然といふできであらう。

今日経済、文化両方面において、政策を樹立する当局者が国民の実際活動について真の理解を有せず、また国民の側においても国家の政策決定に無関心であり、かくて取り締まる者と取り締まられるものとが対立関係に置かるゝ如き傾向にあるは、正しく万民翼賛の実を挙ぐべき組織なき処より生まるゝ欠陥である。いふ所の国民組織の眼目が奈辺にあるかは自ら明白である。即ち、それは国民をして国家の経済及び文化政策の樹立に内面より参与せしむるものであり、同時にその樹立されたる政策をあらゆる国民生活の末梢に到るまで行渡らせるものなのである。

このように、東条体制に近衛体制を対置し、その意義を強調した上で、宮原は「この国民運動は国民の総力の自発的な発揮に俟つ」と述べる(63)。特に「総力」と「自発的」という表現が重要である。何故なら「国民の総力」が「自発的」に活動する時は、「国民の総力」が支配抑圧から自由になり、これに抵抗し、さらにそれを乗り越える時だからである。

また、宮原は「説教的な、或ひはまた教科書的な観念教育ではなく、具体的で実行的で生活的な政治教育」を提起する(64)。この「政治教育」は、当時の政治体制を是認する「政治教育」ではない。宮原は「政治の観念の転換にともなって当然政治教育の観念の転換が行われなければならない」と論じる(65)。これは、宮原の提起する「政治の新方向」は、東条のファシズム体制の「政治の転換」であることを意味している。そして「すべての職域・地域にある国民全部の上にまで拡大されたと同様の意味合ひで、政治教育の観念は教育錬成の全面に拡大されなければならない」と述べ、この「政治の転換」を進める「政治教育」を「すべての職域・地域」に展開すべきであると、宮原は呼びかける(66)。

この点は結論において、より明確に「青年運動と青年教育の統一」として提起される。[67] ここで、宮原は「万民翼賛」の国民精神総動員運動の「青年運動」を乗り越えて「青年教育はしだいに大胆率直に政治性をみにつけることができ、政治的青年教育は本物になってくるだろう」と展望している。[68] 即ち、強制され、また誘導された官製の「運動」ではなく、「本物」の「自発的」な「運動」として「青年運動」が示され、それと「青年教育の統一」が提唱されているのである。まさに、この「本物」の「運動」を「すべての職域・地域」に展開すべきだという提唱は広範な反戦反ファシズム人民戦線の提唱であり、天皇制ファシズムの思想警察が検挙投獄の理由としたのは当然であった。

この論文が発表された一九四二年は、侵略と拡張を続けた大日本帝国が敗戦に転じせしめられた分岐点の一つであるミッドウェーの海空戦が起きた年である。それまで大日本帝国は日清戦争、日露戦争、第一次大戦等で勝利の側にあり、一貫して領土を拡大し続けていたが、この戦争と領土拡張の限界に突き当たったのが一九四二年であり、まさに歴史的転換点であった。

ところが、この歴史的転換点において、専制支配は強固に維持され、「撤退」を「転進」と、「全滅」を「玉砕」と糊塗し続け、「聖戦」必勝のプロパガンダが続き、それに対する批判や抵抗や改革の動きは壊滅的状況にあった。しかし、その危機的で絶望的な状況にもかかわらず、宮原は「新しい秩序や技術や生活習慣の発展が見られる。かゝる進歩が凝集して国策の上に反映することが念願される。その念願のもとにさらに前進する」と提起していた。[69] ここには、危機的絶望的な状況下において尚「自発的」な「運動」の可能性を探り、その「前進」を目指した宮原の思想的で実践的な強靱さが示されている。

そして、宮原はこれまで取り上げてきた諸論考をまとめ、状況がさらに危機的で絶望的になる一九四三年に『文化政策論稿』として出版する。これは、戦時下の宮原の反戦反ファシズムの論理展開の集大成といえる。

ただし、ここでは『文化政策論稿』の考察に入る前に、三木清が文化政策論を提起しており、この点について考察する。彼は近衛新体制の中でその推進に努め、実際に第二次近衛内閣の声明でも「文化政策」が使われた。従って、宮原の『文化政策論稿』を理解する前提的作業として、次に三木の文化政策論を考察する。

## 第五節　宮原と三木の思想的実践的連関

### 第一項　マルクス主義の人間学的基礎づけ、人間学のマルクス主義的展開と文化政策論

これまで、宮原の多面的な思想構造においてマルクス主義とヒューマニズムが大きな位置を占めていることを述べてきた。そして、前節では、宮原が近衛の翼賛体制を「国民の総力」が「自発的」に活動するという反戦反ファシズムの統一戦線へと転換させることを提起したことを示した。

これを踏まえ、ここでは三木清が思想的にはマルクス主義の人間学的基礎づけ、或いは人間学のマルクス主義的展開に努め、実践的には新興科学運動を進め、その中で新興教育運動へも呼びかけ、また近衛体制においては文化政策で一定の役割を果たそうと試みたことに注目し、宮原と三木の思想的実践的な連関について考察する。二人の年齢差、宮原が学生時代に三木は既に思想界や論壇で活躍していたこと（三木が一九二七年から三〇年まで在職した法政大学に宮原は一九四〇年から四三年まで在職）などを考えると、宮原にとって山下の影響に加えて、三木の影響も軽視し難い。しかも、後述するように三木は一九四〇年に「文化政策論」を発表し、宮原は一九四三年に『文化政策論稿』を著している。これらから、三木がマルクス主義の人間学的基礎づけや人間学のマルクス主義的展開を通して、生産

力と生産諸関係の矛盾と階級闘争による歴史の発展を説くマルクス主義に人間の存在論を位置づけ、その主体化を試みた学問研究と、宮原の「人間化」、「主体化」の実践としての教育論の考究との連関が見出せる。

元より、三木は哲学者で、宮原は教育学者であり、研究領域は異なり、それぞれ独立した立場で独自の思想を形成した。しかし、このことは、その基礎にある思想まで異なることを意味しない。少なくとも、それぞれの思想構造には共通する要素や部分があり、また実践的にもこれが見出せる。それでは、これらについて、マルクス主義と人間学やヒューマニズム、及び近衛新体制と文化政策論に即して考察していく。

## 第二項　言論統制下の三木の思想と実践の展開

まず、三木の思想について見ると、彼は西田幾多郎に師事し、ヨーロッパ留学の後に三高講師や法政大学教授を務める中で、西田哲学、ハイデガーの実存主義を経てマルクス主義の人間学的な基礎づけ、人間学のマルクス主義的展開、或いは、その統合を進めた。[70] これは、ジャン－ポール・サルトルのマルクス主義と実存主義の統合、或いはフランクフルト学派におけるマルクスとフロイトの統合などに先駆けている。ただし、三木の思想の意義はこれだけに止まらず、彼の実践と密接に結び付いて戦前の苛烈な思想統制下において日本の思想界を支える程の重要な位置を担っている。

それでは、次に実践に視点を向けると、三木は、一九二八年に羽仁五郎や林達夫と共に岩波講座『世界思潮』を編集し、また羽仁との共同編集で『振興科学の旗のもとに』を鉄塔書院（岩波書店の小林勇が起業）から刊行し、一九二九年にはプロレタリア科学研究所創立に参加し『プロレタリア科学』編集長を務めた。しかし、彼に対して共産党系の立場から観念論的で、唯物史観を歪曲する等の批判が出され、他方、同時期の一九三〇年五月に、共産党資金提供を理由に治安維持法違反で検挙され職を失った（一一月まで拘置され懲役一年の執行猶予で出獄）。その後、三木は著作活動に入り、近衛新体制では調査研究政策立案の「昭和研究会」で理論的に主導的な役割を担い、岸田国士の大政翼賛会文化部長就任（一九四〇～四二年）では積極的に動いた。そして、一九四五年三月に再検挙され、敗戦後の治安維持法が失効していた九月二六日に獄死した。

このように、三木は独立した思想をもって反戦反ファシズムの実践に努力したのであり、これは、マルクス主義の人間学的な基礎づけ、人間学のマルクス主義的展開、その統合という彼独自の思想的理論的営為と併行して進められていた。(71) 確かに、三木は言論統制が激化する中で、この思想や実践に反する論考を執筆したように見えるが、しかし、それは、これまで宮原に即して明らかにしてきたように皮相的な読書であり、何よりも三木が獄死したという事実は、彼の思想と実践に天皇制ファシズムを根底から問い直し、変革するような内容があり、これを当局が認めたことを証明している。

確かに、近衛政権では日本のファシズム化が進み、それが東条政権を齎らしたのであり、その体制に三木が参加したことも事実である。しかし、参加には様々な参加があり、ファシズム化を進める参加もあれば、それを阻止しようとする参加もある。この点は、特に昭和研究会において認められ、近衛の政策を反戦反ファシズムの方向に転じようとする試みがなされたことを看過すべきではない。結果的に、この試みは妨げられ、ファシズム化は止められなかったが、しかし、これを理由に反戦反ファシズムのために実践された努力まで過小評価すべきではない。やはり昭和研究会で重要な役割を担っていた尾崎が国家主義や民族主義を超えた人類的な立場から主体的積極的に社会主義ソ連に利する情報を共産主義者のゾルゲに提供していたこともこの点を踏まえて理解し、評価しなければならない。第二次世界大戦にはファシズム対反ファシズムの戦争という側面がある。

また、尾崎も確かに東亜共同体について論じている。しかし、彼の東亜共同体には「五族協和」を掲げながら民族差別を温存させるような二重基準はなく、文字通り諸民族の平等互恵の「共同体」が提起され、さらには反戦、反植民地、平和主義、国際主義などが内包されてもいることを認識できる。

他方、反戦反ファシズムのための努力が妨げられた点について見ると、大政翼賛会で常任総務を努めた後藤文夫（二・二六事件時に内務大臣で、戦後はA級戦犯に指定されたが免責）は、当時「清純なむしろ革新的な政党を育てる必要があると考えていた」、「清新な新政党の組織を頭にえがいていた」と述べてているが[72]、実際は昭和研究会において近衛の政策を反戦反ファシズムに方向づけようとする努力を封じ込める役割を担っていた。彼は、「昭和研究会のほうに来ている人たちは大学の先生、新聞記者という、インテリで先の見える人はたくさんおったけれども、そういう運動となると、インテリというものはだめ」だという理由で、笠信太郎（当時朝日新聞記者）たち「両刀を使える人たちと共に新たな運動を起こす」ために「昭和研究会の委員とか事務局とは別個に昭和研究会のある部屋」で「無断で会合を続けた[73]」。「清純」で「清新」な政党を育てようとする者が、組織内に「別個」の組織を作り「無断で会合を続けた」のである。これは、組織を成立させる原則を破壊させる秘密工作活動に他ならず、二・二六事件時の内務大臣という経歴と重ね合わせて注視すべきである。それ故、彼は「革新」を標榜していたとされるが、当然、その内実が問われてくる。しかし、このような元内務大臣が秘密裏に会合を重ねなければならないということは、昭和研究会が全体として彼の意図に反した方向に進もうとしていたことを示している。そして、この方向に進めようとしたメンバーに三木や尾崎、そして宮原たちがいたと言える。それでは、これを踏まえて次に三木の文化政策論について考察する。

### 第三項　三木の文化政策論

近衛が新体制運動を提唱した一九四〇年に、三木は、「文化の力」（『改造』一九四〇年一月号）、「国民文化の形成」（『中外商業新報』一九四〇年一月一日、二日、四日）、「国民的性格の形成」（『都新聞』一九四〇年六月八～一一日）、「文化政策論」（『中央公論』一九四〇年一二月号）と、次々に「文化政策」に関連する論考を発表した。[74] その中で、特に「文化政策論」に注目すると、三木は「我が国の政治に新しさを齎らすものは何よりも文化政策である」、「新しい政治には新しい言葉がなければならぬ」と、[75]「新しい政治」の脈絡で文化政策を提唱しており、近衛の新体制運動に呼応していることが分かる。そして、三木は「画一主義」への注意を喚起しながら「経済や政治の諸部門における政策から離れて文化政策を考へることは抽象的であ」り、「文化政策にとっての一般的な前提は政治の文化性である。政策の主体ともいふべき政治に文化性がないならば、文化政策は考へられない」と論じる。[76] この政治に「文化性」を見る視点には、文化を、政治や、政治の遂行する軍事に対置させる点で、反戦反ファシズムの思想が内包させられている。そしてまた、これを拡張すれば政治や経済や文化に教育の機能を認識する宮原の「再分肢」機能論に繋がる。

また、三木は「大政翼賛の趣旨は皆が政治家気取りになることではなくて、各自がそれぞれ職域において奉公することである」と、[77]「大政翼賛」や「奉公」を提示するが、これは政治に全国民が参加し、自主的に活動するという意味に捉えるべきである。彼は「文化の公共性と協同性とは、すべての文化が国民のものとなるべきことを要求する」とも提起しており、[78]「大政翼賛」や「奉公」の表現は全国民の政治参加や自主的活動を伝えるために「下意上達」の文脈で用いられたと言える。この近衛新体制において「上意下達」に対して「下意上達」を提起する論理展開は、既に宮原に即しても述べてきた。

さらに、三木は「文化政策の統一化にとって障碍となってゐるものに行政機構がある（中略）文化政策といへば、誰もが先ず文部省を考へるであらうが、実際においては現在文部省の司ってゐる部分は比較的少ない」と指摘し、職業教育は商工省、ラヂオは逓信省、厚生部門は厚生省、地方文化は農林省と列挙して、文化の「綜合性」や「計画性」を提起する。[79] これは生涯教育・生涯学習の理念や政策の先駆の一つと言えるが、重要な点は、これを教育勅語の教育を進める文部省以外の行政部門に視点を向けていることである。そして、これもまた政治に対して各行政部門を対置している点で広範な「下意上達」に即して捉えることができる。

実際、三木は一九四一年発表の「再発足の翼賛会に望む」において「上意下達だけでは全く魅力がない。下意上達が大切である。いな単に下意上達といふよりも、民心の動きを察し、国民が明瞭に表現し得ぬものを捉へ、いはば国民に先廻りしてこれを表示することによって、国民をひぱってゆかねばならない」と提起している。[80] そして、この提起を導く論理展開に注目すると、上記引用文の前で、三木は「政治の要諦は何かといふ問に対して、ヒットラーは、成功につぐ成功だと答へたとのことである。実際、これまでヒットラーは成功につぐ成功をもってドイツ国民をひっぱってきた」と述べているが、[81] この点は、宮原の論理展開と同様と言える。即ち、言論統制下の検閲を逃れて、反戦反ファシズムを広く伝えるために、まず「ヒットラー」の「成功につぐ成功」を書き、そこから議論を展開させて「下意上達」という逆の意味へと導いたのである。ここに、一九三〇年代に三木が「ナチスの文化弾圧」や「全体主義批判」で表明したナチスや全体主義への批判が変わったと見るのは、天皇制ファシズム下で言論統制が強化されたという現実への無理解と文章の皮相的な理解の帰結に他ならない。[82]

この点は、ナチス・ドイツだけでなく、大日本帝国の「聖戦」という表現にも当てはまる。三木は、盧溝橋事件の起きた一九三七年の翌年に「今度の事変を真に聖戦たらしめなくてはならない。名が実を現はすようにあらゆる力を盡さなければならない」と提起している。[83]「真に」、「名が実を現はす」べきだと提起し、その暴力的な実態を美化する文言をその意味のとおりに考えさせ、名目と現実の矛盾を衝いて真実の覚醒に導こうとする議論の展開は、宮原と共通している。そして、この侵略戦争を日本国内の政治革新に転化させようと、三木は努める。彼は「日本においても今度の事変は、残存せる封建的なものの精算といふ重要な意味をもってゐる」と指摘する。(84) 国外の戦争を、日本において「残存せる封建的なものの精算」に結び付けるという論理は、戦争を革命に転化させるレーニン主義的な戦略に共通している。それ故、三木の示した「事変の進歩的意義」も、この文脈で捉える必要がある。(85) 彼は「日本が世界史的に進歩的役割を演ずる」ため には、「偏狭な思想ほど今日有害なものはない」と指摘し、「進んで協力しようとする人々を広く包容し得るやうな大思想」の必要性を提起している。(86) 日本の「進歩」を考えるためには、「世界史的」視点が必要で、「今日」の「偏狭な思想」を批判し、それとは異なる大多数の「人々」を結集する「大思想」を提起しているのである。そこからマルクス・レーニン主義を読み取ることは十分に可能である。しかも、三木は中国の国民党左派で反共親日派の政治家の汪兆銘（精衛）を論じる中で、「あらゆる言説にも拘わらず中国人によって日本がなほ侵略主義と見做されてゐるとすれば、日本としてもみづから反省すべきものがある」と、日本の「反省」を述べ、その上で「東亜新秩序の建設のためには日本国内の革新が必要である」というように、「革新」を提起しているのである。(87)

そして、このような三木の論理展開は、彼が優れた哲学者であり、独立した思想体系の構築を独自に進めていたが、また同時に現実（宮原を援用すれば「最も実践的な末端」）を確実に把握しようと努めていた実践的な思想家であったことを示している。桝田啓三郎による全集第一九巻の「後記」では、「校正刷と思われる棒組みの切抜きが残っているが、発表されたものかどうかも、掲載紙、年月日ともに不詳」と記されている文献で、三木は「革新と常識」をめぐり、次のように論じている。(88)

もとより今日は、常識で処理することのできぬ新しい事実が多く生じてゐる。しかし社会が変わってもそれに応じて人間のイデオロギーが直ぐに変わるものではない。常識は保守的、現状維持的に傾く自然的な性質をもってゐる。従って革新を行ふためには国民の常識を変へて、新しい常識を作ることが必要である。しかし常識といふ以上、それは国民の納得し得るもの、その意味において非常識でないことが大切である。しかも思想は国民の生活の中に入り込むことによって常識となり得るのであるから、新しい常識を作るためには、単なる演説では駄目なので、新しい国民組織を作ることが必要なのである。

革新と常識とを結合すること、革新が常識的になり、常識が革新的になるといふことが、現実の問題である。非常識な革新、革新的ならぬ常識は、今日共に無力であるといはねばならぬ。

三木は哲学者として知られているが、この「常識」を「革新」へと展開させる議論は、現実を正視し、その変革のために行動するインテリゲンツィアの実践する啓蒙として捉えられ、それは「常識」から「革新」へと国民を教育する実践にも繋がる。この点で、三木は哲学者であり、同時に教育者でもあった。そして、この脈絡において、三木は、マルクス主義と人間学の統合という思想的理論的実践を、文化政策論として天皇制ファシズムの現実に適用させ、それを通して広く国民に伝えようとしたと言える。また、このことは哲学者の三木と教育学者の宮原の接点の一つにもなっていると認識できる。

### 第四項　近衛新体制における三木と岸田の位置

三木の試みた日本社会の現実を革新する実践に関連して、近衛新体制における岸田との関連が注目される。そして、三木に加えて岸田と宮原の関連は、後述する佐藤広美の宮原批判で取り上げられているため、あらかじめ、ここで考察しておく。

三木は「大政翼賛会の岸田文化部長が種々の機会に力説してゐやうに、政治の文化性に対する要求から始まらねばならぬ」と、岸田を援用する。(89) また、「岸田文化部長のいはゆる政治の文化性も政治の魅力といふことになるであらう」とも述べている。(90) 既述してきたように、三木が岸田の大政翼賛会文化部長就任に動いたことは知られており、(91) これは自分自身の「文化政策論」を広く受け入れさせるためと言えるが、同時に、岸田もまた独自の立場から三木や新体制運動に参加した点は軽視すべきでない。

岸田は、職業軍人の家庭に生まれ、陸軍士官学校出身の将校という経歴もあり、彼自身は軍隊生活の現実に反発し、また文学への熱望が強いため作家の道を決断したにもかかわらず、戦後は一九五一年まで公職追放の処分を受けた。これら陸軍士官学校出身の将校、大政翼賛会文化部長、戦後の公職追放という経歴だけしか見なければ、岸田は戦争責任を負うべきと見なされ易いが、しかし、彼の創作、言論、実践を総合的に捉えると、武人的な要素と自由主義的文人の要素が一個の人格に結実していることがわかる。そして、この武人と文人の統合的な人間性に三木が期待したと言える。

この岸田の人間性に関して、安田は「翼賛会文化部と岸田国士」において、「〈古風な人情〉、〈古めかしい道義〉、〈古武士的な決断〉、〈大丈夫〉の心意気」という「岸田自身の言葉」を挙げている。(92) これらは岸田が自ら心がけていた実践倫理的な徳目であり、彼のアイデンティティにおいて重要な位置を占めていると言える。そして、安田は、岸田は「『自由主義者』タイプ」に見えるが、実際には「世の通念に反して、『古武士』的風貌を秘めていたのだ」と述べ、「岸田は翼賛運動に参加して、祖国の危難にわが身を挺した」と提示する。(93) そこには、「危難」に対する傍観でもなく、また事後の解釈や後知恵でもない、自らの置かれた場への主体的で実存的な岸田の「決断」があった。(94) 岸田が、近衛体制から東条体制に変わり、米英開戦により全面戦争に突入し、まだ日本が進撃と優勢を続けているように見えた一九四二年に文化部長を辞任したことも、彼の「決断」の一つと言える。彼は、近衛新体制において文化政策を推進するために文化部長を引き受けたのであり、東条の憲兵政治体制となった段階では、自分の力量では当初の目的が達成できないと考えたことが、文化部長辞任となったと考えられる。そして、このような武人と文人の統合的な人間性と、それと密接に結びついた実践は、既述した新渡戸—矢内原—宮原の「武士道」と同様の文脈で捉える必要がある。

### 第五項　「文化政策論」における西田幾多郎とブレーズ・パスカルの位置

「文化政策論」において、三木は「文化に対する愛があらゆる文化政策の基礎である」と論じている。(95) この「愛」について、三木の思想を踏まえればエロスの性愛やフィレオーの愛好・嗜好ではなく、アガペーの「愛」と捉えるべきである。三木の初期の研究にはブレーズ・パスカルの研究があり、パスカルは、無限について広大（無限大）と微小（虚無）という時空間の二つの無限だけでなく、身体、精神、愛の重層的階層構造においても無限を認識していた。(96) この精神の水準を無限に超える「愛」は、エロスやフィレオーよりも、人間を超越した絶対的存在である神の慈愛を意味するアガペーの次元で理解する必要がある。それ故、パスカルの人間学的研究をなした三木が記す「文化に対する愛」も、この次元で理解すべきである。

さらに、三木は「一即多、多即一の弁証法が文化政策にとっても原理でなければならぬ」、そして「およそ歴史的生命の法則の理解があらゆる文化政策の基礎である」とも論じる。(97) ここでは、西田哲学が「文化政策」に適用されている。

西田幾多郎は、一九三〇年代半ばに発表した「現実の世界の論理的構造」や「弁証法的一般者としての世界」において、「一即多、多即一の弁証法」を論じている。[98] それは、「主客合一」、「自己同一」の弁証法とも言われているが、三木は「文化政策論」で「一即多、多即一の弁証法」としたのである。ここで西田について見ると、彼は「現実の世界の論理的構造」で「個物的限定即一般的限定、一般的限定即個物的限定」（『西田幾多郎全集』第六巻 p.181、以下同様）、「主語的限定即述語的限定、述語的限定即主語的限定」（p.187）、「主語面即述語面的限定」（p.192）、「一即多多即一」（p.199）、「主観客観の交叉面」（p.201）、「一般者の自己限定即個物と個物との相互限定」（p.224）などと、また「弁証法的一般者としての世界」では、「有即無」（p.247）、「内的統一が即外的統一であり、外的統一が即内的統一であり、絶対の肯定が即絶対の否定であり、絶対の否定が絶対の肯定である」（p.250）、「超越的なるものが内在的に、内在的なるものが超越的に、一にして多、多にして一」（p.260）などと、様々に表現を工夫して論じている。いずれにおいても、絶対矛盾の自己同一という西田的弁証法が説明されている。

そして、重要な点は、西田もまたパスカルを取り上げていることである。西田は「我々の自己はパスカルのいふ如く、いつも無限と無との二つの深淵に臨んでゐると考へられるのである。全体と無との間にあると考へられるのである」と論じる。[99] この点を、小坂国継は『西田幾多郎全集』第六巻の「注解」で『パンセ』の断章七二の以下の箇所を紹介している。[100]

このように自分を眺める者は、自分自身に戦慄するだろう。そして、自分が自然の与えるまとまりにあって、無限大と虚無という二つの深淵の中間に支えられているのを見、その不可思議に恐れおののくだろう。私は思う。人の好奇心は驚嘆に変わり、もはやそれらを僭越な心で探求するよりは、黙して眺めようという気持ちになると。そもそも、人間とは自然においていかなるものなのだろうか。無限に比しては虚無、虚無に比しては万有、虚無と万有の中間である。人間は二つの窮極を知ることから無限に遠く離れており、事物の窮極もその原理も計り知れない秘密の内に固く隠されている。人間は自分がそこから引き出されてきた虚無も、またそこに呑み込まれていく無限も、等しくいずれも見ることができない。

そして、既述したように、この二つの無限に加えて、断章七九三において、パスカルは身体を無限に超えた精神と、この精神をさらに無限に超えた愛について述べているのである。この点について、西田は「愛」は取り上げていないが、「パスカルの云ふ如く、内と外と結び附く、唯我々は跪いて祈るあるのみである」と述べている。[101] パスカルにおける「祈る」対象は絶対的存在たる神であり、その神は愛なる神であった。

この点に関しては、小坂は「注解」で「原文にはこれと符合する箇所は見当たらない」と述べた上で、やはり断章七二の以下の部分を紹介している。[102]

事物の周囲を包摂するよりも、その中心に到達する方がずっと楽にできると、自ずと考えられている。世界の目に見える範囲は、明らかに我々を超えている。ところが、我々自身は小さい事物を超えているため、それら小さな事物を捉えることがずっと楽だと考える。しかしながら、虚無に達するには、万有に達するのと劣らぬ能力が必要で、いずれにおいても無限の能力がいる。事物の窮極の原理を理解し得た人がいるとすれば、その人はまた無限をも認識するに到るだろうと、私には思われる。一は他に依存し、また一は他へ導く。これらの両極は互いに離れる力を通して触れあい、結びつき、そして、神において、ただ神においてのみめぐり合う。

西田哲学の絶対矛盾の自己同一という弁証法は、「神において、ただ神」を措定すること「においてのみ」認識し得るということが示唆されている。なお、「祈る」ことについては、パスカルは「罪びとの回心について」という文章の中で「彼は自分が、被造物として神を礼拝すべき者であり、負債者として神に感謝すべき者であり、罪びととして神に罪をつぐなうべき者であり、貧窮者として神に祈るべき者であることを認めるのである」と記されている。[103]西田が「パスカルの云ふ如く」として「祈る」ことを論じたことの意味は、このように深く重いのである。[104]

なお、西田哲学において措定されている絶対的存在を天皇に引き付ける議論があるが、西田はパスカルだけでなく、アウグスチヌスやクザーヌスを論じていることは軽視すべきではない。また、一九四三年に東条政権が「大東亜宣言」を作成するに当たり、「世界新秩序」の理念の起草を西田に依頼し、これに西田が応じたという実践的な問題もあるが、これについて中村雄二郎は「草稿を書いたいきさつ」やその「内容」について「イデオロギーとしての日本の超国家主義に対してなんら積極的にコミットしたというようなものではなかったし、また、一概に軍部の脅迫や権力に屈したというのでもなかった」と述べている。[105]

### 第六項　「一即多多即一」の「文化政策」の学習論的展開――鈴木大拙の「一即一切、一切即一」を通して

西田哲学における東洋思想については、むしろ禅の側面を重視して考察すべきである。しかも、この作業は、西田の「一即多多即一」と三木の「文化政策」との連関を学習論に即して理解することにも繋がる。

西田が、「現実の世界の論理的構造」と「弁証法的一般者としての世界」を発表した一九三四年の二年後に、鈴木大拙は「禅に就いて」で「汝即自己、自己即汝、一即一切、一切即一である。(中略)君は君、私は私であるが、同時に君は私でもなく、私は君でもない、この詳細な點は分析出来ない」と述べた。[106]ここでは、西田の「一即多多即一」が禅に即して示されている。しかも「多」ではなく「一切」とされている点に、無限の認識がより明瞭に表されている。

そして、鈴木は「學ぶと云ふことが學ばないと云ふことであれば、如何にして禅を學ぶか？／諸君がものを理解する為には、理解と云ふ働きを止めねばならぬ。禅は生活の法である。學と云ふことは停止することであって、而も生命は常に進行してゐる」と学習論を展開する。[107] 鈴木もまた東洋思想と西洋思想の統合に努めており、ここで「學」の「停止」と示された論理は、禅の空や無の悟りだけでなく、エドムント・フッサールの「エポケー（判断停止）」まで視野に入れて提起されていると考えられる。人間は学ぶことで理解したと思い込んでしまえば、その学びが終わるが、しかし「生命は常に進行して」おり、これではその進行に人間は付いて行けず、停滞や退行に陥る。それ故、「學ぶと云ふこと」は、何も「學ばないと云ふこと」を自覚して、停滞や退行に注意を払う必要がある。ここには、古代ギリシアのデルポイにあったアポロン神殿の玄関の柱に刻まれていたという警句「汝自らを知れ」やニコラウス・クザーヌスの「無知の知（知ある無知）」に通底する反省的認識の学習論がある。

しかも、禅が日常生活の実践に深く関わっている通り、鈴木はこの点を認識論としてだけでなく、実践論としても、次のように述べている。[108]

吾々は辯舌と云ふ力を賦與されて居り、そしてこの力に依つて相互に理解することを知つてゐる故、吾々は言語に訴えなければならない。言語は非常に御し難い媒介物である。若し吾々が言語を自由に使ふことが出来れば、吾々はそれでいい。併し時には吾々の方から餘りに言語に駆使されることがあり、その場合、吾々は完全な道化役者となつて、自分の云つてゐることがわからない。

只管打坐の座禅は、自分自身を取り巻く状況から不可避的に生ずる余念や雑念と、それらが齎らす迷いや悩みや不安などに囚われて自らを見失うことから脱却し、自分本来の状態を保ち、そこから事物の本質を認識し、状況に対処することを目指す実践である。鈴木の指摘した「言語は非常に御し難い媒介物」という問題は、現代では情報やメディアという用語で問題とされている。時代の変化で目新しい用語が造られるが、問題の本質は同じである。それ故、鈴木の指摘は、現代における学習に伴う雑多な知識や情報により本質の理解が妨げられ、自分自身が混乱することを考える上でも重要である。

ただし、西田の「一即多多即一」、鈴木の「一即一切、一切即一」は、事物や自己の本質を追究する哲学から逸脱する場合、「一」である個人を「多」や「一切」の全体に還元させる全体主義的イデオロギーに利用されるようになる。この点で、「一」と「多」や「一切」との動態的弁証法的な関係の認識に立つ個々人の独立した思想の形成と、その日常的な実践への努力が求められる。

### 第七項　三木から宮原への思想的実践的継承

先述したように、このような西田哲学的な弁証法が「文化政策」の「原理」や「基礎」に位置づけられるべきだと、三木は提起している。しかも、三木は哲学的な思弁を安易に現実に適用させているのではない。パスカルについて見れば、彼は学習について、「人間が無限に人間を超えることを学べ（apprenez que l'homme passe infiniment l'homme）、そして、あなたの主から、あなたの知らないあなたが置かれた真の条件を聞け」（断章四三四）と記しており、三木が「愛」を「文化政策」の「基礎」に位置づけたことは、このようなパスカルの「人間が無限に人間を超える」学習によれば、天皇制ファシズムの現実でさえも乗り越えるられると考えていたからであると言える。そして、三木が一九四〇年に次々に発表した一連の文化政策論に呼応して、宮原は教育や学習の実践に即して「新文化体制と教育」、「政治の新方向と青年教育」、「錬成の新性格」などを発表し、それを『文化政策論稿』にまとめ上げたのであ

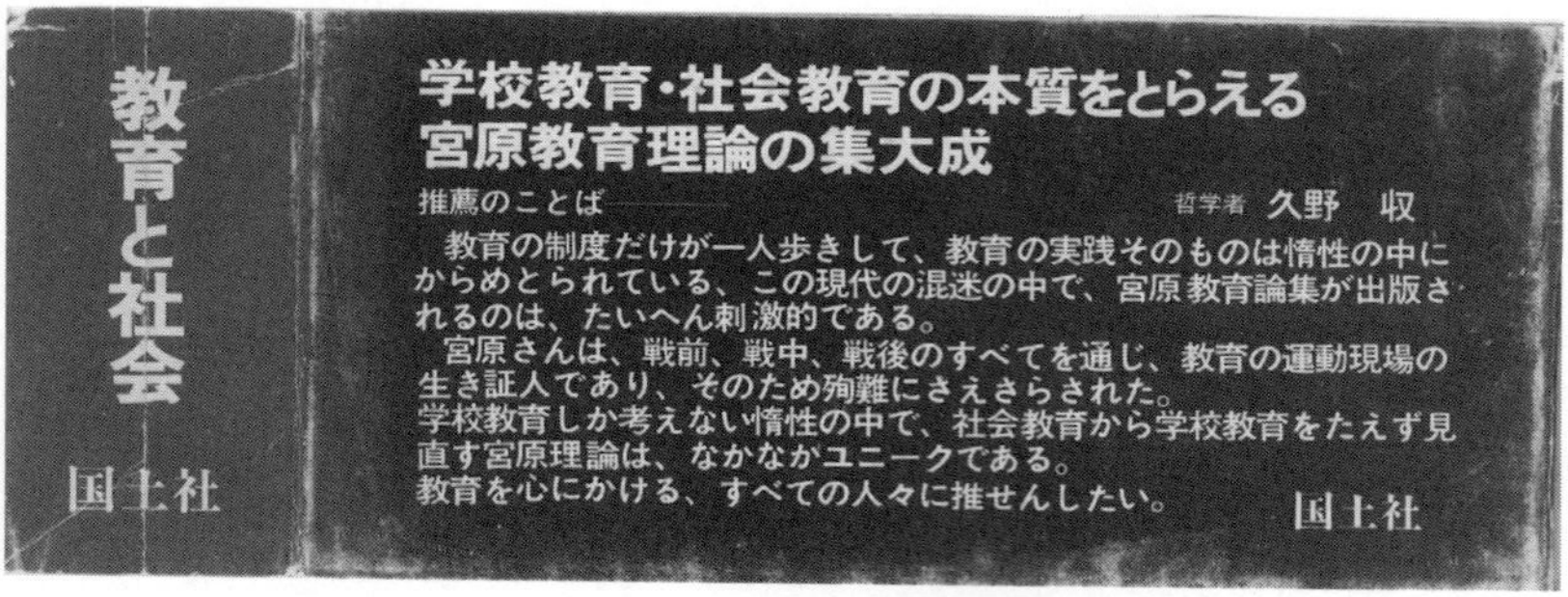
教育と社会
国土社
学校教育・社会教育の本質をとらえる
宮原教育理論の集大成
推薦のことば――
哲学者 久野 収
教育の制度だけが一人歩きして、教育の実践そのものは惰性の中にからめとられている、この現代の混迷の中で、宮原教育論集が出版されるのは、たいへん刺激的である。
宮原さんは、戦前、戦中、戦後のすべてを通じ、教育の運動現場の生き証人であり、そのため殉難にさえさらされた。
学校教育しか考えない惰性の中で、社会教育から学校教育をたえず見直す宮原理論は、なかなかユニークである。
教育を心にかける、すべての人々に推せんしたい。
国土社

る。

さらに、戦後において、宮原は生産教育と平和教育を「二にして一」と述べていた（序章第三節で既述）。宮原の思想にマルクス主義の側面があるため、これを対立物の統一というマルクス主義的弁証法に基づいて受けとめやすいが、しかし、これでは生産教育と平和教育が対立することになる。ところが、宮原は両者の対立を強調してはおらず、従って、生産教育と平和教育の「二にして一」の統合は、「一即多多即一」の西田的弁証法に即して認識すべきである。即ち、生産教育と平和教育は「一即二二即一」であると言うことができる。このことから、戦後においても、宮原は西田＝三木の思想を自らの思想に組み入れていたことが分かる。

しかも、宮原は別な論考では「物質と精神、肉体労働と精神労働の二元的対立」を「止揚」し、「一方〝手〟だけの生産人と、他方〝頭〟だけの知識人の双方を止揚して、物を考える生産人、手足を動かして労働する知識人をつくりだすことが、二〇世紀以後における人類の課題」であり、「生産主義的教育」は「この歴史的課題にこたえる人間教育」であると論じている[109]。ここでは、「二元的対立」と「止揚」というマルクス主義的弁証法が用いられている。それ故、宮原は独自の思想を以て、生産教育と平和教育の関係については西田哲学の弁証法を、「生産主義的教育」に関してはマルクス主義的弁証法をというように、それぞれ使い分けていたと言える。これは、宮原が思想的に一貫していないということではない。むしろ、宮原は一定の思想を絶対とは見なさず、独立した立場から現実に即して独自に様々な思想を適用したのである。

このことから、宮原には西田＝三木の思想を継承する側面があることが分かる。そして、これにより、ポツダム宣言受諾と無条件降伏で天皇制と大日本帝国憲法が失効し、従って治安維持法の法的効力もなくなったにもかかわらず当局が出獄させずに獄死させた三木の思想、哲学、文化政策論と、その実践が、宮原によって戦後に継承されたのである。

この点について、『三木清全集』の編集者の一人で、『三木清』（現代日本思想大系33、筑摩書房、一九六六年）を編集した久野収[110]は『宮原誠一教育論集』刊行にあたり内容の概要と推薦文などを載せたリーフレットで、「宮原さんは、戦前、戦中、戦後のすべてを通じ、教育の運動現場の生き証人であり、そのために殉難にさえさらされた」と記している（推薦者は他に、梅根悟、太田堯、丸岡秀子、矢川徳光）。そして、この文章は第一巻の帯にも再掲されている。特に「殉難」には、三木や宮原が受けた弾圧の激しさ、そして後代が彼らから継承すべきものの重さと大きさが示されている。

## 第六節　言論弾圧下の宮原の論理展開(2)
## ――『文化政策論稿』に即して

### 第一項　「国民的基盤」と「下意上達」

『文化政策論稿』は、それまでの諸論文をまとめたもので、一字一句同じではないが、論理展開は同様で、思想は一貫している。それ故、基本的には本章第四節の言論弾圧下の宮原の論理展開（1）の考察が『文化政策論稿』にも適用できるが、戦前の宮原の思想的理論的な到達点を把握するために、ここで『文化政策論稿』について詳しく述べていく。

『文化政策論考』を考察するためには、その奥付に記されている「配給元」の日本出版配給株式会社を理解しておかなければならない。これは一九四一年五月に設立された国策会社で商工省と情報局の指導監督下に置かれていた。戦時下の言論出版統制が書籍の流通にまで及んでいたのである。これを踏まえて『文化政策論稿』を見ると、その書き出しは総動員体制の戦意高揚を表現する語句が確かに使用されている。「序文」の「畏くも米英に対する宣戦の大詔を拝してこゝに一年」という書き出しは、戦意高揚のように読める。[111] しかし、次頁で宮原は「大東亜戦争第二年の進展にあたつて我が文化政策の幾つかの基本的な諸問題に関して再検討が行はれなければならないことを痛感する。なかでも文化政策の国家総力戦的本義に対する洞察が不十分なために文化政策の教育性が稀釈されてゐることを、私は特に指摘したい」と提起する。[112]「特に」と強調して東条政権の推し進める政策の「再検討」を指摘しているのである。しかも、議論を進めた後に、宮原は「文化創造のための国民的基盤を育成する」と明示している。[112] 総力戦遂行のために国家統制が極めて強化されている状況下で「国民的基盤」の意義が提起されているのである。これは「序文」に書かれたものであり、このことは、宮原が「序文」の段階から「国民的基盤」に立つと明言したことを示している。

この「国民」を「基盤」とする立場は、『文化政策論稿』の全体を貫いている。宮原は、大本営発表のプロパガンダが激しくなる状況に対して、「放送文化は国民文化の一分野であり、放送政策は文化政策の一分肢だが、そのどちらの組合はせにおいても、詮ずるところ後者が前者を制約してゐる」と論じる。[114] まず、放送を国家ではなく、国民の立場で捉え、しかも、放送の「政策」も政治や軍事ではなく、あくまでも「文化政策」と位置づけるべきことを論じている。これは、先に引用した三木の「文化政策にとっての一般的な前提は政治の文化性である。政策の主体ともいふべき政治に文化性がないならば、文化政策は考へられない」と同様の「文化政策論」である。

そして、この「国民的基盤」に立つ「文化政策論」により、宮原は侵略戦争の拡大とファシズム化が進む状況に対して、それを逆転させる論理を展開させる。三木が「ヒットラー」の「成功につぐ成功」と書くが、そこから反戦反ファシズムの議論を展開させたのと同様に、宮原も「ナチの成功は、指導者原理の成功ともいはれる」と述べるが、その後で、「他国のことを引合いにださずとも、ほんとうに国民を動かす政治だつたら、さういふことはむしろ当然のことなのであらう。国民の関心は、もはや機構の組織図に首をひねることなどよりも、各自の職域における優れた指導者、或ひはやがてさうなるであらう人達をみさだめ、大切にし、そのやうな人達を中心に一致協力することに向けられるべきである」と論理を展開する。(115) ここでも「ナチの成功」から「ほんとうに国民を動かす」指導者へ、次いで「ほんとうに」国民の立場に立つ「職域における優れた指導者」という「最も実践的な末端」の指導者へと議論を展開させ、さらに「そのやうな人達を中心に」国民が「一致協力する」ことを提起している。それは、「最も実践的な末端」における「ほんとう」の指導者を見出し、それを中心に国民が団結することを呼びかけるという「下意上達」の議論であり、ファシズム体制の「上意下達」の意味はない。しかも「やがてさうなる」という箇所は、「下意上達」を実現する体制の「革新」と、そのための実践への提起となっている。

## 第二項　「最も実践的な末端」からの教育の転換と体制の変革

「下意上達」をさらに明確に提起している箇所が、学校における「最も実践的な末端」に位置する「学校使丁、つまり学校の小使いさんについて論」じたところである。(116) 特に、「小使いさんは実は先生と学校経営の上で対等の同僚であるべき筈で、先生から顎で使ひ走りを命ぜられたり、字義通り賤民的な待遇を与えられたりしてゐることは、ずゐぶんをかしな話しなのだ。小使いさんに思はしからぬ人物の少なくないことは事実だが、それは決して小使いさんといふ職分の本質的な低さや卑しさを意味するものではなく、むしろその職分の高さや重要性を認識しえないで、どこの馬の骨を引張ってきても事足りるぐらゐに考へ、小使いさんの人格や知識や技能の向上についての考慮を怠つてゐた教育当局者の非常識を物語るだけのものである」という部分では、富を生産する労働における「対等」的関係の平等主義が示され、それが「教育当局者」への批判へと展開している。[117] そして、一般に平等主義は自由主義との対比でしばしば社会主義に位置づけられ、宮原の論旨もこれを内包している。

さらに、宮原の議論はここで終わらず、「小使いさんを代表者にして学校の人的・主体的因子の方面について述べた」とまで記している。[118]「最も実践的な末端」を「代表者」にすることは、体制の逆転であり、それは革命を意味する。そして、この文脈で「代表者」を提示することは、体制の逆転、即ち革命の「主体」の提示となる。これは、既に反戦反ファシズムの組織的運動が壊滅していた独裁体制の下で、なおも宮原は「最も実践的な末端」から現実を見る視点を提起し、しかも、そこに位置する人々が「主体」となって総動員の翼賛体制を逆転させる革命を展望していたことを意味している。中田貞蔵時代のマルクス主義は『文化政策論稿』でも、確かに堅持され発展させられていたと言える。

これは、序文や著書の前半ではなく、後半まで宮原の論述を読み通そうと努める読者に対する段階において、より明瞭に示される。そこには、序文や前半であれば監視や検閲の注意を引きやすいが、後半まで読み進める読者ならば、宮原の論理展開を十分に理解できるだろうという判断があったと考えられる。事実、後半において、宮原は東条首相を明確に批判する。宮原は「首相の公約する『教育全般の刷新強化』の成行きもひつきやうこの教育の観念の転換がどれほど積極的に把持されるかによつて性格を決定する」と論じている。[119] 総力戦遂行のためには国民全員の参加が不可欠であり、そのための教育を徹底すれば国民全体は知識や理解力を増しプロパガンダで糊塗された真実を知るようになるが、しかし、現実ではそれは出来ずに公約した「教育全般の刷新強化」も実行されていない。このような閉塞状況に追い込まれつつあった東条にとって、公約したのであるからには公約通りに実行せよという論旨は極めて痛烈な批判となっている。さらに、東条体制への批判という脈絡では、アメリカの教育への論及も挙げられる[120]。そこに込められた内包はデューイの進歩主義的民主的教育学に関連し、これは「鬼畜米英」と総力戦を遂行していた状況下では国策に真正面から対峙する議論であった。

このように議論を展開した上で、宮原は「総じていへば今や教育の問題を解決し得るものは、教育それ自身ではなく、政治である。いっそう正確にいへば教育は今や政治の部分となり、その本質的要因となるべきなのである。教育の地位が失はれるのではない。逆である。政治が教育的になるのである」と提起する[121]。この「教育」は、教育勅語体制の「教化」やプロパガンダではなく、「最も実践的な末端」で実践される自己教育である。そして、このことは、宮原が反戦反ファシズムへの抵抗だけでなく、教育を根本的に転換させ、「最も実践的な末端」で実践される自己教育を通して体制を変革させることを論じていたことを意味している。

これに加えて、『文化政策論稿』の発行された一九四三年には『教育学論集』第二輯が刊行され、そこで宮原は「勤労青年の教育」を論じ「今日の工場事業場の内部に生まれつつある新しい教育の条件」を提示している[122]。これは、これまでの考察を踏まえるならば、「工場事業場の内部」という「最も実践的な末端」から生まれる「新しい教育の条件」の提示であり、さらにはこの「新しい教育」を通した体制変革の提起である。

このような意味で、宮原の思想や言論活動や実践は東条政権にとって極めて危険であると見なされて当然であり、実際、宮原の検挙投獄の史実はこれを実証している。しかし、これを逆に見れば、宮原は天皇制ファシズムに抵抗し、変革しようとした数少ない者の一人で、その思想や言論活動や実践は人類史的な立場と視点から極めて高く評価されるということが分かる。

## 第三章　注

（1）家永三郎、日高六郎「歴史と責任」『家永三郎集』第一二巻、一九九八年、岩波書店、p.126。初出は『現代と思想』第三〇巻、一九七七年。

（2）同前、p.126、及び p.127。

（3）同前、同頁。

（4）全貌編集部編『進歩的文化人――学者先生戦前戦後言質集』全貌社、一九五七年、pp.4-5。なお、小汀は政令諮問委員会の一員で、他に国家公安委員会、中央教育審議会、私立大学審議会、資金運用部資金運用審議会、米価審議会、海運造船合理化審議会、人口問題審議会、行政審議会、武器生産審議会の委員にもなった。これについて一九五六年五月二八日の第二四回国会議員運営委員会で「これだけの委員を兼ねられるのは、果たしてどうかと思う」（野原覚委員）、「委員会等の委員を同一人が多数兼ねておるということは、実質的によろしくないのじゃないかという議論は各党からありました」（椎熊三郎委員長）と指摘された。

（5）その背景として、田中義男が一九五一年八月に公職追放解除後に文部省に復帰したことが注目される。彼は五二年二月に初等中等教育局長となったが（その後文部事務次官、教育委員会法が失効し、五六年一一月に退官した後は中央教育審議会委員や東京都教育委員長などを歴任）、戦前には一九二五年に内務省に入り、三一年に群馬県特高課長、三二年に長崎県特高課長などを経て文部省に新設された思想局思想課長となった（柳河瀬精「教育基本法改悪の源流と特高官僚」『治安維持法と現代』二〇〇三年秋号、pp.4ff）。戦前の特高課長・思想課長が、戦後に文部省初等中等教育局長として社会科教科書に取り組んだのである。

（6）前掲『資料日本現代教育史』2、p.327。

（7）全一〇巻。編集委員代表は海後宗臣。引用は頁数の記されていない「社会科事典第一巻をおくる」と「補遺新装版をおくる」の文中。

（8）前掲『資料日本現代教育史』2、pp.35-40。既述したように、この「社会の更新作用」の概念は、山下や宮原の「社会の自己指導」を踏まえて理解すべきと考える。

(9) 他にも、小林多喜二虐殺の「主犯」格と言える中川成夫は北区教育委員、教育委員長となった。前掲『告発戦後の反動潮流の源泉』p.11、216。

(10) 宮原誠一「検定教科書の現実とあるべき方向——批判的な研究と使用を」『教育論集』第六巻、pp.35。初出は『信濃毎日新聞』一九五九年一二月三日。

(11) 同前、p.37。

(12) 同前、同頁。

(13) 同前、同頁。

(14) 宮原誠一「教師の倫理」『社会と人倫』(新倫理講座Ⅳ) 創文社、一九五二年、pp.219-222。なお同書では、教育研究運動を共にした上原専禄は「平和」を、また、三木清との関連で後述する久野収は「人道主義」を執筆している。

(15) 前掲『進歩的文化人——学者先生戦前戦後言質集』pp.168-172。

(16) 同前、p.169。

(17) 宮原誠一「錬成の新性格」『日本評論』一九四二年五月号、p.110。

(18)『武士道』は一八九九年に英文で執筆され、米国で出版された(*Bushido*, The Leeds and Biddle Company, Philadelphia)。そして一九三八年に、矢内原忠雄によって翻訳され岩波書店から出版された。現在では『武士道』の日本語訳は多いが、ここでの引用には、新渡戸と同じ基督者で後進の矢内原による翻訳を用いる。

(19)「武士道的錬成の精神であり原理」に関しては、第一章注(1)の久野の指摘も重要と考えるが、「武士道」が明記されていないため参考とするだけにして、ここでは新渡戸と矢内原を中心に考察する。

(20) 新渡戸稲造/矢内原忠雄訳『武士道』岩波書店(文庫)、一九三八年、p.106。

(21) 矢内原忠雄「植民政策に於ける文化」『教育』第七巻第四号、一九三九年、pp.487-488、及び、宮原誠一「言語政策と言語教育——アメリカに於ける二重言語児童」同前、pp.569ff。

(22) ただし、東大で博士号を取得した台湾日本総合研究所所長の許介鱗は「矢内原は朝鮮と台湾とでは見方が異なり、朝鮮に対する態度は台湾には向けられず、台湾は文明が遅れたままであると差別視していた。これが被支配者の矢内原の評価だ」と指摘した（二〇〇五年八月一四日、「太平洋戦争終結六〇周年反思：Face to face with history」シンポジウム、台北）。このシンポジウムについては「資料・太平洋戦争終結六〇周年を省みる国際シンポジウム」（『社会教育学研究』第一〇号、大阪教育大学社会教育研究室、二〇〇六年）参照。許には『中国人の視座から』（そしえて、一九七七年）がある。

（23）『矢内原忠雄全集』第二〇巻（一九六四年、岩波書店）、及び『矢内原忠雄全集』第二一巻（一九六四年、岩波書店）の中の「教育・大学・学生」。

（24）矢内原忠雄『国家の理想——戦時評論集』岩波書店、一九八二年を参照。

（25）『矢内原忠雄全集』第一巻、岩波書店、一九六三年、pp.742-743。

（26）前掲『矢内原忠雄全集』第一巻、pp.731-741。

（27）『矢内原忠雄全集』第二〇巻（時論Ⅱ）、一九六四年、岩波書店、p.3。

（28）前掲『武士道』p.139。

（29）同前、p.24。

（30）同前、pp.134-135。

（31）Veblen, Thorstein, 1899, *The Theory of the Leisure Class: An economic study in the evolution of institutions*, Macmillan, New York. 日本語訳は、小原敬士訳（岩波書店、一九六一年）や高哲男訳（筑摩書房、一九九八年）がある。

（32）矢内原忠雄『マルクス主義とキリスト教』は一九三二年の刊行だが、ここでは一九六九年の角川文庫版に依拠している。なお、当時学生の基督者にもマルクス主義の影響が広がっていた。中原賢治『基督者学生運動史——昭和初期のＳＣＭの闘い』日本ＹＭＣＡ同盟出版部、一九六二年参照。

（33）同前、p.4。

（34）前掲『武士道』p.33。

（35）同前、p.70。

（36）『聖書』文語訳「マタイ傳」第二二章三九節、一八八七年。引用は二〇〇一年発行の日本聖書協会版より。

（37）同前、三七節。

(38) 前掲『武士道』p.106。
(39) 勝海舟『氷川清話』角川文庫、一九七二年、p.53。
(40) 同前、p.52、傍点原文。
(41) 前掲『武士道』p.140。
(42) 同前、p.137。
(43) 鄧相揚／魚住悦子訳、下村作次郎監修『抗日霧社事件の歴史』機関紙出版センター、二〇〇一年参照。
(44) 前掲『武士道』p.136。
(45) 前掲「錬成の新性格」p.110。
(46) 同前、同頁。なお、『民族』や『人間』の二重括弧は原文において二重括弧である。以下同様。
(47) 同前、p.114。
(48) 同前、同頁。
(49) 同前、p.115
(50) 同前、同頁。
(51) 宮原誠一「新文化体制と教育」『日本評論』一九四〇年一〇月号、p.60。前掲『進歩的文化人――学者先生戦前戦後言質集』では p.169 で引用されている。
(52) 西園寺を、全貌社は「斜陽貴族の偽ボルシェヴィーキ」という見出しで取り上げている。前掲『進歩的文化人――学者先生戦前戦後言質集』の目次や p.241。
(53) この標語に関して、『論語』「季子」篇に「不患寡而患不均、不患貧而患不安」とある。日本語訳としては「寡なきを患えずして均しからざるを患え、貧しきを患えずして安からざるを患う」（金谷治訳注、岩波文庫版、一九六三年、p.225）がある。
(54) その中で、ここで宮原社会教育学との関連で注目するのが、五十嵐顕が天皇崇拝からマルクス主義へと転換した心理歴史的動態過程である。

(55) 宮原誠一「政治の新方向と青年教育」『青少年指導』一九四二年、p.2。谷は総裁に一九四一年一〇月から一九四三年四月まで就任。
(56) 同前、p.10。
(57) 高木市之助、久松潜一校注『近世和歌集』(日本古典文学大系93) 岩波書店、一九六六年、p.101。
(58)『和歌文学大系』2 (万葉集2) 明治書院、二〇〇二年では、p.141 に収録。
(59) 同前、同頁。
(60) 前掲『教育論集』第七巻、pp.404ff。
(61) 獄中の状況については、新興教育研究所書記局で宮原と「コンビ」だった帆足の「憲兵隊に投獄され、言語に絶する拷問のもとに、『人間の条件』の極限を体験させられたのである。同じときに、山口氏も、宮原氏も逮捕された」という記述がある。前掲「新興教育のあけぼの」p.156。また、千野は宮原から「取り調べにあたったのは伊藤猛虎。文字通り柔道の猛者で、何度も投げつけられたものだ」と聞いている(前掲、二〇〇六年四月一九日の発言、四月二八日のメール)。なお、宮原は「特高は、取り調べにあたって、私(宮原)の書いた文章の裏の裏まで読み抜いている」とも語っており、まさにここで述べた反戦反ファシズムの論理展開を、特高の立場で読み取っていたことが分かる。
(62) 前掲「政治の新方向と青年教育」p.4。声明は、矢部貞治編著『近衛文麿』(弘文堂、一九五二年) 下巻、pp.141-142。
(63) 同前、同頁。
(64) 同前、p.5。
(65) 同前、p.7。
(66) 同前、同頁。
(67) 同前、p.10。
(68) 同前、同頁。
(69) 同前、p.7。
(70)「人間学のマルクス的形態」『思想』一九二七年六月号(『三木清全集』第三巻、岩波書店、一九六六年)。また、その出発点に『パスカルにおける人間の研究』がある（初出は一九二六年に岩波書店。『三木清全集』では第一巻、一九六六年、岩波文庫版は一九八〇年）。
(71) 三木の思想については、以下の文献を参照。宮川透『三木清』（近代日本の思想家10）東京大学出版会、一九五八年。中村雄二郎『パスカルとその時代』東京大学出版会、一九六五年。中村雄二郎『日本文化における悪と罪』新潮社、一九九八年。前掲、内田『三木清――個性者の構想力』。
(72) 森有義『青年と歩む後藤文夫』日本青年館、一九七九年、pp.233-234、p.238。
(73) 同前、pp.239-240。
(74) いずれも『三木清全集』第一四巻、岩波書店、一九六七年所収。
(75) 三木清「文化政策論」前掲『三木清全集』第一四巻、p.356、及びp.361。
(76) 同前、pp.359-372。
(77) 同前、p.363。
(78) 同前、p.366。
(79) 同前、pp.371ff。
(80) 三木清「再発足の翼賛会に望む」『三木清全集』第一九巻、岩波書店、一九六八年、p.749。初出は一九四一年四月二二日付『都新聞』。
(81) 同前、p.748。
(82) 三木清「ナチスの文化弾圧」（一九三三年五月一七日から一九日の『報知新聞』）、「全体主義批判」（一九三五年一〇月二五日『六甲臺』神戸商科大学新聞臺六五号附録）。いずれも『三木清全集』第一九巻所収。
(83) 三木清「文化意志の堅持」（一九三八年一〇月八日『世界週刊』第一巻第二二号）『三木清全集』第一九巻、p.714。
(84) 三木清「思想確立の基礎」（一九四〇年一月九日、一〇日『都新聞』）『三木清全集』第一九巻、p.734。
(85) 三木清「現代の記録」（読売新聞連載の一九三八年一〇月一日掲載部分）。『三木清全集』第一六巻、一九六八年、pp.353ff。

(86) 同前、pp.353-4。

(87) 三木清「汪兆銘氏に寄す」(『中央公論』一九三九年一二月号)。『三木清全集』第一五巻、一九六七年、p.395。なお、汪兆銘は一九四〇年に傀儡南京国民政府主席となり、四四年に日本の名古屋で病死した。

(88) 三木清「革新と常識」『三木清全集』第一九巻、p.846。桝田の引用は p.961 より。

(89) 前掲「文化政策論」p.361。

(90) 前掲「再発足の翼賛会に望む」p.749。

(91) 岸田の側で三木との関わりを述べた論考に、中島健蔵「戦争直前の『文化人』」や安田武「翼賛会文化部と岸田国士」(いずれも『文学』一九六一年八月号) がある。

(92) 前掲、安田「翼賛会文化部と岸田国士」p.48。

(93) 同前、pp.61-63。

(94) 同前、pp.62-63。

(95) 前掲「文化政策論」p.363。

(96) 前掲、三木『パスカルにおける人間の研究』。また、パスカルについては『パンセ』、特に、ブランシュヴィック版断章七九三を参照。ブランシュヴィック版を依拠する点に関しては、ポール・ロワイヤル版、トゥルヌール版、ラフュマ版など『パンセ』遺稿の編集が数多く試みられている状況において、松浪が「ブランシュヴィックの試みた分類と排列は、やはり最も広く迎え入れられただけの価値を有」しており、「現在でもパスカル研究者にとってなくてならぬ版本とされている」と述べていることによる (後掲のパスカル全集第三巻「訳者序」p.17、及び前掲世界文学全集第一一巻「解説」p.454)。また、『パンセ』の翻訳に関しては以下の文献に依拠した。Pascal, Blaise, 1963, *Pansees*, Preface d'Henri Gouhier, Presentation et notes de Louis Lafuma, Seuil, Paris. Pascal, Blaise, 1964, *Pansees*, introduction et notes par Ch.-M. des Granges, Garnier Freres, Paris. 津田穰訳『パンセ』新潮社、一九五二年。松浪信三郎訳『パンセ』(筑摩文学大系13、デカルト・パスカル) 一九五八年。松浪信三郎訳『パンセ』(パスカル全集第三巻) 人文書院、一九五九年。松浪信三郎訳『パンセ』(世界文学全集第一一巻) 筑摩書房、一九七〇年。田辺保訳『パスカル著作集』VI、VII、教文館、一九八一〜八二年。その解釈については、上記翻訳の解説、前掲の三木の『パスカルにおける人間の研究』、中村の『日本文化における悪と罪』、『パスカルとその時代』、及び以下の文献を参考にした。Couchoud, P.-L., 1948, *Blaise Pascal, Discours de la condition de l'homme*, Albin Michel, Paris. レヴィット、カール／柴田治三郎訳『パスカルとハイデッガー——実存主義の歴史的背景』未来社、一九六七年。森有正『デカルトとパスカル』筑摩書房、一九七一年。竹田篤司『パスカル』河出書房新社、一九七三年。田辺保『パスカルの世界像』勁草書房、一九七四年。同『パスカルの信仰』教文館、二〇〇六年。前田陽一『パスカル『パンセ』注解』岩波書店、一九八〇年。

(97) 前掲「文化政策論」p.373、及びp.375。

(98)「現実の世界の論理的構造」は『思想』一九三四年一月、二月、三月号に掲載。「弁証法的一般者としての世界」は『哲学研究』一九三四年六月、七月、八月号に掲載。いずれも『西田幾多郎全集』第六巻（岩波書店、二〇〇三年）所収。

(99) 前掲「弁証法的一般者としての世界」p.251。

(100) 同前、p.362。また、『パンセ』の訳文については前掲の各文献を基にしている。

(101) 同前、p.333。

(102) 同前、p.364。

(103) 由木康訳「罪びとの回心について」『パスカル全集』第一巻、白水社、一九五九年、p.90（執筆年代は一六五四年前後、前田陽一の「小品集、解説」p.171参照）。

(104) 西田は「場所の自己限定としての意識作用」においても「パスカルの人間論という如きものは真に我々の深い自覚に基づいたものである」、「真に具体的対象の自己限定として考えられるヘーゲルの弁証法はパスカルが自己自身の底に見た自己矛盾の事実でなければならない」と述べている（初出は一九三〇年、引用は全集第五巻、岩波書店、二〇〇二年、p.89、p.92）。

(105) 中村雄二郎「西田幾多郎の場合——〈ハイデガーとナチズム〉問題に思う——」『現代思想』一九八八年三月号（特集ファシズム〈精神の宿命〉）。引用は『中村雄二郎著作集』第Ⅶ巻、岩波書店、一九九三年、p.357。柳田謙十郎『わが思想の遍歴』（創文社、一九五一年）、p.122も参照。

(106) 鈴木大拙「禅に就いて」『鈴木大拙全集』別巻一、岩波書店、一九七一年、p.550。初出は『海外佛教事情』第三巻第十號、一九三六年。
(107) 同前、p.550。
(108) 同前、p.545。
(109) 前掲「日本社会の教育目標——『生産』概念を中心に」p.140。
(110) 第二章との関連では、久野は『中井正一全集』全四巻（美術出版社、一九六四〜一九八一年、第一巻「哲学と美学の接点」、第二巻「転換期の美学的課題」、第三巻「現代芸術の空間」、第四巻「文化と集団の論理」）も編集した。
(111) 前掲『文化政策論稿』p.1
(112) 同前、p.2。
(113) 同前、p.6。
(114) 同前、p.223。
(115) 同前、pp.79-80。
(116) 同前、pp.85ff。
(117) 同前、p.88。
(118) 同前、同頁。
(119) 同前、p.246。
(120) 同前、附録の二「言語政策と言語教育——アメリカにおける二重言語児童」及び三「転換期のアメリカの教員思想調査」。
(121) 同前、p.251。
(122) 宮原誠一「勤労青年の教育について」日本教育学会『教育学論集』第二輯、発行所玉川学園出版部、配給所日本出版配給株式会社、一九四三年、pp.219ff。

# 第四章　体制変革の現実性と「軍部赤色革命論」

## ――「陸軍国民教育」論に即して

## 第一節　戦時下における「軍部赤色革命」の可能性

### 第一項　鈴木庫三と宮原誠一の近接点

反戦反ファシズムにおいて宮原や三木を評価することは、近衛新体制の評価と密接に関連している。即ち、反戦反ファシズムを指導すべき前衛党が潰滅していたため、近衛新体制には反戦反ファシズムの方向に転換する可能性はないと見るならば、宮原や三木の試みは評価に値しなく、さらに、彼らの意図に関わらず、結局は体制の容認や戦意高揚に帰結したと見なすことにさえなる。しかし、近衛新体制において、反戦反ファシズムへの方向転換の可能性は皆無であったのかについては慎重に考察しなければならない。

そのため、ここでは、先述した体制変革、特に労農兵による革命について、それらが天皇制ファシズムにおいてどれ程の現実性があったのかについて考察し、宮原の論理展開が現実に立脚していたか否かについて検証する。この点で、宮原と同時代に東京帝国大学で教育学を専攻した陸軍将校の鈴木庫三の存在は重要である。

佐藤卓己は『言論統制――情報官・鈴木庫三と教育の国防国家』において、言論統制における情報将校鈴木庫三の役割と、その陸軍国民教育の性格について多面的に考察している。鈴木は一九三〇年に東京帝国大学文学部に陸軍派遣学生として入学し、一九三三年に卒業している。そして、佐藤卓己は、鈴木が出席した時間割を一九三〇年と三一年で比較し、倫理学から教育学へと比重が転換し、また「社会科学的色彩が強」くなっていることを示している[(1)]。その中には、阿部重孝の講義（三〇年の教育学）と演習（三一年の教育学演習）や城戸幡太郎の講義（三一年の現代心理学）がある。これに加えて、鈴木の『軍隊教育学概論』（目黒書店、一九三六年）に阿部が序文を寄せていることを踏まえ、佐藤卓己は「教育制度の階級性、不平等性を打破することは、鈴木と安部の共通の目標であった」と述べている。(2) さらに、佐藤卓己は鈴木が「教育科学運動の旗手である阿部重孝東大教授に協力し、機会の平等を目指す教育改革を提唱し続けた」とも述べている。(3) そして、これらを踏まえて、佐藤卓己は、鈴木が「職業軍人とは教育者である」という信条を持っていたことを提示している。(4)

また、遠藤芳信は、鈴木庫三と永田鉄山を比較し両者には「微妙な差異が見られる」と捉え、「鈴木は『軍隊教育学概論』で、教官と被教育者との権力関係や骨肉の至情関係のなかで、被教育者の自主性・自発性を高めるための具体的手段として、進級・褒賞・家庭ないし郷党からの激励をあげている」と述べている。(5) これは佐藤卓己の理解と共通している。しかし、遠藤は、この比較から「永田が指摘するように自主性・自発性の喚起は非常に困難であるとみるべきであろう」という解釈を導いている。(6) 確かに、この解釈は大日本帝国の軍隊の現実に立脚している。しかし、このような現実の事後の解釈では、当時、永田がどのような立場にいて、またそれに対して鈴木がどのような立場にあり、それぞれが当時の現実に対してどのように働きかけて、それを変えていこうとしていたのかは認識できない。それは、前述の「微妙な差異」の解釈にも認められる。彼はこれを繰り返し指摘しており、(7) 確かに鈴木と永田の差異を捉えてはいるが、しかし、それは文面の水準に止まっている。表面的な文章表現では「微妙な差異」に見えるだろうが、その内実は明確に相違しており、この点を遠藤は理解し得ていない。そのため結局、遠藤は鈴木よりも永田の議論を現実的であると評価することになる。遠藤の問題意識からすれば鈴木こそ評価すべきであるのに、その逆の評価を出しているのである。これは、彼が天皇制ファシズムをめぐる時代状況を一面的に平板に見るだけで、その実態やそれへの抵抗を視野に入れて現実を多面的に力動的に認識し得ていないためと考えられる。この点は伊ヶ崎の書評

（『教育学研究』第六三巻第一号）と遠藤の反論でも（同第二号）でも認められる。

しかし、当時の文書（text）や発言（discours）を、当時の時代状況の脈絡（context）に位置づけて考察すると、永田は天皇制ファシズムの軍隊を強化することを目指し、鈴木は軍隊に身を置きながらなおそれに抵抗したという力動的な関係が見出せる。そして、本章では、この点を明らかにし、それを通して、宮原の論理展開が確かに現実に立脚してたことを示す。

次に、鈴木と宮原の近接点を探るために、まず鈴木について社会教育の側面から考察する。職業軍人が教育者となる場合、それは学校の教師ではなく、社会教育の教育者としてであると言える。確かに、学校では軍事教練が行われていたが、鈴木はそれを担当してはいない。そして、実際、鈴木は陸軍省情報部陸軍少佐として出席した座談会「新体制を語る」において、「いろいろな方面で社会教育といふものはやつて行かなければならぬ」と発言している(8)。彼自身が「教育者」として自覚しており、特に社会教育を重視していたことが分かる。

その上で、東京帝国大学文学部教育学科における宮原との関係について見ると、宮原は一九三二年に入学し、三五年に卒業している。鈴木は一八九四年生まれ、宮原は一九〇九年生まれであり、鈴木が陸軍士官学校、日本大学、同大学院などを経ているため、年齢には一五年の差があるが、二人は三二年から三三年まで、学年としては一年間共に教育学科に在籍していた。そして、既に著名となっており、かつ学生としては特異な鈴木について、社会全般に関心の高い宮原が知っていたことは十分考えられ、しかも、これから述べる鈴木の思想について注目していた可能性は高い。

また、宮原は『文化政策論稿』の「序文」において「我が国において思想戦、宣伝戦的な意味合ひにおける文化統制の動きをみるならば、昭和一一年七月広田内閣に情報宣伝に関する国家機関そして内閣情報委員会が設けられ、翌一二年九月の官制改正で内閣情報部となり、一五年八月に内閣情報部の機構を拡充して外務省情報部・陸軍省情報部・

海軍省軍事普及部・内務省警保局図書課の所管事項を吸収し、ついで情報局の官制制定となつて現在におよんでゐる」と述べている。[9] ここから、宮原が国家の情報宣伝や情報統制の動向を詳しく確実に把握してたことが分かる。そして、これらのことから、宮原は情報将校の鈴木の存在を十分に知っていたことが推論できる。しかも、次に述べていくように、鈴木の思想には、職業軍人は教育者であり、この職業軍人＝教育者には平等な社会を建設する責務があるという体制変革論があり、これは、宮原の教育の転換と体制の変革の思想と共通している。それでは、この点について、さらに考察を進めていく。

### 第二項　言論統制における情報将校鈴木庫三の役割と「軍部赤色革命論」

鈴木が情報担当の将校であるため、軍国主義による言論統制の責任者と見られ易いが、しかし、軍国主義化を推し進めたのは軍閥や財閥であり、鈴木はその下で軍国主義化のために活動したのか否か、また、そうであるとすれば、どのような軍国主義化なのかについて検討しなければならない。これは「乏しきを憂えず、等しからざるを憂う」を謳った近衛新体制を多面的に捉えることと同様に、軍部に関しても多面的に理解する作業である。特にこの場合、貧困な下層階級出身の兵士を数多く抱える陸軍について問われており、鈴木は陸軍少佐であった。

この点について、佐藤卓己は、言論弾圧の「時期区分で、いわゆる『鈴木少佐』の時代は第二期にあたる。つまり、左翼言論の弾圧は第一期の一九三〇年代に集中し、『鈴木少佐』以前に終わって」おり、鈴木が情報将校として言論統制を担当した「第二期が『出版バブル』と呼べるほど出版社にとっては好景気であり、とりわけ『雑誌の黄金時代』であった」と述べている。[10] 即ち、鈴木が情報将校として活動していた時期は、現実的には言論統制が一時的に緩和されていたのである。そして、この時期は三木や宮原たちが近衛新体制を通して政策を反戦反ファシズムの方向に転換させようとしていた時期と重なり合う。

これらを踏まえて、鈴木の行った言論統制の内容について見ると、佐藤卓己は、次のようにまとめている。[11]

鈴木少佐の攻撃対象はすでに見たとおり、『現状維持の重臣』、利己主義の『財閥』、エリート主義の『海軍』である。すでに『左翼雑誌』は鈴木少佐以前に弾圧済みだったとはいえ、鈴木少佐が『共産主義者』を問題とした文言は日記では一件も確認できていない。

即ち、貧困な下層階級出身者の多い陸軍に所属した鈴木少佐は、恐慌と貧困化の問題に取り組もうとしない「現状維持の重臣」や、下層階級の収奪と搾取を推し進める「財閥」を問題とし、また同じ皇軍でも「エリート主義の『海軍』」とは対立し、他方、言論統制で最も激しく弾圧されていた「共産主義者」について、鈴木が問題としたことは見出せないというのである。特に後者について、佐藤は具体的に鈴木の作成した『国家総力戦の戦士に告ぐ』（支那事変二周年記念パンフレット、一九三九年）を取り上げ、このタイトルは「ナポレオン占領下のプロイセンで教育改革を訴えた哲学者フィヒテの『ドイツ国民に告ぐ』に由来する」と述べた上で、その「表紙には、ハンマーをもつ労働者、鍬を振るう農村青年とともに、稲穂を担うモンペ姿の女性が描かれている。周知のように『ハンマー』と『鍬』と『稲穂』は、共産主義運動で愛用されてきたシンボルである」と指摘している。[12] 総力戦では国家の構成員全員の総力の結集が求められるため、例外なく誰もが平等に生産し、戦うことになる。そのため『国家総力戦の戦士に告ぐ』の表紙では、代表的な生産者として労働者と農民を取り上げ、しかも男女平等も表現したと言える。

確かに、これは文言による「共産主義」との結び付きではない。しかし、旧ソ連に視点を向けると、一九一七年の十月革命後の列強の干渉戦争に対して、旧ソ連は誰もが平等に働き、総力を結集して戦う戦時共産主義体制を確立し、その中で労働者と農民の連帯や男女の平等が謳われ、上記の「ハンマー」、「鍬」、「稲穂」がシンボルとされた。当時、共産主義者が描いたイメージは鋼鉄の意志を持ち社会変革に奮闘する生産者であった。佐藤が指摘したとおり「ハンマー」、「鍬」、「稲穂」は、収奪や搾取を廃絶し、富の生産者が主人公となる共産主義の象徴となると言える。しかも、個々別々に使われるならば偶然とも言えるが、この三つが一つの表紙に組み合わされており、このことから偶然である可能性が極めて低くなる。

そして、これらを踏まえ、佐藤は鈴木の思想を「国体と共産主義の両立論」、「軍部赤色革命論」と概括している。[13] そこには、富裕層ではなく、貧困層の立場から貧富の格差の拡大を抑制して、平等な社会を目指す「下降的平準化論」がある。[14] そのため、鈴木は皇軍の将校でありながら共産主義的な思想を内心に抱いたというのである。

ここで総力戦体制と平等主義について見ると、実際に、民主主義、社会主義、共産主義、人権意識などとの関連だけでなく、格差は国民相互の離反を齎らし、総力戦体制を作り出すためには、国民がみな同じで平等だと実感することが重要であるとして、国民皆兵の脈絡で部落差別解消まで取り上げられていた。「同和教育」などの用語で知られる「同和」は、昭和天皇の一九二六（昭和元）年一二月二八日の践祚後朝見式ノ勅語（改元の勅語）にある「人心惟レ同ジク民風惟レ和シ」の一節に由るとされ、そして、改元から三年後の一九二八年の御大礼を記念して被差別部落の論考が編集され（翌年出版）、被差別部落問題への関心が高まっていた。ただし、そのタイトルは『融和問題論叢』で、この時点では「同和」よりも「融和」が用いられていた。[15]

それでも、一九四一年六月二五日には翼賛体制の一つとして同和奉公会が設立され、これを通して「同和教育」が推進された。さらに翌四二年三月に文部省同和教育研究会は『国民同和への道』という冊子を発行し、これを契機に「同和」や「同和教育」が次第に知られるようになった。そこには、総力戦の遂行のためには部落差別が障害になるという政策的な判断があった。『国民同和への道』の「序言」では、次のように述べられている。[16]

我が国は今や未曾有の世界史的展開に際会し、東亜新秩序建設を目ざして大東亜戦争を遂行しつつある。この大戦遂行に備へ、且東亜建設に遺憾なき態勢を整へるため、高度国防国家体制の確立は、刻下の急務となった。同胞差別の問題は、この国内新建設に当り、反国家的・反時局的なるものとして克服されなければならぬ。

確かに、このような政策により部落差別が解消されるわけではなく根深く存続した。しかし、命令に対して無条件の服従を貫徹させる軍隊では、部落差別を抑え込み平等化を進めることは日常的な社会よりも比較的容易であり、また必要不可欠の課題でもあった。それは、何よりも生死を共にする戦場で差別により共同行動が取れなければ、それは敗北に直結するからであった。

これに対応して、被差別者の側でも、改元の翌一九二七年一一月一九日には、名古屋練兵場における陸軍特別大演習観兵式で全国水平社の北原泰作二等卒が軍隊内の差別撤廃を天皇に直訴した。(17) これは被差別者からの問題提起であるが、同年には第五二帝国議会において「軍隊内差別問題」が取り上げられていた。(18) このように、満州事変以前から早くも軍隊内では部落差別さえ許さない平等主義の徹底化が図られていた。確かに、これは中国大陸への全面的侵略に備えたためであり、また部落差別など軍隊外の差別は許されないが、天皇を頂点とした上官の命令に対する絶対服従という支配服従の階級差別は厳然として存在していた。軍隊内の階級は確かにあるが、新兵として入隊する時に社会階級が否定され、一度は全員が平等な立場に置かれるのである。そして、軍隊内の階級以外は部落差別さえも許さない程まで平等主義を徹底化させたという現実を踏まえれば、軍隊の原則を社会全体に広げる総力戦体制において「下降的平準化」は極めて現実的であったと言える。(19)

ところが、この「下降的平準化」が極限にまで徹底化されて、天皇を極めて抽象的で超越的な存在とするならば、その平等主義は限りなく社会主義、共産主義へと接近し、一定の限界を超えると、それらに転化するという可能性も出てくる。特に、戦争の失敗により体制が危機的状況に直面した時、この可能性はさらに高くなる。この点について、近衛文麿の一九四五年二月一四日の昭和天皇への上奏文案では、次のように記されている。[20]

翻って国内を見るに、共産革命達成のあらゆる条件具備せられゆく観有之候、すなはち生活の窮乏、労働者発言度の増大、英米に対する敵愾心の昂揚の反面たる親ソ気分、軍部内一味の革新運動、これに便乗する新官僚の運動、およびこれを背後より操りつゝある左翼分子の暗躍に御座候。（中略）これを取り巻く一部官僚および民間有志は（これを右翼といふも可、左翼といふも可なり、いわゆる右翼は国体の衣を着けた共産主義者なり）意識的に共産革命まで引きずらんとする意図を包蔵しおり、無知単純なる軍人これに踊らされたりと見て大過なしと存候。

その上で、近衛は「職業軍人の大部分は、（中略）共産的主張を受け入れ易き境遇」にあるため、「共産分子は、国体と共産主義の両立論を以て、彼等を引きずらんと」するという「軍部内一味の革新の狙ひ」を挙げている。天皇を大元帥とした皇軍として統率されているように見えても、その「右翼」的全体主義が、何時「左翼」的全体主義へと転換するか判らないという危機的臨界的（critical）な状況が指摘されている。

この点について、大谷も『軍閥』第三章「軍の革新化」において、「軍の革新派」、「軍の赤化」、「天皇共産主義」を取り上げている。ただし、その論述においては、近衛の一九四四年六月頃の高松宮宛の所信に記された「赤化」の危惧を紹介しているものの、「それは客観的事実ではなかった。軍の中には、『赤』を意識するものはなく、また『赤』におどらされるものもいなかった」と書いている。[21] 近衛は「宮廷政治」の見方で軍を捉えており、それは「客観的事実」と乖離しているというのである。[22] 一九一九年に陸軍士官学校を卒業し、一九三〇年に憲兵科に転科し、一九三八年に東京憲兵隊特高課長、一九四四年に東京憲兵隊長、一九四五年に東京憲兵隊司令官を歴任した大谷としては、[23] 祖国のために命を懸ける軍人を「無知単純」と見る近衛は、まさに「宮廷」の政治家であった。

しかし、命令の絶対服従を旨とする軍人で、しかも東京憲兵隊司令官まで務めた大谷は、元首相の近衛を公然と批判することは控え、アイロニカルに「宮廷政治」と指摘するだけに止めたと言える。「宮廷」と持ち上げておき、そのような近衛から見れば「軍の赤化」や「天皇共産主義」が危惧されるだろうが、それは「客観的事実」ではないと言うのである。また、「軍の赤化」や「天皇共産主義」の動きが実際にあったと認めることは、自らの職歴を傷つけることになるため、元東京憲兵隊司令官が書き記すことはあり得ない。

ただし、注目すべきは、そのような大谷でさえ、「軍の革新化」として一つの章を立て、そこで「軍の革新派」、「軍の赤化」、「天皇共産主義」を取り上げざるを得なかったことである。それは、実際に「赤化」事件は起こらなかったが、そのような意識や感情は軍隊内に潜在していたことを示している。そして、確かに軍隊内での叛乱は記録されていないが、国外の中国大陸では幾人もの日本兵が反戦兵士として軍を離れ中国共産党に加わった。[24] このことは、国内では強固に統率されていたが、国外で、しかも戦場の混乱の中で統制・統率が及ばなくなると、共産主義化、「赤色」化が進むことを示している。この点から、「右翼は国体の衣を着けた共産主義者」であり、「共産革命達成のあらゆる条件」が「具備」されているという近衛の見方は、極めて現実的であったと言える。天皇の絶対化を進めれば一君万民の観念の徹底に繋がり、さらに〝一君〟の神格化が抽象化へと進めば、一つの理想像に基づく万民平等の世界観、人間観が現象する。ただし天皇制を支え、利用する者は軍閥、財閥、高級官僚たちで、現実には万民平等とは矛盾する。その上、国外での侵略戦争を聖戦として天皇制の正当性を納得させようとしたが、これも破綻しつつあった。このような意味で、天皇制ファシズムの激化はまた、この矛盾の深刻化でもあり、従って、それが革命が起こる条件へと転化しつつあったと言える。

### 第三項 「軍部赤色革命論」の現実性——戦後の状況の考察を通した傍証

確かに、革命は実際に起きなかったが、それでも戦後の政治的社会的状況を見ると、社会主義、共産主義の急速な拡大が認められる。しかし、それはファシズム体制が完全に崩壊したからではなかった。日本国憲法は大日本帝国憲法を改正して制定された。その手続きにおいて、「憲法改正」政府草案の発表では「政府当局其レ克ク朕ノ意ヲ体シ必ズ此ノ目的ヲ達成セシムルコトヲ期セヨ」という「勅語」が出され（一九四六年三月七日付『朝日新聞』一面）、さらに公布では「朕は、日本国民の総意に基いて、新日本建設の礎が、定まったことを、深くよろこび、枢密顧問の諮詢及び帝国憲法第七十三条による帝国議会の議決を経た帝国憲法の改正を裁可し、ここにこれを公布せしめる。御名御璽」（一九四六年一一月三日）と表明された。新憲法は「勅語」や帝国議会の「議決」や天皇の「裁可」を経ていたのである。ポツダム宣言の受諾と無条件降伏の後にも、ファシズム体制の保持（国体護持）が試みられ、前者の民主制と後者の君主制が並存・混在していたことが分かる。三木が九月二六日に獄死したことは、その端的な証明である。

そのような状況下で、社会主義、共産主義が急速に拡大したは、天皇制ファシズムの強力で残酷な弾圧装置に抗して、個々に粘り強く思想を堅持していた者が多数いたからであった。監視を逃れるために証拠も記録も残さず、従って文献では確かめられようのない、このような心理歴史的な努力を過小に評価すべきではない。

そして、この動勢は社会党や共産党だけでなく、民主主義者や自由主義者たちにも影響を及ぼしていた。読売新聞社では、一九四五年一〇月二五日に横浜事件を理由に解雇された鈴木東民を委員長にして労働組合「読売新聞従業員組合」が結成された。組合は社内機構の民主化、新聞の戦争責任の追及、待遇改善などを要求したが、正力松太郎社長（内務官僚で特高の拡充に大きな役割を果たした）は拒否し、中心メンバー五名を解雇し、そのため全面的な争議が起きた。正力は組合の要求を拒否し続けたが、A級戦犯に指定され巣鴨拘置所に収監される前日に会社側が譲歩して調停が成立し、正力の社長辞任、解雇の撤回、組合の公認など組合側の要求が全面的に認められた。

一九四五年一二月一二日付『読売報知』の社説のタイトルは「読売争議の解決」で、「今や読売新聞は資本のくびきから解放されたのである。われらは公明正大、真の人民の声を遺憾なく紙面に盛り上げるという新聞史上画期的な成果を獲得したのだ」と述べ、「今日以後読売新聞は真に民衆の友となり、永久に人民の機関紙たることを、ここに宣言する」と表明している。この争議を闘った増山太助はこれを「民主読売」の成立であると語っている(25)。読売争議はしばしば社会主義や共産主義の脈絡で捉えらるが、増山は「民主」主義の闘争であったと述べているのである。彼は「戦後の争議が共産党の仕業と語られることが多いのですが、読売争議に限ってそんなことはありません。従業員が自らの頭で考えすすめた闘いです」と述べている(26)。

なお、その後一九四六年六月にGHQが圧力をかけ、これに呼応して、編集局長兼労組委員長の鈴木を含め六人が解雇され、さらに第二組合が組織され、これに対してストライキが行われたが、警官隊の導入により制圧された。このストライキについて、増山は「四〇あまりの新聞・通信社が参加したが大手の『朝日』、『毎日』が静観したことで失敗に終わった」と述べている(27)。そして、労組側が三七名の退社を受け入れ、残りは復職した。増山は退社した者の一人である。さらに正力は四七年八月に不起訴となり釈放され、五一年には公職追放も解除され、社長に復帰した。

次に、『朝日新聞』は、一九四六年一月一日の一面は「年頭国運振興の詔書渙発」、「平和に徹し民生向上」、「思想の混乱を後懸念」と、天皇を第一に報道していたが、一月二六日の一面では「民主戦線展開の契機」と野坂参三の帰国歓迎の状況を紹介し、翌日の一面は「現内閣の退陣要求」の見出しで「野坂氏歓迎国民大会」を、一月三〇日の二面では「中国解放地区の実状」、「愛される中共指導者」、「日本人解放聯盟の活動」を、二月四日には「救国は日華提携」の見出しで野坂の談話を、二月一三日には「政治的変革」、「共産党の目的」、「天皇制の問題」を述べた「民主主義革命の展開」という野坂の文章を掲載した。このように共産主義を繰り返し取りあげた紙面を見ると、先述した「民主読売」争議への「静観」は路線の相違によると捉えることもできる。即ち「民主読売」が「人民の機関紙」を表明したことに対して、朝日新聞社はさらに共産主義まで報道するという対比である。そして、この状況に対して三木がいたならば人民戦線的な協力共同を提起したと推論できるが、彼は獄死させられていた。宮原も同様に試みたと考えられるが、まだ獄中の虐待から回復できずにいた。また、三木や宮原に呼応できるマルクス主義者としては、唯物論哲学者の戸坂潤や古在由重がいたが、戸坂はポツダム宣言受諾直前の八月九日に三木と同様に死に至らしめられ、古在しか生き延びられなかった。確かに三木や戸坂については推論に止まるが、古在や宮原の戦後の言論や実践を敷衍すれば、この可能性は大きいと言える[28]。ところが、朝日ではその後スパイと判明する野坂を繰り返し報道したのである。この点は、先述の読売争議への「静観」と重ねあわせて考えなければならない。

第三に、時事通信社は一九四六年六月にエドガー・スノーの『ソヴェト勢力の形態』を出版した[29]。スノーは孫文夫人宋慶齢の紹介で西側ジャーナリストとして初めて中国共産党が掌握した地区に入り、その動向を国際社会に報道したことなどで著名となっていたが、それでも「ソヴェト」に関する著書が四六年六月に時事通信社から翻訳出版されたことは注目すべきである。治安維持法により投獄されていた思想犯、政治犯が釈放されるのは前年一〇月からである。その前月の九月には思想犯の三木が獄死しており、この時点まで治安維持法と特高警察は戦前の力を確実に維持していた。日本共産党機関誌『赤旗』の復刊は思想犯、政治犯が釈放され始めた後の一〇月二〇日であり、初めはA5版パンフレット型の月二回刊であり、同年一二月五日の復刊第五号から新聞紙型の二頁だてで週刊になり、日刊になるのは五四年三月一日からであった。

そして、四五年一一月一一日に来日したばかりのスノーを翌一二日に代々木の共産党本部に案内したのは時事通信社の木下であった。しかも、表紙や奥付では訳者は木下だけしか記されていないが、「あとがき」では「翻訳は時事通信社外信部同人の手になる」、小黒大州、武井武夫、原子林二郎を含め「四名の共同作品」であると述べられており、[30]時事通信社のジャーナリストたちが積極的に「ソヴェト」や共産党を支持していたことが分かる。ただし、それは共産主義の立場によるものではない。「あとがき」では「共産主義であれ反動主義であれ、あくまで冷静な客観的批判の対象におく」というスノーの「公平な態度」が書かれており、[31]それは木下たちとも共通していたと言える。

第四に、前掲『社会科事典』（一九四八年初版）では「共産主義」は三一一頁から三一五頁まで四頁も割いて説明され、その位置づけは極めて大きい。確かに、その解説はスターリニズムやソ連東欧の社会主義官僚体制の崩壊の後では、そのまま認められないが、しかし、当時の学術研究や教育文化の領域における「共産主義」に対する受けとめ方の大きさを示している。

以上を踏まえて、社会教育実践に注目すると、長野県北佐久郡北御牧村北御牧青年（団）会は一九四六年六月一五日に復刊した『北御牧時報』第一号で「檄文」を掲載し、「今敗戦日本に課せられた使命は申す迄も無く民主主義化即ち人民による人民の為の政治の確立と云ふ事である」、「軍部及資本家、官僚」は「世界一悪法たる治安維持法其他により我々人民を盲目にしておいた」、「我々は此処に一丸となって村民の声を力強く表し以て我々を不幸に陥れんとする族と一大階級闘争を起こすべきであらう」、「願はくば本紙の民主主義革命の鏑矢たらん事を」と訴えた。[32]青年会において「民主主義革命」が提起されたのである。

また、東京都南多摩郡稲城村青年団は『稲城』創刊号（一九四七年六月）の「巻頭言」で「民主日本建設の平和の鐘は鳴りひびき新憲法は発布された。建設へ、建設へ、我等は足並を揃へスクラムを組んで!!」と呼びかけた。[33]第二号（一九四七年七月）「巻頭言」でも「我等は自由な平和国家を築く戦ひを闘ふことこそ、真の戦ひであり試練であり真の青春といふべきである」と提起されている[34]。この第二号では石川皇の「片山内閣の社会主義政策の危機」が掲載されており、創刊号の「民主日本」が「社会主義政策」と結び付けて捉えられていたことが分かる。

そして、以上のような状況を体験した枡谷優、次のように書いている[35]。

私は一九四四年九月に兵役を課せられ約一年間大阪の防空部隊で勤務致しましたが、幸い敵を殺すこともなく逃げ回る毎日を過ごせたことを幸いと感じています。

一九四五年八月一五日の敗戦により復員を致しましたが当時の農村は大変疲弊していました。農民は自作の米麦を食うことが出来ず主食はさつま芋でしたが青年達は解放感を味わい、勉強意欲が盛んで、三木清全集とかマルクス・エンゲルスとか、それにヘーゲル論理学とかが粗悪な用紙でありますが大量に出版され、皆それを買いもとめて、戦争中の思想の餓を満たしました。

枡谷は軍国主義の皇軍から復員したばかりであったが、そのような青年が三木、マルクス、エンゲルス、ヘーゲルにより「戦争中の思想の餓を満たし」たのである。その上、彼は、これらだけでなく、サルトルも熱心に読み、講義で紹介したサルトルについて、休み時間にフランス語の原文を諳んじて質問した程であった。

確かに、治安維持法により残酷に弾圧されていたが、その中でも、個々人が独自に秘かに自由主義、民主主義、社会主義、共産主義などの思想を堅持し、個別的に体制を批判し、抵抗を模索していたのであり、だからこそ、戦後の民主化が急速に進んだと言える。戦後の民主化を米国の政策や指導だけに帰納させるべきではない[36]。即ち、確かに米国の民主化政策があったとはいえ、急速に民主化を進展できた条件が日本社会に伏在していたのであり、これを島田は「伏流水」と述べている[37]。

そして、以上の考察から近衛の上奏が現実的であったことが傍証できる。なお、鈴木庫三が情報将校として活動していた時期は近衛の「上奏」以前だが、時間的順序に即して見れば、鈴木の信条が天皇制ファシズムの矛盾の深刻化を通して軍部に広がり、近衛が危惧するに至ったと捉えることができる。従って、このことは鈴木の信条に「国体と共産主義の両立論」や「軍部赤色革命論」を認めることの妥当性を補強していると言うことができる。

それでは、以上の考察を踏まえて、「職業軍人とは教育者である」という信条を以て鈴木が「芸術の国民化」を進めようとした実践について見ると、[38]それは、国家統制の強化に抗して、国家よりも人間を優位に置く立場から政治に文化的教育的要素を組み入れようとした三木や宮原の文化政策論と通底していることが分かる。この点について、次節においてさらに詳しく論じていく。

## 第二節 「陸軍国民教育」と「海軍エリート教育」
### ——鈴木庫三と和辻哲郎の論争を通して

### 第一項 情報将校鈴木の戦争責任をめぐる諸問題

既述したように、佐藤卓己は、言論統制の「時期区分」で、鈴木が情報将校であった時期は「出版社にとっては好景気であり、とりわけ『雑誌の黄金時代』であった」程、言論統制が緩和されたと論じている。佐藤は言論統制を三期に区分し、鈴木が情報将校として言論統制を担当していた時期を第二期に位置づけ、「左翼言論の弾圧は第一期の一九三〇年代に集中し」て第二期以前に終わり、第二期では緩和され、鈴木が情報将校を離任した（一九四二年四月に情報局から輜重学校付に転任）後の第三期に「自由主義の言論に止どめを刺した横浜事件」が起きたことを指摘している。(39)

ところが、戦後になり、このような鈴木に対して集中的に言論統制の責任を問う動きが現れた。佐藤卓己は、石川達三の作品『風にそよぐ葦』（一九四九年四月から毎日新聞で連載開始）を発端として、その後「軍人では鈴木庫三少佐だけに狙いを定めた回想が堰を切ったように続々と公刊されはじめた」と述べている。(40)ただし、鈴木庫三を「糾弾」したのは、横浜事件で連座により弾圧された自由主義者、即ち戦後は社会主義に転じた畑中繁雄、黒田秀俊、美作太郎、そして生活綴方運動で検挙され戦後「抵抗者」として「神格化する周囲の圧力によって『記憶の嘘』を語らされた」国分一太郎たちであり、これに比して、「陸軍情報部の同僚たちと戦前からのプロレタリア作家は、鈴木少佐について沈黙を守っている」と、佐藤は指摘している。(41)後者については、佐藤は、宮本百合子が『婦人公論』一九五〇年一二月号で発表した「傷だらけの足」で、鈴木への「糾弾」の発端となった石川達三の「『風にそよぐ葦』に不快感を表明した」ことを挙げている。(42)

この横浜事件は、先述したとおり二〇〇五年三月一〇日に東京高裁が拷問により自白が強要されたことを認定し、事実上司法によっても冤罪事件と判断されている。ここでは、横浜事件自体を問題とするのではなく、それに関わった被害者たちが鈴木に対して批判する一方で、「陸軍情報部の同僚」や「戦前からのプロレタリア作家」は鈴木を批判しなかったことについて問うているのである。確かに、横浜事件は特高警察による言論弾圧の冤罪事件だが、しかし、それが起きた時には鈴木は言論統制担当の情報将校ではなく、その鈴木に対して、横浜事件の被害者たちが何故「糾弾」を集中したのかという点が問題なのである。

この点について、佐藤は、鈴木が活躍した言論統制第二期が「『出版バブル』と呼べるほど出版社にとっては好景気」であったことを検討し、この時期に「雑誌ジャーナリズムは、国策に上手く棹さしていた」と指摘し、「そうした状況へのやましさから戦後になって自ら被害者を名乗るために『独裁者』を必要とした」と考察している。[43] 即ち、言論統制がある程度緩和されたが、そこで体制批判の方向には向かず、むしろ軍国主義の国策に乗じ、さらにはそれを助長する方向で「出版バブル」と呼ばれる程まで盛んになった「雑誌ジャーナリズム」の自らの戦争責任を糊塗するために、自分たちを言論統制の被害者とする必要があり、そのために言論統制で名を知られた鈴木庫三を加害者にしたというのである。この点について、佐藤卓己は「殉教者の聖痕《スティグマ》をもった『言論の自由』に威光のためには、多数の『ユダ』よりもまず一人の『ピラト』が必要なのである。石川達三が『佐々木＝鈴木少佐』の活動を『昭和一八年』まで引き延ばした理由も、そうした欲望を背景としている」と考察し、これが石川の「戦争協力問題と深く関わっている」と指摘している。[44] 鈴木は一九四二年四月に情報局を離任し、「昭和一八年」即ち、一九四三年には言論統制を担当していないため、横浜事件には無関係である。他方、『風にそよぐ葦』で「佐々木＝鈴木少佐」を糾弾した石川は、一九三七年一二月から従軍作家として中国に派遣され、翌三八年に『生きてゐる兵隊』を中央公論社から発表し、それは火野葦平の『麦と兵隊』などと共に戦争文学の先鞭をつけたと評されている。確かに、『生きてゐる兵隊』では、負けた敵兵の頭をシャベルで叩き割り悠然とする従軍僧や戦場の残虐な現実に耐えられぬ知識人出身の兵士など戦争の実態が描かれ、これにより石川は発禁処分と禁錮四ヶ月（執行猶予四年）の弾圧を受けている。しかし、それでもなお、『生きてゐる兵隊』の内容は根本において「中国に対する無知、無理解」のために「ついに被圧迫民族の魂の内部を知ることはでき」ず、「その民族にはたらく歴史の力を理解することはでき」ていないと、竹内実によって指摘されている。[45] さらに、竹内は、上記の言論弾圧の後の次作「武漢作戦」（『中央公論』一九三九年一月号）で、石川は「大いに恭順の意をあらわした」と評している。[46] このことは、従軍作家になったという事実以上に、その内容が問われる点であり、石川に「戦争協力問題」が指摘される所以である。そして、佐藤卓己は、このような石川にとって自分を言論統制の被害者に置き、仕方なく「戦争協力」の作品を書かされたと思わせる必要があり、そのために鈴木を加害者として描き出したと論じるのである。

このような佐藤卓己の考察を踏まえ、ここではさらに次の三点について述べておく。第一に、弾圧という暴力を実行する者は自らの存在を出来るだけ隠すが、鈴木は弾圧を緩和したからこそ、言論統制を担当する情報将校としての自らの存在を隠すことなく、さらに公然と和辻哲郎と論争し（後述）、またプロレタリア作家の宮本百合子まで出席した座談会でも発言した。しかし、ファシズム体制では言論統制は激化の過程を基調としており、戦後になり、漠然と言論統制を振り返ると、そこで自らの存在を隠して弾圧を実行した者よりも、むしろ弾圧を緩和して、公開の座談会や論争を通して、言論により言論を統制した鈴木少佐がクローズアップされた。このようにして、言論統制の責任の「糾弾」が、鈴木に集中することになった。

第二に、鈴木の転任は公表されたわけではないため、それを知らない者は印象が強烈なだけに鈴木の転任後も、彼が言論統制を指揮していると思い続ける。しかし、鈴木の信条と行動に共産主義的な要素を認め、その動静を見守っていた者（例えば共産主義者の宮本）は、彼の転任についても直ぐに察知していたと考えられる。しかも、このような者は、以前から弾圧の危険にさらされているため、鈴木が情報将校であった時期は弾圧が緩和されたことを体験的に理解しており、それ故、鈴木を言論統制の責任者として「糾弾」することに「不快感」を示すことになる。

第三に、鈴木の「糾弾」が始まった一九四九年には、既に戦後民主化の「逆コース」が進行しており（一九四八年一二月には岸信介、児玉誉士夫、笹川良一、正力松太郎らA級戦犯一九名が免責され、その後復権した）、戦前の言論統制を問題とすることはできるが、その真の責任者にまで追究することは躊躇せざるを得なかったと考えられる。離任した後の横浜事件まで鈴木が糾弾されることは、当時、鈴木の上にいた上層部や鈴木の後任が不問に付されることを意味する。これは、横浜裁判で追及されたのは特高警察の末端で拷問した者たちであり、彼らを指揮した上部まで責任は問われなかったことと同様である。このようにして、言論統制の戦争責任の問題が鈴木に転嫁され、それにより、鈴木を命令指揮していた上部の責任者や後任が隠れることができたのである。

## 第二項　鈴木・和辻論争とその後の鈴木の転任

横浜事件は、鈴木が情報局から輜重学校付に転任した後に起きた言論弾圧事件であり、それ故、鈴木の転任の理由を探るならば、これがどのような状況の変化によって引き起こされたのかが分かる。この点に関わり、佐藤卓己は鈴木と和辻の論争を取り上げており、これはまた、前述した第三期の言論統制の責任転嫁を考究する上で注目すべきである。

佐藤は、大きく「陸軍国民教育と海軍エリート教育」という対比の中で、鈴木と和辻の論争を位置づけている。(47)そして、具体的には、『中央公論』の編集長だった松下英麿の「和辻哲郎さんが、この人物をひどく軽蔑していました」という証言を紹介している。(48)さらに、「岩波書店」と「和辻哲郎」の関係に注目しつつ、鈴木の和辻との論争から情報担当将校の離任までの経緯が考察されている。(49)即ち、「職業軍人とは教育者である」を信条とする鈴木は平等主義を基調とする「陸軍国民教育」を推進しようとするが、それが「海軍エリート教育」と対立し、それが出版界で思想的理論的に高い位置にある「岩波書店」と密接な関係のある和辻との論争となって激しく現象したと言うのである。ここでは、陸軍・国民と海軍・エリート・岩波という対比が示され、その中に鈴木と和辻の論争が位置づけられている。

そして、この論争の考察において、佐藤は、大熊信行が「大日本言論報国会の異常的性格——思想史の方法に関するノート」において「資本主義体制の擁護を念とするものと、戦争体制の強化の過程をとおして社会主義体制への接近を志向するもの」の「対立軸」を示したことに注目している。(50)特に、佐藤が「戦争体制の強化の過程をとおして社会主義体制への接近を志向するもの」について指摘している点は、鈴木の信条や行動に関わり重要である。

ここで、「大日本言論報国会の異常的性格」の論旨についてさらに詳しく考察すると、大熊は「大政翼賛会は、日本のあの歴史的危局における社会的な変革を、まさに『国体』の名において防止することに成功したという意味では、日本資本主義と結んだ天皇主義が、社会主義思想と対決した史上最大の、そして最終のケースであった」と述べている。[51] 即ち、大政翼賛会において「歴史的危局における社会的な変革」が問われ、これをめぐり「日本資本主義と結んだ天皇主義」と「社会主義思想」とが「対決」し、その結果「変革」が「『国体』の名において防止」されたと、大熊は論じている。そして、この「対決」について、大熊は「国内思想戦を中心とする対立」と認識し、その「焦点」を以下のように概括している。[52]

合理主義と非合理主義の対立である。そしてまた非合理主義の天皇主義そのもののなかに保守と革新があり、そして近代的な合理主義の側にも保守と革新があり、それら四つの要因が卍《まんじ》に懸けちがい、交叉していたのが、太平洋戦争下の思想構造である。

大熊は、近衛体制において反戦反ファシズムの動きが排除されて東条体制へと突き進んだ軍国主義化の過程が単純ではなく、多面的に錯綜していたことを思想闘争の側面で指摘したと言える。この多面的に錯綜した状況について、大熊が列挙した思想は「日本資本主義と結んだ天皇主義」、「社会主義」、「合理主義」、「非合理主義」、「非合理主義の天皇主義」、「近代的な合理主義」、「保守」、「革新」である。そして、これらの中の「非合理主義の天皇主義」、「近代的な合理主義」、「保守」、「革新」の四つが「卍《まんじ》に懸けちがい、交叉していた」と彼は捉える。それらの中で「非合理主義の天皇主義」と「革新」や「社会主義」が交叉していたところに、「軍部赤色革命論」が位置づけられる。

ただし、これは思想闘争としての認識であり、現実では「日本資本主義と結んだ天皇主義」が最終的に「対決」を制し、東条体制が成立したのである。しかし、これは思想の評価によるものではなく、結局は重臣、高級官僚、軍閥、財閥などが「日本資本主義と結んだ天皇主義」を選んだのであり、むしろ、この選択が敗戦に帰結したことは、これと「対決」していた「革新」や「社会主義」の再評価を導くと言える。この点で、大熊の議論は近衛新体制における三木や宮原の評価を補強するものである。

なお、大熊はこれを戦時下の「国内思想戦」の「起点」としたが、それを佐藤卓己は「言論統制」を「歴史記述」として捉える視点から「終点」としている。[53] これについて、先の引用文で大熊自身も「史上最大の、そして最終のケース」と述べており、「起点」を「終点」と見る佐藤の捉え方は妥当と言える。また、このように大熊と佐藤のそれぞれの視点から「起点」として、かつ「終点」として位置づけられることは、この「対立軸」が戦前戦中の思想や思潮の転換と展開において重要な基軸であったことを意味している。

そして、陸軍側の鈴木と海軍側の和辻の論争もこの「対立軸」に位置づけられる。これついて、佐藤は二人の「最初の激論の後、鈴木は『この時局に金縁眼鏡か』と和辻に声をかけたという。和辻はとっさに眼鏡をはずすと床にたたきつけ、『こんなもの』と踏みにじった」という勝部真長の二〇〇四年一月二七日の証言を紹介している。[54] ここで確認すべきことは、二人とも日本の「歴史的危局」において総力戦と総動員のために論争していたのであり、この「歴史的危局」には国外の脅威だけでなく、恐慌に続き長引く戦争の戦費調達で多くの者が耐乏生活を余儀なくされていたという状況も含まれる。ところが、「この時局」に和辻は「金縁眼鏡」で総動員と総力戦を論じたのであった。物資の不足する中で極めて高価な「金縁眼鏡」は「ブルジョワ的趣味の象徴」であり、しかも、和辻はこの「『金縁眼鏡』をとがめられただけで、それを踏みにじることのできる」だけの余裕があった。これはいかなる修辞によっても糊塗することのできない行動であり、和辻が耐乏を強いられる民衆とかけ離れた生活を送っていたことを示している。

そして、和辻は海軍側に立っており、佐藤が陸軍の「国民教育」と対比して、海軍を「エリート教育」と規定した理由も、ここにある。しかも、大和や武蔵などの巨大戦艦を建造するためには莫大な資金を調達しなければならず、ここで海軍は巨大資本と結び付き、従って、天皇制という枠の中で「資本主義体制の擁護を念とする」ことになる。佐藤卓己の指摘する和辻の「ブルジョワ趣味」とは、このような海軍と巨大資本の結び付きという軍閥と財閥の結合の象徴として捉えられる。

他方、「職業軍人とは教育者である」という信条を以て「国民教育」を進めようとした陸軍情報将校の鈴木は、和辻との論争、特に一九四一年一〇月三〇日の日本出版文化協会第一回図書推薦委員会における「大論争」の後、翌四二年四月に情報局から「左遷」されて輜重学校付になり、八月には「満州国」ハイラルの輜重兵第二三連隊長に転任した(55)。

ここで、その時の和辻について見ると、この図書推薦委員会で和辻は「皇室、哲学、思想、教育」を扱う第一部委員であった。この時期は「新体制」を推進していた近衛内閣が行き詰まり東条内閣へと変わり、一二月八日には米英開戦に至ったように、独裁体制と全面戦争が決定的になった危機的臨界的（critical）な転換点であった。

そして、全面戦争と上記の「皇室、哲学、思想、教育」に関して見ると、和辻は前年の一九四〇年四月から翌四一年九月にかけて、古川哲史と共に『葉隠』を校訂して岩波書店から刊行した。佐藤の示す「岩波書店の場合——和辻哲郎の憤激」という枠組みが、ここでも認められる。ここで、特に『葉隠』の中の「武士道といふは、死ぬ事と見付けたり」というメッセージは、軍閥と財閥が発動した侵略戦争で強調された「死して虜囚の辱めを受けず」（一九四一年東条英機陸相名で布達された「戦陣訓」）というメッセージとの脈絡（context）で問われる必要がある。この『葉隠』は桜井忠温の『肉弾』（前掲）など共振しあい、無数の将兵を玉砕、神風特攻隊、人間魚雷、爆弾を抱えて戦車の下に飛び込む肉弾突撃などに駆り立てたテクストであった。そして、このコンテクストに和辻が位置づけられる時、その役割と責任が問われるのである。

確かに、戦後、和辻は三次に渡る科学者の平和声明に宮原たちと共に名を連ねている。しかし、これについては、和辻が戦中の自分自身の言動をどのように捉えた上で為したのかが問われ、宮原のような戦中と戦後の一貫性は認めがたいと言える。そして、一貫性が認められなければ、戦中の自分の言動を戦後に合致させようとする。このような意味で、和辻にとっても、また海軍にとっても、その論争相手が言論統制の責任を追及されたことは、自らの戦争責任を回避する上で極めて効果的であった(56)。

このようにして、和辻との論争の後に、「国民教育」を進めようとする「職業軍人」であり「教育者」でもある鈴木は、情報局から「左遷」され、さらに「満州国」へと転任した。それはまた、軍隊内における「国体と共産主義の両立論」や「軍部赤色革命論」の退行でもあり、「軍部赤色革命」の現実性が遠のいたことを意味している。しかし、少なくとも、鈴木が情報将校として活動していた段階では、その可能性は確かにあったのであり、宮原の戦争や軍隊に関する記述も、これを踏まえて理解する必要がある。この点で、鈴木離任の翌年の一九四三年に宮原が検挙投獄されたという時期的な順序は重視すべきである。

## 第三節　「軍部赤色革命」とプロレタリア文学
### ――鈴木庫三と宮本百合子の談論

鈴木は和辻と論争しただけでなく、宮本百合子とは座談会で同席し、意見を交換している。この座談会は一九四〇年八月一七日に開催され、その内容は『婦人朝日』一九四〇年一〇月号（前掲）に「新体制を語る座談会――鈴木少佐を囲んで」として掲載された。佐藤卓己は、これは「なぜか『宮本百合子全集』に未収録」であり、また佐藤広美の『総力戦体制と教育科学』では「わずかにこう触れる」として、「座談会での宮本も、新体制運動におもねる様子はなく、婦人の生活上の問題を具体的に提起し、その解決の在り方を新体制運動の推進者に問い返している点で、同席した金子しげりとの違いは明瞭であった」という箇所を引用した上で[57]、「たしかに、おもねる様子はないが、はたして違いは明瞭だろうか。発言回数は宮本一四回、金子一三回、深尾二回だが、鈴木の言葉を直接受けているのは圧倒的に宮本である」と、佐藤広美の解釈に疑問を呈している[58]。

即ち、宮本と「金子しげりとの違いは明瞭であった」と捉える佐藤広美は、共産党員でプロレタリア作家の宮本が、情報将校の「鈴木少佐を囲」むという「座談会に出席し」ていても、重要なのは「そのなかでどう新体制を批判しているかである」という点であり、「宮本は新体制運動にたいする一線を画する姿勢を崩さなかった」ということを示そうとしているが[59]、実際には、宮本は幾度も発言し、それが鈴木との談論になっているということを佐藤卓己は指摘したのである。ここで、『婦人朝日』一九四〇年一〇月号の誌面を見ると、担当者の櫻木俊晃の挨拶の後、鈴木が九二頁から九六頁まで六頁分の発言をした後に、最初に発言したのは宮本であった。そして金子を交えて三人の発言が続くが、宮本の発言における「統制」や「配給」、「隣組」の「買溜」、「利己主義」と「自由主義」などは、鈴木の発言に対する意見であった[60]。特に、宮本が「利己主義」と「自由主義」を対比させている点は、鈴木の「今までの個人主義的なデモクラシー的な習慣を持つてをつた人には不自由だけれども新しい世界観にもとづいて国家主義、全体主義的な思想を持つ人たちにとつては非常に自由になつて来る」という発言に呼応している[61]。この中の「新しい世界観」を、ファシズムと見るか、共産主義と見るかは、「自由」の内包に関わっており、それに対して、宮本は「利己主義」と「自由主義」との対比で応じたのである。このことから、座談会における宮本と鈴木の発言は、佐藤卓己の捉え方の方が妥当であると言える。

ただし、宮本が鈴木の「国体と共産主義の両立論」や「軍部赤色革命論」に対して、言論統制下で表現し得るかぎりに呼応したとしても、思想的に一致していたとまでは考えられない。この点について、佐藤卓己は「もちろん、宮本百合子と鈴木庫三は思想信条を異にしていたはずである」と述べているが、その上で、「『一個人』の意見と断っているが、鈴木の『戦争＝福祉国家』は、ほとんどソヴィエト体制である」と概括している[62]。思想信条は「異にしているが、両者は意見は極めて接近していたと言える。実際、上述の鈴木と宮本の発言では、「利己主義」ではない「自由主義」と「全体主義」を統合した「新しい世界観」が議論されており、これは、思想哲学ではエンゲルスがヘーゲルを援用して概括した「自由とは必然性の洞察である」という自由と必然の弁証法に即して捉えることができる[63]。確かに、陸軍少佐という立場上、鈴木はエンゲルスにも、ヘーゲルにも（ヘーゲルはマルクスに繋がる）言及していないが、ヘーゲルやエンゲルスは古代ギリシア哲学を踏まえて「自由とは必然の洞察である」と論じており、鈴木は古代ギリシア哲学に遡りヘーゲル＝エンゲルス的な自由と必然の弁証法を論じたのである。

さらに、座談会において、鈴木は「一つの工場が一軒の家になるような組織に発展していく」とも発言しており[64]、これは既にソヴィエト連邦においてソフホーズやコルホーズとして試みられた組織である。確かに、それは修正や改革を経て「一つの工場が一軒の家になるやうな組織」とはならなかったが、当時それが一つの理想と見られていたことは既述した。当時の労働運動や社会主義共産主義運動において広く語られていた「一人は万人のために、万人は一人のために」のスローガンは、このことを傍証している[65]。

そして、これと鈴木が「中間搾取とか或は不合理な利得」をなくすことを提起していることと重ね合わせて考えると、鈴木のマルクス主義との近接性はより一層明確になる[66]。即ち、マルクス主義は何よりも搾取による資本の利潤獲得を問題としており、鈴木の発言はこれに対応できる。このことから、鈴木はマルクス、エンゲルス、レーニンなどの名前を挙げずに、自分の言葉で資本主義の搾取を批判し、自由と必然が弁証法的に止揚されて実現するソヴィエト体制を提起したと捉えられる。

このような鈴木について、佐藤卓己は「生真面目過ぎるほどの情熱で平等な社会の実現を目指し」、「『プロレタリアート』を自任していた」と述べている[67]。それ故、鈴木が皇軍の情報将校であったことを理由に、その思想をファシズムで軍国主義であると規定することは一面的である。たとえ、具体的に現象しなかったとしても、「軍の赤化」が潜在していたことと重ね合わせて、鈴木の思想と実践を多面的に捉える必要がある。

そしてまた、この鈴木と宮本の談論は、次に取り上げる宮原に対する宮本の論評と重ね合わせてみると、この議論は宮原にまで及ぶと言える。即ち、「軍部赤色革命」や「陸軍国民教育」が「文化政策」と連関するだけでなく、プロレタリア文学にも呼応し、さらに、プロレタリア文学が「文化政策」を取り上げるという連関構造が、鈴木と宮原、鈴木と宮本、宮本と宮原という関係を通して見出せる。そして、この連関構造は、宮原の提起した教育の転換と体制の変革の現実的基盤の広がりを示していると捉えられる。それでは、次に宮本による宮原の論評について考察していく。

## 第四節　プロレタリア文学と文化政策論

### 第一項　「粛清」に内包された反戦反ファシズム

宮本百合子は、鈴木が情報将校であった時期に一九四〇年一一月二六日、二七日付『東京日日新聞』掲載の「ラジオ時評」において宮原の「放送新体制への要望」を論評している。これは『教育論集』第七巻の「著作目録」に記載されていない、『中央公論』一九四〇年一二月号に掲載された評論である。そして、宮本は宮原が「粛清」という言葉を使用してる以下の箇所に注目している。(68)

放送事業の国家的使命に鑑み、一部官庁関係からの天下り的人事をきっぱりと排除し、放送事業に対する適正な資質という純粋な基準のもとに、上から下までの人事を思ひ切つて粛清すると共に、広く朝野官民から適任者を簡抜する。

これに対して、宮本は次のように論評している。(69)

放送局の構成や人事について粛清といふやうな文字がつかはれてゐることも、いろいろ私たちを考へさせる。近頃一部の流行の語彙と見れば、筆者のありやうを語るわけだし、本来の語義で解釈していいものとすれば、かういふ表現はその反対物として、夥しい因襲、悪弊の存在を認めなければならないといふわけになる。

ここで特に、宮本が「粛清」が使われていることについて「いろいろ私たちを考へさせる」と記していることに注意しなければならない。既に、宮本は著名なプロレタリア作家として知られていただけでなく、四回の投獄を体験しており、それだけ当局の監視と検閲は厳しかったと言える。従って、宮本も文章の表現に非常に工夫しなければならなかった。

このような立場にあった宮本は「いろいろ私たちを考へさせる」と述べて、二通りの解釈を示している。「近頃一部の流行」と「本来の語義」とである。そして、彼女は両者は「反対物」という関係にあることを述べている。共産党員でマルクス主義者の宮本が「反対物」と表現する時、そこには対立物の止揚という弁証法的唯物論があると認識できる。繰り返される検挙投獄の中で非転向を貫こうと努める宮本百合子は普段から弁証法的唯物論を以て様々な事物を認識し、ファシズムの破綻や解放と革命の必然性を展望していたと言える。しかも、これは執筆活動が制約されている中で極めて貴重な機会であった。細心の注意を以て、全力を傾注してこの機会を利用し、自らの思想を最大限伝えようとしたと考えることができる。従って、この「反対物」という表現から、宮本は宮原の使用した「粛清」を弁証法的唯物論をもって受け止めたと捉えるべきである。

他方、既述したように、宮原は「錬成の新性格」では「揚棄（Aufheben）」というマルクス主義の弁証法的唯物論の鍵概念を文中に組み入れたように、宮原の思想にもマルクス主義は明確に位置づいていた。それ故、宮本が弁証法的唯物論に基づいて宮原の文章を読むことは、両者の思想的に重なり合う共通部分に立脚していたと言える。

これを踏まえ、次に前者の「近頃一部の流行」の「粛清」の意味を考えると、それは、厳重に取り締まり、乱れや不正を取り除くこと、そして、これから派生して、権力闘争で反対者を追放や処刑で排除するということである。それは独裁体制の「粛清」であり、この意味は当時のファシズム体制に当てはまり、これを宮原が提起しているという意味になる。

他方、「本来の語義」の意味に視点を向けると、それは、乱を除き平定すること、さらに、太平である、不正がなく清らかである、冷たく清らかである、静寂であるなどである。これを中国の漢の時代にまで遡って見ると、前者の用例では「陸機・漢高祖功臣頌」の「二州粛清（二州を平定する）、四邦咸挙」があり、また、後者の用例では「漢書・韋賢傳」の「王朝粛清（王朝は太平である）、唯俊之庭」、「後漢書・樊宏傳」の「八方粛清（八方は太平で不正がない）、上下無事」、「嵇康・琴賦」の「冬夜粛清（冬の夜が冷たく清らかである）、朗月垂光」などがある。(70)

そして、「太平」は戦争を拡大させるファシズム体制の「反対物」であり、「不正がない」や「清らか」は、言論の自由を蹂躙し、意見の異なる者を排除し、敵の脅威を強調して軍部と財閥と政界が一体となって戦争経済体制を作り上げ収奪と搾取を強化していた軍国主義政治の「反対物」である。その上で、これらの「反対物」を弁証法的に止揚させるならば、それは、矛盾が深刻化するファシズム体制の転換、即ち、革命である。宮本は、宮原の「粛清」をこのように理解したのであり、それはまさに、宮原が監視と検閲を潜り抜けて伝えようとしていた意味の的確な読解と言える。実際、宮原は「一部官庁関係からの天下り的人事をきっぱりと排除し、（中略）上から下までの人事を思ひ切つて粛清すると共に、広く朝野官民から適任者を簡抜する」と述べており、官庁の「天下り的人事」を批判し、また「適任者」を「簡抜する」時に「朝野官民」と述べて、体制の外からも人事を行うべきだと提言しているのである。

これは、「放送新体制への要望」の中でナチスについて論じている場合でも同様である。宮原は「ナチス・ドイツの一指導者は、『新たなるドイツの放送を形成する人々は闘士である。かれらは放送を政治の闘争における不可欠的用具および自己の世界観の前衛として利用する。』（ハダモフスキイ『国民指導のための放送』一九三四年）といつてゐる。新しい政治の優位性が放送の領域に貫徹されなければならないことは明らかであるが、そのことは所詮人間の問題に帰着する」と述べている。(71) ここでは、ナチ党の Nationalsozialistische Deusche Arbeiterpartei という原名を国民社会主義ドイツ労働者党か、国家社会主義ドイツ労働者党か、いずれにおいて捉えるのかが問われている。そして、確かにアドルフ・ヒトラーに率いられてナチ党は後者になったが、当時は、ナチ党に国民の社会主義、そして労働者の党を期待する者がいたことも確かである（南京大虐殺・性暴力下で救済に努めたジョン・ラーベはその一人である）。また、この期待を国家の社会主義、そして独裁専制へと領導することが、ナチ党の戦略でもあった。しかし、ドイツではその実態が明らかになるにつれて、反ナチ地下抵抗活動が活発になった。これは地下活動が殆ど壊滅した日本とは異なる点であり、甚だしくはヒトラーの暗殺が繰り返し試みられ、クーデタまで起きていた。一九四四年七月二〇日の「ヴァルキューレ作戦」では、多くの将官や抵抗者が参加し、実行後の政治体制まで計画されており、その中で、ワイマール時代から教育に携わり、民衆大学、教員養成、農村学校、博物館教育など、迫害の下で教育実践の場を変えながらナチスに抵抗する教育を粘り強く続けたアドルフ・ライヒヴァインは、ヒトラー政権打倒後には文相に期待されていた。しかし、失敗後に彼は逮捕され、「国家反逆罪」により一九四四年一〇月二〇日、有罪判決の数時間後に「野蛮でこそこそとした卑劣な手段で死刑に処された」[72]。ライヒヴァインは「人間の問題」に正面から取り組む「新しい政治の優位性」を目指したのであり、たとえ失敗に帰しても、この実践は史実である。そして、宮原が「国民」の視点から「独逸」を論じた点については、このように「独逸」の「国民」の中には反ナチ地下抵抗活動が根強く存在していた史実を踏まえて考えなければならないのである。

さらに、この点を近衛新体制から東条憲兵政治に至る前の臨界的危機的（critical）な局面に当てはめるならば、その時点ではまだ東条憲兵政治になることは決定的ではなく、そのため、宮原は政治の方向を「国民」、そして「人間」へと導こうとしたのであった。宮原が「国民」と書き、「新しい政治」を提起し、それは「所詮人間の問題に帰着する」と提起していることは、このような脈絡で捉える必要がある。これは、国家社会主義か国民社会主義かの危機的な臨界点で、「国民」、そして「人間」の問題が鍵であるという提起である。

さらに、宮原は議論を結ぶに当たり、「録音やレポートの放送によって、戦線における将兵の生活振りを銃後の国民に聴かせ、逆に銃後の国民の生活振りを戦線の将兵に聴かせるのである。地方放送局と軍管区との連絡によって、これを出征兵士と遺家族との緊密なサークルにおいて行ふこともできる」と述べている[73]。「国民」と「将兵」とが「放送」により相互に理解し合うことが提起されているのである。しかし、戦場の実態を国民に知らせないことこそ体制の立場で、しかも、ファシズム体制は侵略戦争を行っていたのである。それ故、宮原の提起は戦争と一体化した言論統制や報道管制に対する鋭い批判を内包している[74]。しかも「出征兵士と遺家族との緊密なサークル」と表現しているが、深刻化する矛盾の中で兵士と国民が「緊密」になり、兵士が国民の立場に立つ時、そこに労農兵による革命が展望できることは既述した。宮原の「緊密なサークル」には、労農兵の人民戦線と革命への展望が内包されているのである。

ただし、宮原は革命家ではなく、マルクス主義やヒューマニズムを取り入れて独自の思想を構築し「文化政策」を論じる教育学者である。彼は、このような展望を内包させながらも、「新官庁が国民の文化創造と文化受容とを嘗てみない全国民的規模において保護し、助成し、指導する機能をもつべきものである以上、放送政策の企画並に樹立に関しても民間の経験と創意とが十分に動員され尊重されるべきことはいふまでもない」と論じる。[75] 即ち、国民と将兵の「緊密なサークル」に基づいて「国民の文化創造と文化受容」を推進し、そこにおける放送政策において「民間の経験と創意とが十分に動員され尊重されるべき」だと論じているのである。

このように宮原の論理展開を考察すると、宮本が宮原の論考の中で「粛清」に注目し「本来の語義」について確認させたことの意義が明らかになる。宮本は、宮原の文章に内包されたメッセージを十分に受け止め、さらに、宮原の文章を読む時は「本来の語義で解釈し」て、それを弁証法的に止揚して文意を反戦反ファシズムに捉え直して読むべきだと提起したと言うことができる。

### 第二項　「粛清」の内包の無理解による宮原批判

前節で述べたとおり、佐藤卓己は、座談会における鈴木庫三と宮本百合子の発言の考察に関連して佐藤広美を批判した。本論文でも、宮原の戦争責任を問う佐藤広美の議論を当時の言論統制の現実の認識不足によるものと批判してきた。そして、佐藤広美は、前項で考察した「粛正《ママ》」を取り上げて宮原を批判しており、ここでも宮原と宮本が言論統制下で伝えようとして意味の無理解が示されている。

佐藤広美は、『総力戦体制と教育科学』や「戦争責任をいま考えることの意味」で、前掲「放送新体制への要望」において宮原が「粛正《ママ》」という表現を使用し、それを宮本が批判したと述べている(76)。そして、これを論拠にして、佐藤広美は、当時既に宮原の「戦争責任」は明確に批判されていたと述べている。

しかし、佐藤広美は「粛正」と繰り返し表記しているが、宮原も宮本も使用している用語は「粛清」である。そして、両者の内包は同じではない。「粛正」ならば一般的に規律の強化や厳重な取り締まりを意味するだけで、反対派の排除や処刑などの意味はない。そして、前者の「粛正」は「綱紀粛正」などで現代の民主主義社会でも使われている。それ故、宮原を批判するならば、まず原文から正確に「粛清」と引用しなければならない。それはまた意味を精確にさせるためであり、この点で佐藤広美の論証が問われる。また、佐藤広美は、宮本百合子の「ラジオ時評」だけを取り上げて宮原を批判しており、宮原の文章を引用してはおらず、その出典も記していない。これらのことから、佐藤広美の宮原批判は、言論統制の現実の認識不足だけでなく、文献批判の方法においても問題があることが分かる。佐藤一子は、宮原批判に対して「『戦争責任』の概念規定とその教育史研究方法上の論理構成については慎重な検討を要する」と指摘している(77)。佐藤広美は、これを読んだ上で、「戦争責任をいま考えることの意味」を発表しており、その研究方法の水準が問われる。

この点は、佐藤広美が宮本の「主婦の政治的自覚」を「国策協力を批判し、それに歯止めをかける意見」として評価する議論でも同様に問われる(78)。佐藤広美は宮本がそこで「教科研の『政治教育』の主張を厳しく批判した」と述べているが、そのような箇所は認められない(79)。むしろ「政治の本来は自ら自らを治める力の自覚の謂であらうし、萬民扶翼の思想こそ正にその本質に立つ」という記述では、彼女は近衛新体制の大政翼賛会を「下意上達」で捉えようとする宮原と同様の議論を提示している(80)。この点で、宮本の「主婦の政治的自覚」が、宮原の「文化・啓蒙・宣伝の機構——独逸と我が国」と共に『教育』第九巻第一号に掲載されたのは、そこに編集者の意図があったことを示している。そして、宮原は確かに「文化・啓蒙・宣伝の機構――独逸と我が国」において、ナチス・ドイツと大日本帝国を比較して論じているが、これも、ナチスやヒトラーをまず取り上げ、そこから論理を展開させる中で逆に反戦反ファシズムの意義の認識へと導くように論理が展開されている。特に「国民」の用語を以て「独逸」を論評している点については既述した。

そもそも専門誌は一定の方針と出版計画に基づいて編集されるのであり、宮原を含めて教育科学研究会は宮本の論旨を十分に理解し、それを広く知らせるべきだとして「主婦の政治的自覚」を掲載したと言える。従って、佐藤広美の示す、自らに対して「厳しく批判」する論考を教科研が『教育』に掲載したという解釈は、宮本百合子を評価し、教科研の戦争責任を問うという彼の枠組みに「主婦の政治的自覚」の論旨を合わせようとした牽強付会と言える。むしろそれよりも、教科研は、マルクス主義者でプロレタリア作家の立場の宮本の論考を、近衛新体制を反戦反ファシズムへと方向づけようとする点で一致する他の立場の論考（宮原のも含まれる）と共に掲載したと見る方が、教科研の専門誌に宮本の論考が掲載されたことを整合的に理解させる。実際、反戦反ファシズムで一致する多様な思想や信条を結集する人民戦線や統一戦線という考えが存在していた。そして、このことは、宮本と教育科学研究会、及び宮本と宮原の関係性を考える上で軽視できない。また、以上の考察から、佐藤広美が宮本を援用して宮原を含めて教科研の戦争責任を問うことは、後者だけでなく、前者の論旨も理解できていないことを示している。

## 第五節　戦後の鈴木庫三の公民館活動
### ――鈴木と宮原の近接性

「職業軍人」として、鈴木が「国民教育」を推進しようとしたことは、戦後の彼の実践からも確かめられる。これは、戦時下において、彼は言葉だけでなく、実際に「陸軍国民教育」を進めようとしたことを傍証している。

鈴木は、敗戦後の旧軍人として公職追放に指名されたが、一九五二年のサンフランシスコ対日講和条約の発効により追放が廃止された後、翌五三年六月に熊本県の大津町公民館館長に就任している。そして、自ら編集兼発行人となった『大津弘報』（一九五三年六月二〇日号）では、以下のように述べている。(81)

新日本再建の熱意が高まって参りました。これに伴って公民館活動も全国的に活発になって、或は新しい村つくりの声となり、或は町村の振興計画となり、或は新生活運動となり、或は勤労青少年の青年学級開設となり、或は公民館を根城とする青年団や婦人会の眼覚しい活動となって新日本建設の重要な役割を演ずることになりました。

敗戦後に公職を追放されながら「逆コース」の中で復権した者は多いが、その中の一人として鈴木を見るべきではない。既述したように、鈴木の「国民教育」は、東京帝大の教育学科における研究を基礎としており、この教育学科には教育科学運動を進め機会均等の教育改革を目指した研究者は幾人もおり、その中で代表的な存在であった阿部重孝が鈴木の『軍隊教育学概論』に序文を寄せていた。それ故、鈴木は追放解除後に時流に合わせて上記の文章を寄せたのではなく、戦前戦中の教育学研究の発展の上でこれを書いたと言える。先述したように、既に戦前に宮本百合子たちの出席した座談会で、鈴木は社会教育の意義を提起していた。

実際、『大津弘報』の中で、鈴木は公民館活動、新生活運動、青年学級、青年団、婦人会などを列挙しており、これは彼が当時の町や村の社会教育実践を全般に渡り的確に把握していたことを示している。このように、現実の様々な社会教育実践による「新しい村つくり」は、まさに「国民教育」による新たな社会の建設であり、特に、かつて鈴木が『国家総力戦の戦士に告ぐ』の表紙に「ハンマーをもつ労働者、鍬を振るう農村青年とともに、稲穂を担うモンペ姿の女性」を掲載させたことを踏まえれば、彼の述べる「勤労青少年の青年学級」では、働き富を生産する者が平等に社会を担う主体として自己を形成するための社会教育が構想されていたと捉えることができる。そして、このような鈴木庫三が館長となった公民館は、まさに、鈴木健次郎が普及させようとした戦争の反省に立ち地域自治と民主主義を基本とした公民館であったと言える。

さらに、鈴木庫三は地域において社会教育実践を進めただけでなく、戦後教育学の動向にも注目していた。一九五三年二月二三日の日記では「私共の知った人々は海後氏を始め岡部弥太郎氏、宗像誠也氏など何れも教授になってゐる」と記されている。[82] かつて東京帝大教育学科で研究していた鈴木庫三は、東京大学教育学部の教授たちの動向を知るだけでなく、その研究内容にも関心を向けていたことは十分に考えられる。そして、宮原は一九四九年の教育学部創設から助教授として在職し、一九五三年からは教授となっていた。しかも、宮原は一九四〇年代後期から既に教育研究運動や平和教育運動で活躍し、各種の対談や座談会で積極的に発言し、さらには「教育の本質」（一九四九）「社会教育の本質」（一九四九）、「経済と教育」（一九五〇）、「社会教育入門」（一九五一）、「生産教育」（一九五一）、「日本社会の教育目標」（一九五二）「産業と教育」（一九五二）、「生産教育の概念」（一九五二）などと次々に論文を発表していた。鈴木の教育学に関する素養、「職業軍人とは教育者である」という信条を以て社会教育を重視していたこと、戦時下においてなお「国民教育」の推進を目指した平等主義的共産主義的な思想などを考慮すれば、このような宮原に関心を向けていた可能性は高いと言える。しかも、鈴木と宮原は一九三二年から三三年までの一年間共に教育学科に在籍していたのである。従って、これらのことから、鈴木と宮原の思想的実践的な近接性が戦後においても認められると言うことができる。

## 第四章　注

（1）前掲、佐藤卓己『言論統制――情報官・鈴木庫三と教育の国防国家』pp.164-176。
（2）同前、p.176。
（3）佐藤卓己「『言論統制官』の誕生――新資料発見鈴木庫三と二・二六」『中央公論』二〇〇四年一二月号、p.79。これは『言論統制』出版後、鈴木の長女渡辺昌子が発見した一九三五年から三七年までの日記の紹介と、それに基づく考察をまとめた論文である。さらに『中央公論』二〇〇五年一月号では「昭和の戦争とメディアの責任」の特集が組まれ、その中で「言論統制、天皇制、戦後責任、占領期……」、「日本言論界の沈黙の過去を検証する」という見出しで、佐藤卓己と原武史が対談している。特集のタイトルの「昭和の戦争とメディアの責任」は表紙や背表紙にも使われ、表紙では「今なお続く迷走報道、反省はあるのか」の見出しが付けられ、二〇〇三年三月からのイラク戦争をめぐる報道について問いかけており、佐藤卓己の鈴木庫三研究の現代的意義を示している。
（4）前掲『言論統制』pp.206ff。
（5）遠藤芳信『近代日本軍隊教育史研究』青木書店、一九九四年、p.25。
（6）同前、同頁。
（7）同前、p.25及びp.26。
（8）「新体制を語る座談会――鈴木少佐を囲んで」『婦人朝日』四〇年一〇月号、p.104。なお、この座談会は、第三節でより詳しく考察する。
（9）前掲『文化政策論稿』p.3。
（10）前掲『言論統制』p.38。
（11）同前、p.290。
（12）同前、pp.251-253。
（13）同前、pp.287ff。
（14）同前、p.286。

(15) 中央融和事業協会『融和問題論叢』一九二九年。
(16) 全国解放研究会編、川向秀武担当『部落解放教育資料集成』第六巻(融和教育の理論と運動Ⅱ)明治図書、一九七九年、p.367
(17) 部落問題研究所編集部編『部落問題の手引き』一九五七年、p.135。松本清張「北原二等卒の直訴」『昭和史発掘』2、文藝春秋、一九六五年。及び「昭和から平成までの歴史年表」(http://www.fuchu.or.jp/~stock/chrono/yeartop.html、二〇〇五年五月二六日現在)。「部落問題関係年表」(http://www.marino.ne.jp/~rendaico/burakumondaico/nenpyo.htm、二〇〇五年五月二六日現在)。なお、この事件で北原は懲役一年を科せられた。
(18)「第五二帝国議会における軍隊内差別問題に関する質疑」全国解放研究会編、川向秀武担当『部落解放教育資料集成』第五巻(融和教育の理論と運動Ⅰ、明治図書、一九七九年)。この脈絡で、加藤周一は「増産は至上命令であり、陛下の赤子であるかぎりにおいて長男と次男の区別のあるはずがなかった。日本の農家の次男はかくして久しく得られなかった経済的独立と同時に精神的独立を一挙に獲得した」と述べている(「近代日本の文明的位置」『加藤周一セレクション』5、平凡社、一九九九年、八四頁)。
(19) 植民地においても軍事教練では日常生活と異なり差別されず、むしろ能力で評価されたため戦後も親日感情を持ち続ける者がいた。
(20) ここでは佐藤卓己の引用している大谷敬二郎の『軍閥』(図書出版社、一九七一年)の冒頭に収録された一九四五年二月一四日付「上奏文案」から引用。なお、佐藤は「上奏文」と記述しているが(前掲『言論統制』p.287)、『軍閥』では「上奏文案」となっている。さらに、この内容は前掲『近衛文麿』で幾度も述べられている。
(21) 前掲『軍閥』p.82。
(22) 同前、p.270。
(23) 同前、巻末の著者紹介。なお彼の主要著書に『昭和憲兵史』(みすず書房、一九六六年)、『憲兵秘録』(原書房、一九六八年)、『落日の序章――昭和陸軍史』(八雲書店、一九五九年)がある。大谷の記述は却って陸軍が「赤化」に対処していたことを示唆していると捉えることができる。そして、海軍の対処は、日高六郎『戦後思想を考える』(岩波新書、一九八〇年)

五十頁以降で認められる。

（24）菊池一隆『日本人反戦兵士と日中戦争――重慶国民政府地域の捕虜収容所と関連させて』御茶の水書房、二〇〇三年。藤原彰、姫田光義編『日中戦争下中国における日本人の反戦活動』青木書店、一九九九年。

（25）『自然と人間』二〇〇五年七月号、p.9。

（26）同前、同頁。

（27）同前、同頁。

（28）学位論文審査委員会の面接（二〇〇六年二月一〇日）において、三木から宮原への「文化政策」に関連して佐藤一子は古在の「自主ゼミ」で、「三木が何であんなことをいったのか」と語り、「でも、いいやつだった」と続けたエピソードを紹介した。この「自主ゼミ」については、版の会編『コーヒータイムの哲学塾』（同時代社、一九八七年）参照。思想は異なるが、それぞれを認めあい協力共同できる力量は十分にあった。

（29）スノー、エドガー／木下秀夫訳一九四六年『ソヴェト勢力の形態』時事通信社。

（30）同前、p.315。

（31）同前、p.312。

（32）島田修一が二〇〇二年一〇月七日の日本社会教育学会研究大会（北海道大学）で筆者が自由研究「戦争責任論と平和教育の課題――宮原誠一の平和教育論を継承するために」を報告した後に教示し、後日『北御牧時報』のコピーを提供した。島田修一「民衆教育運動と公民館像の創造過程――公民館史研究方法論への提起を含んで」日本社会教育学会特別年報編集委員会『現代公民館の創造』東洋館出版社、一九九九年、pp.128ff 参照。

（33）稲城社会教育史研究会（代表大橋謙策）『稲城青年団機関誌復刻』第一巻（創刊号～第一二号）一九八〇年。引用は第一号、p.1。

（34）同前、第二号、p.1。

（35）二〇〇五年一〇月二九日と三〇日に開講した放送大学大阪学習センター面接授業「生涯学習と人間形成」修了時「感想文」。枡谷には『鳶ヶ尾根（とっぴやご）』（近代文藝社、一九八六年）の著書もある。

(36) 憲法に関しても、「国民のあいだからの憲法論」や憲法研究会の憲法草案などがあり、米国主導ではない。鈴木安蔵『憲法制定前後：新憲法をめぐる激動期の記録』青木書店、一九七七年。特にⅡとⅢを参照。
(37) 前掲「民衆教育運動と公民館像の創造過程」p.128。
(38) 前掲『言論統制』p.376。
(39) 前掲『言論統制』p.38。
(40) 同前、p.26。
(41) 同前、p.34。
(42) 同前、p.360。佐藤は「不快感」と表現しているが、論旨は明確な批判である。「傷だらけの足」は河出書房版『宮本百合子全集』第一一巻（一九五二年）所収。
(43) 同前、p.40。
(44) 同前、同頁。なお、「佐々木＝鈴木少佐」について、「佐々木」は『風にそよぐ葦』で登場する鈴木少佐をモデルにした作中人物である。
(45) 前掲『日本人にとっての中国像』p.157。
(46) 同前、p.156。
(47) 前掲『言論統制』pp.215ff。
(48) 同前、p.35。
(49) 同前、pp.334ff。
(50) 同前、p.413。
(51) 大熊信行「大日本言論報国会の異常的性格――思想史の方法に関するノート」『文学』一九六一年八月号、p.3。
(52) 同前、p.9。強調原文。
(53) 前掲、佐藤卓己『言論統制』pp.413-414。
(54) 同前、pp.346-347。以下の引用も同じ箇所。

(55) 同前、pp.340-342、及び pp.380-382。
(56) 苅谷剛彦は二〇〇四年一〇月三日の朝日新聞に掲載された『言論統制』の書評で「石川をはじめ、国分一太郎、宮本百合子といった言論人」を列挙しているが、和辻の役割と、それを析出した佐藤卓己の論証を考えるならば、この列挙に和辻を加えるべきである。
(57) 前掲『言論統制』p.362。佐藤広美の前掲『総力戦体制と教育科学』の該当個所は二九二頁。傍点は佐藤卓己による。
(58) 前掲『言論統制』p.362。
(59) 前掲『総力戦体制と教育科学』pp.292ff。
(60) 前掲「新体制を語る座談会――鈴木少佐を囲んで」pp.96-97、p.98、p.99。
(61) 同前、p.96。
(62) 前掲『言論統制』p.365。
(63) 前掲「新体制を語る座談会――鈴木少佐を囲んで」pp95-97、前掲『オイゲン・デューリング氏の科学の変革』p.118。座談会に付されて見出しでは「自由も不自由も心次第」と皮相的で精神主義的に表現されているが、鈴木は古代ギリシアの哲学、政治、軍事から説き起こしており、この見出しでは鈴木の思想は伝わらない。
(64) 前掲「新体制を語る座談会――鈴木少佐を囲んで」p.109。これは佐藤卓己も引用して注目している。前掲『言論統制』p.364。
(65) 「一人は万人のために、万人は一人のために」はアレクサンドル・デュマ・ペールの『三銃士』の"Un pour tous et tous pour un!"に由来。生島遼一訳（岩波文庫、一九三八年、第一巻、p.168）では「四人同體」とされたが、現在では「一心同体」の訳がよく使われている。
(66) 前掲「新体制を語る座談会――鈴木少佐を囲んで」p.94。
(67) 前掲「『言論統制官』の誕生――新資料発見鈴木庫三と二・二六」p.79。
(68) 宮原誠一「放送新体制への要望」『中央公論』一九四〇年一二月号、本欄 p.194。
(69) 宮本百合子「ラジオ時評」『宮本百合子全集』河出書房、一九五二年、p.374。

(70) 広東、広西、湖南、河南辞源修訂組、商務印書館編輯部編『辞源』（修訂本・合訂本）一九八八年、商務印書館、北京、p.1380。辞海編輯委員会編『辞海』（一九六五年新編本）下巻、中華書局、香港、p.3070。
(71) 前掲「放送新体制への要望」本欄 p.195。
(72) アムルンク、ウルリヒ／対馬達雄、佐藤史浩訳『反ナチ・抵抗の教育者』昭和堂、一九九六年、p.435。
(73) 前掲「放送新体制への要望」本欄 p.201。
(74) この点がその後明瞭に現れたのがベトナム戦争の報道とベトナム反戦運動の高揚であり、宮原の議論は極めて先駆的である。
(75) 前掲「放送新体制への要望」本欄 p.201。
(76) 前掲『総力戦体制と教育科学』p.291、「戦争責任をいま考えることの意味」『月刊社会教育』No.543、二〇〇一年一月号、p.28。
(77) 前掲「宮原誠一教育論の今日的検討課題」p.329。
(78) 前掲『総力戦体制と教育科学』p.336。
(79) 同前、同頁。なお、佐藤広美はこの援用について、「主婦の政治的自覚」（『教育』第九巻第一号、四〇年一二月印刷、四一年一月発行）における該当個所を注記していない。
(80) 前掲「主婦の政治的自覚」p.65。
(81) 前掲『言論統制』p.377。
(82) 同前、p.391。

# 第五章　五十嵐顕の平和教育の思想と実践

## ――宮原から五十嵐への展開

## 第一節　宮原から五十嵐への継承と展開

### 第一項　五十嵐の宮原研究と軍国主義への反省の連関

ここでは、五十嵐による宮原研究を取り上げ、特に教育の「再分肢」機能論、社会教育の歴史的理解、自己教育運動論に焦点を当てて宮原から五十嵐への思想的学問的な展開を示す。そして、マルクス主義に重要な位置を与えながらも、独自に多面的な思想を構築した宮原からマルクス主義教育学者の五十嵐への思想的かつ実践的な継承と展開について考察する。

前掲『五十嵐顕追悼集』で、佐藤一子は「五十嵐先生の書かれる論文には、必ず社会教育・自己教育への視野が込められていた。難解ではあるけれども先生のお考えにひかれてきたのは、そのためだったと思う。宮原教育学を現代の社会において読みぬけと激励してくださり、そして戦争とファシズムの歴史的現実から照射して教育理論をきたえる必要を身をもって後続の者に示された。このことは私ども戦後世代への問いかけである」と述べている[1]。この点で、本論文は五十嵐の「戦後世代への問いかけ」に対する一つの応答の試みである。

ただし、確かに宮原の継承・展開は五十嵐自身が繰り返し提起したことであるが、しかし、マルクス主義の位置づけに関して二人には相違がある。従って、この作業は、五十嵐が多面的な思想構造を有する宮原の継承を提起した理由を明らかにすると共に、宮原のマルクス主義の人間学的、或いはヒューマニズム的な展開という思想と実践が、五十嵐においては、よりマルクス主義に引き付けられて継承・展開させられていることを示すことにもなる。

元より、この考察により彼がマルクス主義者であることを修正しようとする意図はない。ここでは、彼が終生マルクス主義者であったことを踏まえ、そのマルクス主義教育学において人間学的ヒューマニズム的な要素がどのように位置づけられていたのかについて考究し、彼のマルクス主義をより深く理解することを目指す。

それでは、これから考察作業を進めていく上で、これまでの考察に基づいて二人の思想と実践の共通性を二点改めて確認しておく。第一に、五十嵐は、宮原と同様に思想や学問と実践の統合に努めた教育学者であり、同時に教育者でもあった。二人は、社会の現実への批判的精神や、働いて富を生産し社会を支える者、低層に生きる人々、社会的弱者への共感と共同を以て、そのような人々を抑圧し、収奪・搾取する社会構造の問題を究明し、その変革を志向する教育学者であり、かつ、そのような教育を実践する者でもある。二人とも、そのための教育を学問として考究したが、それと共に、その学問をできるだけ広く伝えることに努めた。このように二人は教育学者であり、かつ教育学教育の実践者でもあるという立場で、自らが生きる時代を正視し、その時代の思潮に対峙し、現実の諸問題と格闘し、誰もが公平に自由に人間らしく生きられる社会の実現を目指していた。

確かに、教育者として自らの学問を広く伝えるという点で、五十嵐の場合は難解な論述がしばしば指摘されている。ただし、それは五十嵐の学問的な良心と誠実さの結果であった。太田堯は「弔辞」で「あの難解さは、自分の内面での感性、情動の機微をも、ゆるがせにせず、何とか表現してやまない君の誠実さ、きみの内面へのきびしさからくるものだ」と述べている(2)。また、碓井は「止揚をためらう弁証法」と評しており、それは安易に「止揚」という言葉で発展であると説明して結論を出そうとすることを戒めた五十嵐の論証方法を評したものと言える(3)。これらは、マルクス主義者でありながら、マルクス主義の教条主義やイデオロギーに乗じて安易に結論を出さず、現実に即した検証を通して理論化を試み、実践の試行錯誤を通して問題を熟考し、さらに、この熟考する自分自身を省察する中で学問の発展を目指した五十嵐の研究を表現している。

そして、これは教育学研究者としての側面であるが、本章第二節で取り上げる「教育費と社会」に見られるように、五十嵐は難解な内容をできるだけ日常生活に即して論じようと努めており、それは専門的な知識の備えがない一般読者に対して、できるだけ分かりやすい表現で自分が熟考した思索や論理を伝えようとしたことを示している。そこでは、読者が平易な表現から読み始め、論理展開を通して自らの思考を発展させ、社会的現実の本質の認識に迫るようになることが意図されている。これにより、五十嵐は、日常生活の問題から説き起こし論証を積み重ねる中で日常的な見方では捉えきれない問題の本質の認識に読者を導こうとしており、この論述方法には、教育学者だけでなく、教育者としての五十嵐が現れている。ここには五十嵐の思想学問と実践を統合する努力が示されている。そして、これは、戦時下で宮原が言論統制の監視と検閲を逃れる表現を用いながら、論理展開を通して、反戦反ファシズムの意義を読者に伝えようとしたことと共通している。

第二に、五十嵐においても、宮原と同様にマルクス主義の人間学的な基礎づけ、人間学のマルクス主義的展開、その統合という思想的学問的な営為が認められる。この点で、宮原の思想や学問の多面性、多層性は知られているが、五十嵐は自他共にマルクス主義者として認められており、彼の思想や学問における人間学的な要素、特にヒューマニズムは重要な位置を占めてはいないと見なされやすい。

しかし、それでは五十嵐が何故、宮原の意義と継承を提起したのかという点が問われる。即ち、五十嵐は、人間学やヒューマニズムを含む多面的多層的な宮原の学問や思想をマルクス主義の側面でのみ捉えたのか、それとも、マルクス主義を基軸にして多面的重層的な学問や思想を構築する中で、宮原の意義を認め、その継承を提起したのかという点である。両者は微妙であり、その微妙で臨界的なところを五十嵐は進みながら宮原の学問や思想の意義を認めたのだと考えられる。しかも、これが、戦前に軍国主義教育を受けた自分自身への反省と密接に結び付いていた。

これが端的に書き記されているのが、五十嵐の手書きの研究ノート（遺稿）である。このノートは、ビニール・カバーのファイルにB５で二六穴のルーズリーフ三枚に横書きで書き記され、そして、「77-2.-13」、「二月二七日」、「77.2.17」とメモされており、一九七七年二月に書かれたノートと考えられる。[4] その一枚目と二枚目には、次のように記されている。

宮原誠一、教育の本質をめぐって——の関連考察としての勝田守一の諸論文「教育の理論についての反省」（1954）、「教育の概念と教育学」（1958）が対置して考察されなければならない。勝田は求心的に教育学の研究対象を限定しようとした。研究の機能の限定の意味をもっていたかもしれない。教育科学における実践を重要視しようとした私の立場もこれにちかかった。

これに対し、宮原は教育学の研究対象を限定しようとしなかったというのは誤であろう。対象をひろくとったといえるかどうか。形成と教育という概念を注意して用いた宮原は漠然と教育と教育学の研究対象をあるいはある研究が教育学といわれるさいの枠についていい加減な無自覚的態度であったとは考えられない。

宮原の形成、教育、そして教育の本質論は、勝田の強調と引き合わせてその意味をさぐらなければならない。藤岡氏がよく社会的規定を宮原はいい、目的的規定を勝田が強調したとする真意が、軽率に真似されてはならない。[5]

生涯教育に対する理論的態度は、宮原の教育本質論の吟味、および理解（われわれがこれを理論し吟味しようとするとき）のさいの鍵である。——とおもわれる。

宮原学説、勝田学説——これらの教育理論を学●し研究するのも、戦後日本の教育の理論の目的、内容、方法のplanのためであるという観点を明白にしておかねばならない。無目的な、まんぜんとした研究はしない。

戦后日本の教育の comprehensive な研究観点を研究課題のテーマの形で、基本的矛盾の構造を反映させる仕方でかいておく必要がある。

また、三枚目の中で「二月二七日」と記された部分では、次のように述べられている。

> 自分の今の教育状況をいかに認識するか（私の学生時代の反省）——これは教育学研究における教育（教育学教育）の意味をもつ。——演習場である。——

さらに、これに続けて、この三枚目の最後には、「メモ（'77.2.17　於東大病院外来受付ベンチ）」の下に、次のように記されている。

A　戦后《ママ》日本の教育という研究テーマは教育学の中からすぐに（直に）由来するものとはいえない。国民の教育体験も含む、国民の生活体験、歴史的といえる国民の体験に由来する。戦後《ママ》教育がこんどは（いつのまにか）戦前の教育にしてはならないという倫理を含んで成立している。（構成されている。概念構成の中に価値観が含まれている）

Ⅰ　平和、戦争、軍国主義という問題

ここでは、Ⅰだけで、Ⅱ以下は記されておらず、従って、これ以上の構想を五十嵐が抱いていたと考えられる。それでも、このノートから、五十嵐は宮原について勝田との比較考察を通して理解しようと考え、それは、自分自身の

「学生時代の反省」を踏まえた「平和、戦争、軍国主義」に対する問題の考究と密接に関連していたことが分かる。

次に、このノートが記された時期について見ると、一九七六年一〇月刊行の『教育論集』第一巻、翌七七年二月刊行の『教育論集』第三巻の『月報』Ⅲの「宮原理論の教育学的骨格」、同年二月のノート、『教育』一九七八年一二月号の「教育の本質における矛盾について――五〇年代宮原論文の意味について」という経緯が注目される。即ち、五十嵐は『教育論集』第三巻『月報』Ⅲで「宮原理論の教育学的骨格」を書いたが、『教育論集』第一巻の藤岡による宮原と勝田の比較考察を踏まえて、さらにこのノートを書き、それが『教育』一九七八年一二月号の「教育の本質における矛盾について」に結実したと考えられる。そして、この時期、既に『勝田守一著作集』全七巻は刊行されていた（一九七二－七三年）。従って、五十嵐は勝田の教育学の総体的な認識に立って勝田と宮原の比較考察を行い、その上で宮原の継承と展開に進んだと言える。ノートにおいても宮原に重点が置かれていたが、次項で述べるように、「教育の本質における矛盾について」では、この点がより明瞭されている。

その上で、ここで注目すべきは、これが戦前の教育の問題、特に「平和、戦争、軍国主義という問題」に関連づけられ、さらに、そこに五十嵐自身の「学生時代の反省」までも位置づけられているということである。これは、五十嵐が自分自身の青年期を反省的に捉えつつ戦前の軍国主義教育の問題に迫り、それとの対比で戦後の教育をめぐる現実に迫り、その解決を目指す教育学を勝田との比較考察の中で宮原に見出したことを意味している。即ち、五十嵐の宮原研究、及びその継承・展開の提起は、「平和、戦争、軍国主義」に対する彼自身の反省的な問題意識と密接に関連していたと言うことができる。

宮原から五十嵐への思想的実践的な継承と展開をさらに深く理解するために、次に、教育の本質論に視点を据えて考察する。これまでも宮原と五十嵐の関係について述べてきたが、それが教育の本質論の考究となったのは一九七〇年代からであり、それはまず勝田と宮原の比較考察として進められ、そして、一九八〇年代後期から五十嵐は専ら宮原の継承・展開を提起するようになった。このことから、五十嵐は勝田と宮原の比較考察を進め、次第に宮原に重点を移し、約十年程経ってから主に宮原の継承・発展を提起するに至ったと捉えることができる。

また、この移行過程には、かつて軍国主義を肯定し、将校として従軍した自らの青年時代に対する反省と、その自己批判を通した反戦平和と平和教育の追究もあった。即ち、五十嵐の教育の本質論の考究は、教育学研究としてだけでなく、反省的な自己認識としても進められた。そして、これについては第四節でより詳しく述べていく。

それでは、このようにして考究された教育の本質論に関して、そこで重要な位置を占めている教育の概念に即して考察を加えていく。そのために、まず勝田と宮原の相違が端的に現れている教育の「再分肢」機能論をめぐる論争に注目する。ただし、この論争は戦後の論考をめぐり交わされているが、教育の「再分肢」機能論は既に戦前において提起されているため、まず戦前から戦後まで見通した視角から教育の「再分肢」機能論の論理について考察していく。

第二項　宮原＝五十嵐の教育の本質論

### (1) 教育の「再分肢」機能論をめぐる議論

確かに、教育の「再分肢」機能論は、一九四九年発表の「教育の本質」で提起されたことで知られている。そこで、宮原は「教育は、他の基本的な諸機能のそれぞれの末端——もっとも実践的な末端でいとなまれるところの再分肢的な機能なのだ」と述べ、これに続けて「政治の必要を、経済の必要を、あるいは文化の必要を、人間化し、主体化するための目的意識的な手続き、これが教育というものにほかならない」と論じている。(6)このことは、教育の「再分肢」機能論は教育の「人間化」論、「主体化」論と密接に関連していることを示している。その上で、ここで宮原が戦前に「放送文化は国民文化の一分野であり、放送政策は文化政策の一分肢だ」と「分肢」について述べていたことに注目すると、(7)これは「上から」の政策論の文脈で書かれており「再」は付けられていないことが分かる。このことから、宮原は「分肢」と「再分肢」を使い分けており、従って、これと組み合わせると教育の「再分肢」機能論のより深い理解が得られる。即ち、「上から」と「下から」の要求の合流・混在の視点から（後述）、「再分肢」は「下から」の立場で「上から」の「分肢」を捉え返す「人間化」、「主体化」の実践論として理解できる。それは、自分自身を規定する社会に主体的に働きかけ、変革し、新たな歴史を創造する実践論である。

次に五十嵐の宮原研究について見ると、五十嵐は、一九六一年発表の「教育費と社会」において、次のように、宮原の「再分肢」機能論を学校と社会の認識に適用させている。(8)

　学校活動は全体として教育機能をもっているのだが、学校活動の集中的性質とは、学校が政治的・経済的・文化的・社会的な社会諸機能に密着している人間性質への要請を、それらの明確な分肢化の前段階において含んでいることから生じてくる。（中略）学校は諸種の社会機能にたいして共通した基礎的な、そして将来異なった仕事に分かれていく人々を結びつけるような活動の性質と、逆に人々を異なった分担と分業へ導いていく活動の性質とをもっている

ここで五十嵐は、論文のタイトルで「教育費」を用い、この引用文では「学校」を取り上げているが、それらはいずれも一つの対象であり、それらを通して教育の本質の認識に迫ろうとしている。即ち、確かに五十嵐は「学校活動」

について述べているが、それを学校という枠内だけで捉えようとせず、広く社会の中で「学校活動」の有する諸機能を認識することに努めている。そして、このために宮原の「再分肢」機能論が適用されているのである。しかも「分肢化」の認識に立ち、「将来異なった仕事に分かれていく人々を結びつけるような活動の性質と、逆に人々を異なった分担と分業へ導いていく活動の性質とを」併せ持つと述べ、「再分肢」の機能作用をより明確に述べている。これは、社会的な分業と、それを担う専門分化した個人とが、教育・学校の実践を通して統合されるという教育本質論である。それ故、戦前から宮原が追究した個人主義（「個人的見地」）と社会主義（「社会的見地」）との統一の論理が「再分肢」機能論においても存在していることが、五十嵐によって明確にされたと言える。

そして、この教育の「再分肢」機能論をめぐり議論が交わされている。矢川徳光は教育の「再分肢」機能論を「教育機能論」としては評価しても人格の発達が捉えられていない点で批判し、それを坂元忠芳は再確認している。[9]これに対して、藤岡貞彦は勝田との比較考察を通して宮原社会教育学の意義を提示している。[10]

ここで勝田の教育論について見ると、既述したように、勝田の発達と学習と教育の論理と、宮原が「子どものための教育学概論」で示した「のぞましい学習を助ける努力――それが教育」の論理は通底している。「人間化」、「主体化」は、これを踏まえて認識すべきであり、従って「人間化」、「主体化」の論理には発達論が内包されていると言える。それ故、「再分肢」機能論を発達が捉えられていないことを理由に批判することは難しい。

ここで、対比されている勝田の議論を見ると、確かに、勝田は教育の「再分肢」機能論を「形式的である」と規定し、これが矢川や坂元の批判にも関連してくるが、勝田は、その上で、宮原の「人間化し、主体化するための目的意識的な手続き」の意義を認めている。[11]さらに、勝田もまた「社会統制」、「職業訓練」、「文化価値の内在化（教養）」という教育の「機能」を論じており、機能論自体を批判しているわけではない。[12]ここには、政治、経済、文化に即して教育の「機能」を捉えた宮原と通底し、相似した枠組みが認められる。このように、教育の「再分肢」機能論をめぐる議論は交錯しており、五十嵐が勝田と宮原の比較考察を重視する理由もこの点にある。

これを踏まえて、宮原批判の要点である発達論についてさらに検討を加える。勝田も矢川も坂元も、機能論としてはそれぞれ宮原を評価しており、問題は発達論に焦点づけられる。確かに、矢川と坂元はマルクス主義教育学的な発達論であり、勝田は西洋思想に基づく独自の発達論を提示しているという相違があるが、発達論では共通し、さらに視点は主に学校教育の方に向けられている。(13) 他方、宮原は社会教育に視点を向けており、社会教育には子供の学校外教育もあるが、宮原の主たる対象は勤労青年、労働者、農民、市民などで、子供ではない。子供、学校教育、教師などを論じている場合もあるが、それは教育と社会、学校と社会を総体的に捉える視座から行われている。宮原の社会教育学は、デューイを援用して山下が提示した個人主義（個人的見地）と社会主義（社会的見地）を統一的に捉える「社会的教育学」から出発しているのである。また、教育の「再分肢」機能論の鍵概念である「人間化」、「主体化」には、教育の機能は非人間化し、また主体の形成を妨げるようにも利用される場合があるという問題意識があり、実際、宮原は非人間化し、主体の形成を妨げるような教育（教化）を進める動向に対して、戦前から一貫して批判し、抵抗してきた。既述したように「分肢」に「再」を加えて「再分肢」としたことには、この意味がある。それ故、確かに宮原の議論において発達は主題とされてはいないが、宮原は人間の発達を踏まえ、その上で、この発達をより十全に保障する社会を目指し、また逆に発達を妨げる社会の現実を批判し、捉え直し、変革しようとしていたと言える。それは、人間発達と社会発展（歴史創造）の統合的な実践論である。

そして以上の考察から、宮原は発達について論じていないというよりも、心理学者の波多野との新興教育研究所以来の長い交流と交遊に示されるように、発達論を十分に理解し、それを前提とした上で、その次の段階に視点を据えていたことが分かる。宮原が教育の「再分肢」機能論を「人間化」、「主体化」の実践論と結び付けている論理構成も、このためである。

## （2）五十嵐による宮原と勝田の比較考察

勝田が宮原の教育論を「形式的」と規定した点に関して、五十嵐顕は「愛惜すべき拠点の逸落を感じる。学校の定義と、社会教育・学校教育をふくめた教育の本質とその社会的形態との矛盾の分析と、両者はちがうのである」と述べている。[14] 即ち、五十嵐は、勝田の「形式的」という規定は学校教育という定型的教育（フォーマル・エデュケーション）を基本にした枠組みに拠っており、宮原はそれを超えて「社会教育・学校教育をふくめた教育の本質とその社会的形態との矛盾の分析」に進んでいると論じているのである。実際、社会教育には非定型的教育（インフォーマル・エデュケーション）や不定型的教育（ノンフォーマル・エデュケーション）も含まれ、むしろ、自己教育ではこれらの方が大きな位置を占めている。

このように宮原を評価する五十嵐は、宮原が一九四九年から六〇年までに発表した諸論文を構造化し、下図のように示している。[15]

ここでは、「教育の本質」―「社会教育の本質」―教育の「再分肢」機能論という構成で各論考が分類されている。それは、

図　五十嵐による宮原社会教育学の構造

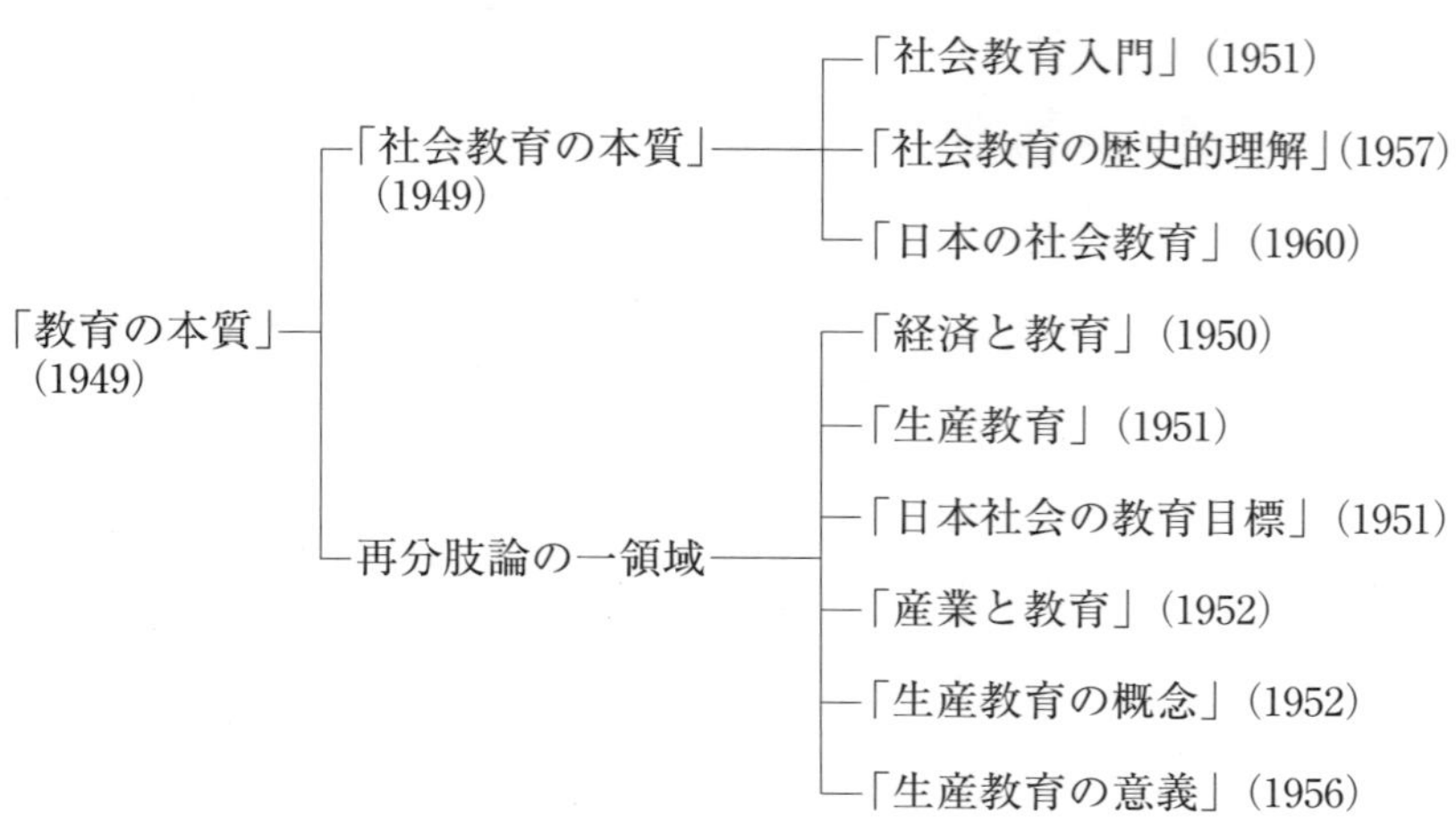

本質の認識から諸現実の考察と理解へという展開になっている。そして、このように構造化する五十嵐は、基本的視点において「教育の本質の基本の矛盾の見地が逸せられること」は、「人間の主体的なものが真に発揮されるされるときにその跳躍を制限するものであり、その跳躍の基盤であるという矛盾の性質が、教育の規定の次元において早くも逸せられる」と指摘している。[16] ここで注目すべきは、「矛盾」を「基盤」として人間が「主体的なもの」を「真に発揮」しようと「跳躍」するという矛盾を通した主体形成の実践論である。これは矛盾が発展・発達の原動力となるというマルクス主義的弁証法の主体形成論であり、そこには単なる発達の過程の説明だけではなく、発達を抑えようとするものとの対峙において生起する矛盾を起点に、自ら発達を推し進めようとする主体的な実践論がある。[17] そして、五十嵐が「矛盾」を繰り返し強調しているのは、矛盾は現実的であり、従って、主体形成へと「跳躍」するための「基盤」は現実に確固としてあることを提示するためである。この点で、五十嵐は主観的な精神主義ではなく、主体形成の客観的な条件の認識を基礎にする弁証法的唯物論の立場にあると言える。また、これは、五十嵐が宮原社会教育学に弁証法的唯物論を基礎にして人間が「主体的なもの」へと「跳躍」する実践論を見出していたことを意味している。これこそが宮原＝五十嵐の「教育の本質」論なのである。

そして、宮原の教育本質論をマルクス主義教育学者の五十嵐による継承と展開において捉えることは、宮原社会教育学の意義を、より一層明らかにすることになる。この点について、次に、ブルデュとの対比を通して論証していく。

### 第三項　教育の「再分肢」機能論の意義

#### (1) ブルデュのハビトゥス論との対比

宮原を承けて五十嵐が概括した「将来異なった仕事に分かれていく人々を結びつけるような活動の性質と、逆に人々を異なった分担と分業へ導いていく活動の性質とを」併せ持つという、「人間化」、「主体化」のための教育の「再分肢」機能論は、教育（五十嵐では社会における「学校活動」）には、分業により相互に離散する人々を「結びつける」という構造化の機能と、それぞれの分業のいずれか一つを担い得る専門性を各人の能力として構造化していく機能とが統合されていることを明らかにしている。「分担と分業」という専門分化と、それぞれを「結びつける」全体的な統合は矛盾しあうものであり、この矛盾を手がかりにして、宮原＝五十嵐は、相互に矛盾し合う事物が止揚して発展・発達を遂げていくという弁証法を教育本質論に求め、これにより導き出されたのが、教育の「再分肢」機能論である。

ここでは、この評価の妥当性を論証するために、個人と社会の発達・発展を実践に即して統合的に認識することを目指した教育の「再分肢」機能論は、ブルデュの文化的再生産論やハビトゥス論と対比でき、ブルデュが社会学的に教育と人間の現実的諸問題の本質を考究したことに対して、宮原＝五十嵐は現実的諸問題を解決するために教育学的に人間発達と社会発展を追究したことを示す。この作業は、一面でネオ・マルクス主義と見られるブルデュの理論について、マルクス主義が大きな位置を占める宮原＝五十嵐の理論を対比させることであり、マルクス主義を共通基盤にした比較考察である。

ブルデュは『実践理論の素描』において、構造的な習性であるハビトゥスについていくつも説明を与えている。この『実践理論の素描』には一九七二年の仏語版と、リチャード・ナイスの翻訳とブルデュの改訂による一九七七年の英語版があり[18]、英語版はブルデュ自身により大幅されており、従って、理論的な部分は英語版に依拠する必要がある。それでは、英語版に基づき、ハビトゥスの次の三つの定義を取り上げる[19]。

①ハビトゥスは、二重のシステムであり、変換処理機構であり、構造化する構造としての機能を予め付与された構造化された構造である。

②ハビトゥスは、純粋な戦略的意図の産物であることなしに、戦略として客観的に組織された一連の動作の源泉である。

③要するに、ハビトゥスとは、歴史の所産でありながら、かつまた、個人と集団的実践と、それ故に歴史とを産出し、それは歴史によって引き起こされた諸図式と調和しているのである。

これらの定義は『実践感覚』にも述べられており、ハビトゥスの基本的特性が、ここに示されていると認めることができる。[20] それでは、各定義について考察していく。

第一の定義によれば、ハビトゥスは、「二重のシステム」、「変換処理機構」であり、それは「構造化」の「機能」を「予め付与」された「構造」であり、かつまた、既に「構造化された構造」でもある。ここで「二重」というのは、「構造化」という「構造」をつくる機能を有する「構造」である点で、「構造」が「二重」になっているからである。そして、教育に即して「構造化する」機能を考えるならば、これは成長発達において構造的な習性や資質を形成する機能と捉えられる。それは社会体制が求める人間像やモデルとして具象化された構造に人間を適応させる機能と言える。また「構造化された構造」を教育に即して見るならば、学校制度や教育制度は社会体制によって「構造化された構造」と捉えられる。このようにして、「構造化」し、かつまた「構造化」される「構造」としてのハビトゥスの機能は、各分業を担い得る専門性を各人において構造化し、かつまた、それぞれの分業に対応したカリキュラムやプログラムを以て構造化される構造としての教育制度の機能と対比できるのである。そして、ブルデュが「構造化する」と「構造化され」るという「二重」の機能を述べたことを、それ以前に、宮原は「上から」と「下から」の要求の合流・混在の視点から「再分肢」機能と概括したのである。それでは、これについて、より詳しく論証していく。

確かに、ブルデュの議論は、ハビトゥスという旧来の構造を繰り返し再生産する習性を説明するものであり、新たな構造を創生する変革論ではないため、宮原＝五十嵐の教育の「再分肢」機能論との共通性は見出し難い。しかし、より深いレベルまで視程を届かせるならば、ブルデュは変革を抑止する社会体制の構造の強固さを論じ、他方、宮原＝五十嵐はこの強固に構造化された社会体制を変革する主体の形成と、そのための実践を考究したということが認識できる。そして、ブルデュが「構造化する」機能として示したものが、宮原＝五十嵐は「分担と分業」の専門分化として、また前者の「構造化された構造」は教育制度のにおける社会体制の統合の機能として、それぞれ対応させることができ、しかも、ブルデュの再生産論を変革論へと展開させることができる。そして、両者が一面でマルクス主義を共通基盤としていることから、前者を社会体制の深奥の認識の論理として、そして、後者を深奥からの社会変革の主体形成と、その実践の論理として対比的に捉えることができる。

この点で、ブルデュの用いる社会学的な「システム」や社会工学的な「変換処理」については、それを宮原＝五十嵐の文脈に即して換言すれば社会体制と、その変革の教育実践となる。ただし、これらの用語を使っているとはいえ、「二重の」と規定されているように、ブルデュの議論は矛盾が内包されており、ハビトゥス論には工学的機械論を超えた弁証法的な認識論がある。

他方、宮原は「前近代的な習俗と心術とは、保守政党のみならず、社会主義や共産主義の政党の内部にも浸透しているし、労働組合の内面にもふかくひろくひろがっている」（本論文序章第三節第二項で引用）と述べているように、慣習や習性の問題にも迫っていた。この点でも、ブルデュの考究の水準と対比できる。

また、第二の定義における「純粋な戦略的意図」はないが「戦略として客観的に組織」されているというハビトゥスの規定は、「意図」的な実践である教育実践と異なる。ただしブルデュは「純粋な」と限定しており、これは「意図」としては「純粋」な形態で現象していないが深層では伏在していることを示している。即ち、「意図」を明確に提示せずに、その「意図」が機能するのがハビトゥスであり、これは社会体制により意識しないままに教え込まれる教化の機能と言える。そして、教化に対して、宮原や五十嵐は主体的な人間化の実践として教育実践を提起したのであり、それ故、ブルデュが社会体制の問題の深奥に迫ったことに対して、宮原や五十嵐は、それに取り組む教育実践を考究したと言える。

第三の「歴史の所産」であり、かつ「歴史」を「産出」するという定義は、第一の「構造化」し、かつまた「構造化」される「構造」としてのハビトゥスを、個人、集団、歴史の現実的脈絡に即して具体的に述べたものである。これを宮原＝五十嵐の文脈に即して捉え直すならば、人間は歴史の中で成長発達するが、「人間化」、「主体化」の教育実践を通して、新たな歴史を創造することもできると言うことができる。

### (2) マルクスのフォイエルバッハに関するテーゼ(第二)の位置

確かに、ブルデュは社会体制の再生産の諸問題の考究に重点を置いており、それは体制変革の主体形成と実践に力点を据えた宮原や五十嵐の教育学と異なっている。しかし、この相違点においてもなお思想的理論的には共通性が見出せる。

ブルデュはハビトゥス論を教育システムに適用し文化的再生産論として提示し、この文化的再生産論は教育を通して階級構造が文化的に再生産されるという機構の問題に迫っている[21]。その中で、彼自身は「パスカル的（パスカリアン）であると言うだろう」と自己規定しているが[22]、この階級構造に対する問題意識を内包する思想はネオ・マルクス主義としばしば見なされた。彼の思想形成を見ても、ミシェル・フーコーたちと共にマルクス主義哲学者ルイ・アルチュセールの指導を受けた時期があり、その後、確かに独自の思想を構築したが、その過程においてもマルクス主義が大きな位置を占めていたことは認められ、この点でも宮原や五十嵐の思想や理論との共通性があると言える。

この点を、実践や主体の概念に関して考察していく。まず、実践について見ると、宮原や五十嵐は、基本的には人間が現実的諸問題に積極的に取り組み、社会を変革しようと努める能動的で意図的な活動として捉えている。ただし、「最も実践的な末端」という場合は、必ずしも能動的意図的ではなく、むしろ日常的で地道であるが確実に社会を支える営みとして実践を位置づけている。他方、ブルデュは、実践に関して、慣習的日常的な実践の pratique (practice) と意識的能動的な praxis を区別し、主に前者の問題を考究して「実践感覚」論を提示している。praxis はマルクス主義においてしばしば強調されており、この点でブルデュはマルクス主義に対して慣習的日常的な実践論を提起したと言える。そして、これは主体の概念にも関連してくる。ブルデュは、慣習的日常的な実践（pratique, practice）の脈絡で、主体（sujet, subject）に内包されている臣下や臣従の意味に重点を置いて主体を論じている。

このように、ブルデュは慣習的日常的な実践における主体の臣従に即して実践や主体を捉えているが、しかし、それは実践や主体の問題を深く考究するためであり、意識的能動的に社会変革に取り組む主体の実践を軽視し、また看過しているわけではない。むしろ、マルクス主義的な主体と実践の概念を踏まえた上で、それを無批判に踏襲するのではなく、主体と実践のより深い認識を得るために、慣習的日常的な実践における主体の臣従の問題について考究したと言える。

そして、これが明確に示されているのは、マルクスの「フォイエルバッハに関するテーゼ」（第一）の位置づけである。ブルデュは、その中の「これまでのあらゆる唯物論（フォイエルバッハのをもふくめて）の主要欠陥は、対象、現実、感性がただ客体（客観）の、または観照の形式のもとでだけとらえられて、感性的人間的な活動、実践として、主体（主観）的にとらえられないことである。それゆえ、能動的側面は、唯物論に対立して抽象的に観念論——これはもちろん現実的な感性的な活動をそのようなものとしては知らない——によって展開されることになった」という箇所を、仏語版及び英語版『実践理論の素描』（72、77年）、『実践感覚』（八〇年）、『芸術の規準』（九二年）、『パスカル的瞑想』（九七年）と繰り返し引用、或いは援用している。[23] 刊行年によれば二五年間に渡り「フォイエルバッハに関するテーゼ」（第一）を取り上げており、その中で、英語版『実践理論の素描』ではエピグラフとして冒頭に掲げている。

それでは、ブルデュがこのように重視する「フォイエルバッハに関するテーゼ」（第一）で示されているマルクスの実践論や主体論について考察する。マルクスの哲学、そしてマルクス主義哲学は、一般に唯物論として捉えられているが、ここでは、「これまでの」、即ちマルクスまでの唯物論と観念論とがともども批判され、マルクスはその上で彼としての唯物論を構築するということが表明されている。それは、「感性的人間的な活動（*Taetigkeit*）、実践」を「主体（主観）的に（subjectiv）」捉え、人間の「能動的（*taetige*）側面」を明らかにするという唯物論であり、このマルクス的な唯物論を、ブルデュは注目していると言える。そこでは、人間の理解、とりわけその能動的で意識的な側面の理解のためには、活動や実践の「主体（主観）的（subjectiv）」な性質の把捉が重要であるという認識論が認められる。このことから、ブルデュは、実践を手がかりにして、自他ともに唯物論と見なされているマルクスの哲学における主体（主観）性の位置づけを提示したと言える。そして、これは、客観主義と主観主義とを共に批判し、両者を総合しようとした『実践感覚』や『パスカル的省察』の問題意識や論理展開とも合致している。

このことから、ブルデュは、マルクスの観念論批判が単なる機械論的唯物論によるのではなく、主体（主観）と、その営む実践を生き生きした動態的過程に即して認識しようとする弁証法的唯物論に基づいていると捉え、それを起点に据えて、ブルデュ独特のハビトゥス、実践感覚、文化的再生産などの諸概念を以て論理を展開し、一九世紀に生きたマルクスが迫り得なかった二〇世紀後期の社会的諸問題の解明を試みたと言える。(24)

ただし、英語版『実践理論の素描』で引用されているテーゼは英訳で、その中の「実践」は practice と訳されている。それは、ブルデュが主にプラティクを論じているためと言えるが、しかし、マルクスの独文では「実践」は paxis となっており、この点は看過すべきではない。これについて、「フォイエルバッハに関するテーゼ」（第一）においては「『実践的—批判的』活動（"praktisch-kritischen" Taetigkeit）の意義」が強調されているが、この箇所をブルデュが引用していないことと重ね合わせて考えると、確かにブルデュはマルクスを論理展開の起点に据えているが、それはあくまでも、彼が論理を多面的に展開させるために設定したいくつかの起点の一つであり、また、その論理展開はマルクス主義の思想に基づいているわけではなく、ブルデュは彼自身の独立した思想と理論を以てマルクスの実践と主体の概念を援用したことが分かる。

以上の考察から、pratique（practice）とpraxisの重点の置き方に相違点があり、宮原、五十嵐、ブルデュと、マルクスの位置づけは一様ではないが、ブルデュも、宮原や五十嵐も、マルクスに確かな位置を与えた独自の思想と理論を以て実践と主体を考究しており、またいずれも、社会の様々な要素（分業）に対応して構造化されている教育（学校活動）が、その要素に従って主体の資質や能力（専門性）を構造化している構造と機能に実践論的に迫ったことが分かる。そして、学説史的には宮原の教育の「再分肢」機能論が最も早いのである。

確かに、宮原は専ら「機能」を論じており、構造への視点は希薄なように見られるが、宮原は、教育を他の「諸機能」が「もっとも実践的な末端でいとなまれる」ところで作用する「機能」であると規定しており、これは、宮原が教育の「機能」を他の「諸機能」と識別してメタレベルに位置づけていることを意味している。即ち、教育は他の「諸機能」に対して作用する「機能」の「機能」であると、宮原は論じているのである。このことから、宮原は「機能」を単に並列しているのではなく、諸「機能」を社会構造に即して構造化して捉え、それを教育学者として、教育の「機能」に視点を定置させて構造的にも考究したことが分かる。そもそも、青年期に言論統制下でマルクス主義を研究したことは、宮原がまず事物を構造的に捉え、その構造を構成する諸要素の矛盾と、その止揚を通して構造が発展するという認識論を修得していたことを意味している。そして、これまで考察したとおり、宮原の論考においても、また実践においてもマルクス主義の位置は極めて大きいことから、宮原は「構造」という用語を使わずに構造について論じたと言うことができる。

### 第四項　社会教育の歴史的理解と史的唯物論

宮原は「構造」を用いずに構造について論じたように、「史的唯物論」の言葉を使わずにそれを教育論に適用させている。これが、社会教育の歴史的理解の論理であり、これもまた五十嵐の継承と展開に関連している。即ち、社会構造における教育の機能を実践と主体の動態に即して捉える教育の「再分肢」機能論を歴史認識に即して展開した論理が社会教育の歴史的理解の論理であり、これについても五十嵐は大きな意義を認めている。換言すれば、体制変革の主体形成と、その実践という点だけでなく、社会教育の歴史的理解の論理展開には史的唯物論が位置づけられてことを認識したために、マルクス主義教育学者の五十嵐は宮原を評価したと考えられる。それでは、次にこの点について考察する。

宮原は「社会教育の本質」において、社会教育を学校教育と対比させ、(一)「学校教育の補足」、(二)「学校教育の拡張」、(三)「学校教育以外の教育要求」、という三つの特質を示している[25]。この三点を理解する上で重要な点は、それらは「社会教育の歴史的理解」から導き出されていることである。即ち、学校教育の「補足」から「拡張」へ、そして、学校教育の外に独立した「教育要求」へという社会教育の歴史的発展に、それぞれの特質が位置づけられるのである。そこには、近代の学校教育の枠組みを超え、より高次の歴史観で教育の歴史を捉えるという、社会教育の歴史的で総体的な理解がある。

宮原は「こんにち学校教育と、社会教育とはその関係を根本的に再調整されるべき段階にたちいたっている。われわれは近代的な学校教育と社会教育とを通過して、いわば異なる次元において、ふたたびかの教育の原形態としての社会教育にかえろうとしている。しかし、それはもとよりかの素朴な教育形態にかえるのではない。家庭や近隣や職場における、分散的な訓練と教育のむかしにかえるのではない。まったく逆に、社会の教育的必要を総合的・系統的に計画化することが、ここにいう新しい次元における社会教育の課題である」と論じる。[26] ここでは、「むかし」の「家庭や近隣や職場における、分散的な訓練と教育」という「教育の原形態」から、「近代的な学校教育と社会教育」を経て、「異なる次元」で「新しい次元」の「教育の原形態としての社会教育」へと発展していく社会教育の歴史的発展が示されている。ここにおいて、宮原は、前近代、近代、そして近代以後と歴史的段階を区分し、近代の学校教育の前後に「異なる次元」の「教育の原形態としての社会教育」を位置づけており、近代と学校教育の枠組みを超えたより壮大な人類史的観点で社会教育を捉えている。

そして、宮原は各段階の発展過程に対立物が矛盾を通して止揚する動態を見ている。宮原は「社会教育は、社会的民主主義の勃興にともなって、民衆の下からの要求として発展したが、また一方、民衆の民主主義的自覚にたいする支配階級の上からの対応策としておしすすめられた。これまでの歴史的なものとしての社会教育のなかには、この下からの要求と上からの要求とが合流して混ざりあっている」と論じている。[27] ここには「合流して混ざりあっている」という表現で矛盾が示され、その止揚を通した社会教育の歴史的発展が概括されており、これはまさに史的唯物論の社会史や教育史（社会教育史）への適用である。即ち、これを、前述の「原形態」としての社会教育、近代の学校教育と社会教育、「新しい次元」の「原形態」としての社会教育という発展段階論と結合させると、マルクス＝エンゲルス的な弁証法的史的唯物論が、社会教育史に適用されていることが分かる。

ここには、正—反—合という弁証法に即して世界精神の現象史として世界史を論じたヘーゲル的な観念論を批判して、歴史の現実に視点を据え、そこに土台と上部構造、生産力と生産諸関係の矛盾による階級闘争を見出し、この動態的過程を通して、支配を必要とする程まで生産力が発展しておらず万人が自由で平等の自然状態であった原始共産制から剰余生産物の私的所有と富の蓄積により権力が発生し、階級が作り出され、古代奴隷制、封建制、資本制など、自由や平等が抑圧された階級社会を経て、また新たに自然状態とは異なる高次の段階で階級支配のない共産制へと社会が発展するというマルクス主義的歴史発展論が認められる。即ち、時代精神の発展過程に歴史的理性を見ようとしたヘーゲルの歴史哲学をさらに進め、その歴史的理性の現実的な根拠や理由を追究したのがマルクスやエンゲルスであり、彼らが提起したのが史的唯物論であった。そして、宮原はこのマルクス主義的歴史発展論を教育史に適用し、前近代の「原形態」としての社会教育、近代の学校教育と社会教育、「新しい次元」の「原形態」としての社会教育という社会教育の歴史的理解を示したと言える。宮原は「教育の歴史をしらべてみれば、古代以来現代にいたる階級的社会において、支配的な教育はつねに支配階級の立場からの教育であったことは、あきらかである。階級的社会における支配的な教育の傾向は、つねに支配階級の利益と信念とに、その価値体系に、依存するものであった」と述べている[28]。

そして、宮原は、このようなマルクス主義的歴史発展論から、教育の本質、そして社会教育の本質を、国家の制度や事業ではなく、その「上から」の支配統制に対して実践される「下から」の自己教育に求めた。これは議論の中で自己教育の用語が明示されていない場合でも、その論理は貫かれている。既述したように、宮原は生涯教育の語義的な検討において、『一九一九年報告書』で lifelong と共に用いられている universal を「普遍的」などとは訳さずに「万人のもの」と訳した。これは、「万人」が自らの意志と力量で教育機会を活用し、その成果を平等に享受するという英国の労働運動と労働者自己教育運動論の理念を踏まえた訳であり、宮原はそれを生涯教育の理念にも位置づけようとしたのである。

同様に、確かに宮原はマルクス主義、そして社会主義や共産主義を明示的に論じてはいない。しかし、「社会的民主主義」や「民衆の民主主義」を提起し、また「社会教育の発達をささえる大きな条件は、やはりデモクラシーとテクノロジーである」と述べている。[29]「民主主義」一般ではなく、それに「社会的」や「民衆の」と付け加えるのは、民主主義社会の中で自由競争を通して資本が蓄積され、封建的な収奪や支配とは異なる経済的な搾取や利益誘導により支配が生じて民主主義が形骸化するが、その形骸化を乗り越えて民主主義をさらに発展させる主体が「民衆」であると考えたからであると言える。ここには、資本主義的段階の次に位置する、より高次な「民主主義」への展望がある。また、「テクノロジー」を物質的生産力の文脈で捉えるならば、「デモクラシー」に「テクノロジー」を加える論理は、「テクノロジー」は生産力の発展を齎らし、より発展した生産力を通して生産諸関係が変革されるが、それには「デモクラシー」が重要であるという理解がある。そして、これらは史的唯物論と類比的である。

ただし、このように史的唯物論が大きく取り入れられている社会教育の歴史的理解にもかかわらず、何故、マルクス主義や社会主義や共産主義を明示的に論じていないのかが問われる。これについては、宮原は既に戦前からスターリニズムの粛清や圧政を知り、戦後はさらに社会主義諸国の一党支配体制の問題を認識し、その上「社会主義や共産主義の政党の内部にも浸透し……労働組合の内面にもふかくひろくひろがっている」「前近代的な習俗と心術」も認識し、いかなる思想や体制であっても民主主義は極めて重要で不可欠であると捉えていたからであると考えられる。また、宮原の思想には、ヒューマニズムや西田・三木の人間学やプラグマティクな現実主義もあり、そのため矛盾に満ちた現実の「最も実践的な末端」で生きて働いている人間よりもイデオロギーを優先させる社会主義体制とは一線を画していたとも言える。

そして、宮原はこのように現実にしっかりと立脚した多面的で重層的な思想を備えていたからこそ、国際的な規模で大きな影響を及ぼした強烈なイデオロギーであっても、それに流されず、独自の立場を保ち続けることができたと言える。そして、イデオロギーの統制や影響から離れて、何よりも現実を正視し、様々な要求が合流し混在する矛盾に満ちた「最も実践的な末端」に視点を向け、そこに立脚して「人間化」や「主体化」を進める実践の理論として社会教育学の研究を進め、また、自らもその実践に努めたのであった。

このような宮原社会教育学に、五十嵐は継承すべき意義を認めたのである。五十嵐は「教育の本質における矛盾について――五〇年代宮原論文の意味について」において、宮原が社会教育の歴史的理解について書いた部分を引用し、「これは一九四九年初出の論文『教育の本質』の最後から二番目の文段《ママ》である。一九五〇年代の宮原誠一氏の諸論文が相よって合成する教育再編（＝改革）の見地の根拠がこの文段にある。感銘なくして読みえない」と述べている。[30]五十嵐の引用箇所は、宮原が「人間化」し「主体化」する実践としての教育の「再分肢」機能論を述べた部分に続く、以下の文章である。[31]

> 近代国家のもとにおいてはじめて、国家の一般的な管理のもとに、これらの教育組織は再編成されて公共的な学校の制度となり、この制度の内部で働く教育者という特別な職業集団が発展せしめられる。こうなるにおよんで、教育は、さきにのべたように、中立性の外貌をおびるとともに、社会の一つの基本的な機能としての様相を呈する。このようにして、本質的には社会の諸々の基本的機能の再分肢であるべきところのものが、これらの機能と並行するするところの一機能であるかのように内からも外からも錯覚され、やがてそれ自身を絶対化し、形式化するようになるのである。

ここで、宮原は、前近代から近代への歴史的発展において「国家の一般的な管理」の下で公共的な学校が制度化され、「教育者という特別な職業集団」が発展し、それは「中立性の外貌」や社会の「基本的な機能としての様相」を呈するために、政治、経済、文化などの機能と「並行」して作用するかのように「内からも外からも錯覚され」、さらには「絶対化」され、「形式化」されると指摘しつつ、むしろ、教育とは「本質的には社会の諸々の基本的機能の再分肢」であると明示している。即ち、教育は教育として独立して存在するのではなく、社会構造を支える様々な機能の中において機能する「再分肢」機能として存在しているのであり、学校制度の絶対化は誤りとされている。それは、たとえ学校が社会の中で固有の機能を果たしているとしても、それは近代社会においてであり、さらに社会が発展するならば、教育は学校制度の形態から教育の「原形態」としての社会教育へと発展するという社会教育の歴史的理解に立脚している。

しかも、宮原は、このような教育の本質論を「人間化」、「主体化」の実践へと展開させている。これは、「上から」の「分肢」に対する「下から」の「再分肢」という対比において、近代社会と近代学校制度を変革し、その枠組みを超えて、より高次の段階へと発展するという歴史的課題を担う主体の形成のための実践論として提示される。そして、この点もまた、マルクス主義教育学者であり教育者でもあるの五十嵐が宮原を評価した理由と言える。

さらに、以上は国家の範囲における社会教育の歴史的理解と史的唯物論の関連であるが、それに止まらず、宮原は国家を超えた世界史的な認識に努めていた[32]。この点について、レーニンはマルクスの史的唯物論を発展させ資本主義の「最高段階」として帝国主義を提起したが、第二章で述べたように、この帝国主義の観点で五十嵐は宮原編『教育史』を評価している。『教育史』では戦前の天皇制と教育の問題が論じられているが、大日本帝国＝天皇制日本の侵略戦争や植民地支配の問題に迫るためには、国家の枠内にいては不十分であり、この枠を超えた世界史的な視座が求められる。そして、宮原は中田貞蔵の時代から、この視座で天皇制日本を正視して思想を形成し、教育学を考究し、実践していたのである。なお、この国家を超える視座は、宮原が生産教育と平和教育の基礎に人間教育を位置づけているところでも確認できる。それ故、国家について論じる場合でも、宮原はその枠を超えて、それらを対象化して検討を加えていたのであり、これは五十嵐における国家と教育の研究でも同様である。

## 第二節　五十嵐の自己教育運動論
### ――「教育費と社会」に即して

#### 第一項　五十嵐の社会教育研究

五十嵐の研究領域は主に教育行政や教育財政であったが、それは学校教育に限定されず、社会教育を含んでいた。これは特に「社会教育と国家――教育認識の問題として」（日本社会教育学会編『社会教育行政の理論』（日本の社会教育第四集、国土社、一九五九年）、「国民の自己教育としての社会教育」（前掲、五十嵐他編『社会教育』）、前掲「宮原理論の教育学的骨格」、前掲「教育の本質における矛盾について――五〇年代宮原論文の意味について」など、社会教育を主題にした論考や共著によって確認できる。

その中で、「社会教育と国家――教育認識の問題として」は、宮原が教育と社会を統合的に認識する概念として社会教育を規定していた観点を、さらに国家論に即して深めようとした論考である。そこで、五十嵐は宮原の提起した形成と教育、「上から」の要求と「下から」の要求の合流・混在、社会教育の歴史的理解などを取り上げ、社会教育と学校教育とを対比しつつ国家論に即して論じている。五十嵐は「社会教育と国家」において「教育が学校教育として支配的になってきた近代教育史の諸現象は、今日社会教育といわれる場面における活動を基盤にした、その必然的な展開であるということである。またこのことは近代的教育の発展の史的事実であるばかりでなく、現代社会においても社会教育は、学校教育にたいして、教育の全体構造において基礎的であるという本質をになっているのではないか」という「仮説」を提示しており、[33] これはまさに宮原の社会教育の歴史的理解である。さらに、五十嵐は、同論文が島田修一編『社会教育の自由』（一九七八年）に再掲される時に寄せた「追記」で、改めて宮原の「教育の本質」の意義を提起し再確認している[34]。

これと共に、この「追記」で五十嵐は一九五九年発表の時点で十分に論じ尽くせなかった論点を取り上げ、自らの論考を反省的に考察している。五十嵐は「形成と教育」について「社会教育もまた教育というからには、それじたい、抽象的には教育と規定される。私の小論の不鮮明さは、右の点を否定しないままに、社会教育を形成の実現させる過程とも考えている点にある。宮原論文に学びながら、社会教育と形成との関係秩序を乱そうとしているかのようである」と述べている[35]。ここでは、自分自身の論文に対する自己批判が述べられているが、これはまた、五十嵐が宮原の理論をそのまま踏襲しようとしたのではなく、継承し、展開させようと努めた結果に対して自己点検を行っていることを示している。そして、五十嵐は「社会教育は、あたかも形成が教育にたいして人間形成の基礎的過程であるように、学校教育に対して基礎的であり、学校教育にとってもっと身近か《ママ》の社会的環境ではないのか」と提起している[36]。ここでは、形成と社会教育と学校教育とが重層的に示されており、宮原の社会教育の歴史的理解が通時的・時間的に学校教育と社会教育との関連を概括したことに対応して、共時的・空間的にその関連構造が概括されている。それらを図式化すれば、以下のようになる。

社会教育の歴史的理解（通時的時間的）

| | |
|---|---|
| 前近代 | 「教育の原形態としての社会教育」 |
| 近代 | 「近代的な学校教育と社会教育」 |

「異なる次元」、「新しい次元」の「教育の原形態としての社会教育」　近代以降

その五十嵐による共時的・空間的な展開

——形成と社会教育と学校教育の連関構造——

形成　　　教育に対する人間形成の基礎
社会教育　学校教育に対する基礎的な社会的環境
学校教育

これは宮原の「形成と教育」の継承・展開であるが、五十嵐は、さらに「上から」と「下から」の要求の合流・混在の矛盾を通した発展の教育本質論に関しても、その継承・展開を試みる。五十嵐は、宮原の「教育の本質」における、以下の文章を引用する。(37)

> 階級社会においては、支配階級の文化が、支配階級の立場からの教育が、その社会全体を支配する。被支配階級がいまのべたように意識形態においても支配階級の支配をうけている状態からめざめて、この状態を自覚するにいたり、総じて被支配の状態からの解放をもとめるようになるにつれて、被支配階級は支配階級の立場からの文化を自己の階級のための文化に転化せしめる。かくして、文化は無から生じるのではなく、歴史的に発展する。

この過程をつうじて、支配階級が被支配階級に現状保存の手段としてあたえた、あるいはゆるした教育が、被支配階級による現状批判の手段に転化する。

この文中の「いまのべたように」という箇所は、その前文にある「支配階級によって社会生活のあらゆる部面に浸透せしめられる価値の体系に従属する」ということを指している。そして、五十嵐は上述の形成・社会教育・学校教育の構造連関が、この引用文に凝縮された宮原の「教育の本質」論に「従属」し、「依存」していると述べている。ここでは、確かに五十嵐は宮原の理論をそのまま評価するだけに止まり、継承・展開には至っていないように見える。それでも、特に五十嵐は「被支配階級」が、「支配階級」の文化や教育を自らのものに「転化」するという論理に注目し、国家論の脈絡で「教育にたいする日本の支配階級の国家の最大の関心は『転化』への大衆の自覚に対抗してむけられきた」と論じている。[38] 宮原が「教育の本質」を執筆したのは一九四九年で、民主化の「逆コース」は始まったばかりであり、この時期にはまだ、民主主義が発展し「被支配階級」が「支配階級」の文化や教育を自らのものに「転化」して、その解放を達成するという希望を強く持つことができた。しかし、その後「逆コース」はさらに進み、教育の国家統制は強化され、六〇年安保、七〇年安保と日米安保体制下で再軍備は拡張され続けた。五十嵐が「追記」を書いた一九七八年は、このような時代であったのであり、この状況下で五十嵐はなお宮原の意義を提起し、「国家」が「被支配階級」の「自覚」に「対抗」し、教育や文化の「転化」を抑止しているという問題を指摘したのである。

その上で、五十嵐は、レーニンの『青年同盟の任務』を取り上げ、彼が「学んで批判的につくりかえる」ことを強調したと述べている。[39] 五十嵐は、この前置きに「蛇足かもしれぬが」と書いているが、彼は一定のテーマに対して熟考を繰り返すことを常としており、この「蛇足」は儀礼的な謙譲の表現と言える。むしろ、五十嵐はこれによって「追記」を結んでおり、彼の結論がここに込められていると捉えるべきである。そして、五十嵐が結びにレーニンを援用したことは、宮原の「上から」と「下から」の要求の合流・混在の矛盾を通して「被支配階級は支配階級の立場からの文化を自己の階級のための文化に転化せしめる」[40]という教育本質論を、マルクス・レーニン主義の脈絡で継承・展開させようとしたことを示している。

そして、以上は「教育の本質」論をめぐる議論であることから、これは五十嵐の他の論考の基盤にもなっていると言える。それでは、この点について、次に「教育費と社会」を中心に考察していく。

### 第二項　定稿と草稿(遺稿)の「教育費と社会」

「教育費と社会」は、教育財政だけに限定された論考ではなく、そこでは教育費を通した教育と社会の統合的な認識を目指す議論が展開されている。しかも、そこにはマルクス主義経済学の教育に対する適用が試みられている。

元より五十嵐の教育学研究はマルクス主義を基盤としており、その中でも特に『資本論』の研究が大きな位置を占めていた。前記の社会教育関連の文献の他に、「教師のための教育財政学」(講座『教育』第四巻、岩波書店、一九五二年)、「日本の教育費はどうなっているか」(宗像誠也編『日本の教育』毎日新聞社、一九五七年)、『民主教育――教育と労働』(青木書店、一九五九年)、『岩波講座現代教育学』第一八巻(編著、岩波書店、一九六〇年)、「教育費と社会」、「むすび――教育財政における運動と研究」(『岩波講座現代教育学』(第三巻、一九六一年)、『国家と教育』(明治図書、一九七三年)、『民主教育とはなにか』(青木書店、一九七六年)などは、『資本論』の経済学を教育学に取り入れ、資本の搾取や国家の支配統制に対して民主的な教育を実践するための理論を追究している。これは、大学の講義でも同様であり、黒崎勲は「『資本論』の意義の説き起こしから始まった先生の教育財政学の講義」と述べている[41]。それは、使用価値と交換価値の識別、剰余労働や剰余価値、搾取による資本の増殖メカニズムなどに対する問題意識を起点とし、学校という枠組みに限定されず、広く国家や世界市場を視野に入れた上で、現実的で実践的な教育を研究する学問となっていた。また、この視点からプロレタリア教育やソビエト教育の研究も進め、(42)レーニンが『国家と革命』や『帝国主義』などで論じた暴力装置としての国家や帝国主義段階の資本主義などの理論を援用して、戦後日本の教育をめぐる現実的諸問題に迫った。

このようにして、五十嵐は、資本の本源的（原始的）蓄積の暴力的な過程を経て現れた近代資本主義国家が、その暴力装置により国内で搾取、支配、抑圧を強めると共に、国外では世界市場で勢力を拡大しあい帝国主義戦争という構造的暴力を引き起こし、それが世界大戦にまで至ったという近現代史を乗り越える実践的な理論を教育学に求めた。それは特に、資本主義の経済的強制や利益誘導による剰余価値の搾取に対して、労働して価値を生産する者は、搾取の仕組みを理解し、自分たちこそ社会を支える生産者であり主権者であると覚醒し、そのような労働者の組織化が進み、かつ様々な必要や要求を満たして余りある生産力を発展させることにより、資本主義体制が止揚されて消滅し、かつての万人が自由で平等な原始共産制と異なる次元の新たな共産制社会が再び実現するというマルクス主義的歴史観に基づく自己教育運動論として追究された。それでは、この点について、次に「教育費と社会」の草稿と定稿の比較考察を通して、より詳しく述べていく。

ここで、草稿と定稿として取り上げる二つの「教育費と社会」は、『岩波講座現代教育学』第三巻（教育学概論Ⅱ）所収の論文と、それを準備するために書かれた手書きの草稿である。前者は公刊されているが、後者は限られた狭い範囲でしか入手できないため、(43)まずこれについて述べる。

草稿の「教育費と社会」は、現在同時代社（東京神田）に保管されている。その経緯は、次の通りである。一九九五年の五十嵐の逝去後、翌九六年に『五十嵐顕追悼集』が同時代社から出版された。その編集作業の過程で、五十嵐に関する資料などを集めておこうという提案が出され、それを聞き及んだ田原宏人が、編集委員であった同時代社社長の川上徹に草稿を託した。同封されていた田原の手紙には「五十嵐先生の論文／『教育費と社会』『国民教育』の草稿です（いずれも公刊は一九六一年）」と書かれている。これらの草稿は三つの同形のファイルボックスに入れられ、その内の二つは「教育費と社会」で、一つは「国民教育」というタイトルが付けられている。これらがセットで保存されていたことから、「教育費と社会」では教育を通した搾取や支配統制の維持や再生産の問題に迫り、「国民教育」ではこれに抵抗して搾取と支配統制の廃絶を目指す国民の自己教育の実践論を考究したと捉えられ、その論理展開を密接に関連させた教育学を五十嵐は構想していたと考えられる。そして、この連関は『資本論』を起点として自己教育運動論を展開する五十嵐の論理展開と合致している。それでは、これを踏まえて「教育費と社会」の内容の考察に入る。

確かに、草稿の「教育費と社会」（以下草稿と略記）は、『岩波講座現代教育学』第三巻所収の同名の論文（以下定稿と略記）の準備のために執筆され、草稿の前の部分は定稿と同様の論理展開である。ただし、後の部分は定稿と異なっており、しかも、異なる点は単なる表現の相違に止まらず、論理の展開にまで至っている。それ故、五十嵐はこの草稿を書いたが、『岩波講座現代教育学』第三巻のために使われたのは、前の部分だけだったことが分かる。

しかし、後の部分が使われなかったことを理由に、五十嵐がこの部分を不用と見なしたと短絡的に速断考すべきではない。むしろ、この草稿が保存されていたことは、そこから第三巻所収の定稿とは異なる「教育費と社会」に関する論理の展開を考えていたのではないかと推論できる。この点で、黒崎は「ひとつの論稿について、『訂正検討用』と記された原稿および刊行本は何種類、何冊にもわたって存在しており、五十嵐の推敲が時間をかけて、継続的に、丹念に行われていた」と述べており、[44] 五十嵐が一つの定稿とは異なる論理展開のために、その準備で執筆した草稿を保存していた可能性は充分に考えられる。また、このことは、五十嵐が「教育費と社会」の論文（定稿と草稿）を極めて重視していたことを示しており、この点で、二つの論考は五十嵐教育学の核心に位置づけられると言える。

それ故、両者の比較考察は、五十嵐が構想した教育学のより深い理解を可能にすると考えられる。それは、五十嵐における教育の本質論の理解であり、しかも五十嵐教育学の中で自己教育運動論が大きな位置を占めており、この点で、両者の比較考察は、宮原から五十嵐への継承と展開を明らかにする作業にもなる。

それでは、定稿と草稿の「教育費と社会」の比較考察を進めていく。いずれの場合でも、「教育費と社会」の論旨は、既に一九五七年刊の「日本の教育費はどうなっているか」(前掲)を発展させたものである。そして、「どうなっているか」という疑問文に示されているように、そこには五十嵐の「日本の教育費」に対する問題意識がある。この問題意識について、五十嵐と黒崎との間で交わされた次の議論が参考になる。黒崎は、定稿に関して「公教育費は必然的に国家教育費となるのではなく、公教育費の諸形態をとるというのが、岩波講座の五十嵐論文が提起している宿題に対する私の解答であった」と述べている。(45) これに対して、五十嵐は葉書二枚に渡る論評を黒崎に送り、その中で「近時の教育権的教育行政論は、それとして重要な理論の進展でありますが、その内的(分野)自律、自由(権利)の理論の思考(思想)は、唯物論から遠ざかるという犠牲のうえにそびえたつ塔ではないかと考えられます。それは外的なるもの、(国家行政)から遠ざかる自由、自律ではなく、外的なるものの変革の理論的フレームワーク、実践によってこそ、成立するのではないでしょうか」と論じた。(46) 黒崎が定稿を踏まえた上で、「公教育費」には「諸形態」があり、「必然的に国家教育費」になるとは限らないと提起したことに対して、五十嵐は「重要な理論の進展」と認めた上で、なお、そこにおいて提示されている「内的(分野)自律、自由(権利)の理論の思考(思想)」は、「唯物論から遠ざかるという犠牲のうえにそびえたつ塔」であると指摘している。この応答において鍵となるのは黒崎の「必然的」と五十嵐の「犠牲」である。即ち、黒崎は「公教育費」には内的な自律性があり、「必然的」に「国家教育費」となるとは限らないと論じたことに対して、五十嵐はそれによる理論的な発展には「唯物論から遠ざかるという犠牲」があるのではないかと批判したのである。

　ここで「唯物論」だけに注目すると、五十嵐は機械的に土台が上部構造を、存在が意識を決定するという枠組みから「公教育費」は「必然的」に「国家教育費」となると論じているように思われるが、五十嵐の議論は、そのような機械的決定論にはなっていない。五十嵐は「唯物論から遠ざかるという犠牲」に続けて、「内的（分野）自律、自由（権利）の理論の思考（思想）」が「外的なるもの、（国家行政）から遠ざかる自由、自律ではな」いかと問題提起し、むしろ「外的なるものの変革の理論的フレームワーク、実践」の重要性を提起する。即ち、「国家教育費」ではない「公教育費」があるという「公教育費」の内的自律や自由への接近が外的な国家から遠ざかることになれば、厳然として存在している国家体制の問題が取り上げられず、そのような自律や自由や権利にどれ程の意味があるのかと、五十嵐は問いかけているのである。五十嵐が「犠牲」と表現した理由は、この問題に関わると言える。そして、人間の自律や自由や権利の研究は、現実的にそれらを抑制する国家体制の問題に迫り、それを変革するという視座においてこそ、現実的な意義を持てるようになるのであり、これが五十嵐の「理論的フレームワーク、実践」の意味するところである。

　ここには、国家体制の外的な規制を認識する唯物論があり、しかも、それに止まらない。そこではまた、外的な規制を認めることは、その存在や機能作用を認識することであり、この認識があってこそ、外的な規制の問題に迫り、さらには、この問題を乗り越えて国家体制を変革する理論や実践も導き出せるという主体的な実践の意義も提起されている。そして、この主体的な実践の意義を提起した唯物論は、既述したマルクスのフォイエルバッハに関する第一テーゼで提起されていた事物や世界の「主体（主観）的」、「能動的側面」を現実に即して認識しようとする弁証法的唯物論である。五十嵐が「遠ざかる」べきではないとした「唯物論」は、この人間の主体的能動的な精神的活動の意義を認める「唯物論」である。そこには、現実の社会を変革し、歴史を自らの力で創造する中でこそ、真の自由や自律があるという人間観がある。

そして、この弁証法的唯物論を以て、五十嵐は人間の自律や自由や権利の意義を追究している。これは五十嵐におけるマルクス主義の人間学的な発展の努力として捉えることができる。そして、このことを黒崎は自分宛の書信を紹介することで公開しようとしたのである。この点について、黒崎は「多くの箇所で先生が極めて柔軟な思索をおこなっていることに気づかされた。経済決定論を批判して上部構造の相対的に独自な働きを解明することが今日のラディカルな教育理論の特徴だとすれば、『民主教育論』には明らかにそうした特質がすでに先取りされている」とも述べている。(47)『民主教育論』は一九五九年刊行であり、この時点から、マルクス主義教育学者五十嵐は人間の自律や自由や権利の意義を追究していたと言うのである。ただし、これは出版された著書による理解であり、これから五十嵐の日誌・日記を通して明らかにするように、(48)五十嵐はエマーソンの超越論的哲学やキリスト教思想も追究し、それを経た後でマルクス主義に到達したのであり、彼のマルクス主義には元々「経済決定論」に陥らない人間学的なヒューマニズム的な要素が確固としてあったと言える。

さらに、注意すべきは、確かに五十嵐は熟考と省察を通して「柔軟な思索」を行ったが、それでも、彼は「唯物論から遠ざかる」ことはせず、この点で、彼は「上部構造の相対的に独自な働き」に迫ったものの、それはあくまでも上部構造が土台にの上に構築されているという唯物論的な現実認識に立脚していたと言える。即ち、「相対的に独自な働き」をする「上部構造」でも、土台の影響や規制が皆無であるわけではなく、この現実を認識せず、或いは、その認識を回避するならば、その「犠牲」は大きいということである。確かに、五十嵐は「上部構造の相対的に独自な働き」の次元に位置づけられる自律や自由や権利に関わる主体的な実践を重視するが、それは土台の問題に迫り、それを認識し、変革するという意味においてである。現実的に自律や自由や権利を抑制する国家体制の問題を軽視して、内的な自律、自由、権利を議論することは、五十嵐の視点や立場にはない。

五十嵐が教育学者として理論的にも実践的にも戦争と平和という現実的な問題を最後まで追究し続けたのは、まさに、この視点や立場からであった。かつてマルクスやレーニンは、資本の本源的蓄積過程の暴力、国家の暴力装置としての本質、その帝国主義的膨張による戦争という構造的暴力を批判し続けたのであり、その拠って立つ弁証法的「唯物論から遠ざかる」場合、この暴力の問題からも遠ざかりかねない。確かに、弁証法的唯物論以外にも反戦平和の思想はいくつもあるが、その中で、五十嵐はマルクス主義や弁証法的唯物論を選び取り、その立場から「わだつみのこえ」を通して自らの戦争責任を反省的に追究しつつ反戦平和のための教育を研究し、その中で宮原の継承を繰り返し提起したのである（これについては第四節で詳述）。

しかも、五十嵐はこの研究を、ソ連東欧の社会主義体制の崩壊や中国における民主化の抑圧と市場経済の拡大などにより弁証法的唯物論やマルクス主義の関心や評価が低下し、他方で資本主義体制の米国が唯一の超大国となり、市場経済の商業主義や功利主義が広がる思潮において進めた。このことは、五十嵐が社会主義体制から独立した立場で自らの思想に弁証法的唯物論やマルクス主義を組み入れていたことを示している。

確かに、社会主義体制の退潮を呈する動向において、歴史を巨視的長期的に捉えることが出来ない視点では、五十嵐の研究は時代に適合しないと受け止められるだろうが、この動向もまた人類史の中の一時期にすぎない。二〇世紀後期の段階では社会主義体制に対する資本主義体制の優位が明らかになったが、これにより不平等や不公平が解決されたわけではなく、むしろ社会主義への関心や評価の低下に伴い平等主義が後退したため格差や不平等は一層拡大している。

元より、社会主義体制崩壊の前には、一九八五年九月の先進五ヶ国蔵相会議による「プラザ合意」がなされ、ドル高是正のために為替市場に協調介入するという自由変動相場制から管理相場制への歴史的な転換が合意され、翌年九月にＧＡＴＴ（関税と貿易の一般協定）のウルグアイ・ラウンドが開始された。それは、資本主義体制の危機への対応であった。ウルグアイ・ラウンド開始の八ヶ月前（八六年一月）にニューヨーク市場で株価が大暴落する一方、円相場が一月から八月まで続騰した。さらに、翌八七年一〇月一九日（ブラック・マンデー）にはニューヨーク市場で再び株価が大暴落した。その一方、中国大陸では改革開放路線による市場経済の導入、香港やシンガポールの経済発展、韓国や台湾の民主化と経済発展などの状況において、日本は経済成長を続けた。ブラック・マンデーにより東京市場、ロンドン市場、フランクフルト市場などでも株価が暴落したが、日本は世界同時株安からいち早く離脱した。

しかしその後、日本はバブル経済とその崩壊へ進み、ソ連東欧の社会主義体制は崩壊し、米国は経済危機を乗り越え、唯一の超大国となった。そして、ウルグアイ・ラウンドは一九九四年に決着し、これを受けて九五年に国連の関連機関としてＷＴＯ（世界貿易機関）が設立された。これらは社会主義体制の計画経済に対して資本主義的市場経済の結束の強化を意味しており、その過程で硬直化した一党体制（特にソ連共産党）の統制下にあった社会主義経済は一挙に弱体化した。しかし、それはまた、いわば社会主義体制の計画経済による生産力の発展に学び、それを資本主義体制の下で利用するようになった新たな資本主義社会の形成であった。かつて、レーニンが腐朽しつつある資本主義の最終的段階として帝国主義を提起し、実際にロシア、東欧、中国大陸などで社会主義革命が達成されたが、これに対応して、西欧、米国、日本の資本主義体制は社会主義体制の計画経済を利用する新たな資本主義を生み出したのである。それは、地球規模（グローバル）に展開し、情報と金融を組み合わせて搾取するグローバル資本主義と言える。

しかし、その一方で「プラザ合意」以降の為替市場の協調介入による管理相場制があり、他方でＷＴＯの自由競争原理があり、両者は背反する。ところが、この背反する戦略を使い分けることで、資本主義体制はより強固になっている。しかも、これらの戦略は、ソ連の崩壊後に唯一の超大国となった米国が主導し、その米国が単独行動主義（選民的で独善的な国益主義のユニラテラリズム）を強め、その下で不平等や格差が拡大しており、これは搾取の強化を示している。確かに、グローバル資本主義は社会主義に優越しているが、しかし、問題の根本的な解決はなされず、矛盾は残されたままである。

それ故、このような現実を踏まえるならば、不平等や不公平を廃絶して民主主義をさらに発展させようとした社会主義の理念や思想と、その実現を目指した実践の意義までも捨象すべきではない。そして、マルクス主義教育学者五十嵐の思想と実践も、この人類史的で巨視的な視点から捉えなければならない。

### 第三項　「教育費と社会」における自己教育運動論

ここでは、先述した自律や自由や権利の追究は「外的なるものの変革の理論的フレームワーク、実践によってこそ、成立する」という論点を、五十嵐がどのように「教育費と社会」において論証したのかについて述べ、この論証が自己教育運動論へと展開させられていることを示す。

草稿「教育費と社会」の書き出しでは「貨幣形態―（交換）価値形態―価値の現象形態（枠付き）」と記されている。[49]ここには価値、交換価値、使用価値を分別する『資本論』の立場が認められる。この立場は、斜線を引かれた文章で使われた「サービス」が、書き改められた文章では「働き」と変えられたところでも認められる。[50]この点について、『資本論』に立脚する五十嵐の視点は第一に「労働」にあるが、それを初めは読者が分かり易いように「サービス」と表現したものの、やはりその後「働き」と改めたと推測できる。それは、論を起こすところに「日常の現象」や「現象の定義風の叙述」というメモがあり、読者に身近で分かり易いように叙述しようとした意図が見受けられるからである。[51]そして、分かり易さに努めたが、同時に、そこに自分の思想も内包させなければならないので、この結果が「働き」という表現になったと考えられる。

次に、自由や自律や権利の考究は「外的なるものの変革の理論的フレームワーク、実践によってこそ、成立する」

という点に注目すると、これは草稿や定稿の「教育費と社会」では、既述した貨幣形態として現象する教育費を部分的条件に位置づけるところに認められる。これについて、五十嵐は「教育費はせいぜい並記されるべき外の教育諸条件（政治的・社会的・文化的）のひとつであるにすぎない」と述べている。[52] このように教育費を「外の教育諸条件」と「並記」させる視点には、これらの枠を超え、さらにこれらに対して主体的能動的に「働き」かける実践として教育を捉える教育論がある。即ち、五十嵐が教育費を追究したのは、「日常の現象」として広く認められる教育費の問題を手がかりにして論を説き起こしつつ、教育費はあくまでも部分的条件であり、基本的条件は人間の主体的能動的な教育実践であるということを論証するためであったと言える。

次に、教育実践について見ると、五十嵐は「とくに生徒の学習の状況に応ずる教師の働きとの合体によって、多くの物品はその有用性を教育的に発揮し、生徒の諸能力の発展のなかに転化していく。つまり教育費は教育的有用性を購入できないのであって、その可能性をもった素材物の価格にすぎないというわけである」と論じている。[53] 即ち、教育費によって得られる物品が「その有用性を教育的に発揮し、生徒の諸能力の発展のなかに転化」することが必要であり、それを可能にするのが教育実践なのである。五十嵐はこの引用文の前に、「一定の目的に向かう物品が教育的有用性を発揮するのは、教育活動の諸要素が微妙に構成する教育関係の中でであろう」と述べている。なお、「有用性」の概念については、功利的でプラグマティクな意味ではなく、価値、交換価値、使用価値というマルクス主義的な概念に即して理解すべきである。

その上で、特に注目すべきは「微妙に」という表現である。即ち、「教育的有用性」は「教育活動の諸要素が微妙に構成する教育関係」において「発揮」されると、五十嵐は論じている。これはいくつもの構成要素がある中で、たとえ一つの要素が「微妙に」変質しても「教育的有用性」は発揮されないことを意味している。前項の内的な自律、自由、権利に即して言えば、「外的なるもの、（国家行政）から遠ざかる」という方向性と、それに向かい変革しようとする方向性とでは、その意味や性質が異なってくる。外的な「国家行政」のあり方に視点を向けることなく、内的な自律を論じれば、「国家行政」の枠内で、「国家行政」が求める教育を自律的に受けるだけになる。同様に、自由や権利も「国家行政」の枠内の自由や権利となる。そして、歴史を振り返れば、大日本帝国という枠内で、多くの国民が能動的に積極的に、国内では総動員運動や大政翼賛会に参加し、また国外では台湾、南洋諸島、朝鮮半島、南樺太、傀儡「満州国」へと侵出したのであり、これは五十嵐自身が繰り返し反省した史実でもあった。五十嵐の弁証法的唯物論、史的唯物論、そしてマルクス主義教育学は、この歴史的現実と、自ら繰り返し反省し続けた実体験という物質的な基盤に立脚している。

また、五十嵐のいう「微妙」は、宮原の「最も実践的な末端」と比較考察することによって、その意味がより明瞭になると言える。一つの要素が「微妙に」変質しただけで「教育的有用性」が左右されることへの問題意識や視点は、教育は制度や政策や理論としてだけでなく、その教育が「最も実践的な末端」においてどのように機能しているのかについての問題意識や視点と共通する。先述したように、宮原は近衛新体制で提唱された「上意下達」と「下意上達」とが「最も実践的な末端」でどのように実践され得るのかを論じたのであった。宮原は言論統制、総動員運動、翼賛体制という状況下で監視と検閲を潜り抜けて出版することができる表現を用いながら、「最も実践的な末端」においては反戦反ファシズムの意味を伝えるという、極めて「微妙な」議論を展開したのであった。

このことから、宮原は「最も実践的な末端」において政治や経済や文化の「機能」を「人間化」し、「主体化」するための実践が教育であると論じ、また、五十嵐は「外の教育諸条件（政治的・社会的・文化的）のひとつであるにすぎない」教育費によって得られる物品の「有用性を教育的に発揮し、生徒の諸能力の発展のなかに転化」するという人間的で主体的な「働き」が教育であると論じるという、相互に照応的な教育実践論が明らかになる。また、これに関連して、五十嵐が「有用性」を功利主義やプラグマティズムの文脈ではなく「生徒の諸能力の発展のなかに転化」

するという主体的能動的な教育実践に即して提示していることを認識することが重要である。即ち、確かに「有用性」が述べられているが、その基礎には「生徒」という人間が位置づけられ、前者を後者の「諸能力の発展」に「転化」する実践こそ教育であると、五十嵐は論じるのである。「有用性」を人間に優越させるのではなく、人間の「発展（発達と換言できる）」へと「転化」できるか否かという「微妙な」点に注目し、そこに教育の課題を位置づけているのである。そして、ここにこそ五十嵐の教育学の要諦がある。

以上の考察から、宮原が教育と社会の本質的理解を追究する中で述べた「機能」を、五十嵐は教育費と社会の本質的理解において「有用性」とし、また、宮原が「機能」を「人間化」し、「主体化」する実践において教育の本質を捉えたところを、五十嵐は「転化」として論じたという、宮原と五十嵐の論理的照応関係が見出せる。そして、ここにおいてもまた、五十嵐が宮原社会教育学の継承と展開に努めたことが確認できる。

### 第四項　教育の本質論における搾取と支配の位置

五十嵐が教育費を社会との関係で考察したのは、何よりも教育費の問題を通して教育の本質論を考究するためであった。そして、本質論の次元で教育費を捉えるために、五十嵐は、まず人間を基本に据え、この人間の発達にとって教育費が「有用」であるか否かについて論じた。それは、マルクスが貨幣を媒介にした様々な経済活動が人間にとって価値があるか否かという点を問題として、価値、使用価値、交換価値を識別しようと努めた研究を、教育費と社会の関係に適用した議論と言える。

これを踏まえて、ここでは、五十嵐の草稿における以下の記述に注目する。(54)

教育費が増加すればするほど、それは教育にたいして、区画的な部分として関係しているのではなく、あたかも形影相伴うように、教育を構成するますます多くの諸のサービスや物品を介して教育の全面にわたって関係してくる。教育は教育費をとおして、社会との間に量的な貨幣価値の媒介によって規定されるような関係をとりむすぶのである。

ここでは教育費の負担増が取り上げられている。この問題は高学歴化や受験競争に伴う経済的社会的不平等としてしばしば論じられ、文教政策においては教育の公共性や機会均等と教育投資効果や受益者負担との間で議論されてきている。論述の中で五十嵐はこれらの問題を直接的に取り上げてはいないが、それは無関心であったからではない。五十嵐は、これらの現実的問題を正視した上で、その本質に迫り、その根本的な解決を目指していたと言える。

そして、五十嵐は、この問題の本質を搾取の問題として認識し、また、その根本的な解決を搾取が廃絶される社会主義社会に求めた。これはマルクス主義から導き出されているが、五十嵐はこれを教条的に行ってはおらず、独自の思想に立脚して論理を教育実践論として展開させている。

それでは、まず前者の搾取の問題について、五十嵐がどのように捉えたのかについて考察する。搾取は、強圧的な収奪と異なり、経済活動を通した等価交換を装い、さらに様々な理由や名目や計算などが使われるために問題を表面化させにくい。マルクス主義では、この搾取を、生産手段を持たないため資本家の提示する条件を受け入れて働かざるを得ない労働者たちの剰余労働による剰余価値が資本家のものとなるメカニズムを明らかにするための重要な鍵概念としている。しかし、マルクス主義の批判を受けて、搾取のメカニズムは時代と共に改良され、マルクスやレーニンの時代とは異なる、より巧妙な方法が用いられるようになり、その問題はより一層捉えにくくなっていた。この点について、五十嵐は、上記引用文では「形影相伴うように」という表現で、高度経済成長を遂げつつある日本的資本主義体制における高度に発展した搾取のメカニズムを指摘している。

そして、定稿であれ、草稿であれ、五十嵐の「教育費と社会」は、この搾取の問題を「教育費」に即して追究している。その中で、定稿では教育投資論の考察へと論理が展開されたが、草稿では「教育費」を通した搾取を追究する視点がより明確に位置づけられている。この点で、草稿の考察は定稿で示された問題意識と論理展開をより明確にする作業になる。

ここでまず定稿について見ると、草稿と同様に「日常の現象」から説き起こし、議論の前半では「かくされた」などの表現が用いられている。[55] これは前記の「形影相伴うように」と同様に、表面化させにくい、捉えがたい搾取と、それを通した支配のメカニズムに迫るための表現である。そして、五十嵐は具体的に「教員の自主的・創造的活動をはばむような視学や指導主事を学校に近づけ」、また「教員や学生の思想の『指揮監督』をする行政官の人件費」である教育費の「素性をかくす」、「支配する階級の教育目的の、国家権力による強制を、かくしてしまう」、「現実関係における真の根拠がかくされる」、及び「近代教育の基礎的性質をかくす」という問題を述べている。[56]

その上で、五十嵐は、教育における「かくされた」問題を、資本主義社会の「特別の暴力機構」、及び「虚像」や「虚偽のイデオロギー」の問題として論じている。[57] この論理展開は、考究する視程を「不可視」の次元にまで届かせ国家のイデオロギー装置論を展開し、その中で教育の問題に迫ったアルチュセールと照応しており、この理論的な意義は、先述したブルデュとの対比と共に大きいと言える。

さらに、注目すべきは、国家のイデオロギー装置論が提起された「イデオロギーと国家のイデオロギー装置」が『パンセ』に発表されたのは一九七〇年六月号においてであり、五十嵐の「教育費と社会」の定稿は、それよりも九年前に発表されているという点である。[58] 日本の教育学において、アルチュセールの国家のイデオロギー装置、及びそれに続いたフーコーのパノプチコン（一望監視装置）、ブルデュの文化的再生産などが注目されてきたが、それに先だって、一九六一年に五十嵐が「教育費と社会」で教育とイデオロギーと暴力機構の関連を論じていたことは看過されてはならない。しかも、五十嵐は日本の現実の追究からこのような議論を展開していたのである。確かに国外の思潮や理論を研究することも必要だが、日本の教育学としては、それ以前にまさに自らの属する日本において先駆的な研究があったことを正当に評価すべきである。この点は、アルチュセール、フーコー、ブルデュへの注目がポストモダンの思潮と共に高まり、そして低下したことを考えるならば、なお一層、一時的な思潮に流されない普遍的な認識の追究のために確認しておく必要がある。

この点を踏まえて、定稿の論理展開の後半について見ると、そこでは「搾取」が提示され、さらに、この認識を確かにするために「疎外」が使われている。「搾取」は経済学的な鍵概念で、「疎外」は哲学的な鍵概念である。定稿に即してみると、五十嵐は『資本論』第一巻第四篇第十三章第三節ａ「資本による補助労働力の取得　婦人・児童労働」から引用して「資本主義的搾取」を指摘し、「教育文化を支える物的基礎は、その基礎に立脚して営まれる教育のなかで疎外されている」、また「当の子どもや青年は学習活動から疎外されてくる」と論じている。[59] その上で、五十嵐は教育投資論を批判し、その中でジョン・Ｋ・ガルブレイスの『ゆたかな社会』を取り上げ、そのような議論は物事の「素性をそれとして明示しない」と指摘し、問題の本質に迫らず回避していることを批判している。[60]

このように、五十嵐は、まず読者に身近な「日常の現象」の記述から始め、そして日常生活では「かくされ」て捉えがたい問題について分かりやすく説明し、次第に論点をその本質にまで進め、そこには「搾取」や「疎外」の問題があることを示し、これを踏まえて、現実の問題として同時代における教育投資論を批判するというように議論を展開している。五十嵐は、議論の初めでは「両親にとっては子どもに買ってやる書物代や文具費」などを挙げて教育費の具体例を示すが、問題提起と論理展開を経て「教育費は教育費でなくなるのである」と結んでいる。[61] これは、日常生活において両親が子供のために充当する教育費が、資本主義社会においては結局のところ教育費ではなくなるということを意味している。即ち、本来教育費として使われていた貨幣価値が無に帰すというのである。これは義務教育九年から高校、大学、大学院等を含めれば十数年に及ぶ教育を通した搾取である。つまり、教育投資の枠組みを援用すれば、多くの民衆は教育に投資してもそれに見合うだけの結果は得られず、一部の者だけが投資した以上の成果を享受するということになる。しかし、ガルブレイスたちの教育投資論ではこのような差異は取り上げられず、誰もが教育に投資すれば成果を得られるかのように論じられ、問題に迫ることが回避されているのであり、まさにこの点を五十嵐は批判したのである。

実際、資本主義社会において、巨大な資本が貨幣の蓄積、流通、配分、運用などに大きな影響力を発揮し、他方、多くの国民はこのような影響力からほど遠い多い日々の家計のやりくりに追われるだけである。しかも、資本が様々な機構を通して及ぼす影響力は、この影響力からほど遠い大衆の生活力とは比較できない程強大である。さらに、教育が「教育費」を通して、即ち貨幣を通して、社会に全面的に、その「最も実践的な末端」の隅々まで関係することから、大衆は教育費の問題から逃れることはできない。それは、教育費を出さずに後期中等教育や高等教育を受けなければ、親の生活水準よりも低い生活を送るようになる可能性が高いためである。そして、このように資本が極めて深く関係し、かつ大衆が逃れられずに支払う教育費を通して、教育はさらに資本の強大な影響力を受け、また資本のために実践され、そして、大衆はその強大な影響下で教育に関わるにすぎなくなり、このような状況では、教育のための費用は、大衆にとって自分の教育のための費用ではなく、結果的に資本によって選抜された一部の者（エリート）のための費用に帰着する。

確かに、制度的にその選抜には公正が期され、また大衆からエリートに選抜される者もいる。しかし、それはあくまでも少数であり、その結果、大多数の大衆にとって「教育費は教育費でなくなる」ことになる。それ故、教育を投資効果論で説明することは、エリートのための教育論を示すことになり、そこにおいて大衆は疎外されている。

また、たとえエリートにならなくとも、受験競争をある程度勝ち抜けば、日常的なニーズは充足できる職業を得て、これに満足すれば、それまでに支払った教育費はそれ程無駄にはならないと説明することもできる。しかし、五十嵐は人間が人間として成長するための教育の本質を論じているのであり、そのような解釈で妥協することはない。この点で、人間にとって自由や自律の認識が問われてくる。たとえ、部分的に自由や自律が与えられていても、本質的なところで矮小化されていれば、それは真の自由や自律なのかが問われてくる。この点こそ、五十嵐が疎外の問題を提起した所以である。そして、この問題意識から教育を考えると、議論は既存の入試選抜体制に従い、職業システムに適応し、そこから与えられる功利や名利を判断基準にして生きるところに、どれ程の自由や自律があるのかという問題へと導かれる。既存の体制に従順に追従するだけならば、それは自由で自律した人間の生き方ではなく、本来自分が考え、望む生き方から疎外され、ただ生かされているにすぎない。

これに対して、五十嵐は現実の諸問題を正視し、自らの思考と試行錯誤を通してその解決を探り、その解決を実現するために能動的主体的に実践し、それを通して社会を変革し、歴史を創造するという意味で、自律や自由を考えている。ここには歴史の発展における客観（客体）的条件と主体（主観）的実践の弁証法がある。史的唯物論においては生産諸関係が生産力を発展させるが、この発展が、それまで発展を齎らしていた生産諸関係の水準を超える時、生産力と生産諸関係に矛盾が生じ、この矛盾が歴史の推進力とされる。そして、このような矛盾と発展の相関的展開過程に応じて、原始共産制→奴隷制→封建制→資本制と社会体制が発展し、各段階では矛盾は階級闘争として現象するが、資本制社会では搾取や支配のための生産手段を持たない無産階級（プロレタリアート）が増大し、それが搾取や支配のない公平で平等な社会主義社会を建設し、これにより、力関係はあるが収奪や搾取による階級支配のない原始共産制の否定により現れた奴隷制から資本制までの階級社会がさらに否定され、この否定の否定という弁証法を通して、新たな次元の階級支配のない共産制となる。ただし、この歴史的発展に対して搾取し支配する階級は自らの利権を守ろうとして発展を阻止しようとするため、それに対する主体的な実践が求められる。五十嵐は、まさにこのために教育学を考究したのであり、ここにこそ彼の教育の本質論が位置づけられる。

この歴史的発展と主体的実践の弁証法について、五十嵐は「主体形成の観点」が「教育にたいする歴史的研究にたいして今日の時点でいっそうの切実さで求められる」と述べ、教育史の「論文とその方法論的自覚がその科学的志向において、『歴史の真の推進力』（レーニン）の究明にまで充分におよ」ぶべきであると提起している。[62] ここで、五十嵐はレーニンを援用しているが、これはレーニンが、一九一三年、マルクスの没後三十周年を記念して『プロスヴェシテェーニエ（啓蒙）』誌に発表した「マルクス主義の三つの源泉と三つの構成部分」における「あらしのような革命は、階級闘争が全発展の基礎であり推進力である」という記述に由っている。[63] この「推進力」は、スターリニズムによる一党体制においては共産党と解釈されるようになったが、五十嵐が括弧付きでレーニンと明記したのは、「推進力」はあくまでも「階級闘争」であり、そこに歴史的発展と主体的実践の弁証法を認識していたからである。

そして、この主体的な実践のための教育は、社会体制のためではなく、人間が能動的主体的に生きていく人間となるため、人間自身のために実践される教育であり、それは自己教育の論理に立脚している。五十嵐の「教育費は教育費でなくなる」という結論は、このような教育における疎外への問題意識を起点として自己教育論を展開する中で導き出されたのである。

### 第五項　社会と個人を統合した理想としての「社会主義」と労働者自己教育運動論

確かに、定稿の議論では自己教育論が論及されているが、主要な論点は資本主義社会における教育費への批判である。これに対して、草稿では、メモとしてではあるとはいえ、批判に加えて、理念、或いは理想が提示されている。

草稿においても、「日常の現象」から説き起こし、資本主義社会における教育費の問題を明らかにするという論理展開は同様であるが、しかし、草稿ではこれに止まらず、「維持力と要求の合体／は社会主義社会の中で／実現される」というメモが記されており、「社会主義社会」の理想が明確に示されている。即ち、定稿では、論理展開が「教育費は教育費でなくなる」という資本主義社会の疎外や搾取の問題提起で結ばれていたが、草稿ではこの段階からさらに進んで、理念や理想の提示にまで至っている。

そして、これは「社会主義社会」として提示されているが、その内容は社会を「維持」する「力」と個人の「要求」が「合体」することとして述べられており、決して個人が否定されてはいない。この点で、五十嵐の「社会主義」を、個人の上に組織を位置づけ、党官僚の支配、思想統制、言論弾圧などを正当化した社会主義体制と同列に論じることはできない。五十嵐は、この「社会主義社会」により、支配や抑圧が不要になるほど生産力が発展することで支配抑圧体制が消滅して万人が自由で平等になり、解放された人間はそれぞれに固有の能力や資質を十全に開花することができ、各人の能力や資質により違いはあるが、それが差別や格差には結び付かず、個性ある人間の自由で対等な関係において各部門を担うという理想的な社会を示していると言える。即ち、五十嵐の記した「社会主義社会」は、社会思想的で本質論的な概念として捉える必要がある。このような意味で、五十嵐のマルクス主義教育学は、現実の社会主義体制の諸問題が明らかになったからこそ、その原点に立ち返り、改めてその意義をより深い次元で捉え直す上で重要である

元より、定稿や草稿を書いていた時点で、五十嵐はスターリニズムの問題とスターリン批判を知っていた。これは、五十嵐がスターリン批判を踏まえてなお「社会主義社会」の理想を展望していたことを意味している。

この点に関連して、岩波講座第三巻のもう一つの論文「むすび――教育財政における運動と研究」に注目すると、そこで五十嵐は「教育運動における民主的国際連帯は、教育費・教育財政の理論と実践の上にも生かされねばならな

い」と結んでいる。[64] ここで書かれている「国際連帯」には、国境は国家が画定したもので、国家の枠組みを超えた人類的な視点から見れば、国境を越えた人類的な連帯こそ人間本来の存在にふさわしいという思想がある。そして、マルクス主義では社会主義社会において万人が自由で平等になるため国家の支配統制は不要になり、暴力装置としての国家は「死滅」すると論じられており、[65] そこには本来的に国際主義の性格がある。国際労働者協会（第一インターナショナル）、第二インターナショナル、第二半インターナショナルなどと挫折しながらも繰り返しインターナショナルが設立されたのも、この国際主義的な性格による。

しかし、スターリニズムの特徴の一つには一国社会主義論があり、これは国際主義と矛盾する。社会主義になった段階において暴力装置としての国家は「死滅」するのであれば、一国だけで社会主義が実現するというのは、論理的な矛盾である。確かに、一国社会主義を主張しながらも、コミンテルン（第三インターナショナル）、コミンフォルム（共産主義党及び労働者党情報局）、コメコン（経済相互援助委員会）などの国際機関が設立されたが、それらは一貫してソ連の強い影響下にあった。現実には、ソ連では共産党一党体制下で自由、民主主義、人権が抑圧され、また各国の社会主義や共産主義の運動に対してはソ連共産党が様々に干渉し、さらに東欧の社会主義諸国に対しては軍事介入さえ行った。「教育費と社会」執筆前に限っても、一九五三年や一九五六年に東欧諸国で高揚した民主化運動は暴動として鎮圧された。五十嵐の「民主的国際連帯」は、これらの理論的で現実的な問題状況を踏まえて理解する必要がある。即ち、それは、スターリニズムやソ連共産党の様々な干渉や介入と明確に異なり、何よりも民主主義を基礎にしたマルクス主義的国際主義の文脈で提起されたと言える。

なお、国際主義という場合、ヨシフ・スターリンの一国社会主義に対してレフ・トロツキーの永続革命論や世界革命論、及び第四インターナショナルがあり、トロツキズムとの関連もあるが、五十嵐の思想にはトロツキズムの要素はない。五十嵐は、あくまでもマルクス主義の立場からスターリニズムを峻別して「社会主義社会」を理想として位置づけたのであり、その立場から国家を超えた「民主的国際連帯」も提起されているのである。

そして、五十嵐はこの「民主的国際連帯」を自己教育運動論へと展開させており、それがまた、自分自身が搾取されているにもかかわらず、それを捉えることができないように「かくされ」ている資本主義社会の搾取の問題に迫り、それを解決して、搾取も、それによる支配抑圧もない理想社会を実現する実践論の提示となっている。即ち、五十嵐は『資本論』を援用して搾取の問題を析出するだけではなく、教育学者として、この「かくされ」た問題が他ならぬ自分自身の問題であることに気づき、それに自覚的に取り組み、解決しようと努める主体を労働者に求め、その実践論を国家を超えた労働者の自己教育運動論と、その「民主的国際連帯」として展開している。

また、五十嵐は、定稿において「労働者が大衆教育を自己の問題として、その経費をみずからの労働の成果を享受する権利とみなすか、さもなければ労働の成果を私有財産として固守する国家からの慈恵として受け取るか」、この点に教育費が自分自身にとって教育費となるか否かの「分かれ目がある」と述べている。[66] もとより、国家が整備する教育制度は国民の税金によって支えられているのであり、教育制度に必要な費用は元々国民が負担しているのである。この点を明確に把握できないとしたら、それは国民から税金を徴収する制度が明らかにされていないか、説明されてはいるが、本質的な問題は明瞭にされずに「かくされ」ているためであり、これは国家的な規模の搾取の問題として捉えられる。この点こそ、五十嵐が『資本論』に依拠して追究した資本主義社会の搾取の問題であり、これが教育費に即して明らかにされているのである。

ただし、これは経済学的な側面の問題であり、教育学者の五十嵐は問題をこれだけに止めず、人間の精神や知性にまで視点を到達させる。この点について、五十嵐は『資本論』に依拠して、搾取や支配によって齎らされる「精神的萎縮」や「知的荒廃」を指摘している。[67] これは、自ら働いて生産した結果を「国家からの慈恵として」見るという心性の問題である。それは、自分自身を低めて権力や権威に追従するという「精神的萎縮」であり、また、自分自身の問題でありながら、それを知ろうとせずに回避するという「知的荒廃」である。[68]

これに対して、自己教育の観点では、自分自身が働いて生産した「成果」を以て教育費を支払うのであるから、たとえ国家が教育制度を整備しても、それは主権者である自分たちによって付託されたからであり、従って、教育の権利はあくまでも自分自身にあり、その権利としての教育を「享受」するという論理が提示される。そして、「精神的萎縮」や「知的荒廃」を齎らす支配服従のための教育か、それとも自律と権利の自己教育かという「分かれ目」が、教育に問われてくる。

この教育の「分かれ目」について、五十嵐は「むすび――教育財政における運動と研究」では、ウィリアム・ラベットを援用し「付与される恩恵ではなく、人間の威厳を高め生活を活気づける万人の武器」と述べ、労働者自己教育運動論を提示している。[69] 労働者自己教育運動論は、一九世紀英国の普通選挙運動から生成・発展し、制度的な普通選挙だけでなく、選挙権を自ら考え判断して行使するためには自由や民主主義や人権などについて理解を深めなければならず、そのためには自分自身の教育が重要だとして提起された。その中で、要求や目標は「万人に学校を（school for all）」という学校教育から「万人に教育を（Education for all）」と学校教育を超えて広く社会教育にまで範囲が拡大した。五十嵐の「万人の武器」は、これを踏まえていると言える。

そして、これは確かに英国における労働者の教育運動であるが、しかし、「万人（all）」への視座は、自己教育の範囲を国民へ、そして国境を超えて人類へと広げるものであった。確かに、「万人に学校を」という段階では、学校教育制度は国家の制度であるため、この段階の「万人」は国家の枠内にあった。しかし、それが「万人に教育」をという段階になると、その視角は学校制度を超えて社会全般に広がり、国家と国境を超えた人類的普遍的な権利として教育を捉える視座が得られるようになる。五十嵐は、このような視座から「民主的国際連帯」を労働者の自己教育論へと展開させたのである。そこには、労働者は生産手段を有しないが故に、それに規定されず自由であり、この自由な立場から国家を超えて人類的普遍的な立場と視座を持つことができるという観点がある。従って、このような労働者の進める自己教育運動の論理は、労働者の立場を超えて、文字通り「万人」のための人類的普遍的な教育の論理へと展開させることができる。

宮原が生産教育の基本に人間教育を位置づけ、世界史的視座から社会教育の歴史的理解を提示したのも、この論理に拠っており、五十嵐もまた同様の論理的な展開を進めたのである。この点について、次節でさらに考察していく。

### 第六項　思想としてのマルクス主義とヒューマニズム

五十嵐が労働者自己教育運動を人類的普遍的な視座で論じていたことは、生産手段を有しないから搾取を行い得ない労働者こそ公平で平等な社会を実現し、人類全体を解放するというマルクス主義による理論的な展開と言える。それ故、ソ連、東欧、中国などの共産党が国家権力の掌握後に、マルクス主義のイデオロギー的統制を強めて労働者の階級的優位性を強調し、階級的な差別を齎らし、さらには全人類を解放するどころか無数の粛清や弾圧を繰り返したという歴史的現実を考えると、五十嵐はこれを追認せず、あくまでも本来のマルクス主義の思想的立場を堅持しつつ、その理想を追究し続けたと捉えることができる。即ち、五十嵐はマルクス主義のイデオロギー化には影響されず、人類解放の思想としてマルクス主義を研究する立場から、人間の主体的能動的な生き方と、そのための学習や教育のあり方を探求する教育学者であり続けたのである。

そして、このこともまた、五十嵐が自らの思想的な立場をマルクス主義と定めながらも、一個の独立した思想を構築していたことを示している。だからこそ、五十嵐はマルクス主義を重要な構成要素としながらも様々な思想を組み入れて独自の思想を構築した宮原の継承を繰り返し提起したのである。この点で、宮原の思想の重要な構成要素としてマルクス主義とヒューマニズムを挙げたが、それは五十嵐においても認められる。五十嵐は「教育はその営みをつうじて人間本性の徹底的改善と科学的真理の体現を目標とするのであれば、教育の経済的基礎・生産労働が科学的真理とヒューマニズムによって確立するのに貢献する価値を、みずからの活動の価値にしなければならない」と論じている[70]。

このヒューマニズムの位置づけを踏まえて、これまで考察した点を改めて取り上げると、まず、「教員の自主的・創造的活動をはばむような視学や指導主事」、或いは「教員や学生の思想の『指揮監督』をする行政官の人件費」という教育費の問題は、思想信条の自由を蹂躙し、内心に干渉するために充当されている教育費に対して、何よりも人間性を重視する立場からの批判であることが分かる。次に、五十嵐は国家から「慈恵」や「恩恵」として付与される教育ではなく自己教育を提起していた。ここには、たとえ同じ内容が教育されているとしても、そこで人間がどのように位置づけられるのかを問う人間性重視の視座がある。そして、五十嵐は人間が受動的で従属的に教育を与えてもらうのではなく、あくまでも主体的能動的に教育を得ていくことの意義を提起し、そこにこそ人間としての「価値」があると論じるのである。

それ故、交換価値と対置されている「価値」も、この人間性重視の文脈で理解しなければならないことが分かる。これは、貨幣で換算（外化）される交換価値ではなく、人間にとっての、人間としての「価値」である。即ち、これは貨幣に疎外されない「人間本性」の「価値」として認識されなければならない。さらに、これは「社会主義社会」の理想にも当てはまる。既に、これについては「維持力と要求の合体」の意味として、個人の「要求」が確固として位置づけられていることを述べたが、これもまた五十嵐の人間性重視の立場を示している。

このように、五十嵐の思想においてマルクス主義と共にヒューマニズムも大きな位置を占めていることが分かるが、ただし、宮原に比して五十嵐の方はマルクス主義の比重が若干大きいと考えられる。元より思想の重点の比較は困難であるが、五十嵐がマルクス主義者と自他共に認めていたことに比べて、宮原はマルクス主義を重要な根幹に位置づけながらも独自の宮原教育学を構築していたという差異があることから、このような比較ができると言える。

しかし、教育学研究の領域を超えて視角をさらに広げると、五十嵐には詩人としての側面もあり、その詩には思想が結晶化されて表現されているという点で、宮原とは異なるかたちでヒューマニズムを思想に組み入れて表明していたと考えることができる。即ち、五十嵐の思想と実践をより深く認識するためには、彼においてマルクス主義教育学者と詩人とがどのように組み合わされていたのかについて考察する必要がある。実際、五十嵐はマルクス主義教育学者として、特にマルクス主義経済学を以て教育行財政の研究を深めたと同時に、彼は詩も創作し、その作品は詩集として出版されている。[71] そして、作品の中にはヒューマニズム的である同時にロマン主義的な、或いは実存主義的な真情の吐露もあれば、社会体制や政治への批判もある。[72] いずれにおいても、五十嵐の実存と思想が集約的に表現されている。ただし、この点については、より詳しく本章第四節の「戦争責任研究と平和教育実践――『きけわだつみのこえ』をいかに聴くか」とアウシュヴィッツ名古屋展」において論じる。

ここでは、注意すべき点として、五十嵐の詩は文献資料としても重要であるということについて述べておく。第一に、五十嵐の詩は、半世紀に及ぶ反省的思考を経て到達した思想的な結実であり、結晶でもある。詩集『日日の想い』の構成を見ると、「扉詩」として「五月の青い空」があり、そこでは「空／ただ青い空／ほかになにもない五月の青い空／見上げている私が立つ」と詠われている。[73] ここでは世界の中に確かに存在する自分自身が描かれており、それは五十嵐のアイデンティティの宣言と言える。しかも、この「五月」は、青年期の五十嵐にとって極めて重要な月となった。「朝をうごかす声」では「姉さん　ぼくは／あの時のように／あなたを呼んでいる　でも／いまはなんという違った気持ちで／あなたを想っていることだろう／わかってくれるだろうか（一行空け）昭和十二年の夏　ぼくは／北の都の医科大学の隔離病室で／あぶなくなってあなたを呼んだ／働きざかりのあなたは／公設産婆となって／深い山の村で働いておられた（一行空け）ぼくを助けてくれたあなたは／働きつかれて　まもなく病み／五月の晴れた日　ぼくに／「さようなら」とかき遺して／青い空へのぼって／逝ってしまわれた」と詠われている。(74) 大正五（一九一六）年生まれの五十嵐は「昭和十二」（一九三七）年には第四高等学校在学中であった。その時「隔離病室」に入れられる程の重病に罹った時、「助けてくれた」「姉さん」は、その後「働きつかれて」病気になり「五月の晴れた日　ぼくに／「さようなら」とかき遺して／青い空へのぼって／逝ってしまわれた」という。

そして、「姉さん」の「逝った」時が「五月の晴れた日」であり、一九八九年出版の詩集の扉詩で五十嵐は「五月の青い空」を見上げて「立つ」と謳っている。このように、「五月」は一九三七年から一九八九年という時間を踏まえて捉える必要がある。また、五十嵐は続けて「四十年後」に「千曲川が流れる町の病院で／またもやあなたを呼んでいる」と詠う。(75) それは一九七七年で、東京大学を定年退官した年でもあり、この職業的な転機の時に、五十嵐は身体的な危機に見舞われたのであった。

このように、扉詩の「五月の青い空」と「朝をうごかす声」の部分を重ね合わせるだけで、五十嵐のライフヒストリーの核心的な部分を読みとることができるのである。この点で、詩集『日日の想い』は、高齢期という発達段階に到達した五十嵐が示したライフサイクルの完結(76)という側面があると言える。

第二に、五十嵐の作風は広義の意味でリアリズムの性格が強く、そこから客観的な現実を読みとることができ、さらに五十嵐の思想形成をより深く理解することも可能にする。実際に、これからの考察で取り上げる作品は、現実や史実や実体験に立脚している。上記の「姉さん」について、五十嵐に姉は実在し、この姉（静子）について、五十嵐芳雄は「母親似の美人でハイカラな進取的な人」と述べている。(77)

ただし、五十嵐の病気療養は事実だが、姉の死因は直接的には結核である。この点は「働きつかれて」結核に罹ったと解釈することで全くの創作でないと言えるが、姉の没年については、表現上の強調が認められる。彼女の没年は六年後の一九四三年であり、「まもなく」ということは言い難い。それでも、命の恩人とも言える「姉さん」が、自分が働かないで学生生活を送る中で無理な仕事を続けて「働きつかれて」結核に罹り、そのまま死に至ったということは、たとえ自分の看病が直接の原因ではないにせよ、また姉の死の時には従軍していたにせよ、青年五十嵐の心に鋭く深い刻印を押すものであった。そして、この痛感はまさに実体験に基づく現実的な感覚であった。従って、そこには確かに文学的な表現もあるため、その主観的な側面に十分に注意する必要があるが、この点に十分注意しつつ、ここでは他の文献資料や口述資料と付き合わせて事実に迫りながら、彼の詩を貴重な文献資料として取り上げていく。

以上、五十嵐の思想におけるマルクス主義とヒューマニズムについて述べてきたが、彼の詩だけでなく、これから取り上げる青年期の日誌を読むと、マルクス主義やヒューマニズムの他に様々な思想に関心が向けられていたことが分かる。また、上記のアウシュヴィッツ名古屋展の後に書かれた詩の中にはマルクス主義と共にキリスト教的な要素も表明されている。確かに五十嵐はキリスト教信徒ではないため、その内包はヒューマニズムとの関連で捉えるべきであるが、しかし、それでもキリスト教的要素をヒューマニズムだけに還元することはできない。それ故、五十嵐においては、思想形成の途上の青年期だけでなく、マルクス主義教育学者となった後の老年期においても、その思想にはヒューマニズムを組み入れたマルクス主義だけに捉えきれない多面的で重層的な構造が認められる。即ち、五十嵐の思想には、その基本にヒューマニズムを組み入れたマルクス主義が定置されているが、それだけに限らず、他の様々な思想が摂取され、有機的に組み込まれ、全体として多面的に構造化されて五十嵐独自の思想を構成していると言える。それでは、この点について、次節でより詳しく論じていくことにする。

## 第三節　五十嵐の思想の多面的重層的構成
### ――レンバン島日誌・浦和日記（一九四五年一一月三〇日―四六年七月二〇日）を中心に

#### 第一項　「学生時代の反省」の現実

これから取り上げる日誌（日記）は、五十嵐が敗戦後の捕虜生活において「聖戦」必勝の信念が打ち砕かれた中で書き記したものであり、彼の「学生時代の反省」の原点と言うことができる。ただし、注意すべき点は、学生時代と捕虜生活との間には皇軍将校として従軍した時期がある。そして、この時期こそ五十嵐が軍国主義と戦争を実体験した時である。

特に、五十嵐が戦争の時代に、海外の戦場で将校であったという史実は重大である。この点について、前掲『社会教育』（講座日本の教育9）の共編者の城丸章夫は、五十嵐が「アマチュア出身で、しかもその最優秀将校であった」と述べ、それだからこそ五十嵐は戦争と平和について研究すべきであると述べている。[78] その上で、城丸は自らの体験も踏まえて、戦場の将校について、次のように指摘している。[79]

戦争に参加するということは、殺しに行くということであり、また殺されに行くことです。当事者の心境について言えば、殺すという気迫を持つことと、殺される覚悟を持つことは一体不可分です。（中略）さらに将校には、敵を殺すためには、顔色を変えないで味方を殺すことができなければならないということがあります。自分が命令すれば、部下が死ぬことを予定せざるを得ないからです。また敵前では中隊長は従順でない部下を叩き斬る権利、いわゆる『生殺与奪の権』を持っていましたが、この権利は中隊長を補佐する小隊長などの将校も持っていると類推されることになり、将校は部下を叩き斬る覚悟と度胸を持つべきだということになっていました。

さらにこの上に、日本軍独自の蛮行が追加されます。捕虜の試し斬り、捕虜や住民の虐殺、労務者狩り、婦女狩り等々。そして、これらの実行の中心とされたのは、いつでも下級将校たちでした。

この戦場の現実、特に「蛮行」の史実は、筆者の調査研究においても同様に確かめられている[80]。そして、このように戦場の現実を述べた上で、城丸は「五十嵐顕は、これらを覚悟することを将校の卵たちに教育する『区隊長』でした」と述べる[81]。しかも、前述したとおり「最優秀将校」であった。戦争犯罪の責任が問われる所以であり、五十嵐の記した「学生時代の反省」は、この重大な史実に基づいて考えなければならない。

しかし、城丸は五十嵐の戦争責任を告発してはいない。城丸は五十嵐の追悼のためにこの文章を寄せたのである。城丸は五十嵐「もまた戦争犠牲者です」と述べている[82]。しかも、城丸と五十嵐には、戦場における将校としての体験だけでなく、マルクス主義教育学としての思想や学問、さらに共編著を出版するなど、思想的学問的実践的に共通するところが多く、この共通性の中で、城丸は以前から戦争の現実を広く知らせ、その再発を防ぐためにも、五十嵐が自らの体験を反省的に考究して、それをまとめるべきであり、それは「アマチュア出身で、しかもその最優秀将校であった」五十嵐にしかできないと勧めていた。そして、これを真摯に受けとめたが故に、五十嵐は「わだつみのこえ」を通した戦争責任研究を進めたのである。この研究に集中していた時期に、五十嵐は「侵略戦争というべきところが政府要人によって侵略行為と表現されていることの欺瞞や不見識の指摘に同感するけれども、同時に侵略（的）行為がどのような残酷非人間的殺人であるかを知らなければ、せっかくの正しい言葉も頭上を素通りすることをおそれる」と述べており、絶えず将校として従軍した実体験を振り返り、それを通して戦争責任を反省的に考究していたことが分かる(83)。

このように、五十嵐も城丸も戦争の現実を体験的に知り、それに立って平和と平和教育の重要性を痛感していたのであり、だからこそ、城丸は五十嵐の追悼集を出版するという機会に、五十嵐を通してしか伝えられない侵略戦争の戦場の実態や、そこにおける将校の非人間的で暴力的な役割を述べたのである。そこには、これこそ五十嵐の追悼としては最も重要であるという判断があり、これは事実と真理の追究を最後まで貫こうとする真摯な学問的姿勢によるものであったと言える

さらに城丸は、旧制高校時代から五十嵐を知っていた。城丸は五十嵐が「旧制高校時代には、私たちのような反ファッショを主張していた連中に、積極的には近づいて来ないが好意的なところを持っていた男でした。その彼がすんなりと模範的で優秀な軍人となったことに、私は多少の抵抗を感じていました」と述べている(84)。このことから、五十嵐は旧制高校時代には「反ファッショ」に「好意的」であったが、その後「最優秀将校」となり、さらに次項で述べるとおり天皇を崇敬する将校となったのである。それ故、この思想的な変化は大学時代に起きたと考えられる。実際、五十嵐が繰り返し反省するのは「学生時代」である。このことから、試行錯誤を通してアイデンティティを形成する多感な青年期に、五十嵐は「反ファッショ」に向いた時がありながらも、そこから軍国主義と天皇崇敬へと方向性を変えてしまったと考えることができる。

しかし、五十嵐は敗戦と捕虜生活を通して、キリスト教的ヒューマニズムや実存主義や詩人的なロマン主義などの様々な思想的模索を経て最終的にマルクス主義を選び取るようになる。それは、青年期の五十嵐が軍国主義の「最優秀将校」からマルクス主義教育学者へと転換し始めた過程である。それはまた、五十嵐が戦争責任の反省的な認識に

基づき、軍国主義と戦争を再発させないために平和で民主的な教育を研究するようになった過程でもある。それでは、次に、彼の一九四五年から書き記された日誌に基づいて、この思想形成の過程についてより詳しく考察していく。

## 第二項　捕虜生活の「日誌」の文献的意義

「日誌」は、皇軍の青年将校として南方戦線に従軍した五十嵐が、敗戦後レンバン島に捕虜とされていた時に書き記した記録である。それは、激動の時代に生きた青年が一度は天皇崇敬の軍国主義に実存をかけてアイデンティティを形成するものの、これが歴史の激動の中で否定されてアイデンティティ・クライシスを体験するが、それにより退行や停滞することなく、さらに、クライシスを乗り越えて新たなアイデンティティを形成していくというアイデンティティの形成と再形成の過程が書き記された重要な文献である。

このようなアイデンティティの形成と再形成は、従軍、敗戦、捕虜、復員、学者としての出発という極めて激動的な過程の中でなされた。しかも、これは、天皇制ファシズム、総力戦、敗戦、物質的精神的な荒廃、民主化と復興、逆コースと高度経済成長というように、日本現代史においても激動の過程であった。これはアイデンティティと歴史とのクリティカルで動態的な連関であり、エリクソンを援用するならば、五十嵐がクライシスを乗り越えようとする生の力と歴史の諸力学が交錯する「ライフヒストリーとヒストリカル・モメント」として捉えられる。(85) そして、皇軍将校からマルクス主義教育学者への思想的転換は、激動する歴史のクライシスとアイデンティティ・クライシスを生き抜くことを通して達成されたと言える。即ち、マルクス主義教育学者としてアイデンティティを形成した五十嵐のライフヒストリーは、歴史の諸力学の交錯する中で、そのヒストリカル・モメントにおいて作りあげられたのであった。

そして、ここでは特に思想形成に視点を据えて、五十嵐がこの心理歴史的な激動的過程の中で様々な思想を摂取し、ヒューマニズムを組み入れたマルクス主義に接近していく過程について述べていく。事実、日誌を読むならば、五十嵐はマルクス主義に到達する以前に様々な思想を熱心に研究しており、その中でもキリスト教の位置は大きく、これは、彼の思想構造におけるマルクス主義とヒューマニズムの関連を理解する上で重要である。

ただし、日誌という文献に、このような理解を導き出せるだけの意義を認めることができるのかという点が問われる。この点に関して、日誌が書き記された場（空間）と時期（時間）に即して、その文献的な意義を述べていく。

まず日誌が書かれた場所のレンバン島について見ると、これはインドネシア領にあり、そこでの捕虜生活については、他の南方の捕虜生活と同様に、食糧不足を補うために開墾しなければならず、それでも多くの捕虜が飢餓、病気、怪我などに悩まされたことが知られている。このような捕虜生活の現実の中で五十嵐は自らの思想を錬成したと言える。

次に、その時期について見ると、表紙では名前と共に日付が記され、「日誌」には「昭和二十年十一月三十日」と「二十一年七月二十日」の日付が記されているが、実際には「十一月二十五日」の「メンキボール」到着から書き始められ、「レンバン島」には二十九日夕方遅く到着と記され、そして「三十日」の記述に続いている。また、「メンキボール」の部分は、別に罫紙に清書されている。この清書は五十嵐が当時の思索を重要視していたことを示すものと考えられ、従って「レンバン島」の日誌でも清書がなされようとしたと推論できるが、それは日誌の中には見出せない。

五十嵐が、この日誌を重要視していたことは、日付に関しても確かめられる。日誌の表紙では「二十一年七月二十日」で終わるように書かれているが、実際には、この日付で日誌は終わらず、五十嵐はその後「九月二日」まで書き続け、さらに「後記（1）1967・3・12」があり、そして白紙が続いて、最後は芳名録となっている。ただし「後記（1）」とあるが、その（2）は「日誌」では書かれていない。これは、一度「二十一年七月二十日」までで書き終えようとしたが、考えを改めて「九月二日」まで書き続け、さらに二一年後にも「後記」を記したことを意味している。即ち、これだけの年月を経てなお、五十嵐は日誌に関心を払っていたのである。

しかも、彼の没後に遺された文献の中にこの日誌が含まれていたことは、彼が終生この日誌を座右に置いていたことを示している。それは、五十嵐が繰り返し自分自身を振り返り、自らの思索の足跡を検討し、再検討するためと考えられる。これらのことから、この日誌には五十嵐の思想の原点が書き記されおり、従って、彼の思想形成を考察する上で十分に意義のある文献であると言うことができる。

## 第三項　捕虜生活における思想的模索の過程

### (1) 軍国主義と天皇崇拝からの脱却

五十嵐は戦中に天皇を崇敬し軍国主義を信念としていただけでなく、敗戦後の捕虜生活においてもなお天皇を神格化していた。日誌の二一年一月一日の箇所（以下、日付のみ略記）では「整列シテ皇居ヲ遙拝シ聖寿ヲ祝ヒ奉ル」と記されている。これについて、戦中からの習慣で決まり文句を書き連ねたという解釈はできない。それは、日誌が全体として真摯に書き綴られて緊張感に満ちた記述となっており、天皇の神格化だけを例外として習慣的に決まり文句を書き残したとは考えがたい。

また、「遙拝」は元旦に行われたのであり、天皇に関する記述がこれだけであれば儀礼への参加と考えることもできるが、他の箇所でも天皇の神格化が見出せる。四月二九日には「天長節ノ式ヲ行フ、／陛下ハ崇敬ノ陛下。天皇制ノ論ノ如キ末節。／人々色々語ル。語リ多キ世界ニ厳事トコ独トノ世界ヲ看ヨ／一切ノ空ヲ看ヨ、一切ノ空ノ底ニ親鸞ハ御恩報謝ヲ看タ／凡俗ハ一切ノ空ノ底ニ『徒疫』ヲ看ル」と書かれている。また、六月九日には「創業ノ苦痛。創見ノ誇。人々ハ同一ノ世界ニ住ムノデハナイ／勉学用ニオックスホードヲ借リニ／指令所ニアンディニ行ク。若イ前途アルベキ人々ガ麻雀ニクレルノハヨクナイ／国ノ政治ノ下ニアル人、ソノ国ノ敗レシヲ恥ズルガヨイ、／聖帝ノ神々ニシテ亦人間、決意ニ邁進スルガヨイ、何処ノ生ノ充実ガナイノデアルカ」と述べられている。前者の「崇敬ノ陛下」や後者の「聖帝ノ神々ニシテ亦人間」は、神格化された現人神の天皇に他ならない。それ故、五十嵐はまさに天皇を神と信じていたと言える。

しかも、かつて同様に天皇を「崇敬」していたはずの「人々」が変わって「天皇制ノ論」を行い、また「麻雀ニクレル」者もいたが、五十嵐はそこに「凡俗」を見て、むしろ自分自身は「コ独」や「空」を感じつつ、あくまでも天皇を「聖帝」として「崇敬」し続けていたのである。これは五十嵐の天皇崇拝が極めて強固であったことを示しており、それは同時に、五十嵐はこのように信ずる天皇の命令とあれば、全身全霊で命令を遵守する軍人となっていたことを意味している。

しかし、強固に保持された天皇崇拝の中にも、注意すべき点がある。まず、そこには人間を超越した「聖」なる絶対者として天皇を見る観点があり、この点で、天皇のみを例外として他の人々は全て平等に見る平等主義の性格が見出せる。このような天皇の下の平等主義の観念が軍人の中に存在したことは、既に「天皇共産主義」や「国体と共産主義の両立論」として論じており、五十嵐の天皇崇拝もその系列に位置づけることができる。そして、この平等主義的観点は、その後、五十嵐がマルクス主義に接近する要因となっていたと考えられる。

また、四月二九日には「親鸞」の「御恩報謝」に言及している。これは天皇の神格化から五十嵐が距離を置き始めたことを示している。元より、五十嵐は熱心な浄土真宗の信者の家庭に生まれ育っており、天皇崇拝から離れることが浄土真宗への接近として現れたことはそのためと言えるが、この浄土真宗は弾圧の下で宗教改革を進めた親鸞を開祖として民衆に広がった仏教であり、ここにも五十嵐が民衆に視点を向けた平等主義的観点を擁していた要因が認められる。

さらに、六月九日には「勉学用ニオックスホードヲ借リ」ると記述している。これは五十嵐が英語の文献を学ぼうとしたことを意味しており、それはまた、天皇崇拝から離れることが、単に浄土真宗に接近するだけに止まってはいなかったということを示している。特に、戦中に英語は敵性語とされていたことを踏まえれば、五十嵐が着実に天皇崇拝の軍国主義者から脱却していることが分かる。

そして、これらは五十嵐の天皇崇拝が現実から遊離した偶像崇拝に陥ってはいなかったことを証明している。むしろ、五十嵐の天皇崇拝は、日本が危機的（クリティカル）状況にあり、その中で繰り返されたプロパガンダの下でアイデンティティを形成せざるを得なかった青年が得ようとしたイデオロギー的性格の強い世界観、宇宙観と捉えることができる。そして、このような心理は思想や哲学に関心を寄せる青年にとってしばしば見出せるものである。だからこそ、敗戦後にイデオロギーとプロパガンダから解放されるや、五十嵐は次第に現実に即して自らを反省的に捉え直し、その中で天皇崇拝から脱却できたと言えるのである。

**（2）ラルフ・W・エマーソンの位置**

五十嵐が英語の文献を学んだ点に関して、何よりも注目すべきはラルフ・W・エマーソンの位置づけである。ハードカバーの日誌の表紙の裏には以下のように記されており、これには五十嵐の思想や精神生活の核心が表現されていると言える。

Enthusiasm is a height of man
it is a passing from the human to the devine.
— Emerson —

この警句はエマーソンの“Superlative”にある。[86] そして、エマーソンは、五十嵐がその後に書きとめた別の遺稿である「宮本百合子・教育学（論）ノート」においても記されている。[87] しかも、この「宮本百合子・教育学（論）ノート」がまとめて入れてあった大型封筒（五十嵐宛のほるぷ出版の名称や住所が印刷された会社用封筒）には一九八五年六月二五日の「新宿」と六月二六日の「名古屋中」の配達印があり、これを参考にすれば、一九四五年から四〇年を経過してなお、五十嵐の思想においてエマーソンが重要な位置を占めていることが分かる。特に、マルクス主義者でプロレタリア作家の宮本百合子に関する「ノート」でエマーソンが取り上げられていることは、五十嵐のマルクス主義の多面的な構成を示している。

まず、米国の思想家で詩人のエマーソンは、カント的な超越主義で知られており、この点は、五十嵐が天皇を文字通り神として超越的な存在と捉えていたことに通底している。このことは、上記の警句の「熱狂は人間の極致である／そこを通過して人間性は神性へと至る」という意味から確認できる。それ故、ここからも五十嵐は天皇を偶像として崇拝していたのではなく、青年期の思想的模索の中で人間を超越した絶対的存在を天皇に求めようとしたと言うことができる。

さらに、エマーソンには別の側面もある。彼は「社会主義者たちの高潔な考え、彼らの理論の雄大さ、そしてその理論をおし進める熱意といったものを、私は尊敬している」、「国家におけるいわゆる最下層階級の向上をもたらした運動と同じものが、文学においても、ひじょうに著しい、また喜ばしい様相を呈している」と、社会主義の思想や運動を評価している。[88] このようなエマーソンが繰り返し取り上げられていることから、戦中の五十嵐の天皇崇拝を「天皇共産主義」や「国体と共産主義の両立論」と関連させ、また、戦後はマルクス主義者となり、また詩作も行った五十嵐の思想が多面的に構成されていると認識するということの妥当性が確認できる。

**（3）母の存在とヒューマニズム**

一九二〇年一二月二五日には、「母◎母ノコト（二九日命日）母ノ言葉ヲ想フ」と記されている。「母」が繰り返され、しかも二重丸が付けられていることは、五十嵐が特別に意識していたことを示している。そして、日誌では「母ノ言葉」について説明がないが、後述するように、『学習の友』一九九一年七月号の巻頭に掲載された「今月のことば」で、「むりに死んではあかん、むりに殺してはあかん」という「出征にさいして私にくれた母のことば」を紹介している。この「母のことば」が「日誌」の「母ノ言葉」であると確かめることはできないが、参考にすべきである。また、三月一六日には「幼キ時ノ母ノ声。念仏」とも記されている。これらは、五十嵐における「母」の存在の大きさを示している。

さらに、「幼キ時ノ母ノ声」が「念仏」と結び付けられていることから、五十嵐は母を通して浄土真宗の影響を受けて成長したことが分かる。そして、ここに「むりに殺してはあかん」という非暴力が込められていたことは重要である。それは殺生を戒める信仰であるが、これが幼少期から日常生活の中で伝えられ続けたために、五十嵐は軍国主義者となってもなお、非人間的に殺戮を犯すことを抑制し、非人間的な戦争の中でもなお人間性を保持させることを可能にしたと言える。そして、このようにして育まれた非暴力の心性は、五十嵐におけるヒューマニズムの基盤を形成していると捉えられる。

**（4）他の様々な模索**

先述したように、五十嵐は敗戦直後に天皇制を論じ始めた者や「麻雀ニクレル」者を見ながら、「人々ハ同一ノ世界ニ住ムノデハナイ」として、独自に精神的思想的な模索を行っている。そして、ここにはまた「創業ノ苦痛。創見ノ誇」りがあった。彼は「聖帝」を「崇敬」しながらも、「勉学用ニオックスホード」を借りて欧米の思想や文化を学ぼうとし、また「親鸞」にも関心を向けていた。

これらは、五十嵐が天皇崇拝の軍国主義から脱却し、他の思想を模索し始めたことを示しているが、彼の模索はそれだけに止まってはいなかった。五十嵐は、前記の文に続いて「ニーチェ」、「M・シェーラー」、「ランプレヒト」、「ブルクハルト」、「カント」、「佐藤一齋」の名と文献と文言を挙げている。他にも、一月三日には「キリスト者ノ自由」、「英国ニ於ケル議会ノ発展史」、「アダムスミス国富論」と記されている。欧米思想が多く取り上げられている中で、日本では親鸞と佐藤一齋が挙げられている。そして、親鸞は弾圧に抗して宗教改革を進め、また、佐藤一齋は朱子学が幕府御用学問とされた時代にあって陽明学派に位置づけられており、五十嵐の思想形成の特質を表していると言える。

ただし、このような思想的な模索は、自分自身の思想が確立していないことでもあり、それは苦悩も伴っていた。三月一六日には、「オ前ノ仕事ガ何ノ役ニモタタズ、水泡デアツテモオ前ハ働クノカ」、「オ前カラ、オ前ノ愛スル妻ヤ子ガ、オ前ヲ育テタ父ヤ母ガ、否、オ前ノ祖国マデガオ前カラ奪ワレテモ　（原文では空白）　ソレデモ」と述べられ、「空、空、空、無無無」と書き記されている。エリクソンを援用すれば、そこにはアイデンティティが否定され、拡散（diffusion）し、混乱（confusion）した状態が認められる。しかし、この「空、空、空、無無無」の後に空白があり、そして、五十嵐は「ア丶聴コエテ来ル。幼キ時ノ母ノ声。念仏。／無量寿如来ヘノ至心。／死人ハ甦生セラレタル。イエスキリスト。／働キナキ働き。心ナキ心」と記している。「空、空、空、無無無」の中から、「母ノ声」の「念仏」と「イエスキリスト」が「聴コエテクル」と述べている。既述したように、五十嵐において母の存在が大きく、それに伴い浄土真宗が「聴コエテ」きたのであるが、それと同時にキリスト教も「聴コエテ」きたのであった。これは天皇崇拝、母性、仏教が渾然一体となっていた若き五十嵐が、一つの新たな思想・信条への方向性を見出し始め、その獲得のために踏み出したことを意味している。それは敗戦と捕虜生活で否定され、拡散し、混乱していた五十嵐のアイデンティティの新たな形成であり、自立した思想を確立するための第一歩であったと言える。

### (5) キリスト教とマルクス主義

五十嵐は一月一四日に「聖書ヲ研究的ニ写ス」と書いている。そして、同月二四日には、「自由ノ問題（ペテロ前書第二章）」と記されている。『聖書』の当該箇所には、「なんぢら自由なる者のごとくすとも、その自由をもて悪の覆となさず、神の僕のごとくせよ」（第一六節）という文章があり、「自由」の悪用が戒められている。先に見た「凡俗」から距離を置く五十嵐の生き方を考え合わせると、戦勝国から与えられた「自由」を取り違え、放縦に無責任な議論を行い、或いは懶惰に麻雀に耽る周囲の「人々」に引きずられず、「自由」の本質を認識しようとしていたことが窺える。即ち、かつて天皇を「崇敬」していた皇軍将校の五十嵐が、悪用を戒めながら「自由」とは何かを考究し始めたのである。ここには、やはり皇軍将校であった鈴木庫三がマルクス主義者の宮本百合子と交わした「自由主義」を「利己主義」と識別して「全体主義」に組み入れるという「新しい世界観」をめぐる議論と通底する思索の展開が見出せる。これは「天皇共産主義」や「国体と共産主義の両立論」に加えて、五十嵐と鈴木の思想的な共通点であると言える。

ただし、鈴木と異なる点は、五十嵐が「新しい世界観」を追究する中でキリスト教に関心を向けたということである。これは、二月一四日にも認められ、そこでは「国家ハ我利的存在デアツテハナラヌ。自国ノコトヲ考エルト同時ニ世界ノ他ノ国ノコトモ考エ責任ヲ感ズルコト之ガ大国ノ態度デアル」と記され、これに続けて使徒たちがイエスと船に乗っていて嵐に遭い、主に救いを求めながらも混乱して「我ラハ亡ブ」（赤い傍線が付けられている）と叫んで、主から戒められたこと（該当箇所はマタイ傳第八章二五節）を書き記し、さらに○印を付けて「自ラヲ失フ者ノ末路」と書かれている。キリスト教との内面的な思索的な対話を通して、「我利」を批判し、「世界ノ他ノ国ノコトモ考エ責任ヲ感ズル」ことを目指そうとしているところは、「利己主義」ではない「自由主義」と「全体主義」との統合の中に「新しい世界観」を見出そうとしたことと同様である。

そして、四月一五日に、五十嵐は「基督教ハ人ノ心ヲ女ラシクスル傾アルヲ感ズ、サレド、コノ女ラシサハ皮相ノ観察ナリ、彼ノ教ヲ約セバ宗教ノ深奥ヲ人倫ノ道ニ発シテハ、愛ナリ、又自己ノ道ニ応ジテハ柔和、謙遜、清浄ノ徳ナリ、女ラシキ柔和ノ底ニ烈々タル人生道ヲ看取セザルベカラズ」と述べている。愛の宗教と知られているキリスト教であるが、五十嵐は、その「柔和、謙遜、清浄ノ徳」の「底ニ烈々タル人生道」を認識するまでに至っていることが分かる。確かに「女ラシキ柔和」という点は、女性の性別役割に関する固定的な観念として現代では問われなければならないが、ここでは一つの歴史的制約と捉えておく。それでも、この愛の理解を上記の「我利」の批判と「世界ノ他ノ国ノコトモ考エ責任ヲ感ズル」立場と結び付けるならば、五十嵐はアガペーとしての愛の認識に到達したと言える。

そして、この到達点に立ち、「烈々タル人生道」という実践倫理にキリスト教を結びつけたことは、五十嵐の立場によるキリスト教研究の特徴を示している。「空」や「無」に苦悩していた五十嵐に、キリスト教の研究を契機に内心の空虚や苦悩を乗り越えて実践に向かおうとする意欲が生じたのである。ただし、五十嵐は、このように空虚感や虚無感や苦悩から再起していくが、それはキリスト教徒としてではなく、マルクス主義者としてであった。

それは、五十嵐にとって国家や政治に対する関心が強く、かつ具体的であり、宗教的な解決よりも、現実的な解決を目指したからと言える。ここで五十嵐のマルクス主義への関心について見ると、彼は一月一一日に「教育の問題（20.12.16. 毎日）…中略…日本社会党中央執行委員会決定方針…／…民主主義化セラレタル天皇制ノ下ニ民主主義、社会主義ノ実現ニ進ム」と書き、また、赤い二重丸を付けた「欧州ノ変貌（社説要約）」の後に、フランス、ブルガリア、ユーゴスラビア、ハンガリー、オーストリア、ノルウェー、ルーマニアの国名と選挙結果を記して、オーストリアとノルウェーの所の「共」に赤い傍線を引いている。このように、社会主義や共産主義への関心が窺えるが、それは「民主主義化セラレタル天皇制ノ下」と位置づけられており、まさに「天皇共産主義」や「国体と共産主義の両立論」として表現されている。

そして、六月一二日に、五十嵐は「死ヨリマヌガレタ身、死ヌベキヲ生キシ身。一切ヲ絶シ、精進セネバナラヌ。何ニ向カツテ。準備。一世ノ真ノ史家ハ永世ノ哲理ヲ洞見シ、神ノ道ヲ実現スベキ指針ヲ予示セネバナラヌ」と書き、行をあけて、「清ヲカナ月ダ。満月ニ近イ。皆光ヲ浴ビテ、ヒルノヨウダ」と述べている。後者では空虚と苦悩を乗り越えた精神の清澄さ、明澄さが表れており、前者では「一切ヲ絶シ、精進セネバナラヌ」という決意が宣言されている。そして、「何ニ向カツテ」と自問して、「一世ノ真ノ史家ハ永世ノ哲理ヲ洞見シ、神ノ道ヲ実現スベキ指針ヲ予示セネバナラヌ」と自答している。この中の「神ノ道」はキリスト教の文脈で理解すべきであるが、それを「実現スベキ指針ヲ予示」するためには「永世ノ哲理ヲ洞見」できる「真ノ史家」であらねばならないと言うのである。そして、「真ノ史家」とはどのような者かという点で、翌一三日の「革マル世ハイカニヤトハラカラノ神ニ祈リテ吾ヲ待ツラム」という文章が重要である。

この文中の「革マル」は「あらたまる」と読める。そして、『易経』の「革」の篇に「天地革まりて四時成る。湯武命を革めて、天に順って人に応ず。革之時大いなる哉」とあり、これは「革命」の語源とされている[89]。ここで、先述したように、五十嵐は日本思想として親鸞と共に陽明学派の佐藤一齋を挙げており、彼の門人の佐久間象山から吉田松陰が輩出したという思想的系譜を踏まえると、この「革マル」に社会革命が内包されていると見ることの妥当性は高い。そして、この革命の文脈で「真ノ史家」について考えると、それは「革命」を目指したマルクスを念頭に置いていると捉えられる。

ただし、この文中で五十嵐はマルクスについて明記していなく、これだけでは確かめられない。しかし、この日誌には「1967・3・12」の日付のある「後記（1）」もあり、そこでは、以下のように書かれている。

こんなことが、これからしばしばあるのかもしれない。ほとんど二十数年、ほっておいたこの、誤字だらけのはずかしい日記を、●●よむ気になったのである。（中略）おどろくべきことに、二十数年前の気持であったものが、いまもそうだということだ。これは進歩がなかったのかもしれない。それとも進歩とは一直線のようなものではないのかもしれない。白黒で線を引いて、あとからけしていくようなものではないのであろう。
この二十余年、変わったのは、私の心の中心、すこしは、社会を社会とみ、そして、マルクス・レーニンの学説の戦斗的ひびきのうちに、バイブル以上の人生の洞察をくみとっている、ことであろう。

「二十数年前の気持であったものが、いまもそうだ」と述べ、その中で「変わった」点は、「心の中心」で「バイブル」よりも「マルクス・レーニンの学説」の方に重心が「すこしは」移動したと言うのである。これは、一九四六年六月に書かれた「真ノ史家」や「革マル」には、既にマルクス主義の意味が内包されていたことを示している。それでも、後述するように自分の戦争責任を正視して明らかにする程の五十嵐が、何故マルクス主義へ言及を控えていたのかが問われるが、これは、捕虜生活は軍隊生活の延長で日記でも他者に読まれる可能性があり、さらに、自分が天皇崇敬の区隊長として部下を死地に突撃せよと教育してからまだ一年も経っていないためと考えられる。これは思想を隠すというよりは、痛恨な反省と自粛や他者への配慮と言える。しかも、彼はまだ本格的にマルクス主義を研究し始めてはいなかった。それ故、マルクス主義を選び取ったことは確実であったが、それはまだ第一歩であり、その後の研究を経てから五十嵐はマルクス主義者としての自分を表明するようになると考えられるのである。

このように、戦争と敗戦という激動の中を生き、思想的精神的な試練と格闘して、五十嵐が錬成した思想がマルクス主義であった。これは、五十嵐が様々な思想的模索を経て、自らの反省に基づき、ファシズムに陥り侵略戦争さえ発動する暴力装置としての国家の「死滅」を導き、「一人は万人のために、万人は一人のために」という公平で平等な社会の実現を目指すために選び取った思想であった。

なお、五十嵐は確かにマルクス主義者となったが、それは「バイブル」よりも「マルクス・レーニンの学説」の方に重心が「すこしは」移動したからであり、彼の思想においてキリスト教は確かな位置を占め続けていた。この点は、次節の五十嵐の天皇制批判の考察において取り上げる「一九八九年二月二四日」という詩に即してより詳しく述べる。また、「戦斗的ひびき」という表現は、四月一五日の「烈々タル人生道」や冒頭の"Enthusiasm"と共に、崇高な理想のために闘う革命的ロマン主義の詩人という側面を示していると言える。

## 第四節　戦争責任研究と平和教育実践
### ――「『きけわだつみのこえ』をいかに聴くか」とアウシュヴィッツ名古屋展

### 第一項　終生の課題としての戦争責任研究

五十嵐は「『きけわだつみのこえ』をいかに聴くか」をテーマに、一九九〇年代に次々と論考を発表している。それらは遺稿も含めて『「わだつみのこえ」を聴く――戦争責任と人間の罪との間』（青木書店、一九九六年）にまとめられている。

確かに、五十嵐は一九九〇年代になってから「わだつみのこえ」を中心とした戦争責任研究を発表したが、それは、戦後一貫して保持した自分自身への反省の到達点である。先述したように『学習の友』一九九一年七月号の「今月のことば」で、五十嵐は「むりに死んではあかん、むりに殺してはあかん」を「出征にさいして私にくれた母のことば」として紹介し、その説明の中で、この「母のことば」は「息子をおもう個人的感情からのものにせよ、愛から発したある程度の正しさをふくんだことばである。息子たる私は大学まで出て子どもでもないのに戦争の侵略性をなに一つ認識できず、知的になっていなかった。いったい私の教養とは、日本の文化とはどういうものであったのか」と自らの学生時代を反省し、これは「終生私につきつけられていることばであろう」と結んでいる。[90] さらに、五十嵐は、日誌でも「母ノ言葉」や「母ノ声」について書き、また一九七七年二月二七日付のノートにおいても学生時代の反省を記しており、文字通り五十嵐は「終生私につきつけられている」課題として自らの軍国主義を反省的に追究し続けたのである。

ここで、『「わだつみのこえ」を聴く』で考究されているC級戦犯として処刑された木村久夫について、五十嵐がどのような経緯で注目するようになったかについて見ると、それは木下順二の戯曲『神と人とのあいだ』の観劇が契機であり、その時期について「一九七〇年以後であるのは確かであるが、一九七二年あるいは七四年以前の間であったであろうか」と五十嵐は述べている。[91] 即ち、一九七〇年代前半に、木下が『神と人とのあいだ』で描いた木村を知り、そこから木村を通した戦争責任研究を進めるようになったのである。ただし、研究の成果が公刊されるのは一九九〇年代であり、一九八〇年代には、平和憲法の改定、特に戦争の永久放棄が記された第九条の改定と、再軍備の問題に関連して、侵略戦争と戦争責任に対する反省的研究が、次のようになされていた。

五十嵐は『文化評論』一九八一年九月号に掲載された「戦争体験と教育改革――教科書攻撃のなかで考える」で、一九八〇年二月七日に日向方斉関西経済連合会会長が国立京都国際会館で開かれた「第一八回財界セミナー」において提唱した「徴兵制の研究」、「第九条の修正を中心とした日本国憲法改正」、「自民党の『偏向教科書』にたいする攻撃」、「強制的な教科書検定」という問題を取り上げ、これらに対して戦争体験に注目すべきであると述べ、富永正三の『あるB・C級戦犯の戦後史――ほんとうの戦争責任とは何か』（水曜社、一九七七年）の意義を提起している。[92]その中で、「戦争行為が個人のうえに当然にあらわれてくる行為の体験であったといえる。個人のうえにのりうつった軍隊といってもよい」という文章は、[93]富永に即して述べているが、これはまた自分自身に引き付けた反省的な論述であると捉えられる。そして、この「B・C級戦犯」への視点は、木村に即した「わだつみのこえ」の戦争責任研究へと向けられていくのである。

さらに、五十嵐は富永の著書に「戦前教育批判」を読みとり、「戦前教育への批判がほんとうに実行されたかどうかへたちもどって、教育改革の努力を新たにしなければならない。戦後も、教育改革もおわっていないのである」とも指摘している。[94]これは、戦争責任の歴史研究を進めると共に、同時代の現実にも視点を向け、憲法の「修正」による再軍備の動向に対して憲法・旧教育基本法の精神に則り進められた平和教育や民主教育を後退させずに徹底させるべきだという提起である。

また、一九八二年一月の『科学と思想』No.40に掲載された「教育の課題――その覚書」では、「覚書Ⅰ」の中で「改憲の動向と教育」が取り上げられ、「覚書Ⅱ」で「人間的成長の糧」が提起されている。[95]そして、同年一〇月に刊行された『科学と思想』No.43に掲載された「歴史の岐路と教育の課題」では、一の「歴史の岐路をどう考えるか――国家主義・軍国主義的方向と民主主義的方向」では問題提起を行い、二の「戦争体験の反省と人間の問題」では、戦争の反省について考察を深め、三の「国家主義と教育文化の統制」では、平和憲法の改定と再軍備は、国家主義的な教育や文化に対する統制の強化となることを論じている。[96]

このように、一九八〇年代において、B・C級戦犯の捉え方、戦前教育批判、平和憲法の改定と再軍備、国家主義と教育文化の統制、旧教育基本法による平和教育と民主教育の推進という五十嵐の戦争責任研究の枠組みが形づくられ、これが一九九〇年代の「わだつみのこえ」に関する研究へと展開していく。この過程を考える上で、五十嵐が所蔵していた季刊詩誌『稜線』一九八六年三月号掲載の上田三郎の論考「連帯」と、それについての五十嵐のメモが参考になる[97]。

この『稜線』の表紙の右上には、赤字で「保存」と書かれ、さらに青字で「上田三郎論文『十五年戦争と教育』」と記されている。これから五十嵐が重要な文献と考えていたことが分かる。次に、『稜線』掲載の上田の論考について見ると、そのタイトルは「連帯」で、戦争の認識を踏まえて日中の「人民の連帯」が提起されている[98]。従って「十五年戦争と教育」は五十嵐が構想していた研究の課題で、そこから「人民の連帯」を提起した上田論文を重視していたと考えられる。それでは、「十五年戦争と教育」と「人民の連帯」は、どのように連関しているのであろうか。

まず「人民の連帯」について、上田は中国人の回想を読むと、そこには「日本の軍国主義と人民は違うという発想が、理屈ではなく、実感をこめて語られている」と述べている[99]。中国では毛沢東の共産党側も、蒋介石の国民党側も、日本に対して、一部の軍国主義者を除いて、それ以外の将兵の戦争責任は問わなかった。それぞれは国共内戦に備えて、日本との問題を最小限に抑えようとする戦略があり、その中で国民党側は「以徳報怨（徳を以て怨みに報いる）」と、また、共産党側は戦争責任は一部の軍国主義者だけにあって多くの日本人民に責任はないと表明していた。そして、上田の場合は「人民」という表記から、共産党側の日本に対する対応を述べていると言え、これは五十嵐の思想的立場にも合致する。そして、この中国共産党の対応は、支配された「人民」は国や民族は異なっても同じ立場にあるという国際連帯や国際主義の観念に基づいて行われたのであった。

そして、このような「人民の連帯」に基づき、上田は「戦争責任」について、次のように述べる[100]。

最近日本国民の戦争に対する加害者としての責任を声高く糾弾するのを聞く。この論者はいったいだれの立場に立って、だれを非難しているのだろうか。中国大陸や東南アジアの戦線で二千万の民衆を虐殺した日本軍の戦争責任は、もとより徹底して追及されなければならない。しかし、『大東亜共栄圏』を妄想して軍需景気の飽くなき利潤追求に狂奔した財閥や、天皇を錦の御旗にして『八紘一宇』の領土拡張を夢みて戦争を開始した軍閥に的確に照準をしぼることなしに、日本人一般を攻撃するならば、戦争によって肉親を奪われた幾百万幾千万の同胞を反戦・平和のために立ち上がらせることはできない、不毛の論理である。

ここでは、原爆や各地の空襲、沖縄の地上戦、戦後の抑留（特にシベリア）などの被害だけでなく、日本の「加害」にも視点を向けて戦争の問題を「糾弾」する議論に対して、「加害」を「日本人一般」に拡散させるならば、「天皇」、「財閥」、「軍閥」の「戦争責任」を曖昧にすると指摘されている。それは「十五年戦争」の責任の問題である。確かに、「日本軍の戦争責任」は「徹底して追及されなければならない」が、しかし天皇制ファシズム下で戦争に動員され、これにより「肉親を奪われた幾百万幾千万の」日本人の「戦争責任」は、「天皇」、「財閥」、「軍閥」と同列に論じられないのではないかという問題提起であり、ここで問われているのは国家を統制し戦争を指導した重要戦争犯罪人のA級戦犯である。そして、この問題提起はB・C級戦犯の戦争責任の捉え方に繋がり、それはまた将校として捕虜とされた五十嵐自身が「学生時代の反省」を以て終生の課題として考究した問題でもある。

この終生の課題という捉え方は、最晩年の五十嵐の研究と実践において、次のように確認できる。前掲『五十嵐顕追悼集』の中で、五十嵐茂は「残された企画書」として、「戦後教育改革の精神」から「戦争と平和における教育」と出版企画の題名が変わったことを紹介している[101]。これは「残された企画書」とあるように、五十嵐の死によって実現されなかった出版企画であったが、それはまた「戦後教育改革の精神」という主題を「戦争と平和における教育」に変えて、焦点を「戦争と平和」に絞り、それが死によって出来なくなるまで追究し続けたことを意味している。

また、平和教育の実践として、五十嵐は一九九五年一月一七日の「高校生と映画『きけ、わだつみの声』を観よう」

集会に参加し、高校生の質問に答えて発言し「心情を吐露」していた時に倒れ、不帰の客になった。[102] 死の直前まで、五十嵐は若い世代に反戦平和の意義を伝える平和教育を実践し続けたのである。このように「戦争と平和における教育」は五十嵐が文字通り最後まで追究した課題であった。即ち、五十嵐は、青年期に自ら戦争のための教育を体験しただけでなく積極的に戦争を実行したことを終生反省的に追究し、その中で搾取、侵略、支配の暴力性を鋭く批判するマルクス主義に到り、その立場で民主主義と平和のための教育を研究し、かつ実践し続け、その結実が「戦争と平和における教育」という企画となったと言える。そして、宮原の継承は、このような自分自身に対する真摯な反省的考究の中から提起されたのである。

また、確かに「戦争と平和における教育」は実現されなかった企画であるが、しかし、その中の一つが「わだつみのこえ」の研究としてまとめられている。さらに「戦争と平和における教育」の研究に集中する契機として、一九八九年一月に開催された第一回心に刻むアウシュヴィッツ・名古屋展が注目される。それは、これに関連して書かれた詩に「戦争と平和における教育」の思想が表明されているからである。それ故、これらの考察を通して五十嵐が構想した「戦争と平和における教育」の内容を窺い知ることができる。それでは、まず心に刻むアウシュヴィッツ・名古屋展から述べていくことにする。

### 第二項　第一回心に刻むアウシュヴィッツ・名古屋展

一九八〇年代末からソ連東欧諸国の社会主義体制が次々に崩壊し、また中国でも一九八九年の天安門事件により社会主義体制の統制支配と思想弾圧の問題が露《あらわ》になり、さらに、いずれにおいても市場経済が急速に拡大し、その結果、マルクス主義は歴史的に失敗したと広く見られるようになった。マルクス主義者の五十嵐にとって、これは思想的理論的な試練であったと言える。しかし、その中でも五十嵐は安易にマルクス主義の思想を放棄せず、それを基礎に戦争責任の問題を追究した。既に、五十嵐はソ連のスターリニズムや中国のプロレタリア文化大革命の問題も知っており、国家体制の問題を短絡的に思想の問題に直結させず、マルクス主義の意義を、自らの思想構造の核心に位置づけていたからと言える。しかも、五十嵐は教条的にマルクス主義を信奉したのではなく、詩人としての革命的ロマン主義やキリスト教の実践倫理なども組み入れて独立した独自の思想構造を構築していたのであり、むしろ、それだからこそ、マルクス主義思想を堅持し得たと言える。

そして、このような時期に、五十嵐は心に刻むアウシュヴィッツ巡回展と出会い、一九八九年一月二四日から二九日に開催された心に刻むアウシュヴィッツ・名古屋展（名古屋電気文化会館）の活動に積極的に参加した。[103] ここで積極的にと見なすのは、彼が連日会場に出向き、ボランティアのコーナーにいたからである。[104] 当時、五十嵐は既に高齢であったため、ボランティアとして実務を分担したわけではないが、彼が連日会場にいたことは、多くのボランティアの励みになった。

この心に刻むアウシュヴィッツ巡回展は、第一回の下関展（一九八八年六月二九～七月四日）から始まり、最後の苫小牧展（一九九九年一二月九～一五日）まで、全国で合計一一〇回開催され、のべ約九〇万人が入場した。それは、ユネスコの世界遺産（自然遺産と文化遺産の複合遺産）であるアウシュヴィッツを人類普遍の課題として位置づけ、ポーランド国立アウシュヴィッツ博物館貸与の遺品、記録写真、記録画などの展示を通して命と平和の大切さを広く知らせるべく実践された。国立アウシュヴィッツ博物館との連絡調整のためには、心に刻むアウシュヴィッツ展全国事務局がグリーンピース出版会に置かれた。グリーンピース出版会は青木進がアウシュヴィッツに記録写真集などを出版すべく設立し、国立アウシュヴィッツ博物館と遺品貸与の契約を結んでいた。

各地の巡回展の開催に当たっては、一定の政治的思想的な立場を取らず、保守、革新、左翼、右翼、無党派、政治的無関心、宗教者、無信仰など様々な立場の人々が一個人として参加した実行委員会をその都度発足させた。全国事務局は、アウシュヴィッツ展の内容が逸脱しない限り実行委員会からの相談や問い合わせに応じる程度に活動を限定し、出来るだけ自主性や主体性を発揮できるように努めた。

そして、このような活動に立脚して、二〇〇三年に福島県白河市に常設展示のためのアウシュヴィッツ平和博物館が建設され、二〇〇四年にNPO法人の認可を得、現在ではそこを拠点に博物館活動を通した平和教育を進め、〇五年一〇月に生存者アウグスト・コヴァルチクの講演会を開催し、一二月にはポーランドより表彰（勲爵十字勲章）された[105]。

このような博物館活動を支える正会員は、二〇〇五年六月二六日現在で九四人、サポーターは三七九人、賛助団体は一八団体であり、開館以来の入館者は一一、五〇九人を数え、二〇〇四年度の経常収支は七百数十万円となっている[106]。この間、展示スペースが狭いため、学校や団体などによる多くの入館者を一度に受け入れることが難しかったが、二〇〇五年七月に増築して展示スペースを拡大しより多くの入館者に対応できるようにした。また、開館以来、常設展示だけでなく、適宜要望に応じて館外展示も行っている。

このような歴史のあるアウシュヴィッツの博物館活動の中の一つとして、第一回心に刻むアウシュヴィッツ・名古屋展は一九八九年一月に開催された。このために、準備が前年から始められ、下関展開催中の一九八八年七月三日には、名古屋市芸術創造センターで「心に刻むアウシュヴィッツ・名古屋展を成功させるための講演と映画と音楽の夕べ」が開催された。この内容は、記録映画「残された君の写真」上映、大竹淳子のピアノ演奏、そしてアウシュヴィッツの生存者（囚人番号一三二七）で、ポーランド国立博物館初代館長のカジミェジ・スモーレンの講演「アウシュヴィッツの歴史とその意味」であった[107]。

そして、開催後は六日間で合計二七、五六二人が入場し、「大反響を呼び起こした[108]」。入場希望者が多すぎて会場に入りきれず、入場できない人のために後日ビデオ上映会を行った。また、五十嵐は、その後も実行委員会のメンバーたちと勉強会を続けた。

このように五十嵐が心に刻むアウシュヴィッツ・名古屋展に積極的に参加し、その後九〇年代になって「わだつみのこえ」の戦争責任研究が次々に発表されたという経緯を見ると、確かに五十嵐は一生を通して戦争を問い、それを作り出す暴力装置としての国家の「死滅」を目指して教育学と教育思想を考究したが、それが自分自身を反省的に問い直す戦争責任研究に集中していく契機に心に刻むアウシュヴィッツ・名古屋展があったと言える。

それに加えて、注目すべきことに、この時期に、五十嵐は改めて宮原社会教育学の継承を強調していた。第一章で既述したように、佐藤一子は「五十嵐先生からの葉書には（中略）くりかえして同じことが書かれている。それは宮原教育学における青年期教育論と『教育と社会』にまたがる思惟に注目して、それを現代的に継承しなければいけないということだった。そしてご自分は『わだつみのこえ』を通してそのことを考えていく、と必ず書かれていた」と述べている。また、普段から日常生活の中で戦争の問題と平和の意義を伝え続けていたが、一層熱心に伝えるようになったのが、やはり一九八〇年代末であった。五十嵐の娘の森輝子は、次のように語った(109)。

かねてから毎年八月一五日前後に信州野沢の民宿に家族で泊まると、戦争と平和について話し、普段から知ったかぶりなどしないので素直に聞けた。学校の現場の「声」の中から暴力についても語り、それを自分たちのこととして受け止めて聞いていた。また父の書斎には書棚二つ分程、旧軍人の戦場の様々な記録があった。ずっと収集していて研究していた。そして、八〇年代の終わり頃から東京の四人の孫たちにすごい量の手紙が来て、それが戦争と平和についてであった。それは葉書もあれば、資料のコピーも同封された封書もあった。東京に来た時は、アウシュヴィッツを自分たちの問題として平素の生き方に関わらせて話していた。さらに、近所の娘さんにも手紙が来て、その後、彼女は平和の意義を伝えるようになり、大学を卒業した今でも続けている。

長年にわたり五十嵐が子や孫に戦争と平和について語り続け、それがアウシュヴィッツ展を契機にしてとても強まったことが分かる。これは上記の佐藤一子への手紙に照応した、五十嵐の日常的な生活における実践であった。このことから、宮原社会教育学の継承の提起は、平和教育の実践と密接に関連していたことが分かる。

なお、森は五十嵐の書棚には、「ギリシア神話、ホメロス、プルタルコス、ダンテなどもあった」とも語った。五十嵐の視野や関心の広さが示されている。さらに、森は「小さい頃、宮原先生と会ったことがあり、子供向けの本『北の子南の子』を贈られた」と話し、六月一九日のインタビューの後に「改めて読み直し、とてもいい本だと再認識した」と語った。[110] ここには、五十嵐の提起した宮原の継承が、思想、学問、教育実践だけでなく、日常生活においても実現されたこと示されており、それは五十嵐の日常的な自己教育と相互教育の結実と言える。

このように、五十嵐は、マルクス主義が歴史的な試練にある時代状況の中で、アウシュヴィッツ展を契機に宮原の継承を提起しつつ、自分自身もこれを戦争責任の反省的な研究として進めようとしたと言える。そして、五十嵐は実際に「『きけわだつみのこえ』をいかに聴くか」(『中京大学社会学部紀要』第五巻第二号、一九九一年)、「『きけわだつみのこえ』をいかに聴くか」(『作文教育』一九九四年八月号) 等を発表していく(これらは前掲『「わだつみのこえ」を聴く――戦争責任と人間の罪との間』に結実している)。

このように「きけわだつみのこえ」の研究に集中していた状況について、五十嵐が『中京大学社会学部紀要』掲載の「『きけわだつみのこえ』をいかに聴くか」の抜き刷りと共に川上徹に送った書信(一九九一年三月二三日)では、次のように書かれている。

ことしは、私はお年賀をどなたにも差上げることなく印刷したお年賀のはがきを横においたまま、拙い小文をかいておりました。若く征き、逝った戦友、学友、肉親の身に降りていってそこからもう一度微力をふりしぼって、私の教養と日本の文化とを、正直、正確、鋭く、なにものをもおそれず吟味していこうとしております。これはその序文です。

『中京大学社会学部紀要』の刊行は一九九一年二月となっており、五十嵐は年末年始でも「わだつみのこえ」の戦争責任研究に集中していたことがわかる。そして、上記の「私の教養と日本の文化」への「吟味」は、これまで取り上げた一九四五年の「日誌」、一九七七年のノートにおける「学生時代の反省」、そして一九九一年の「今月のことば」での「学生時代」の「反省」などの積み重ねとして捉えるべきである。

以上から、五十嵐は、旧制高校時代では反戦反ファシズムを積極的に表明しないものの「好意的」であったが、学生時代には軍国主義と天皇崇拝に転じ、「最優秀将校」として南方戦線に従軍し、その後、敗戦と捕虜生活という激変の中でアイデンティティ・クライシスを迫られるが、それを乗り越え、戦後新にマルクス主義教育学者としてのアイデンティティを再形成し、そこから半世紀以上も繰り返し自らの「学生時代」を反省的に追究し続けたということが分かる。そして、これがより鮮明になる契機に一九八〇年代末のアウシュヴィッツ展との出会いがあった。この出会いの後に、五十嵐は「若く征き、逝った戦友、学友、肉親の身に降りていって」、そのような死者に代わり「なにものをもおそれず」記録し、伝えようという決意したのである（前掲川上宛書信）。そこには「いったい私の教養とは、日本の文化とはどういうものであったのか」という半世紀前の自己と日本を痛切に問う反省的な問題意識があった（前掲「今月のことば」）。このような意味で、アウシュヴィッツ展との出会いは、五十嵐が高齢期においてライフサイクルの完結へとさらに発達を進める上で重要な位置を占めていると見なすことができる。

第三項　戦争責任研究の到達点におけるマルクス主義とキリスト教

### （1）「遠い」責任と天皇制批判

五十嵐は敗戦後から一貫して自分自身の戦争責任を反省的に考究し、これは京都大学在学中に学徒出陣で従軍し、C級戦犯として絞首刑に処された陸軍上等兵木村久夫を中心にした研究『「わだつみのこえ」を聴く』にまとめられた。それは確かに木村の戦争責任研究だが、同時に、五十嵐の反省的考究の結実にもなっている。黒崎は「あとがき」で、「五十嵐はしばしば『木村の運命が私のそれであったとしても何の不思議もなかった。そういえる戦争の環境の中に私は居た』と述べていた」と書いている。[111] 既述したように、五十嵐は富永のB・C級戦犯研究を通して「戦争行為が個人のうえに当然にあらわれてくる」、「個人のうえにのりうつった軍隊といってもよい」と記していたが、同様の主旨を、ここでは自分自身の問題として示している。また、五十嵐は木村の研究に集中していた時期について「一九九五年の生活と、一九二九年以降十五年戦争の時期の生活とが重なっている状況である」とも表現している。[112] このような意味で『「わだつみのこえ」を聴く』の研究は、詩集『日日の想い』と同様に、五十嵐のライフサイクルの完結を示すものとなっていると言える。

このように戦争責任を自らの問題とすることは、五十嵐が人に語っただけでなく、彼の具体的な判断と言動としても明確に現れている。五十嵐は、戦場で将校とした書いた文章を隠すことなく公開した。

五十嵐の配属された「南幹候隊」卒業時にガリ版刷り文集『敢闘』が作成され、その内容は第四南鳳歌、明治天皇御製（五首）、幹候隊長、歩兵隊長、中隊長、各区隊長、区隊付教官の壮行の辞、見習士官二〇〇名の決意表明となっており、五十嵐は第二区隊長陸軍少尉として壮行の辞を寄稿していた。[113] そして、これは一九九五年六月一六日発行の『雲山万里――南方軍幹部候補生隊の活動と戦後五十年の回顧』の「第二次十一期候補生ヲ送ル」の中に収録されている[114]。その「内容を要約すれば、ひとえに至誠尽忠の心を説き、かくなる上は攻撃精神あるのみと断じ、もって神州を護持せよとの訓示」であった[115]。

このような文書について、五十嵐が所有し、現在では同時代社に保管されている『雲山万里――南方軍幹部候補生隊の活動と戦後五十年の回顧』では、当該頁の右上の余白に赤字で「重要保存」と記され、また、右下の余白に、青字で「初田弥助氏より、南方軍幹部候補生隊『戦後五十年記念誌』編集に際し、拙文にかんし、五十嵐の名を削るべきかの相談ありたるも私はそのまま私の文章として記録されたし旨、申上げたり。一九九五年四月三十日　メモ」と書かれている。初田は『雲山万里』の編集長であり、彼の「五十嵐の名を削るべきか」という「相談」は、五十嵐が戦中に書いた「壮行の辞」がマルクス主義教育学者で民主教育、平和教育、戦争責任などを研究している彼にとって不都合ではないかと気遣ったためと考えられる。しかし、五十嵐は「そのまま私の文章として記録されたし」と答え、実際、『雲山万里』にそのまま掲載されたのである。この経緯について、初田は前掲「戦友としての五十嵐さん」において、五十嵐の速達の返事を紹介している。そこで五十嵐は「今になって教えられたほうの方々の言葉に対し、教えたほうの私たちの言葉や名を隠すことは、ものの道理に反します。／あそこに書かれていることは、今日から見れば誤りがあります。（中略）その反省、克服は努力したいのですが、私自身が候補生諸兄の前で述べたことを、誰が述べたか分からないようにするのは、更に大きな人生的誤りを重ねることと考えるからです。／私自身はあの時、あの私自身が今の私自身になりましたので、そのまま私の文章として載せて下さい。世間的、あるいは政治的なおもわくは一切ありません。あの時の自己を反省したり改造することは、右のことと全く別のことでありましょう。前身を隠すことは今日、また明日の修養の気持ちをごまかすことになります」と書いている[116]。これについて、初田は「人間の限りなき広さと尊厳」を示すものであったと記している[117]。

このように、五十嵐は自分自身の戦争責任を隠すことなく、それを反省し、克服すべく、反省的に戦争責任を考究し続けたのであった。この点に関して、哲学者で、「九条の会（二〇〇四年六月発足）」の呼びかけ人の一人の鶴見俊輔は、志願し通訳として従軍（海軍）した経験を踏まえ、「私が命令されて臆病さに屈して殺したとしたら、戦後になってからも『おれは人を殺した。殺すのはよくない』とそのことを一息で言えるような人間になりたいということ。私の道徳上の理想はこれに尽きる」と述べている。鶴見は通訳として従軍しており、直接人を殺したことはなかったが、しかし、哲学者としてこれで済ませてはならないと認識していた。そして、このような鶴見の「道徳上の理想」を実践したのが、まさに五十嵐であったと言える。[118] しかも、五十嵐は通訳ではなく将校であり、より重く深く責任が問われる。しかし、彼はそれをしっかりと正視して受けとめ、確かにかつて戦争に大義があり、しなければならないと信じて兵士を指揮したが、戦後それが誤りであったことに気づき、戦争は「よくない」と反戦平和を訴え続けたのである。従って、このように哲学者が提示する理想を実践する程にまでに真摯で峻厳な五十嵐が宮原の継承を繰り返し提起したことは、戦中の宮原に戦争責任が問われないどころか、むしろ、その反戦平和の思想と実践が真実であったことを意味している。

なお、五十嵐は戦中の「壮行の辞」に加えて、「第三中隊の日日」と「国民・国家の責任と人間の罪との間、平和の出発点――『わだつみのこえ』をいかに聴くか」も『雲山万里』に寄稿している。[119] その中で、「国民・国家の責任と人間の罪との間、平和の出発点――『わだつみのこえ』をいかに聴くか」では、五十嵐の戦争責任研究が述べられている。このことから、五十嵐は『雲山万里』において、戦中の自分と、それを反省して問題を考究する自分とを合わせて明らかにしたことが分かる。

そして、このような五十嵐が、木村久夫の研究を通して明らかにした戦争責任が「遠い責任」であった。五十嵐は、木村の遺書に書かれた「……私一個の犠牲のごときは忍ばねばならない。苦情をいうなら、敗戦と判っていながらこの戦を起こした軍部に持っていくより仕方がない。しかしまた、更に考えを致せば、満州事変以来の軍部の行動を許して来た全日本国民にその遠い責任があることを知らねばならない」を取り上げ、その上で「『遠い責任』!」と括弧と感嘆符付きで「遠い責任」を繰り返し、また「木村はこれを書きつつ、一人の人間の責任を示そうとした」と評した。[120] ここで、重要な点は、木村が自らの責任を取った上で「全日本国民」にも「遠い」戦争責任があると記したところに五十嵐が注目し、そこには木村の重く深い含意があると洞察したことである。五十嵐が感嘆符付きで繰り返した理由は、ここにあると言える。即ち、木村の含意を敷衍すると、「全日本国民」の戦争責任が「遠い」ところにあるとすれば、戦争責任に〝近い〟者、そして、中心に位置した者も存在することになる。そして、〝近い〟者、そして、中心に位置した者の戦争責任が問われきれていないとしたら、それは責任転嫁という問題になる。

ただし、五十嵐は、この「遠い」ことを理由に国民の戦争責任を軽減しようとは考えていない。五十嵐は「国家の暴力国民の同調」と指摘し、「国家の暴力」と「国民の同調」を同列に位置づけ、しかも、これは「朝鮮人の民族自決権や人権じゅうりんを土台とし」ていたと指摘している。[121] しかしそれでもなお、五十嵐は日本「国民の同調」の中にあって矢内原が朝鮮半島の植民地支配を問題として、朝鮮独立が「植民政策の成功」で「日本国民の名誉」であると提起していたことも述べており、その考察は多面的である。[122] 当然、これは、矢内原のような抵抗がありながら、自分が「最優秀将校」となっていった学生時代の反省に結びつく。そして、矢内原の抵抗、自分自身の反省、日本国民の「遠い」責任、C級戦犯木村の責任というように戦争責任を多面的に追究する。その間に、五十嵐は「朝鮮語」の少人数の自主的な勉強会を実践する。そこには「日本人の多くは英語を勉強はしても隣の国の言葉を知ろうとはしない、これは本当に良くない」という問題意識があり、川上はこれは晩年の戦争責任研究と「ひとつながりのもの」と述べている。[123] 矢内原への論及は、五十嵐の長年にわたる研究と実践の中からなされたのである。

このように、反省し、研究し、問題意識を以て実践する中で、五十嵐は戦争責任に〝近い〟者、その中心にいた者へと迫る。この点で、『「わだつみのこえ」を聴く』のⅢ「木村久夫の手記（二）」の注（10）の「〈メモ〉重要点　私は木村個人の生死問題に『わだつみのこえを聴く』仕事をかぎることはできない。それは歴史の問題として木村を取り扱うことである。天皇制と天皇問題へいくこと」というメモは重要である。[124] これは、「遠い責任」に対して、敗戦後も問われなかった戦争責任の核心に迫ることを意味している。

　そして、『「わだつみのこえ」を聴く』では「重要点」という「メモ」で書き記されていた「天皇制と天皇問題」が、詩集『日日の想い』では、より鮮明に表明されている。その中の「オシフィエンチムとトウキョウとのあいだ」で、五十嵐はアウシュヴィッツ[125]におけるナチスのホロコーストを取り上げ、「この人間陵辱の／この人間じゅうりんの張本人との『提携協力』を／『神聖』＊なるトウキョウの人は『深ク懌《ヨロコ》ブ』というのだ」と述べている。[126]「神聖」や「トウキョウ」で、天皇が示唆されていることは十分に解るが、五十嵐は「＊」で原注を書き加え「大日本帝国憲法（旧憲法）第三条　天皇ハ神聖ニシテ侵スヘカラス」と記している。[127] 事実、「提携協力」や「深ク懌《ヨロコ》ブ」という文言は、日独伊三国条約（三国軍事同盟）締結の前に宣布された一九四〇年九月二七日の「詔書」にある（締結は一〇月二日、首相は近衛文麿）。このことから、五十嵐は「人間陵辱」と「人間じゅうりんの張本人」であるナチス・ドイツとの「提携協力」の責任を天皇に問うていることが分かる。

　さらに、「一九八九年二月二四日」という昭和天皇の大喪の礼が国事行為の儀式として、また斂葬の儀を中心とした大喪儀の儀式が皇室の行事として行われた日を題にした作品では、一九一九年一月一五日に白色テロで虐殺されたカール・リープクネヒトを「心に刻み」、これを承けて、次に一九三三年二月二〇日に特高警察により虐殺された小林多喜二を「心に刻む」と書き、「どうしてこんなにむごい仕方で人間をなぶり殺しにし　辱めることができたのか／誰がそのようなことができたか／誰のためにそのようなことができたか／天皇の警察によってのみ　それはできた／リープクネヒトの虐殺と同じ年同じ月に／結成されたナチスとの『提携協力』を『深ク懌ブ』ことのできた天皇／

この天皇にふさわしい警察によってのみ／この警察にふさわしい天皇のためにのみ／それはできた」と書かれている。[128]「オシフィエンチムとトウキョウとのあいだ」では、外交的な責任が問われていたが、ここでは特高警察を作り出した内政の責任が指摘されている。即ち、これら二つの作品を合わせると、五十嵐は外交と内政の両面から天皇の戦争責任を問題としたことが分かる。

その上で、五十嵐は「朝鮮人強圧の上に安座し」、「中国への侵略を率いたその人」と、明確に天皇の植民地支配と戦争責任を指摘する。[129]さらに、五十嵐は遺体となって運ばれる天皇について「認罪の誠実をつくしてのみ導かれる聖なる力に　ふるることなく運ばれていく／戦争の大義をあざむき／侵略に反対した人間の理性をじゅうりんし／十五年にわたって侵略戦争を率いた無慙な魂は　何処へいこうとしているのか」と問いかけている。[130]これは、戦争責任だけでなく、侵略戦争の実態が明らかになった後でも、自らの責任について沈黙し続けた戦後責任に対する批判である。そして、これらは詩集の最後の部分に位置づけられており、このことは、五十嵐の戦争責任研究の到達点が天皇の戦争責任であり、それが詩として思想的に圧縮されて表現されていると言える。これについて、北田耕也は、五十嵐がナチスドイツと大日本帝国の「提携協力」と共に、その暴力に抗した人間を「複眼」的に捉え、「人間性」への「賛仰と断罪」を比類なく「徹底」させたと評している。[131]

また、この天皇の戦争責任の批判へと至る過程において、一つは「オシフィエンチム」が題に使われていることから、また、もう一つでは、文中に「友よ／『心に刻むアウシュヴィッツ展名古屋』がこの一月ひらかれたことを知っておられるか／会場の電気文化会館の外に寒風のなかを／幾時間も立ちつくした幾千百人の入場者の列を」と書かれていることから、いずれもアウシュヴィッツ・名古屋展が契機になっていることが分かる。[132]ここで、「幾時間も立ちつくした幾千百人の入場者の列」という表現は詩的な誇張ではないことを説明しておく。既述したように第一回名古屋展では六日間で二七、五六二人が入場したが、展示場はビルの上層階のフロアであったため、エレベーターを使わなければ入場できず、そのため外でビルを囲むように列ができ、それは、名古屋で大きな話題になり、報道関係のヘリコプターが上空を旋回していた程であった。(133) 従って「幾時間も立ちつくした幾千百人の入場者の列」は事実の記述である。そして、日独伊三国軍事同盟を前に宣布された証書も、リープクネヒトや小林多喜二の虐殺も歴史の事実である。(134)

また、心に刻むアウシュヴィッツ巡回展との関連で言えば、前年から昭和天皇の病状について連日分刻みの経過が報道される中で、一〇月六日から一〇日に開催された心に刻むアウシュヴィッツ川口展の実行委員の中原ゆうは、会場の川口市民会館で「子供さんや、若い人が多く来てくれました。ナチスの戦争責任を問い直す目的もあって、その意味で、私個人としては、ヒトラーも裕仁さんも同じだと思います。でも、五日間の入場者数は目標の三割の三〇〇〇人弱。赤字です」と語っていた。(135) これは、天皇が病床にある中で各種の催しの自制や自粛が現れていた状況における発言であった。そして、このような彼女の問題意識や戦争責任認識は五十嵐と共通しており、このことは、五十嵐が詩で表現したものが現実的な社会意識の一端であったことを示している。それ故、五十嵐の詩による天皇の戦争責任批判は、ただ文学的な表現だけでなく、事実、史実、現実的な社会意識に立脚していると言うことができる。

その上で、改めてアウシュヴィッツ（オシフィエンチム）について見ると、『日日の想い』は全体で二部に分かれ、第二部のタイトルが「オシフィエンチムとトウキョウとのあいだ」となっている。詩集全体の半分を代表するタイトルにオシフィエンチムが使われたことは、五十嵐がライフサイクルを完結する段階の思想的な到達点において、アウシュヴィッツが極めて重要な位置を占めていたことを示している。

### （2）天皇制批判におけるマルクス主義とキリスト教

ここで、五十嵐の思想的な到達点の内容についてさらに詳しく見ると、リープクネヒトや小林はマルクス主義者であり、五十嵐と思想的に同じであるが、彼はマルクス主義と共にキリスト教も取り上げている。五十嵐は「友よ／頭をたれて私はおもう／底知れぬ人間の受苦のみが犯した人間の罪に光をあてることができるのではないかと／それのみが罪の告白をきびしくききわけて／ゆるしへの道を切りひらくのではないかと／神を信ずる人の言葉では『心に刻むというのは、歴史における神のみ業を目のあたりに経験すること』（ヴァイツゼッカー）であろうかと」と書き記している。[136] ここでは「底知れぬ」人間の原罪の神による贖罪というキリスト教信仰の核心が凝縮されている。そして、これに戦争責任の反省的考究を重ね合わせるならば、「罪に光をあてる」や「ゆるしへの道を切りひらく」の箇所は、五十嵐があくまでも戦争責任を回避せず、これを引き受けた上で、それを乗り越え前進しようとする展望をキリスト教に見出そうとしたと捉えることができる。

次に、五十嵐が括弧付きでヴァイツゼッカーの名前を挙げている点に注目すると、五十嵐の引用した文章は永井清彦訳「ヴァイツゼッカー大統領演説全文——一九八五年五月八日」にあることが分かる。[137] この演説で、ヴァイツゼッカーは「心に刻むというのは、ある出来事が自らの内面の一部となるよう、これを誠実かつ純粋に思い浮かべることであります」と、他にも「心に刻む」についての説明を行っているが、[138] 五十嵐はこれではなく前記引用文を選んだのである。即ち、「内面」、「誠実かつ純粋」という一般的な説明ではなく、「歴史における神のみ業を目のあたりに経験すること」という「神を信ずる人の言葉」、即ちキリスト者の言葉を選び、用いたのである。言葉の彫琢を使命とする詩人が、これを選んだことの重さと深さを考えなければならない。

さらに、五十嵐は「オシフィエンチムとトウキョウとのあいだ」では、他の収容者の身代わりに餓死刑に処せられた「マクシミリアン・マリヤ・コルベ司祭」を取り上げ、「一九四一年八月十四日オシフィエンチムの地下房で昇天した一すじの蛍光」と詠い上げている。[139] 司祭の死を「昇天」と表現している点は、文学的だけでなく思想的な意味が込められていると言える。

確かに、これだけで五十嵐の思想におけるキリスト教の位置を確定することはできない。しかし、次のように、五十嵐は繰り返しキリスト者の矢内原に論究している。『「わだつみのこえ」を聴く』では、矢内原を「侵略主義を批判した思想」の一つとして取り上げ[140]、一九四〇年という時点で朝鮮半島に渡り、聖書を講義した矢内原の実践を植民地支配下で強化されている皇民化政策への抵抗であったと、五十嵐は述べている。さらに、五十嵐は、それ以前に一九二六年に矢内原が執筆していた論文「朝鮮統治の方針」（第三章でも考察）を取り上げ、「仮に自主朝鮮が全然日本から分離独立を欲するとしても、その事は日本にとりて甚だしく悲しむべき事であるか。……朝鮮が、我国統治の下に於て活力を得、独立国家として立つの実力を涵養することを得ば、これわが植民政策の成功であり、日本国民の名誉ではないか」を引用している[141]。先述したように矢内原は朝鮮独立こそが「植民政策の成功」と論じており、ここに五十嵐は注目したのである。また、五十嵐は、一九九六年一〇月二九日に名古屋大学教育学部会議室で開催された名古屋大学教育改革研究会（第一四回）で、矢内原に即して「戦後教育改革の精神」を報告している[142]。

このように、戦争責任に関連しても、また戦後教育改革においても、五十嵐がキリスト者の矢内原を評価していることが分かる。そして、このことと、早くも一九四五年の「日誌」で五十嵐がキリスト教を考究していたことを重ね合わせるならば、半世紀に近い歳月を通して、マルクス主義者五十嵐の思想において、キリスト教は確かな位置を占め続けていたと言うことができる。また、だからこそ五十嵐のマルクス主義にヒューマニズムが確固とした位置づけられていたのであり、まさにこれ故に、五十嵐が宮原の継承を繰り返し提起したのである。

第五章　注

（1）前掲「宮原教育学に寄せる想い」p.334。
（2）前掲『五十嵐顕追悼集』p.498。
（3）同前、pp.364ff。

（4）以前は都立大学の黒崎勲研究室に保管されていたが、現在では同時代社に保管されている。そして、判読できない箇所は●で示し、また、文字と文字、及び行と行が離れている部分はスペースを空けてワープロで清書し『社会教育学研究』第九号（大阪教育大学社会教育論ゼミ、二〇〇四年）に掲載した。

（5）前掲『教育論集』第一巻「解題」で藤岡は、宮原「先生の教育本質論が教育の社会的規定に道を開いたとすれば、勝田先生の一連の労作は、発達と子どもの権利を中核とする教育的価値の定立に歴史的役割を果たしたと考えられる。私どもはあらためて、現代日本の教育科学論争をふまえて、教育という営為に内在する教育的価値の社会的規定性の確定――教育における目的的規定と社会的規定の統一的把握にすすみでなくてはならないと考えるのである」と論じている（p.413）。

（6）前掲「教育の本質」『教育論集』第一巻、p.23。

（7）前掲『文化政策論稿』p.223。

（8）五十嵐顕「教育費と社会」『教育学概論』Ⅱ（岩波講座現代教育学3）一九六一年、p.166。

（9）矢川徳光『マルクス主義教育学試論』明治図書、一九七一年、pp.46-47。坂元忠芳「解説」『矢川徳光教育学著作集』第六巻、一九七四年、p.338。

（10）藤岡貞彦、前掲「解題」『教育論集』第一巻、pp.412-413。

（11）勝田守一「学校の機能と役割」『現代教育学』第二巻、岩波書店、一九六〇年。引用は『勝田守一著作集』第五巻（学校論・大学論）国土社、一九七二年、pp.132-134。

（12）同前、p.134。

（13）矢川については前掲『マルクス主義教育学試論』、勝田では『勝田守一著作集』第四巻（人間形成と教育）、一九七三年、同第六巻（人間の科学としての教育学）、一九七三年を参照。

（14）前掲、五十嵐「教育の本質における矛盾について」p.45。

（15）同前、p.44。

（16）同前、p.45。

（17）前記引用文には「発達」の用語が使われていないが、「『総合的人間の科学としての教育学』の構想をめぐって――現代の教育原理を求めて第一回」（『教育』一九八〇年九月号、pp.22-23）で五十嵐は「発達というとある基準を強制することになりはしないか、こういう問題ですね」、「ある一定のことがらに関しては、基準とか到達目標とか、親からみればこのくらいあってもいいんじゃないかとか、そういうことは当然あるだろうし、世の中にはそういうものはあるんじゃないか。生物全般に。したがって、ある一定の標準からみた場合に、遅れているとかはずれているとかさまざまなものがあるだろうと思います。そういうものをどう見るかという問題は、だからなおいっそう真剣になってくると思います」と「発達」に引きつけて同様の論理を述べている。特に「だからなおいっそう真剣になってくる」という箇所は、人間が「主体的なもの」を「真に発揮」しようと「跳躍」する観点に関わると捉えられる。

(18) Bourdieu, Pierre, 1972, *Esquisse d'une theorie de la pratique, precede de trois etudes d'ethnologie kabyle*, Librairie Droz, Geneve/Paris. Translated by Richard Nice with Bourdieu's revisions, 1977, *Outline of a Theory of Practice*, Cambridge University Press, Cambridge.

(19) ibid., *Outline of a Theory of Practice*, 引用はそれぞれ、p.72, p.73, p.82。

(20) op. cit., *Le sens pratique*, p.88, 前掲『実践感覚』1、p.83。

(21) Bourdieu, Pierre et Jean-Claude Passeron, 1964, Les heritiers: *Les etudiants et la culture*, Minuit, Paris. Bourdieu, Pierre et Jean-Claude Passeron, 1970, *La reproduction: elements pour une theorie du systeme d'enseignement*, Minuit, Paris.（宮島喬訳『再生産——教育・文化・社会』藤原書店、一九九一年）。Bourdieu, Pierre, 1984, *Homo academicus*, Minuit, Paris. Bourdieu, Pierre, 1989, *La noble d'Etat: Grandes ecoles et esprit de corps*, Minuit, Paris.

(22) Bourdieu, Pierre, 1997, *Meditation pascalienne*, Seuil, Paris, p.9.

(23) op. cit., "Thesen ueber Feuerbach", p.5. 前掲「フォイエルバッハにかんするテーゼ」p.3。強調は原文。訳文は若干変えている。また、これのブルデュの引用や援用は、仏語版『実践理論の素描』pp.160-161、同英語版の冒頭のエピグラフ、op.cit., Le sens pratique, p.87（前掲『実践感覚』1、pp.82-83）、*Les regles de l'art: Genese et structure du champ litteraire*, 1992, Seuil, Paris, p.252（石井洋二郎訳『芸術の規則』Ⅰ、Ⅱ、藤原書店、一九九五－九六年、当該箇所は第Ⅱ巻、p.14）、op.cit., *Meditation pascaliennes*, p.164。

(24) なお、この点を竹内実は二〇世紀半ばの中国革命における毛沢東の思想と実践に即して考察している。前掲『毛沢東——その詩と人生』pp.34-35、『毛沢東ノート』pp.17-21。特に、竹内は一九三八年執筆の「持久戦論」における「自覚的能動性」に注目している。
(25) 前掲「社会教育の本質」p.15。
(26) 同前、p.39。
(27) 同前、p.27。
(28) 前掲「教育の本質」p.17。
(29) 前掲「社会教育の本質」p.24。
(30) 前掲「教育の本質における矛盾について——五〇年代宮原論文の意味について」p.42。
(31) 前掲「教育の本質」p.23、及びp.25。
(32) 宮原は丸山との対談で「ほとんど人間にかんするすべての重要な問題が対立的な選択をせまられている。現代はそういう世界史的な時代だ」と述べている。前掲「教育の反省」p.417。
(33) 「社会教育と国家」の1。島田編『社会教育の自由』ではpp.78-79。
(34) 島田修一編『社会教育の自由』(教育基本法文献選集6)学陽書房、一九七八年、pp.86-87。
(35) 同前、p.86。強調原文。
(36) 同前、p.87。
(37) 同前、同頁。「教育の本質」の当該箇所は『教育論集』第一巻、p.19。
(38) 同前、同頁。
(39) 同前、同頁。また『青年同盟の任務』はレーニンが一九二〇年一〇月二日にロシア青年共産同盟第三回全ロシア大会で演説したもので、該当個所はマルクス=レーニン主義研究所レーニン全集刊行委員会訳『レーニン全集』第三一巻(大月書店、一九五九年)、pp.283-287。
(40) 前掲「教育の本質」p.19。

(41) 黒崎勲「身心自在」前掲『五十嵐顕追悼集』p.307。
(42) 編訳書にウラジミール・レーニン『教育論』（大月書店国民文庫、一九七三年）、クララ・ツェトキン『民主教育論』（明治図書、一九六四年）、ナデッツダ・クルプスカヤ『幼児教育と集団主義』（明治図書、一九六九年）、エドウィン・ヘルンレ『プロレタリア教育の根本問題』（明治図書、一九七二年）がある。
(43) この草稿は、ワープロで清書して『社会教育学研究』第八号、及び第九号（二〇〇四年三月、一一月、大阪教育大学社会教育論ゼミ）に、山田正行「五十嵐顕『教育費と社会』を自己教育の視点から読む」（1、2）を付けて掲載された。
(44) 黒崎勲「あとがき」前掲『「わだつみのこえ」を聴く――戦争責任と人間の罪との間』p.244。
(45) 前掲「身心自在」p.308。
(46) 同前、同頁。
(47) 同前、p.309
(48) ここで五十嵐の「日誌」と「日記」について説明する。これらは一冊のハードカバーの日記帳に「レンバン島日誌」と「浦和日記」として書き綴られている。ただし、全体の分量は前者が圧倒的に多く、後者はメモに近い内容であり、五十嵐の思想形成過程を知る上で重要なのは前者の「レンバン島日誌」である。それ故、これからは「日誌」の表記で一括する。
(49) 引用する該当個所は、前掲『社会教育学研究』第八号、p.10。
(50) 同前、pp.10-11。
(51) 同前、p.10。
(52) 同前、p.11。
(53) 同前、同頁。
(54) 草稿「教育費と社会」。引用する該当個所は、前掲『社会教育学研究』第九号、p.2。
(55) 前掲、定稿「教育費と社会」pp.156ff
(56) 同前、p.158、p.161、p.162、p.163。
(57) 同前、pp.176ff。

(58) Louis Althusser, "Ideologie et appareils ideologique d'etat", *Pensee*, juin, 1970. *Positions*, 1976, Editions sociales, Paris. 西川長夫訳「イデオロギーと国家のイデオロギー装置――探求のためのノート」『思想』一九七二年七、八月号、後に『国家とイデオロギー』（福村出版、一九七五年）に収録。

(59) 前掲定稿「教育費と社会」p.168、p.169、p.180。また『資本論』からの引用文は、五十嵐の訳文とは若干異なるが、その当該箇所は大内兵衛、細川嘉六監訳『資本論』（一九六八年、大月書店）の第一巻第一分冊では、p.521である

(60) 同前、p.174。ガルブレイス（Galbraith, John Kenneth）の『ゆたかな社会』について、原著 *The Affluent Society* は、Houghton Mifflin（Boston）から一九五八年に出版され、六九年に改訂されている。日本語訳としては、それぞれ鈴木哲太郎により一九六〇年と七〇年に岩波書店から出版されている。

(61) 前掲定稿「教育費と社会」p.156、p.180。

(62) 五十嵐顕「民主的主体を形成するという観点」五十嵐顕、伊ヶ崎暁生編『戦後教育の歴史』青木書店、一九七〇年、p.12（「序章」の一）。

(63) レーニン「マルクス主義の三つの源泉と三つの構成部分」マルクス＝レーニン主義研究所レーニン全集刊行委員会訳『レーニン全集』第一九巻、一九五六年、大月書店、p.7、強調原文。

(64) 五十嵐顕「むすび――教育財政における運動と研究」前掲『岩波講座現代教育学』第三巻、p.200。

(65) 前掲『オイゲン・デューリング氏の科学の変革』において、エンゲルスは「プロレタリアートは国家権力を掌握し、生産手段をまずはじめには国家的所有に転化する。だが、そうすることで、プロレタリアートは、プロレタリアートとしての自分自身を揚棄し、そうすることであらゆる階級区別と階級対立を揚棄し、そうすることでまた国家としての国家をも揚棄する」(p.289)、また「国家は『廃止される』のではない。それは死滅するのである」(p.290)、と述べている（強調原文）。

(66) 前掲定稿「教育費と社会」p.169。

(67) 同前、p.168。

(68) 五十嵐はここではマルクスを挙げているだけだが、レーニンの前掲「マルクス主義の三つの源泉と三つの構成部分」では「マルクスの哲学的唯物論だけが、こんにちまですべての被抑圧階級にいじけた生活をおくらせてきた精神的奴隷状態

から抜けでる道を、プロレタリアートにしめした」と書かれている（p.8）。

（69）前掲「むすび――教育財政における運動と研究」p.200。

（70）定稿「教育費と社会」p.170。

（71）『五十嵐顕詩集　日日の想い』しんふくい出版、一九八九年。

（72）同前の第二部「オシフィエンチムとトウキョウとのあいだ」に収められた作品。

（73）同前、p.3。

（74）前掲、pp.28-29。

（75）同前、p.29。この時は、長野県の野沢にいて心臓発作に罹り、近くの病院に入院し、療養中に看護婦を見ては姉を思い出すと語ったという（二〇〇五年五月二四日、森輝子談、電話による）。

（76）Erikson, Erik H., and Erikson, Joan M., 1997, *The Life Cycle Completed: A Review*（Extended version with new chapters on the Ninth Stage of Development by J. M. Erikson）, Norton, NY. 村瀬孝雄、近藤邦夫訳『ライフサイクル その完結』（増補版）みすず書房、二〇〇一年。

（77）五十嵐芳雄「五十嵐先生と福井　出生について」前掲『五十嵐顕追悼集』p.27。

（78）城丸章夫「五十嵐顕の死にかかわって」前掲『五十嵐顕追悼集』p.53。また初田弥助は「文武ともにとび抜けて優秀」と述べている。「戦友としての五十嵐さん」前掲『五十嵐顕追悼集』p.41。

（79）前掲、城丸「五十嵐顕の死にかかわって」p.54。

（80）雲南省における調査研究は、前掲『アイデンティティと戦争』でまとめた。

（81）前掲「五十嵐顕の死にかかわって」p.54

（82）同前、p.55。

（83）五十嵐顕「審判」。森田尚人、藤田英典、黒崎勲、片桐芳雄、佐藤学編『個性という幻想』（教育学年報4、世織書房、一九九五年）に挟まれていたニュースレターに掲載され、前掲『「わだつみのこえ」を聴く』（pp.226-229）に収録。

（84）同前、p.54。

(85) Erik H. Erikson, *Life History and the Historical Moment*, Norton, New York, 1975.
(86) Emerson, Ralph Waldo, *Lectures and Biographical Sketches*, AMS Press, New York, 1968.
(87) これはB6サイズより、横だけ約二センチ大きいカード（コレクトC-2858、コレクトC-851、コレクトC-852などの製品名が記されている）六六枚の表や裏にに書き込まれたノートである。以前は都立大学の黒崎勲研究室に保管されていたが、現在は同時代社（東京都千代田区西神田）に収蔵。
(88) エマソン、ラルフ・W／斉藤光訳「歴史的覚え書き」及び「アメリカの学者」より。いずれも『超越主義』（アメリカ古典文庫17、研究社、一九七五年）、p.45、p.208。
(89)『易経』では、これに続いて「君子豹変」の句がある。これは、革命を成就した君子の功績は、あたかも豹の毛が秋になって美しく変わるように輝かしいという意味で、俗用の時宜に賢く素早く変わるという意味は、その後の派生である。
(90) 前掲『学習の友』一九九一年七月号、p.1。
(91) 前掲「審判」。五十嵐は『神と人とのあいだ』を岩波文庫版『木下順二戯曲集』Ⅲ（一九八二年）に拠っている。
(92) 五十嵐顕「戦争体験と教育改革――教科書攻撃のなかで考える」『文化評論』一九八一年九月号、pp.133-134。
(93) 同前、p.134。
(94) 前掲「戦争体験と教育改革――教科書攻撃のなかで考える」pp.140-141。
(95) 五十嵐顕「教育の課題――その覚書」『科学と思想』No.40（総特集「現代における学問の課題」）一九八一年、pp.663ff. 及び pp.668ff.。
(96) 五十嵐顕「歴史の岐路と教育の課題」『科学と思想』No.43（特集「歴史の岐路と教育の課題」）一九八一年、pp.386ff. pp.387ff. 及び pp.390ff.。
(97) 五十嵐収蔵の季刊詩誌『稜線』一九八六年三月号は、同時代社に保管されている。
(98) 上田三郎「連帯」『稜線』一九八六年三月号、p.22。
(99) 同前、p.20。
(100) 同前、p.21、傍点原文。

(101) 五十嵐茂「残された企画書」前掲『五十嵐顕追悼集』pp.313ff。
(102) 不戦兵士の会東海支部の堀田悦博の「弔辞」。同前、p.499。
(103) 心に刻むアウシュヴィッツ巡回展は、一九六〇年から六一年の広島―アウシュヴィッツ平和行進、その後の広島―アウシュヴィッツ平和委員会、八五年に全国で五五回開催された「子どもの目に映った戦争原画展」などの活動を継承して実践された。その経緯と内容は、山田正行『希望への扉―心に刻み伝えるアウシュヴィッツ』(同時代社、二〇〇四年)で述べている。
(104) アウシュヴィッツ平和博物館館長小渕真理より(二〇〇五年四月九日)。なお、心に刻むアウシュヴィッツ名古屋展は、一九九三年一月一六日から三一日にも開催されているが(名古屋市政資料館)、この時は五十嵐は参加していなかった。この第二回名古屋展は、第一回とは別の市民やグループが開催した。
(105) その経緯は二〇〇三年までは、前掲『希望への扉―心に刻み伝えるアウシュヴィッツ』に述べられ、その後は、山田正行「戦争の罪責を認め尊厳の回復へ」(『婦人通信』No.551、〇四年五月)、同「地域から世界へ―命と平和の情報発信」(『文化福島』〇五年六月号)、アウシュヴィッツ平和博物館編『アウシュヴィッツの「囚人」六八〇四』(グリーンピース出版会、二〇〇六年)で述べられている。
(106) NPO法人アウシュヴィッツ平和博物館〇五年度定例総会資料。
(107) スモーレンは六月二九日に、まず下関展で講演し、その後名古屋で講演した。その概要は『ぼくくるしかったよ―「心に刻むアウシュヴィッツ」下関展感想・記録集』(一九八九年、pp.264-265)にまとめられている。なお、彼はこれ後もアウシュヴィッツ展のために来日し、一九九七年八月一〇の秋田県総合保健センターでの講演記録は、前掲『希望への扉』(pp.316-328)に収録されており、彼の講演内容を知るための参考になる。
(108) 前掲〇五年四月九日の小渕館長の発言。なお、初代館長の青木も同主旨の発言をしていた。
(109) 森へのインタビュー(二〇〇四年六月一九日、池袋)をまとめた文章を、三〇日にファックスで送り確認を得た文章。
(110) 前記のファックス送信の文書を読んだ後の電話での談話。また『北の子南の子』は『教育論集』第七巻所収。神山は「子どもに向けて書かれた先生の作品のなかでも最大の、そして最も代表的なものである」と記している。同前、p.387。

(111) 前掲『「わだつみのこえ」を聴く』p.242。
(112) 前掲「審判」。
(113) わら半紙をホチキスで綴じた全一三頁の文集。五十嵐の壮行の辞はp.2。この文集は五十嵐自身が保存していたものであり、ここにも彼が自らの過去を回避せずに反省的に考究していたことが示されている。
(114)『雲山万里——南方軍幹部候補生隊の活動と戦後五十年の回顧』スマラン会、一九九五年、pp.60-61。
(115) 前掲、初田「戦友としての五十嵐さん」p.42。
(116) 同前、p.43。
(117) 同前、同頁。
(118) 二〇〇五年八月二日、平和友の会（立命館大学教職員会館）特別学習会での講演。引用はニュースレター『平和友の会』第一四〇号（〇五年九月一〇日）、p.3。なお、筆者は「おれは人を殺した。殺すのはよくない」よりは、「おれは命令されて人を殺した。人を殺すのはよくない」と言うべきと考える。また、鶴見が真摯に「臆病」と記している点については、パスカルが『パンセ』で「人間にとって苦痛に屈することは恥ではない。快楽に屈することが恥である」と述べたことを想起すべきである（断章一六〇）。
(119) 前掲『雲山万里』pp.30-32、及びpp.382-393。
(120) 前掲『「わだつみのこえ」を聴く—戦争責任と人間の罪との間』p.75、p.76、及びp.144。
(121) 同前、p.212。
(122) 同前、同頁。これは既述した台湾研究者の批判を考慮した上で評価すべきである。
(123) 川上徹「その精神の姿勢」前掲『五十嵐顕追悼集』pp.98-99。
(124) 前掲『「わだつみのこえ」を聴く』、p.148。
(125) オシフィエンチムはポーランド名で、ナチスが侵略後に改名したのがアウシュヴィッツ。現在ではオシフィエンチムに戻されている。
(126) 前掲『日日の想い』p.153。

(127) 同前、p.154。
(128) 同前、pp.161-162。
(129) 同前、p.152。
(130) 同前、p.165。
(131) 北田耕也「五十嵐顕先生の声」前掲『五十嵐顕追悼集』p.331。北田は宮原の社会教育学、特に自己教育論を「自己形成」論、「大衆文化」に対する「民衆文化」論、「学習文化活動」論として発展させた。著書に『日本国民の自己形成』(国土社、一九七一年)、『大衆文化を超えて――民衆文化の創造と社会教育』(国土社、一九八六年)、『自己という課題――成人の発達と学習文化活動』(学文社、一九九九年)がある。
(132) 前掲『日日の想い』p.163。
(133) 前掲、○五年四月九日の小渕の発言より。
(134) 五十嵐は小林多喜二の年齢を三一歳としているが(p.161)、それは数え年で、実際は一九〇三年一〇月一三日から一九三三年二月二〇日の二九歳四ヶ月である。しかし、これは五十嵐の思想にも、本論文の論証にも全く影響しない。
(135) 一九八八年一〇月一一日付朝日新聞(東京版)朝刊の埼玉面。中原の発言は一〇月一〇日一六時三〇分。
(136) 前掲『日日の想い』p.164。
(137) 『荒れ野の四〇年』岩波ブックレット55、一九八六年、p.18。
(138) 同前、p.11。
(139) 前掲『日日の想い』p.150。
(140) 前掲『「わだつみのこえ」を聴く』pp.188ff。
(141) 同前、p.212。また、この引用箇所は前掲『矢内原忠雄全集』第一巻ではpp.742-743。なお、この評価は中国(台湾)の視座から再検討する必要があることは第三章の注(22)で既述した。
(142) 五十嵐顕「戦後教育改革の精神―矢内原忠雄にそくして」(名古屋大学教育改革研究会第一四回記録)名古屋大学教育学部『教育改革研究』第六号、一九九七年。

# 第六章　地域社会教育実践における宮原と五十嵐の継承

## ――平和憲法学習会と心に刻むアウシュヴィッツ・秋田展に即して

## 第一節　宮原による秋田の平和憲法学習運動の調査

### 第一項　全国的動向における秋田の位置

本章では、宮原や五十嵐の思想と実践が地域社会教育において継承されていることを述べ、その意義を実証的に示していく。

宮原は、一九五三〜五四年頃に幾度も秋田を訪れている。[1] 文献的には一九五三年二月の秋田県青年学級研究集会での講演と翌五四年七月の平和憲法学習運動の調査が確認できるが、丸山健（当時秋田大学助教授）は「岩波講座の執筆のためにずいぶん秋田に足を運ばれた」と語り、また土合竹次郎（当時秋田楢山教会牧師）は宮原とは直接会わなかったが名前はたびたび耳にしてよく憶えているという。[2] そして、このような発言は他にもあり、文献に記録されている以外にも宮原が平和憲法学習会の調査のために秋田を訪れたと考えられる。丸山の発言にある「岩波講座の執筆」は、前掲「平和教育の動向」に関するものであり、事実そのなかで秋田の平和憲法学習運動が詳述されている。

それでは、これを踏まえて宮原の秋田訪問の内容について述べていく。まず、秋田県青年学級研究集会について見ると、これに参加した由利忠四郎は、宮原は会話は物静かで落ち着いているけれど、講義になると青年学級法制化問題を取り上げ、制度の形式よりも内容の充実が大切だと強調し、自分はとても啓発され、力づけられ、また青年への愛情が感じられたと語った。[3] また、由利は宮原を招聘したのは当時秋田県社会教育課長であった佐藤憲一（後に本荘市長）であるとも述べた。

そこで佐藤憲一に注目すると、彼はその後『秋田の青年』一九六二年七月号（No.4）に寄稿し、そこで社会教育を通した「革新」と「社会改造」を提唱していた。[4] ここには翌年二月に提唱された枚方テーゼと共通した社会教育観が認められ、このような観点から宮原を招聘したことが分かる。

次に、平和憲法学習運動の調査を取り上げると、この成果は前掲「平和教育の動向」（一九五四年）の中で、一「一般的動向」と二「平和教育具体化への努力」を承けた三「秋田県の憲法学習」にまとめられている。[5] 他にも、前掲「平和教育の構造」（一九五六年）や前掲「生産教育の意義」（一九五六年）の中でも秋田県の事例が取り上げられており、宮原が秋田における教育実践を高く評価していたことが示されている。しかも当時、宮原は教育研究運動を通して全国的な動向を把握できる立場におり、この評価はそこから導き出されたものである。

それでは次に、この評価について具体的に述べていく。まず、「平和教育の動向」では「憲法改悪のうごきとともに憲法学習運動がいちはやく提唱されていたが、憲法学習の実行はまだ一般に微弱である」という現状の中で「労農市民のあいだに憲法学習運動がじっさいに展開されている事例」として、秋田県の実践を詳述している。[6] 一九五四年七月の現地調査の成果を、同年発行の『日本資本主義講座』に論考を間に合わせなければならず、宮原は「附記」でYMCA、YWCA、「仏教団体の平和教育活動」、日本青年団協議会について「私の手ちがいから資料を間に合わせることができ」なかったと反省的に記しているが、[7] その後に発表された論考でも、秋田の平和憲法学習運動の評価は変わっていない。二年後の「平和教育の構造」において、宮原は「憲法学習の実践は、一般に微弱であるが、秋田県において昭和二十八年（一九五三年）一月以来すすめられている実践には注目すべきものがある。ここでは教組、労組、大学の教官・学生、キリスト教会、一般労農市民がひろく手をむすび、地域・職場に憲法学習会が思い思いの名称でつくられている。そして全県的な連絡・推進機関として、それらのサークルを基盤として秋田県平和文化団体連

絡会が昭和二十八年十二月につくられ」たと述べている。(8)

これらは平和教育の側面における評価であるが、宮原は生産教育や大学教育の側面でも秋田に注目していた。やはり二年後の「生産教育の意義」では、「地方大学がその地方の産業とむすびつく専門学および専門技術の基礎的研究で特色をもつようになれば、入学志望者は期せずして全国から集まるに相違ない。そのことは、げんに、秋田大学鉱山学部や山梨大学醸造学科などにおいてみられることである。多くの地方大学が、それぞれこのように全国的に権威あるものとなれば、大学の大都市集中と、いわゆる名門大学への極端な志望者集中は、おのずから解消されよう」と述べている。(9) これは、宮原が秋田の教育や学習を全般的で多角的に捉えていたことを示しており、このような認識に基づき平和憲法学習運動の評価が導き出されていたことが分かる。

そして、この秋田の平和憲法学習運動の中でも、特に宮原が注目したのが「平和憲法学習会」であった。それでは、次項で、宮原の論考に加えて「平和憲法学習会」の会報や会員たちの文書や証言も踏まえて、この実践について詳しく述べていく。

## 第二項　平和憲法学習会と宮原のアクション・リサーチ

宮原が全県青年学級研究集会の講師として秋田を訪れる一ヶ月前の一九五三年一月、秋田県教職員組合は「憲法学習を如何に展開すべきか」という主題で研究会を三日間にわたり開催した。その中で「秋田県教組のこの憲法学習運動とむすびあわせて一般市民のなかに憲法学習をひろめていくしくみをつくりたいという声がつよくでて、五月三日の憲法記念日までにそのことを具体化することが申合わされた」(10)。この当時の状況と、これに関する宮原の認識についてはこれまで述べてきており、ここでは、これに対応する現状認識を秋田に求めると、平和憲法学習会を担った斉藤重一は「その背景には、単独講和と日米安保条約の締結、警察予備隊の秋田駐屯、破防法成立、血のメーデーをはじめとする多くの弾圧事件、労働三法改悪、教育反動化立法など『逆コース』といわれる新憲法の平和的・民主的原則への挑戦があり、『池田・ロバートソン会談』もこの年のことであった」と述べている。[11] 当時、斉藤は秋田大学学芸学部四年生で、卒業後は教師となり、秋田県高教組委員長を務めた。[12] 平和憲法学習運動の中で学び、教師となり、平和教育を実践し続けてきたと言える。

そして、上記の「申合わせにもとづいて、秋田大学の教官有志と学生有志、秋田市楢山教会の土合竹次郎牧師そのほかの人たち、秋田県教組の人たちが会合をかさね」、四月に「活動方針」が定められ、二一日にパンフレットを発行して、五月三日に「平和憲法学習会」を発会すると公表した。[13] ここで宮原が名前を記している土合牧師の平和運動については、楢山教会の百年史でも述べられている。[14] また、斉藤は他の中心的なメンバーとして秋田大学の菊池臣平や丸山健、秋田県教職員組合の加賀谷謹之助の名前を挙げている。[15]

こうして、「平和憲法学習会は日本教職員組合の一月の中央委員会で平和運動の一環として全国的に展開する事が提唱され、秋田県教職員組合では全国に魁けてこの運動に着手し、五月三日秋田大学、秋田基督者平和の会との協力のもとに発会した」[16]。このことから、平和憲法学習会を担った主要な会員は、教職員と大学人とキリスト者であったと言える。そして、会の「綱領」として、以下の三項目が掲げられた。[17]

一、主権者の意識の昂揚をはかる
一、基本的人権の擁護につとめる
一、交戦権の否認と軍備の撤廃を期する

五月三日の発会は、秋田市の中心にある千秋公園（佐竹藩久保田城跡）にあった秋田県児童会館ホールで行われた。これは、会場外の人達への「披露」も兼ねて行われ、その状況について、宮原は「赤ちゃんを背負った四十がらみのお母さんや息子を戦死させたというおじいさんや女子学生をまじえた市民約三〇〇名が参加して、経過報告と活動方針の大衆討議にひきつづいて、秋田大学学芸学部憲法担任教授丸山健、楢山教会牧師土合竹次郎そのほかの人たちの記念講演、映画、学生演劇がおこなわれ、当日の会場で入会者が十数名あった」と述べている。[18] この参加者数について、当時学生として発言した清水川正子は「約一五〇名」と記しており、[19] 宮原の「約三〇〇名」と異なっている。これについて、宮原は千秋公園の「披露」を見学しに来た者を含めて「約三〇〇名」としたと言える。[20] 即ち、会場内の参会者は「約一五〇名」で、会場外の「披露」を見学し、交流して帰った者を含めれば「約三〇〇名」となる。出来るだけ多くの様々な人達に呼びかけようとしていたことが分かり、宮原が「労農市民のあいだに憲法学習運動がじっさいに展開されている」と評価した所以である。

ただし、多様な参加者を募るあまり平和憲法の学習が表面的になることには注意が払われていた。斎藤は会報第二号の中でロシア・ソ連の芸術家、演出家、俳優のコンスタンチン・S・スタニスラスキーの「身体的行動の方法」を援用して「勿論、人間個々によって平和に対する最終の目的には深浅広狭の差はあろうが、各々が自分の内部の論理に喰い下がってゆかねばならぬのである。そこに目的が発見され意思が出来上がる。そして舞台というものが俳優たちにより強い協同を求めると同じように我々も学習会という場にひとつの目的を求めて協同してゆけねばならず、ひとりひとりが不可分の関係に立つ程の強さが希まれるわけである」と述べている。[21] 特に「自分の内部の論理に喰い下がってゆかねばならぬ」と「ひとりひとりが不可分の関係に立つ程の強さ」とが提起されているところに、共同学習を通した内面の追究と関係性の発展への視点が表れている。そして、これは当時学生であった斉藤が寄稿した文章の中の一節であり、平和憲法学習会で実践された学習の水準の高さを示している。会報第二号では、他に福島要一「平和は必ず勝つ」、工藤綏夫「我々が平和を要求する理論的根拠について」、山口良二「憲法に於るキリスト教的精神」、内山完造「一歩天国に近い世界」、土合竹次郎「内山先生を迎う」、中村信男「内山完造氏と中国」、堀江正男「現象の奥にあるもの」、佐藤稔「『武装平和』断乎反対す」、清水川正子「記念講演と映画演劇の会の報告」、丸山健「第一回学習会報告」などが掲載されている。

次に、平和憲法学習会で実践された学習について具体的に見ていく。これについては、宮原が、次のように記録している。まず、毎月第二火曜午後七時からの「学習会」では、「男鹿基地の調査と対策」（教組班）、「土崎工機部の労働過重の実態」（国鉄・土崎工機部班）[22]、「朝鮮戦争の真相」（秋大学生班）、「キリスト教と平和運動」（楢山教会班）、「ウォール街の分析」（秋大教官班）、「学生生活の実態」（秋大学生班）というテーマが取り上げられた。[23]また、「市民座談会」では、「近代戦の様相」、「再軍備と憲法改正」、「物価と台所と憲法」、「教育二法案と子どもたち」、「教育二法案について県内四政党の立会い討議会」（自由党は欠席、改進党、右派社会党、左派社会党が参加）、「ビキニの死の灰、不安の心理、教育二法案への対処」、「つゆと放射能」などについて討論がなされた。[24]ただし、これらは明確に区別されていたのではなく、活動の中で状況に応じて「学習会」となり、或いは「市民座談会」となるというものであった。当時の主要なメンバーで、その後秋田大学教育学部長を務めた工藤綏夫は、教組の教育会館で月一回の「ゼミナール」が行われ、市民を交えて毎回約二〇名くらいの参加があったと語った。[25]工藤の言う「ゼミナール」は「学習会」や「市民座談会」を指している。大学人の工藤は「学習会」や「市民座談会」に対して「ゼミナール」と同じ姿勢や意気込みで臨んだと言える。

さらに、平和憲法学習会は一九五三年六月二七日と翌五四年五月三日に講演会を開催した。前者では魯迅を弾圧から庇護し日中平和友好に尽力した内山完造が講師となった。これは、学習活動を踏まえた自己教育、社会教育の展開と言える。

以上の活動には、幾度も調査に訪れた宮原も参加していた。その中の一九五四年七月の「研究懇談会」では、宮原は活動について聞き取り調査を行うだけでなく、講話をし、参加者と討議した。[26] ここには、アクション・リサーチの立場と方法が認められる。

まず、宮原の調査の内容について言えば、既述したとおりである。次に、講話に関しては、主要なメンバーで、その後静岡大学や秋田経済法科大学の学長を務めた丸山健は「若々しくて、文教政策の『逆コース』を批判され、力づけられた」と語った。[27] なお、丸山は「その後、日教組の会合でもお会いした」とも付け加えた（工藤や斉藤も同様）。また、討議では平和憲法学習会の現状と、今後の方向性や課題が取り上げられた。その内容としては、平和憲法学習会からこれを含めた県内二五のサークルで構成される秋田県平和文化団体連絡会への展開、事務局体制、財務会計、そして、「社会教育施設・団体への働きかけを強化すること。公民館を憲法学習運動の場として活用することが大切である。青年団、婦人会、ＰＴＡのなかに憲法学習サークルのメンバーがどんどん入って行って、小集団で膝をつきあわせての話しあいをすることだ」、「憲法学習サークルがサロン化する危険がある。サークル員が職場に、地域に、一人の同好の士をつくることが大切だ」、「憲法をまもる趣意を再軍備のみにしぼらないで、ひろく国民の人権をまもる立場から日常身近な問題をいろいろとりあげる」などの課題であった。[28] このような討議に加わった宮原について、工藤は「秋田に調査に来られ、夜のゼミナールにも参加されて、『膝を交えたこういう会というのはめずらしい。とてもいいものだ』と励まされた」と語った。[29]

以上が、平和憲法学習会の実践と、それに関する宮原のアクション・リサーチである。その後、平和憲法学習会は秋田県平和文化団体連絡会へと発展し、その中に自らの活動は解消されていった。宮原によれば、平和憲法学習会の会報は、一九五三年五月から毎月一回発行されたが、第九号（一九五四年一月）を発行した段階で「資金難でゆきずまり中絶」となった。[30] 宮原が出席した「研究懇談会」は、一九五四年七月であり、会報の停刊後も活動は続いていたが、その活力が弱まったとも捉えられる。その要因としては、丸山が静岡大学に転任し、四年生の斉藤が卒業するなどが考えられる。この点に関して、一九五六年四月に秋田大学に赴任した戸田金一（秋大名誉教授）は、平和憲法学習会については何も聞くことはなかったと語っており[31]、この時点で平和憲法学習会は秋田県平和文化団体連絡会へと解消していたと見なせる。そして現在、秋田県平和文化団体連絡会については、ほとんど知られていない。筆者がインタビューした中では当事者の他には誰も知っていなかった。

それでも、平和憲法を学習し、平和教育を実践する運動はその後も続き秋田の地域の中に定着していった（丸山、工藤、斉藤たちは全国規模の会議や集会で宮原に会っていた）。斉藤重一の「憲法記念日を祝う」が一九九八年四月二七日付『秋田魁新報』に掲載されたことは、その一つの現れである。そこでは、一九七九年と翌八〇年の「憲法問題を考える集い」（自由法曹団県支部、日本科学者会議県支部主催）、一九八一年以降の「平和憲法を守る秋田県民集会」（実行委員会、事務局は憲法改悪阻止秋田県連絡会議）が紹介され、これは「五〇年代の平和憲法学習会の心を受け継いでいる」と述べられている。

ただし、ここでは一九六〇年代が書かれておらず、この時期にどのように継承されたのかが問われる。この点について、『秋田の青年』一九六二年六月号（No.2）では、菊池臣平の「国内政治と平和憲法」が掲載されている[32]。これは、秋田県連合青年会がその年に「『憲法擁護』をうちだし」、参議院選挙が公示された段階で「市町村の青年会」が憲法について「このたびの選挙にどう考え」たらよいのかと参考のために掲載した論考である。それ故、このことから平和憲法学習会の継承が連合青年会の活動に認められるのである。

この他にも、毎年八月には平和展が開かれ、教職員組合はそれを積極的に担ってきた。さらに、一九九四年二月には秋田県平和運動労組会議が設立され、そのメンバーを中心に二〇〇〇年五月から平和憲法を学ぶ会が発足した（月一回の数人の学習サークル）。

また、キリスト者について見れば、一八七二年に紀元節（一九四八年廃止）とされた二月一一日が一九六六年に建国記念の日と制定されて以来、秋田でも思想信条の自由と平和について考える集会が毎年実施されてきている。秋田市内の牧師会の有志により、一九九九年までは「信教の自由を守る集会」として続けられ、二〇〇〇年からは「秋田・平和と正義フォーラム」として開催されてきている。

それ故、一九五〇年代の平和憲法学習会を契機に秋田に広がった反戦平和運動と平和教育は、六〇年代、七〇年代、八〇年代、九〇年代、二一世紀と様々に変化しながらも地域において着実に継承され続けたと言える。確かに、秋田の社会教育では全体としては鈴木健次郎の位置の方が大きい。それでも、特に教職員組合や労働運動の指導的人物は、平和憲法学習会以降も全国的な集会や会議で幾度も宮原から影響を受けている。即ち、宮原が全国的に影響力があったという事実は、その中に秋田が含まれており、それ故、宮原はアクション・リサーチの後でも影響し続けたと言える。ただし、七〇年代後半に宮原が第一線を退いた後が直接的な影響の空白になるが、宮原が平和憲法学習会を岩波講座で紹介したということはいわば一種の誇りとして教育研究運動や平和教育運動などに受け継がれており（斉藤重一の秋田魁新報掲載の文章は一例）、これが九七年のアウシュヴィッツ展に結びついた。確かに、新たな発展や創造という点では、そのまま評価はできないが、それでも宮原の遺産の継承としては捉えられる。

このような意味で、平和憲法学習会の歴史的意義は大きい。しかも、この活動について、秋田の当事者たちよりも、宮原はアクション・リサーチを通して最も詳しく活動を記録しており、特に「平和教育の動向」は、その意義を知る上で貴重な資料となっている。それでは、これを踏まえて、次に心に刻むアウシュヴィッツ・秋田展について述べていく。

## 第二節　心に刻むアウシュヴィッツ・秋田展における宮原の継承

### 第一項　心に刻むアウシュヴィッツ・秋田展のアクション・リサーチ

ここでは、平和憲法学習会の継承という視点から、一九九七年一月二四日から三一日までに開催された心に刻むアウシュヴィッツ・秋田展（以下秋田展と略記）について、アクション・リサーチの方法論を以て考察する。秋田展は平和憲法学習会から四〇年以上も後の実践であるが、その実行委員長を務めた筆者は学生時代から宮原教育学を学び、アクション・リサーチの方法論的な意義を認識した上で秋田展を実践しており、秋田において宮原の思想、学問、実践を継承することを目指していた(33)。

そして、秋田展の実行委員会の会議を重ねる中で、平和憲法学習会を支えた教職員やキリスト者の活動が秋田において継承されていることに気づいた。もとより、他のアウシュヴィッツ展と同様に、秋田展の実行委員会では市民一人ひとりの個人としての参加が原則とされたが、秋田県教組や秋田県高教組は秋田展を積極的に協力支援し、そして前者からは大友武夫、伊藤宏美、桜田憂子の三名が個人として実行委員となった。なお、大友はその後秋田県教組の執行委員長を努めた（二〇〇五年退職）。

また、キリスト者としては、平和憲法学習会では楢山教会の土合牧師が重要な役割を担っていたが、この楢山教会の信徒が中心になって建堂した秋田桜教会の雲然俊美牧師は秋田展の実行委員となった。楢山教会や桜教会はプロテスタントの日本基督教団の教会であり、「平和教育の動向」で取り上げられていた下浜教会も同じく日本基督教団に属し、雲然牧師は定期的に下浜教会で礼拝を執り行っている[34]。その上で、秋田展ではカトリック教徒の実践もあり、特にカトリック秋田教会の修道女シスター・アンジェラ（松岡恵子）が重要な役割を担った。彼女は実行委員にはならなかったが、ボランティアとして積極的に活動を担い、特にボランティア活動を高校生たちに広げていった。これについては、五十嵐の継承に関連して、次節でより詳しく述べていく。

そして、これらに筆者が秋田大学の教官であった点を加えるならば、平和憲法学習会を主に担った教職員、大学人、キリスト者の三者は秋田展でも同様に認められることが分かる。さらに、秋田展では、民間ユネスコ運動、女性の権利拡大や社会参加（エンパワーメント）の活動、花岡事件（秋田県内の花岡で強制労働の中国人が抵抗し、それが残酷に鎮圧された）を通した反戦平和運動、地域の社会教育、生涯学習、文化活動、ボランティア活動等々、様々な立場の者が各々の役割を積極的に担っており、やはり平和憲法学習運動のように参加者は多様であった。ただし、「土崎工機部グループ」を構成した国鉄労働組合員に関してみれば、秋田展では国鉄労働組合やＪＲ東日本労組などの組合員の参加はなかった。一九五〇年代と一九九〇年代の間に、労働運動の活力は弱まり、その一方で様々な社会運動やボランティア活動が広がったが、この変化が平和憲法学習会と秋田展の構成メンバーの差異に反映したと捉えられる。

そして、このような対比を考えつつ、筆者は秋田展の実践を進め、同時に、それを反省的に検討し分析するアクション・リサーチに努めた。それでは、これらを踏まえ、次に、秋田展について、実行委員会、プレ展示と本展示による展示会とその間に開催されたアウシュヴィッツ生存者の記念講演会、展示会と講演会の内容を高めるために実践された各種の学習会、そして、その後の学習と実践という順に従って述べていく。

なお、ここでは学習会と実行委員会、展示会、講演会は区別されているが、それは狭い意味での区別であり、実行委員会、展示会、講演会でも広義においては体験的な学習が行われていた。このような意味で、筆者は秋田展が全体として実行委員やボランティアが相互に学び合う共同学習となり、それをさらに高める自己教育の実践となるように目指した。特に、自己教育という点では、アウシュヴィッツを心に刻むためには、アウシュヴィッツを齎らしたナチズムを理解することが重要であり、そのためには全体主義的で統制的な教育ではなく、物事を自分で考え、さらに考えを深めるために自ら教育を組織することが求められるということを意識し、これに即して実践した。そこでは、アウシュヴィッツ展を行うためには、まず何より自分で考え、学び、このような人たちがお互いに考えを交換し合い、学び合い、さらに考え方や学び方をさらに深めるために自ら目標を設定して教育を組織するという自己教育論の実践が目指されていた。同時に、逆に自ら考えようとはせずに、他者から教えられたことをそのまま無自覚に無批判に受け入れることは、アウシュヴィッツを齎らした人々の姿勢と変わらないことに注意し、秋田展の実践がこのようにならないように努めた。そして、筆者はこのような自己教育論をアクション・リサーチ的に追究する立場で実行委員長として会議に臨み、その中で各種の学習会、展示会、講演会の準備を進めた。

## 第二項　秋田展の実践とその考察

### （1）実行委員会

秋田展の実行委員会の発足は、一九九六年八月一〇日であった。それまでの経緯は、次のようであった。筆者はドイツよりもフランス、特にそのポストモダン思想に関心を向けてきたが、当時指導する学生の中にナチズムを卒業研究のテーマにする者がいた。筆者の所属する研究室にはドイツ教育史、特にナチズムを研究してきた教授がいたが、彼は学部改革で多忙を極め、その指導を筆者が代わらなければならないようになっていた。

そのような時、七月下旬に筆者が社会教育主事講習の講義のために弘前大学を訪れた時、教育学部の掲示板で心に刻むアウシュヴィッツ・弘前展のポスターを見、学生指導の参考になると考え、また自分自身の関心もあったので実行委員に連絡をとった。弘前展の実行委員は即座に弘前大学に来て、趣旨を説明し、その中で全国で九〇回以上巡回展が行われてきたが、秋田では一度も開催されてないことを知らせた。これを聞き、筆者は全国事務局と連絡を取り、秋田に帰った後『秋田魁新報』に「伝えたい命の尊さ」という文章を投稿し、秋田での開催を呼びかけた。この文章は八月五日に掲載され、これに対して問い合わせや参加や協力など全部で二一人からの応答があった。

このような対応に励まされ、筆者は呼びかけ人として、八月一〇日に千秋公園近くの秋田県生涯学習センター分館・ジョイナスで準備会を開いた（この時は平和憲法学習会の発会式が開催された児童会館は移転していた）。これには一五名が参加し、筆者が趣旨を説明し、話し合い、全員の合意をもって同日に実行委員会が発足し、展示会の名称を「心に刻むアウシュヴィッツ・秋田展」とした。

この会には、アウシュヴィッツに初めて公式に訪れた日本人である伊藤博秀も参加した。[35] 彼は裁判所に在籍しながら日本労働組合総評議会専従となり国会対策委員長等を務め、その中で国交正常化前のポーランドに入国しアウシュヴィッツを訪れた。会に参加した時は退職後で、彼は秋田検察審査協会幹事長や人権擁護委員などを務めていた。実行委員会では、アウシュヴィッツを訪れた印象や、その後秋田で展示会を開いた思い出を語り、また秋田展への期待を表明した。そして、実行委員はこれを知り、八月三一日の第二回実行委員会で、後援、予算、「スタート集会」（後述）、チラシ、ポスター、記録集の編集、役割分担などを話し合うと共に、彼の話しをより詳しく聞いた。その中で、彼は「アウシュビッツも南京もマニラも全て、戦争のなせる（業、ワザ）」であり、「戦争というものの本質を思い、永久平和を希う思想、（反戦）に根ざした運動」の必要性を提起した。[36]

その後、実行委員会は展示会の内容を練り上げる中で、秋田県総合生活文化会館アトリオンで開催する展示会をプレ展示「戦争と子供」（一月二四日から二六日）と本展示「心に刻むアウシュヴィッツ・秋田展」（二七日から三一日）とした。プレ展示と本展示に分けたのは、会場の部屋がプレ展示の期間中は十分に確保できず、本展示とするには狭かったためである。それと共に、本展示の第一日目がアウシュヴィッツ解放記念日に当たることから、この日に生存者で、戦後は舞台監督・俳優などで活躍し、演技を交えた講演で著名なアウグスト・コヴァルチクの講演会を秋田県総合保健センターで開催することを決めた(37)。

その後、実行委員会はこれらの内容をさらに充実させるための準備や広報を進め、またボランティアを募りつつ、開催まで八回の会議を積み重ねた。これを通してボランティアは約二五〇名を数えた。このように多数のボランティアの組織化を担当した実行委員は、各人に合わせて日程を調整し、役割を丁寧に割り振り、展示会と講演会をスムースに進行できる体制を作った。その中でボランティア担当の実行委員が中心となり『心に刻むアウシュヴィッツ・秋田展――当日スタッフのてびき』が作成され、ボランティア全員がこれに沿って実践できるように、幾度となく打ち合わせが行われ、さらに学習会も開かれた。

また、秋田展では、ボランティアという呼称の他に、「当日スタッフ」という呼称も用いられた。それは、展示会や講演会の当日にはボランティアとして活動できないが、事前の様々な準備ではボランティアとして活動したいという者も多く、このような「ボランティア」と、当日の「ボランティア」とを区別しておく必要があると考えたためであった。ただし、その区別は厳密ではなく、通常の会議、打ち合わせ、作業などでは「当日スタッフ」について話す場合でも区別せずに「ボランティア」と呼び、特に当日の役割を確認すべき時に「当日スタッフ」という呼び方を用いた。

また、秋田展の広報に関して、チラシはスタート集会と講演会と展示会の二種類を作り、合わせて四種類であった。このチラシの印刷は業者に依頼したが、レイアウトや編集などは大半はボランティアが行った。そして、四種類のチラシを合計して十万枚以上印刷し、そのほとんどを配りきった。それと共に、地域のマスメディアに積極的に働きかけ、全体として秋田県内の新聞では秋田魁新報一二回、河北新報四回、朝日新聞四回、毎日新聞四回、読売新聞三回、赤旗一回、テレビではＡＡＢ秋田朝日放送三回、ＡＢＳ秋田放送二回、ＮＨＫ（秋田）一回などと、秋田展が報道された。[38]このマスメディアへの働きかけに関して、筆者は宮原が丸山との対談で指摘したプロパガンダの問題（第二章で既述）に注意しながら実践した。

開催日が近づいた一月後半は厳冬で、雪国秋田の吹雪が降りしきる駅頭でチラシを配布をしたこともあったが、アウシュヴィッツに関する学習を積み重ね、また駅頭配布の心構えや注意を確認するなどできるだけ準備を行ったため、参加者は生き生きと配布した。手渡そうとして断られたり、手にとっても直に捨てられたりしたことも、駅頭配布の後の「ご苦労さん会」では一つの経験談や苦労話になり、そこでは冷たい対応も受け止めることができ、かえってそのような人の性格を思いやる余裕さえ生まれていた。

また、庶務や記録を担当した実行委員は、各種の会場の準備、ニュースレターの発行、発送、各集会の案内や記録、後かたづけなど、多岐にわたった活動した。さらに、会計は、展示会で約五八〇万円、講演会で約五〇万円の収支があり、それを連日精確に処理した。展示会の会計は本展示が主であり、その五日間で連日およそ一〇〇万円以上の入場料や寄付金を処理したことは特筆すべきである。そして、収支決算は報告集『心に刻み、未来を見据え』に掲載し、広く協力者や支援者に知らせることに努めた。

以上、ボランティアの組織化、広報、庶務、記録、会計について述べてきたが、これらにまとめきれない活動も数多くあった。筆者は実行委員長として活動の全体を把握することに努めたが、それでも限りがあり、人に知られないところで様々な役割が多くのボランティアによって担われていたからこそ、大きな問題が生じることなく展示会や講演会を実施することができたと考えている。心に刻むアウシュヴィッツ・秋田展は、そのような一人ひとりの無名の無数の、まさに「最も実践的な末端」の人々の主体的で積極的で協力的な実践の成果であった。

そして、実行委員会は展示会と講演会を終了した後、一九九七年二月八日の第九回会議で中間的な総括を行い、同時に、展示会と講演会の内容をまとめるために報告集の編集委員会を発足させて解散した。この編集委員会では、実行委員会の残務を整理することも決められたが、その後、残務はほとんどないことが分かり、前掲『心に刻み、未来を見据え』の発行をもって、全ての活動を終えた。

**（2）展示会と講演会**

展示会への入場者は、プレ展示と本展示とを合わせて約一万四千人であり、また、記念講演会の入場者は約五〇〇名であった。展示内容は、アウシュヴィッツ収容所犠牲者の遺品と記録写真や記録画を基本に構成され、それに侵略戦争を体験したポーランドの子供たちの描いた戦争の画文集（複製）のパネル展示を加えた。この複製は、一九八七年に全国五五カ所で開催された「子どもの目に映った戦争」原画展以後、[39]秋田展を契機に初めてパネル化したものであった。

これが企画されたのは、準備を進める中で実行委員たちが、この画文集を編訳した『子どもの目に映った戦争』を読み合い、[40]これが子供の権利条約を国連総会で論議した時にヤヌシュ・コルチャックの教育理念や教育実践とともに総会に提出されたものであることを学び、アウシュヴィッツと同様に展示して広く知らせよう考えたからであった。そして、プレ展示はこれを中心に構成された。

また、プレ展示の一月二五日（土）と二六日（日）は学校週五日制の施行で連休となったため、「戦争と子供」というテーマに合わせて、高校生と中学生のボランティアを主体にして展示会を行った。具体的には、受け付け、会場、感想文、書籍などの係りで、それぞれ中学生と高校生とを組み合わせた。ただし、展示会の責任は成人のボランティアが負い、中高生ボランティアを前面に出しながらも、常に成人ボランティアが数人は必ず控え室にいるようにして、会計、問い合わせ、安全など、未成年の中学生や高校生では対処しきれない問題に対応できる体制は備えておいた。

次に、コヴァルチクの講演会の準備は、展示会の準備と並行して進められた。その中で、高校生を中心に彼を歓迎するために挨拶程度の簡単なポーランド語の学習が行われた。彼は一月二七日の昼に秋田に到着し、まず、秋田県と秋田市を表敬訪問した（通訳はボグスワフ・ピンドル）。秋田県では副知事が、秋田市では市長が出迎えた。その後、シスターや多くの高校生のボランティアがいる聖霊学園（カトリック系のミッション・スクール）の信愛寮で休憩し、展示を見学してから、講演会に臨んだ。

なお、講演会では、会場の規模が四〇〇名であったため、五〇〇名の入場が限界で、約一〇〇名の希望者が入場できなかった。そのため、二月二二日にジョイナスで講演のビデオ上映会を設けた。その時の入場者は約四〇名であった。

**（3）各種の学習会**

実行委員会は、展示会や講演会を一時のイベントや催し物とせず、参加者がアウシュヴィッツに象徴される差別と戦争の本質や現実を深く心に刻むためには、事前の学習の積み重ねが重要であると話しあい、展示会や講演会の準備と並行してボランティアの学習を組織した。

それと共に、何のためにアウシュヴィッツを知り、そして伝えるのかについて皆が自分なりに考えようと、各役割の会合においても自主的に話し合われた。そこでは、理由も意味も分からずにアウシュヴィッツ展のために活動することは、アウシュヴィッツの時代にイデオロギーに駆り立てられて行動したことと同じで、アウシュヴィッツを心に刻むためにアウシュヴィッツを作り出した状況と同じように行動するならば、それは全くアウシュヴィッツ展の趣旨に反するという考えが共有されていた。このような話し合い学習は非定型であるが、以下に述べる①スタート集会、②当日スタッフ係学習会、③高校生学習会、④中学生学習会の基盤を形成していた。

①スタート集会

「スタート集会」は、心に刻むアウシュヴィッツ展で広く使われる呼称で、準備を進め、ポスターやチラシができ、いよいよ本格的に広報し、さらにボランティアを呼びかけるための機会として企画されていた。また、既にそれまで活動していたメンバーでも、参加の動機やアウシュヴィッツに関する理解も様々で差異があり、お互いがそれぞれの立場で意見を交換して共通理解を広げ、深めることが必要とされるため、これも「スタート集会」の課題とされていた。先述した第一回名古屋展の場合は「心に刻むアウシュヴィッツ・名古屋展を成功させるための講演と映画と音楽の夕べ」が「スタート集会」に当たる。

このような「スタート集会」について、活動を始めたばかりの実行委員会は第二回会議の後に全国事務局に問い合わせ、これに対して青木は次のように説明した（日付のないファックス）。

　初期参加のコアメンバーは参加の動機からして開催の意義は充分理解していますが、他方、足を運んでもらいたい圧倒的多数は、開催の意義以前にアウシュヴィッツ自体についてあまり知りません。その部分を埋めるための方法の一つにスタート集会があります。そして、このスタート集会を通して、開催趣旨を全マスメディアに周知させ、コアチームの周りに百人前後のボランティアを集め、集会参加者にチラシ・ポスターの配布を依頼することを目指します。こうすると、活動は一気に広がります。

これを受け、実行委員会は準備を進め、「スタート集会」を一一月二日にジョイナスで開催した。そのプログラムは、開催趣旨の説明、『絶滅収容所アウシュヴィッツ』のビデオ上映、青木の講演、および参加者の意見交換などで、また、参加者は約一三〇名であった。

意見交換の中では、国外のアウシュヴィッツよりも国内の花岡事件（加害責任）についてもっと目を向けるべきだという発言があった。これに対して、青木や筆者は、日本の花岡事件に目を向けるためにも、アウシュヴィッツ展を開催したいと答えた。実際、それ以前から花岡事件の調査を継続的に続け、それをまとめて広く知らせ、それと同時に、被害者や遺族の戦後補償裁判のために支援している人たちも実行委員会に参加していた。

そして、このスタート集会を契機にボランティアがさらに広がった。

②当日スタッフ係学習会

当日スタッフ係学習会は、全体で四回行われたが、第二回から第四回までは、同一の内容を繰り返したため、実質的には二つの学習会となっていた。第二回から同じ内容を繰り返したのは、当日に近づき具体的な活動の詳細な確認が必要だが、全員が同時に集まることは困難であったため、同じ内容の学習会を三回設定して、そのいずれかに参加すればよいというようにしたからである。その中で、それぞれの役割で責任ある立場のボランティアは三回全てに出席し、バラバラに参加するボランティアたちの調整を行っていた。

第一回の当日スタッフ学習会は、一二月一八日にジョイナスで行われ、参加者は約六〇名であった。その内容は、当日スタッフの役割の説明、全国事務局の用意した『ナチスの思想と行動』のビデオ上映、実行委員長の趣旨説明「今、なぜ、アウシュヴィッツなのか」、仙台のアウシュヴィッツ展（第二回、一九九五年一〇月一〇―一八日）を経験したボランティアの経験発表、質疑応答や意見交換などであった。

第二回から第四回は、翌九七年一月一八、一九、そして二一日に行われた。内容は、前掲『心に刻むアウシュヴィッツ・秋田展――当日スタッフのてびき』を用いて、具体的にボランティアが展示会や講演会でどのような役割を果たすべきかなど、細部にわたって確認するという実践的なものであった。

この時は小集団の共同学習が行われた。参加者は少集団に分かれ、実行委員が各グループに入り、『当日スタッフのてびき』を一項目ずつ説明し、逐次質問を受けて、それに答える中で各自が自分の役割を確認していった。各学習会の参加者数は、およそ三〇名から四〇名であり、各回で五から六グループに分かれて共同学習を進めた。

③高校生学習会

実行委員会が発足してから二ヶ月経っても、高校生のボランティアは一人もいなく、実行委員は活動の広がりを高校生にまで及ぼそうと手がかりを模索していた。そのような状況の中で、一〇月一七日、実行委員長に聖霊女子高校一年生が電話で問い合わせ、そこで一〇月一九日の第五回実行委員会を案内した。そして、彼女は会議に参加し、その時に話し合われていたスタート集会の役割分担では会場係りを引き受けることになった。

これが高校生の間にボランティアが広がる契機となり、最終的には、高校生ボランティアは、秋田市内七校（秋田北校、秋田工業校、秋田商業校、秋田中央校、秋田南校、聖霊女子校、和洋女子校）から百名以上を数えた。その過程には高校生の学習会が大きな役割を果たしていた。

第五回実行委員会の終了後、委員長は彼女に多くの高校生にボランティアの参加を呼びかけたいと話し、信愛寮の寮生であった彼女は、早速寮の責任者のシスター・アンジェラに連絡を取り、信愛寮に委員長を案内して紹介した。当初、委員長は彼女が高校生で、寮生でもあったため、ボランティア活動の許可を高校や寮から得るために責任者に会わなければならず、シスターにどのようにアウシュヴィッツ展を説明しようかと思案していた。しかし、それは必要なかった。シスター・アンジェラは秋田出身であったが、名古屋の修道院にいたことがあり、その関係で名古屋展（一九八九年と一九九三年）にボランティアとしてアウシュヴィッツ展を経験していたからであった。秋田の修道院には一九八八年四月から移っていたが、名古屋との関係は続いていた。そして、アウシュヴィッツ展が秋田でも行われると知り（秋田大学大学院修了生がチラシを寮に置いていた）、自分がボランティアとして積極的に活動するだけでなく、高校生たちもこれを通して命や平和の大切さを学んでほしいと望んでいた。

これを契機に、信愛寮の高校生がアウシュヴィッツについて学び始め、それが次第に広がって、前述したように市内七校から百名以上の高校生ボランティアを数えるにまでなった。その中で実施された高校生ボランティアのための学習会は、以下の通りである。

一九九六年一一月一三日：信愛寮
参加者は舎監とシスターを含め三〇名以上。実行委員長の説明と質疑応答。
一一月二〇日：聖霊女子高校第二学年の一クラス
約四〇名の高校二年生と担任教師。実行委員長の説明と質疑応答。
一一月二〇日：アトリオンの第二実技研修室
和洋女子高校二年生と三年生の約四〇名と教師四名。実行委員長の説明と質疑応答。
一二月一九日：ジョイナス
聖霊女子高校、和洋女子高校、秋田北高校、秋田南高校から数十名。
実行委員長の説明と交流会を兼ねたグループ学習。
一九九七年一月一六日：信愛寮

参加者は舎監とシスターを含め三〇名以上。内容は後述。

これらは初めから計画されていたわけではなく、準備を進める中で逐次実施されたが、全体としてアウシュヴィッツの基礎的な理解から、何故外国の過去の出来事を現在の日本で展示するのか、またボランティアにどのような意味があるのかなどについて各自が自分なりに考えるものへと展開されていった。その中で、一二月一九日の時は、学習だけでなく交流も行われ、高校の教師たちによれば、教育行政から独立して自主的に高校生が交流できたのは、かつて学生運動の高揚の中で高校生たちも活動していた時期以来であったということである。

また、展示会開会を前にした一月一六日の信愛寮での第二回学習会では、信愛寮の高校生ボランティアは様々な解説やビデオなどでアウシュヴィッツに関する学習を積み重ねていたことから、実行委員長は半世紀以上を過ぎてなおアウシュヴィッツを心に刻み伝えることの意味を考える学習会にすることに努めた。そのため、まず丸山眞男が『日本の思想』（岩波新書、一九六一年）で、人が「権利の上に眠る」ことで生じる問題を政治や平和に関連させて提起し、また暴力や戦争を傍観することでそれらを助長するという「不作為の責任」を指摘していることを話し、さらにエリッヒ・フロムが『自由からの逃走』（日高六郎訳、東京創元新社、一九五一年）で自発的服従の問題を示していると紹介した。そして、これらの問題を高校生が考えやすいようにするために、身近な「いじめ」の問題を取り上げ、子供にとっても周囲の「いじめ」という暴力に対して「いじめない」、「いじめられない」、「いじめさせない」という自分自身の姿勢が問われ、そのような場合、自分は無関心や傍観や逃避に向かわずに、どのような姿勢であったらよいのだろうかということについて考えるようにした。

このような内容にしたのは、既に高校生たちに『日本の思想』や『自由からの逃走』の要点を把握できるだけのレディネス（準備性）が形成されていたと判断したからであった。これに加えて、特に丸山を取り上げた時は宮原と丸山の対談を念頭に置いていた。

秋田展では中学生のボランティアもいた。そして、高校生ほどではないが、中学生の学習会も一度だけできた。それは一二月四日に秋田大学附属中学で放課後に実施され、参加者はボランティアを希望している二年生と三年生の約一五名と教師一名であった。なお、これは実行委員長が秋田大学の教官であったからではない。中学生自身が秋田展でボランティアを募っていることを知り、また学校でボランティアの体験を指導していたため、その場としてアウシュヴィッツ展を希望したのであった。そして、これを受けて教師が代わりにボランティアを申し込んだが、教師としては十分にアウシュヴィッツについて教えられないので、実行委員長に学習会を依頼したのであった。

④中学生学習会

そこで、実行委員長は、ヨーロッパの歴史の共通教科書やアンネの日記を取り上げることを通してナチス・ドイツによる強制収容所や絶滅収容所の現実について話した。しかし、やはりその内容を高校生のレベルにまではできず、そのため中学生のボランティアは高校生、学生、成人のボランティアと組み合わせ、アウシュヴィッツ展の活動を実際に経験することを通して理解を深めるように努めた。

また、附属中の他に、秋田市近郊の天王町の天王南中三年生二人もボランティアになった。彼女たちは、以前から秋田県少年自然の家の主催する青少年対象の社会教育事業に参加し、そこで実行委員長と知り合い、その関係でアウシュヴィッツ展に関心を持つようになった。三年生で受験準備のため学習会までは参加できなかったが、アウシュヴィッツについて関心を持ち続け、読書や学校で教師に質問するなどして自分なりにアウシュヴィッツについて学び、それを通して学校内の友人たちにアウシュヴィッツ展を知らせた。さらに、彼女たちは受験直前の展示会最終日の終了直前に展示を見に来て、改めてアウシュヴィッツを心に刻むと共に、終了後の片づけや展示物の搬出を手伝うなどした。

そして、このような中学生ボランティアは、卒業後それぞれ高校に進学していったが、その中の幾人かは、進学した高校が異なっていても、秋田県青少年交流施設のユースパルで開催される高校生交流会や青少年活動やボランティア活動などで顔を合わせ、それらの活動を積極的に担っていた。

ただし、高校卒業後は、就職や進学で秋田を離れる者が多く、このような交流や活動がさらに継続することは、人口減少が続く秋田では極めて難しい。これは、前述した高校生ボランティアの場合でも同様である。

**（4）秋田展以後の学習と実践**

秋田展を契機にアウシュヴィッツ展の活動は県内でさらに広がり、二月一八日から二三日まで本荘市で、三月二五日から二八日まで能代市で、それぞれ開催された。

他方、秋田展では、終了後、既述したように二月八日の第九回実行委員会で中間的な総括を行い、実行委員会は解散し、新たに報告集の編集委員会を発足させた。それは、アウシュヴィッツ展の実施と報告集の編集とを明確に区別するためであった。

編集委員会では、秋田展が数多くの人々の関心を集め、マスメディアも繰り返し報道し、様々な反響があり、また協力や支援も極めて大きかったので、そのまとめを広く公開して、多くの人々と共有する責任があるということが話し合われた。そのため、編集作業と並行して、活動のまとめの公開について話しあい、六月二八日にジョイナスで「まとめの集会」を行うことを決め、その準備と広報も進めた。その中で、報告集を「まとめの集会」で配布し、実行委員は報告集を六月二八日に配布できるように各自の活動記録を原稿に書き、また展示会場で入場者が書いた多くの感想文の中から選んで報告集に収録することなどが決められた。こうして開催された「まとめの集会」では、秋田展の活動、会計、会計監査の報告、『心に刻み未来を見据え』の配布、国立アウシュヴィッツ博物館での交流（後述）の報告、全国事務局のメッセージの紹介、マスメディアへの対応の報告がなされ、その後に質疑応答や意見交換が行われた。

この他にも、さらに学習や実践が積み重ねられた。特に、信愛寮ではアウシュヴィッツ展を契機に命や平和について学習が継続された。その一例として、四月二七日に「平和と暴力について考える」というテーマの学習会があった。そこでは、まず筆者が、構造的暴力としての戦争、小さな構造的暴力としての暴力団、日常的な暴力としての犯罪、区別しにくい暴力としてのいじめ、さらに見えにくい暴力等々について話し、疑心暗鬼、差別、偏見、恐怖、虚勢、無知、衝動、欲望等々の心理的な問題を提起した。参加者は舎監とシスターを含め約三〇名であった。この話しの後で、高校生たちは話しあい、その中でいじめでは自分を守るために先に相手をいじめることがあるという発言があった。これについて、相手は本当に自分をいじめようとしているのか分からなく、疑心暗鬼になっている場合もあるという発言があり、このような話しあいの中で、筆者は戦争でもまだ攻撃されていないのに防衛を主張して先制攻撃するということもあると発言した。

このような学習と共に、シスター、舎監、高校生たち（本荘展のボランティアを合わせて成人三名、高校生五名、中学生一名の合計九名）は三月二五日から四月一日にかけてポーランド国立アウシュヴィッツ博物館を訪問し、秋田展と本荘展について報告するとともに、他の多数のボランティアが平和のメッセージを書き込んで折った三つの千羽鶴などを贈り、交流を深めた。また、併せてヤヌシュ・コルチャックの設立した孤児院も訪問した。

アウシュヴィッツ博物館では初代館長のスモーレンや来秋したコヴァルチクと交流することができた。これについてシスター・アンジェラは、次のように記している[41]。

三月二六日、コヴァルチクさんと話し合ったとき、若い子が「今、ドイツ人に対して、どういう感情をお持ちですか?本音でお教え下さい。」と、ズバッと質問したのには驚きました。でも、コヴァルチクさんが「今のドイツの方々に対しては何もない。それは、彼らがしたことではないから。今、双方で協力して事実を伝えていこうと努力している。たぶん、自分の中では、受けた傷を忘れることはできないだろう。でも、それは、今のドイツの方々への憎しみとはならない。」と、孫たちに心の内を聞かせるように答えてくれました。

二八日、二九日とアウシュヴィッツを訪れた日は、雨が降ってきたと思えば、晴れ、そして雲った後、風が吹き、あられになったりと、一日であらゆる天気を経験するような、とても寒い日でした。迎えて下さったスモーレン館長さんは、「こんな天気でお気の毒ですが、でも、冬の氷点下二七度のこの中で、子どもたちが生きのびたことを実感できるという意味では、良かったかもしれません。」と……。

ここでは、実際に現地に行き交流した者でなければ得られない体験が述べられている。寒さを文字で読み、また写真などで想像するよりも、実際に体験することにより、たとえガス室に送られなくとも、多くの犠牲者が劣悪な環境と苛酷な強制労働で健康を害して寒さの中で死に追いやられたことについて実感し、理解を深めることができる。また、コヴァルチクのドイツとポーランドの「双方で協力して事実を伝えていこうと努力している」ことで、「自分の中で、受けた傷を忘れることはできない」が、これを「今のドイツの方々への憎しみ」とはしないという発言は、日本人が加害の歴史を認識し、伝えることの重要性に目を向けさせるものであった。そして、シスターは「若い子たちの何人かは、ポーランドを去るとき、『必ず、また来ます』とうれしいことを言いました。私自身は、再びこの地を踏むことはないかもしれませんが、若い子たちは三年かかっても節約して、この地を踏ませたい、送り出したい、という気持ちです」と述べ(42)、実際、帰国後も「若い子たち」の育成に励んだ。

ポーランドには限られた少数しか訪問できなかったが、この訪問をポーランドに行かない者も多数が支援した。訪問前の三月二〇日には送り出す会を、そして、帰国後の四月二九日には報告会を、それぞれジョイナスで開催した。参加者は、秋田と本荘を合わせて、前者では約二〇名、後者では約四〇名であった。さらに、この交流は同年夏に来日したスモーレンの講演に結びついた（この内容は前掲『希望への扉』に収録）。そして、これらの実践を通して、アウシュヴィッツ展を契機に始められた学習はさらに深められていった。

## 第三節　五十嵐からの継承

### 第一項　教育と地域の総体的実践的な認識

筆者は秋田展を実践する上で宮原のアクション・リサーチを心懸けていたが、これは文献から学んだだけで、筆者は直接宮原から指導を受けたことはなかった。他方、五十嵐からは文献だけでなく、定年退職二年前の一九七五年に前期の学部のゼミで指導を受けることができた。当時、筆者は文学部社会学科に進んでいたが、教育学部で教育行政学を専攻していた上級生が五十嵐教授のゼミを勧め、彼の紹介で学部が異なるが出席することになった。

彼と筆者は共に亀有セツルメントに所属し、筆者は社会学科に進んだものの、セツルメント活動を通して、地域、人間形成、教育に関心を向けるようになっていた。その時、社会学科ではマックス・ウェーバーの「価値自由」の方法論的立場の意義を学んでいたが[43]、「価値自由」自体が一つの観念で、そこに一定の価値や立場があり、そこから自由になるためには「価値自由」に対するメタレベルの「価値自由」が求められ、この「価値自由」に対する「価値自由」にも一定の価値や立場があるため、さらにメタレベルの「価値自由」が求められるというように、これが無限に続いてしまうということに対する解答を模索していた。ところが、これには無限と運動に対する視座が求められるにもかかわらず、ウェーバー的な社会学にそれは見出し難く、むしろ前年まで駒場で受けた城塚登教授のゼミなどから学んだ事物を動態として認識する弁証法が無限や運動の認識論として注目され、これを地域社会で検証することが「価値自由」をめぐる認識論的な問題に対する解答となるのではないかと考えていた。

この弁証法への関心は、地域での実践を通しても強まっていた。筆者はセツルメント活動を通して葛飾で少年団、学童保育、子供劇場の実践に関わるようになった。これらを進めていた女性（四児の母で、紹介したのは彼女の長男で当時農産高校生徒会長）は東京大学、一橋大学、東京外国語大学と三つに入学し、学生運動によりいずれも除籍処分を受けた経歴を持っていた。筆者は、彼女からアントン・C・マカレンコ、ナデジナ・K・クループスカヤ、アンリ・ワロンの理論や「どぶ川学級」(44)の実践を教えられた。

弁証法の他にも、高校までの数学で微分法による極大値や極小値の概念は知っていたため、この運動の数学である微分法を社会や人間の認識に応用できるのではと考え、ジャン＝ポール・サルトルが、モーリス・メルロー＝ポンティを援用し「〈微分的 differentiel〉なもの」と論じた箇所に引き付けられたが、(45)まだそれ以上に思考を進めることはできなかった。そのため、当時は専ら弁証法の理解を深めることに努力した。

他方、五十嵐教授のゼミでは「価値自由」などの概念はほとんど取り上げられず、様々な実践的で具体的な問題が論議されており、専ら社会学科の授業を受けていた筆者は当惑する時があった。しかし、ゼミとは別に、試みに自分なりに五十嵐教授の論文や翻訳書を読むと難解な文章が書かれており、実践的で具体的な問題の論議はこの難解な思想や理論を基盤にしているのではないかと思えた。そして、その中に弁証法が位置づけられていることが少しずつ捉えられるようになった。

一九七五年前期の五十嵐教授のゼミでは、後期中等教育がテーマとされていた。最初にゼミに出席した時、五十嵐教授からこのゼミでは後期中等教育の問題を取り上げると言われ、その時は、これを学校教育の問題としてしか理解できないでいた。しかし、数回出席を重ねる中で次第に後期中等教育の問題を手がかりに地域と教育の総体的で実践的な認識を得ようとしていることが分かり始めた。そして少しずつ、後期中等教育をめぐる様々な実践的で具体的な議論が、学校教育の枠を超えて地域と教育、社会と教育という広い枠組みで進められていることに気づくようになった。

この時は、まだ「教育費と社会」は定稿も草稿も未読であったが、その後、これらを読むことで、身近な日常的な問題を起点として、思考を進める中で問題の理解を深めていくという論理の展開が、この五十嵐教授のゼミでも行われていたことに気づいた。そして、半年のゼミでは枠組みは地域と教育の範囲に設定されていたが、その後に「教育費と社会」(定稿)などの論考を読みすすめるうちに、五十嵐の教育学では、これが社会と教育、国家と教育、さらには「民主的国際連帯」と教育というように展開されていることを学んだ。

そのため、筆者は半年のゼミしか出席しなかったが、これが、その後文学部社会学を卒業してから大学院は教育学研究科に進もうと考える要因の一つとなった。ただし、五十嵐教授は一九七七年に定年退職し、また筆者は宮原や碓井の論考などを読み[46]、社会教育について知るようになったため専攻は社会教育学にした。

それでも、筆者は五十嵐教授のゼミで学んだ様々な日常的で具体的な問題に即して思考を積み重ね、検証し、地域と教育の総体的実践的な認識を得ようとする方法論的な立場を持ち続けることに努めた。そして、このことは宮原のアクション・リサーチと共に、筆者が秋田展に取組み、実践する中で大きな位置を占めていた。このような意味で、筆者の秋田展の実践には、宮原だけでなく、五十嵐の継承という側面もある。

### 第二項　名古屋展と秋田展のボランティアのシスター・アンジェラ

シスター・アンジェラは、名古屋展（第一回と第二回）で連日ボランティアとして活動したが、秋田展の時にその経験を話すことは殆どなかった。それでも、一一月一三日の信愛寮での学習会の後に、彼女は筆者に名古屋展の想い出をいくつか語った。その中で、彼女は「いつもボランティアのコーナーに詰めていた大学の先生がいて、一休みしたときにおしゃべりしたことがありました。どのような内容かはわすれましたけれど、実意という言葉が印象に残っています」と話した。「大学の先生」を話題にしたのは、筆者が同じように「大学の先生」であったためと考えられる。

この時、筆者はシスターの言う「大学の先生」が五十嵐であるとは思っていなかった。しかし、その後、第一回名古屋展で五十嵐が毎日会場に出かけてボランティアのコーナーにいたことを知り、この「大学の先生」が五十嵐ではないかと思うようになった。それでも、まだこれを確かめることはできずにいた（シスターは二〇〇一年一二月二九日に死去した）。

その後、宮原や五十嵐の大学での研究や教育について知るために伊ヶ崎美恵子にインタビューした時、彼女は五十嵐がよく「実意を尊重して」、「実意を大切に」、「実意のある」などと「実意」を重んじていたと語った。[47] この時は、彼女の発言を記録することに集中し、この「実意」と、シスターが名古屋展で会った「大学の先生」が言った「実意」を結び付けるまでには至らなかった。しかし、その後ノートを整理する中で、この「実意」から、シスターの出会った「大学の先生」は五十嵐であることが確実であると考えるようになった。

確かに、シスターはアウシュヴィッツを心に刻み、それを通して命と平和の大切さを広く伝えることを主眼に置いていた。また五十嵐との出会いは僅かで、しかも「実意」という言葉が印象に残っただけである。しかし、シスターの記憶に「実意」が刻まれていたことを考えると、五十嵐の「実意」を重視する精神がシスターに伝わり、それが筆者にも伝えられたと言うことができる。

また、シスターは統制的な教育ではなく、子供の自主性や主体性を尊重する教育に努めており、その一例を次に述べていく。高校生ボランティアが増えはじめた頃、秋田朝日放送テレビから高校生ボランティアへの取材が申し込まれた。そして、相談した結果、見学を兼ねてテレビ局に行くことになったが、高校生は放課後でも自宅（寮も含む）以外の場所に行くためには届け出が必要であった。そのため、実行委員を含む三人の寮生がテレビ局訪問を届け出たが、生徒指導の教師（社会科で生徒会顧問）はそれを認めなかった。しかし、彼女たちはシスター・アンジェラに相談し、彼女は放課後なら自分の判断が尊重されるべきで、しかもテレビ局に行くのに大人（秋田展の責任者の実行委員長）が付き添うのだから見学しても良いと許可した。そして、教師と電話で話し合ったが、教師は認めず、結局認められないまま、シスターが保障するから行ってもよいということになりテレビ局を訪問した。このようにして、後日、テレビ局の取材も受け、それが放送されたが、しかし、このことで彼女たちが高校から注意されたり、ボランティア活動に支障が生じたことはなかった。

ここには寮の責任者であったシスターの自主性や主体性を尊重する立場が示されている。確かに、修道女として神に仕え、そして神に仕えて信徒を教え導く神父にも仕えるという点で、彼女が五十嵐のように個としての独立した思想の形成を目指したというわけではない。むしろ、子供の自主性や主体性を尊重するという立場は、人間を超越した神の下で人間を形式や外見ではなく、実態に即して捉えようとするところから導かれていたと言える。五十嵐の「実意」が記憶に残ったのも、それが二人の立場に共通していたためと考えられる。

このように子供の自主性や主体性を尊重しながらも、シスターは修道女としての真摯さと厳格さで子供に対していた。そして、思春期の高校生たちは、このようなシスターに反発しながらも敬愛や愛着を抱いていた。それは、シスターが一人ひとりに形式的に対処するのではなく、「実意」を以て真摯に対応していたからであると考えられる。

確かに、シスターは五十嵐のように「実意」を口にはしていなかった。しかし、常に絶対的で超越的な神との関係で物事を考えるシスターには、形式や外見で済まさずに、「実意」を以て相手に向かおうとする姿勢が根づいていた。それだからこそ、名古屋展において五十嵐との短い「おしゃべり」で耳にした「実意」が記憶に残り、秋田展で筆者に伝えられたのである。このような意味で、心に刻むアウシュヴィッツ展とシスター・アンジェラを通して、極めて細いが確実に五十嵐から筆者へと精神的実践的な継承がなされたと言える。

第六章　注

（1）インタビューだけでなく、筆者は秋田での交流において何人もが宮原の来秋を記憶していたことを知った。文献的には、前者は秋田県教育委員会『秋田県の生涯学習・社会教育五〇年のあゆみ――社会教育法制定五〇周年に寄せて』（一九九九年）において、頁の始まる前の写真のコーナーで「東大教授宮原誠一氏を講師に招いた全県青年学級研究集会」（一九五三年二月、秋ノ宮鷹の湯温泉、由利忠四郎所蔵）に、また後者は前掲「平和教育の動向」（p.218）に記されている。

（2）山田正行「宮原誠一平和教育論の現代的継承のために」『月刊社会教育』二〇〇〇年九月号、p.70。

（3）由利忠四郎への二〇〇〇年七月四日と〇五年六月二八日の電話によるインタビュー。なお、由利は元秋田県青年の家所長。編著書に『青年団体の組織と運営』（日常出版、一九八九年）、『ふるさとを拓く―若者たちの実践』（近代文芸社、一九九五年）、『生涯学習の企画・実践』（日常出版、二〇〇二年）がある。鈴木健次郎との関連では「鈴木健次郎と青少年教育論」及び「鈴木イズムと今後の展望」（いずれも共著。前掲『鈴木健次郎集』第三巻所収）。

（4）佐藤憲一「戦前の社会教育と戦後の社会教育―社会教育の変遷」秋田県連合青年会（復刻版『秋田の青年』第一巻、一九七二年、p.19）。

（5）前掲「平和教育の動向」pp.181ff。

（6）同前、p.212。

(7) 同前、p.219。
(8) 前掲「平和教育の構造」p.224。
(9) 前掲「生産教育の意義」p.276。なお、秋田大学鉱山学部は一九九八年に学部改組により工学資源学部となった。
(10) 前掲「平和教育の動向」p.212。
(11) 斉藤重一「憲法記念日を祝う」『秋田魁新報』一九九八年四月二七日文化欄。
(12) 斉藤重一『高教組運動とともにあゆんで』秋田県高等学校教職員組合、一九九二年参照。
(13) 前掲「平和教育の動向」p.213。
(14) 『日本基督教団秋田楢山教会百年史』一九八八年、pp.190-191。なお、この編集者の一人に雲然俊美牧師がいる。
(15) 前掲「憲法記念日を祝う」。
(16) 『平和憲法学習会会報』第二号附録、一九五三年、p.1。
(17) 同前、同頁。前掲「平和教育の動向」では、p.214。
(18) 前掲「平和教育の動向」p.213。
(19) 清水川正子「記念講演と映画演劇の会の報告」『平和憲法学習会会報』第二号、一九五三年、p.4。
(20) 斉藤重一への二〇〇五年八月二三日の電話によるインタビュー。
(21) 斉藤重一「ひとつの立場から」前掲『平和憲法学習会会報』第二号、p.1。
(22) 土崎は秋田市内の地名で、戦争終結直前に米軍の無差別爆撃により市民にも大きな被害が出た地域である。
(23) 前掲「平和教育の動向」p.214。
(24) 同前、p.215。
(25) 電話インタビュー(二〇〇五年七月七日)。
(26) 前掲「平和教育の動向」p.218、及び前掲丸山、工藤、斉藤へのインタビューによる。
(27) 電話インタビュー(〇五年六月二八日)。
(28) 前掲「平和教育の動向」pp.216-218。

(29) 前掲、二〇〇五年七月七日の電話インタビュー。
(30) 前掲「平和教育の動向」p.214。
(31) 筆者の問い合わせを受けて秋田大学佐藤修司助教授が確認（二〇〇五年六月三日のメール）。
(32) 前掲復刻版『秋田の青年』第一巻、一九七二年、pp.8-9。
(33) 筆者はアクション・リサーチについて「社会教育実践分析の過程とアクション・リサーチ」（『日本社会教育学会紀要』第二〇集、一九八四年六月）や「高齢者の学習とアイデンティティの問題―社会教育実践分析論としてのアクション・リサーチ」『社会教育実践の現在（一）』（叢書生涯学習第三巻、雄松堂、一九八八年）において論じており、これらは宮原研究室の労働者自己教育運動の共同研究を通して学んだアクション・リサーチを（前掲「戦後日本労働者教育研究における自己教育論の展開と意義」参照）、当時の筆者の研究課題に即して展開しようとした試みであった。そして、これを平和教育にまで適用させたのが心に刻むアウシュヴィッツ・秋田展であり、これについては「市民のつくるアウシュヴィッツ平和博物館」（佐藤一子編『NPOと参画型社会の学び』エイデル研究所、二〇〇一年）や前掲『希望への扉―心に刻み伝えるアウシュヴィッツ』でまとめている。
(34) 前掲「平和教育の動向」p.216。
(35) 詳しくは前掲『希望への扉』pp.57-59。
(36) 伊藤が報告のために用意した手書きのメモ。
(37) 講演内容は前掲『希望への扉』第二部第二章。なお、コヴァルチクは二〇〇五年にも来日講演した。前掲『アウシュヴィッツの「囚人」六八〇四』参照。
(38) 心に刻むアウシュヴィッツ・秋田展報告集『心に刻み、未来を見据え――世界遺産の博物館活動とボランティア』一九九七年、pp.61-62。テレビでは、他に定時のニュース番組で数多く報道された。
(39) その開催地、期日、主催者については、同前、p.347。
(40) 青木進々、イヴァニツカ・カタジナ、ドバス・マレク訳・編『子どもの目に映った戦争』グリーンピース出版会、一九八五年。これには金沢嘉市、松谷みよ子、早乙女勝元が寄稿している。なお、その後この改訂縮小版がグリーンピース出版会訳編『ちいさな瞳の証言者』としてサンリオから一九八七年に出版された。
(41) 前掲『希望への扉』p.203。初出は『心に刻み未来を見据え』。ここでは本名の松岡恵子で書かれている。
(42) 同前、pp.203-204。
(43) マックス・ヴェーバァ/木本浩造監訳『社会学・経済学の「価値自由」の意味』日本評論社、一九七二年。
(44) 須長茂夫『どぶ川学級』正・続・完結編(労働旬報社、一九六九―一九七五年)。これは「どぶ川学級」三部作として知られ、映画化もされている。「どぶ川学級」(製作「どぶ川学級」製作上映委員会、一九七二年)、「新どぶ川学級」(製作=日活、一九七六年)。
(45) Jean-Paul Sartre, "Question de methode", dans *Critique de la raison dialectique*, 1960, Gallimard, Paris, pp.88ff。平井啓之訳『方法の問題』(サルトル全集第二五巻)人文書院、一九六五年、pp.144ff。なお、メルロー-ポンティは「言葉の交換は、まさしく、思考がその積分であるところの微分(defferenciation・差異化)だからである」と述べている。滝浦静雄、木田元共訳『見えるものと見えないもの』みすず書房、一九八九年、p.201。この微分・積分の援用は、人間が様々な可能性を比較検討し、その中から逐次最善(極限)の場合を判断し、選択し、実践するという動態の認識のためで、フッサールの相互主観性のアナロジカルな展開であり、またこれを実践論として独自に展開したのがブルデュの「実践感覚」論と言える。
(46) 順序としては、碓井正久「海外の社会教育に学ぶもの」『月刊社会教育』一九七八年四月号(No.249)や、その前後の『月刊社会教育』に掲載された文章(記憶にあるのは藤岡の参加したシンポジウム「子どもを守る地域づくりと社会教育」『月刊社会教育』一九七八年一一月号、No.256)を読み、その後『教育論集』に進んだ。
(47) 前掲、二〇〇四年一〇月二日、伊ヶ崎宅でのインタビュー。

# 終章　意義と課題

## 第一節　意義

### ――思想と実践に即して

### 第一項　概括

本書では、宮原や五十嵐が人間を中心に据え、人間が支配、抑圧、搾取から解放され自らの資質や能力を十全に発達させるための理論を教育学に求め、その研究と実践に努めてきたことを平和教育の側面から考察してきた。確かに、宮原は二度の言論弾圧により検挙投獄を経験しながらも一貫して反戦平和を伝え、人間教育を基礎にした平和教育の研究と実践に努め、他方、五十嵐は軍国主義の天皇崇敬の将校として従軍したが敗戦と捕虜の経験を通して戦争責任を終生の課題として反省的に追究しつつ平和教育を実践したという相違はあるが、二人とも現実の諸問題を正視し、格闘し、その中で独自の多面的重層的な思想を構築し、理論を発展させ、その実践に努力してきた。そして、本書では、それぞれの思想と実践の展開を戦前、戦中、戦後を見渡す一貫した視座で考察すると共に、それを宮原から五十嵐へ、そして地域社会教育実践への継承・展開としても論じた。この点は、従来の社会教育や平和教育に関する研究では行われていなく、この領域において一定の寄与をなしたと考える。

これは、本書の全体に関する概括的な意義であり、次に、マルクス主義とヒューマニズムに即して本書の思想的実践的な意義について述べていく。ここでこれら二つを取り上げるのは、思想について見ると、宮原や五十嵐はそれぞれ独立した立場で摂取した様々な思想によって多面的重層的に構築された思想構造を擁しているが、その中で特にマルクス主義とヒューマニズムの位置が大きいからである。さらに、特に教育の「再分肢」機能論において示された「主体化」がマルクス主義の主体的能動的実践、「人間化」がヒューマニズムに関わる人間学や人間教育に対応でき、これらが二人の教育学の重要な基軸となっていると考えられるためである。

そして、これら二つの順序について言えば、宮原は「人間化」を「主体化」の前に位置づけており（丸山との対談では「人間的な主体的な力に仕立ててゆく過程」）、これは人間教育を生産教育と平和教育の基盤としたことと同様に、何よりも人間を基点としていることを示している。それ故、本節で第二項をマルクス主義、第三項をヒューマニズムとするのは、まず前者の側面で意義を述べ、その上で基本となる後者の意義を提示して論を結ぶためである。その上で、この結論に基づき、次節ではさらなる研究課題を提示する。

### 第二項　マルクス主義――「主体化」の教育

マルクス主義は一九世紀に生まれ世界的に影響力を拡大し、二〇世紀にはこの思想を建国理念とする社会主義体制の国々が数多く現れた。しかし、思想が人間によって現実社会に適用される時、その理想が十分に実現されず、さらには形式化し、停滞し、形骸化することがしばしばある。この点はマルクス主義も例外ではなく、その結果がソ連東欧の社会主義体制の崩壊と言える。「権力は腐敗する。絶対的権力は絶対に腐敗する」（アクトン卿）は、社会主義体制においても例外ではなかった。

本書では、この現実を踏まえつつ、思想としてのマルクス主義に視点を向けて、宮原や五十嵐の思想構造におけるマルクス主義の意義を述べてきたが、これについて終章において改めて確認する。このマルクス主義の思想的な意義と、現実の形式化、停滞、形骸化などの問題をいち早く指摘した思想家にジャン＝ポール・サルトルがいる。彼は、独立した立場で行動する思想家として既に一九五〇年代の社会主義国家の現実を正視し、「方法の問題」第一章「マルクス主義と実存主義」において「マルクス主義は停滞してしまった」と批判した。[1] サルトルは、これを様々な社会的現実や具体的問題を列挙して論証しているが、それだけでなく、思想的な問題として「マルクス主義は、といえば、それは理論的基礎を備えており、すべての人間の活動を包含することができるが、しかし、それは何一つ知ってはいない。その概念は絶対命令（*diktas*）であり、その目的はもはや知識を獲得することではなく、アプリオリに絶対知（Savoir absolu）を築きあげることである」と批判している。[2] 即ち、マルクス主義は自然、社会、歴史、人間等々を包括的に捉え、それらを合理的体系的に説明し得る思想や理論を構築したように思われ、そのため絶対的正当性や無謬の真理を主張するまで至ったが、これにより却って無反省に陥り、その結果、現実に関して「何一つ知ってはいない」ようになってしまったと、サルトルは批判するのである。これは、宇宙観、世界観、歴史観、人間観等々を合理的に体系化した思想や理論が陥る陥穽を鋭く衝いた批判である。

これに対して、サルトルはマルクスの引用で間違っていることが知られており、[3] それを根拠に、サルトルのマルクス主義批判を誤っていると見なす議論がある。しかし、これは木を見て森を見ない、また重箱の隅をつつくことと同然の皮相な見方である。問題の軽重や高低を考えれば、サルトルの誤りは出典の問題であり、たとえ出典が間違っていようとも、彼が示すようなマルクス主義の論理は広く認められている。そして、サルトルはマルクス主義の文献の中における出典に拘泥する文献学や訓詁学を研究したのではなく、マルクス主義の現実を正視し、そこにおける問題を追究し、その本質の認識に基づく根本的な解決を目指そうとしたのである。文献学や訓詁学とは次元が異なるのである。

そして、この点を踏まえた上で、ここでは、次のサルトルのマルクス主義理解に注目する。[4]

マルクス主義は行き詰まったどころか、まだ全く若く、殆ど幼少期である。まさに発展し始めたばかりである。

それ故、我々の時代の哲学としてまだ留まっている。そして、これを産み出した状況はまだ乗り越えられていないため、マルクス主義は乗り越えられていない。

サルトルは、マルクス主義を批判すると同時に「乗り越えられていない」と論じているのである。後者については、サルトルさえもマルクス主義は「乗り越え」不可能だと認めたという意味でしばしば取り上げられるが、前者を看過しており、この解釈もまた皮相的で一面的である。サルトルは、マルクス主義を批判するが、しかし、まだ若い思想であり、しかも、それを「産み出した状況はまだ乗り越えられていない」のだから、「乗り越え」たなどと言うべきではないと論じているのである。

ここで、マルクス主義を「産み出した状況」とは何かについて見るならば、それは資本主義の搾取や支配や不平等、そして、資源、富、利権、勢力の拡大などを求めて発動される戦争などの暴力的状況である。サルトルは、このような状況がまだ「乗り越え」られていない段階で、これを根底から批判したマルクス主義が「乗り越え」られたなどと見るべきではないと言うのである。ただし、サルトルのマルクス主義批判は鋭く、決してスターリニズムに現象したような暴力性は容認されていない。

このように、サルトルはマルクス主義の意義を認めると共にその問題を批判しているが、ここで注目すべきは、彼がこの多面的な認識に立ち「マルクス主義の内部に人間を奪還(reconquerir)させる」と述べている点である。[5]それは、実存主義の角度からマルクス主義をヒューマニズムの方向で発展させようとした議論と言える。そして、このマルクス主義の認識は、サルトルと同時代に生きた三木や宮原におけるマルクス主義の位置づけを考える上で重要であり、さらに、その思想の継承・発展に関しても同様である。即ち、社会主義体制が崩壊し、或いはその市場経済化が進められていてもなお、これらが、マルクス主義を「産み出した状況」である搾取、支配、不平等、及び戦争を「乗り越え」た結果となってはいないのである。それ故、現代においてサルトルを援用すれば、搾取、支配、不平等、戦争の問題は「まだ乗り越えられていないため、マルクス主義は乗り越えられていない」と言わなければならないのである。

それ故、宮原と五十嵐の思想と実践の現代的な意義はなおも大きく、その継承・展開を視野に位置づけて研究した本書の意義もここにある。思想史的に見るならば、マルクスやエンゲルスは、ソクラテスやプラトン、イエス・キリスト、仏陀、孔子や孟子たちよりも極めて若い。そして、古代ギリシア哲学、キリスト教、仏教、儒学・儒教が「まだ乗り越えられていない」状況を見るならば、「方法の問題」が発表されて半世紀経ち二一世になっても「マルクス主義は乗り越えられていない」と言っても、何も驚くべきことではない。しかも、一九世紀のマルクスやエンゲルスによるマルクス主義、二〇世紀にレーニン、毛沢東、ホーチミン、カストロやゲバラ、チトーやカルデリたちによって各国で展開されたマルクス主義、その過程で、多くの思想家や実践者により様々に提起され二一世紀に至ったマルクス主義と、実践的に様々な問題を起こしながらも、その思想的展開は止まっていない（日本の場合、筆者は宮本顕治を戦前から戦後を見通して考証する必要があると考えており、それは別の研究課題として稿を改めて取り組む計画である。端緒として「記憶の風化と歴史認識に関する心理歴史的研究」『社会教育学研究』第一二号二〇〇七年で論じた）。従って、その評価は人類史的な視点で行うべきであり、それに耐えうる内実をマルクス主義は擁していると言える。かつて、キリスト教が原始キリスト教からローマ帝国、中世ヨーロッパ、アメリカ大陸への拡大を通して世界宗教となる過程で十字軍、魔女狩り、宗教戦争、新大陸侵略などを行ったが、それでもキリスト教信仰が広がっている状況を見るならば、やはり一九世紀以降の問題を認識した上で二一世紀のマルクス主義について注視し続ける必要がある。

そして、以上から、マルクス主義を重視し、主体的で能動的な実践の理論として教育学を考究した宮原や五十嵐の思想と実践は、この二一世紀のマルクス主義について、日本という現実に立脚して考える上で、極めて重要な意義があると言える。

### 第三項　ヒューマニズム――「人間化」の教育

サルトルは、マルクス主義を思想史的な視点で評価しながらも、それに実存主義を対置しており、これはまた人間を思想の中核に位置づけるヒューマニズムの提起と密接に関連していた。本来、人間とは全てを合理性に還元し得ない存在であることから、合理性を強く指向するマルクス主義に対して、サルトルは思想的に評価しながらも、実存主義を対置し、それを通してマルクス主義をヒューマニズムの方向で発展させようとしたと言える。そして、これはマルクス主義者が階級闘争の勝利と権力奪取を指向するあまり、それに偏向し、さらに権力を掌握した後には、この闘争の心性がハビトゥスとして持続し、それが権力を得るため、思想統制や言論弾圧を実行して反対派や批判者を排除し、弾圧し、粛清したという歴史を乗り越える作業として重要である。

また、サルトルの実存主義は、彼がキリスト教の信仰や文化や習俗が根強い欧米に生きたため、その形式化（儀式化）、停滞、形骸化の問題にも直面し、これに対峙して人間の非合理的な側面を考究する中で形成されたと言える。他方、信仰や文化の習俗の側面で神道や仏教や儒教が根強い日本に生きた宮原や五十嵐は、サルトルとは異なり、キリスト教思想に学び、或いは積極的に摂取した。これに関しては、特に平和思想や平和教育との関連で、矢内原が大きな位置を占めている。特に五十嵐の場合、自らのアイデンティティのクライシスと再形成の過程において積極的にキリスト教思想を摂取したことは「日誌」から分かる。この点で、確かに宮原や五十嵐の思想構造においても実存主義的な側面が認められるが、それはサルトルほど大きくはなく、これに相関してキリスト教思想の位置は小さくはないと言える。そして、このキリスト教思想の位置づけは、秋田における平和のための社会教育実践の中でプロテスタントやカトリックのキリスト者が重要な役割を担っていたという現実と照応している。

その上で、宮原や五十嵐の現代における継承・発展について考えるならば、やはり階級闘争を強調するマルクス主義に人間尊重のヒューマニズムを組み入れることが求められる。しかし、階級闘争論は社会の矛盾として発展の推進力とされていることからマルクス主義の基幹の一つとなっており、それ故、マルクス主義にヒューマニズムを組み入れることは、その根本的な改変となり、安易に考えることはできない。アルチュセールが『マルクスのために（*Pour Marx*）』で、マルクス主義とヒューマニズムを峻別することに努めた所以である。[6] そこにはスターリニズムの非人間的暴力がますます明らかになり、その反作用としてヒューマニズムが注目されていた思潮[7]に対するマルクス主義の擁護（pour ＝ために）という側面があった。それは、人間への注目が社会の現実的諸問題への軽視に繋がり、それにより国家や支配階級の暴力性、特に国家の暴力装置の認識が不徹底になることへの反批判でもあった。さらに、アルチュセールには厳密な科学的認識の追究を強調する側面もあり、これには実存主義に続いて生起した構造主義における客観主義的科学主義的傾向も影響しており、これもまたヒューマニズム批判を導いたと捉えられる。

このように、アルチュセールはマルクス主義哲学者としてヒューマニズムを批判したが、それでも、彼は人間の条件を問い続けたパスカルを評価し、「パスカルは逆説的であるが故に興味深い例だ。彼の提起する宗教的諸問題を通して、認識論的問題、科学史論の問題、社会関係の理論もまた現れる。……イデオロギーの理論、誤認（méconnaissance）と再認（reconnaissance）の理論は全て、既にパスカルの中にある」と指摘している。[8] 彼は時代や思潮と格闘する中で、当時のヒューマニズムは批判したが、それは人間性を否定する思想から出されたものではないことが分かる。ただし、マルクス主義の擁護（*Pour Marx*）は思想を一定の枠内に押し込めることになり、これは一つの限界となる。確かに、アルチュセールはこの限界を乗り越えようと思想的に格闘し、これがまた彼の論証を深化させているが、それでも限界である点は変わらない。彼は厳密な思索や認識を追究するあまり、その厳密さに制約されてしまったと言える。

しかし、宮原にはこのような限界や制約はなく、独自の思想を多角的に柔軟に展開させ、かつ実践している。だからこそ、マルクス主義にヒューマニズム的要素を組み入れ、人間教育を基礎に据えた平和教育と生産教育を提起することができたのである。

しかも、これによりマルクス主義の基幹である階級闘争論から暴力性を捨象し得ているが、マルクス主義の重要な要素である平等主義は堅持されている。即ち、階級闘争論が歴史観から組織論として具体化する中で前衛党と遅れた大衆という観点が強調され、その結果、指導者と被指導者、教育者と被教育者の間に差異・差別が生じ、平等主義が否定される傾向が出てくるが、宮原にはこれはなく、指導者や教育者の役割の重要性を踏まえた上で、被指導者や被教育者と対等な立場で連帯し、共同して前進しようという観点が保持されている。そして、これは戦前では反戦反ファシズムの人民戦線の実践論を内在させた文化政策として（三木の「一即多、多即一の弁証法」も同様）、また、戦後では人間教育や国民の自己教育として実践的に追究された。そこには、人間は他に還元できない個として存在しており、その多様な立場を認め合った上で共同的な実践を進めるという観点と論理が一貫している。

そして、宮原の継承・発展に努めた五十嵐も、やはり同様の視座から思想と実践を展開している。確かに、彼はマルクス主義者であるが、そのイデオロギーに制約されてはいない。この点は、第五章で述べたことだけでなく、一九七七年に川上の就職に「口添え」したという実践においても現象している。(9) 川上は日本共産党中央で活動したが、一九七二年に党指導部から「分派」活動を理由に「査問」され、一党員とされていたにもかかわらず、それでもなお支援したのである。五十嵐は川上に対して、何よりもその人間性において「実意」に基づいて「口添え」したと言える。また、第五章第五節「戦争責任研究と平和教育実践」で取り上げた五十嵐の一九九一年三月二二日付川上宛書信について改めて取りあげると、川上は、その前年の一一月に共産党から「除籍」を告げられていた（その時は彼も離党届を用意していた)[10]。マルクス主義を標榜する政党から「査問」され、さらに「除籍」された者と一貫して交流を堅持したことは、彼が何よりも思想としてのマルクス主義を追究し、その中で人間性の本質的な次元で判断していたことを示している。

そして、以上の思想と実践に関する考察から、人間教育、特に「主体化」の前に「人間化」の教育を位置づけた教育の「再分肢」機能論の意義が再確認できるのである。しかも、この意義は現代でもなお注目すべきである。現在において合理主義に基づく科学技術や産業経済の発展が無限に続くわけではないことがいよいよ明らかになり、さらに物質的な豊かさの中で様々な心的問題が現象している状況を見ると、むしろ限られた資源の再利用と公平な分配を基調にした持続的発展の循環型社会が求める生活様式や物質的豊かさとは異なる精神的な意味や価値の追究などが生涯学習や社会教育において課題とされるようになっている。元より、帝国主義戦争の発動には資源や富の掠奪と支配地域の労働力の搾取や収奪を求める欲望が大きな要因となっており、上記の循環型社会を欲望が充足されない事態と受けとめるならば、これによって不必要に不満が募り、閉塞感が広がることで極めて危機的な状況が引き起こされることにもなりかねない。このような意味で、何よりも人間を中核に据え、物質的側面と精神的側面、及び合理的側面と非合理的側面を統合的に捉えるヒューマニズムを位置づけた宮原と五十嵐の思想や実践とその継承は、現代においても大きな意義がある。本書では、この点について人間教育を基礎にして生産教育と密接に連関した平和教育に即して論じた。

## 第二節　課題

このように思想と実践を統合的に捉える視座で宮原や五十嵐の意義を述べてきたが、二人とも完全無欠ではなく、批判すべき点は確かにある。批判は行うべきであり、その作業は尊重する。ただし、それならば、同じ厳密さを以て戦前の天皇制ファシズムと言論統制を考究し、さらに戦後の「逆コース」における再軍備や文教政策における統制の強化、それらを通した戦前の復活（例えば、先述した特高官僚で文部次官、中教審委員、東京都教育委員長などを努めた田中義男、北区教育委員長になった中川茂夫、さらに鹿児島県特高課長で戦後文部大臣となった奥野誠亮たち）、歴史教科書における天皇制ファシズム、侵略戦争、植民地支配の改竄、美化、矮小化などについても批判すべきである。その上で、ここでは以下の三点を課題として述べ、この研究のさらなる発展の方向を提示する。

第一に、マルクス主義を「産み出した状況はまだ乗り越えられていない」が故に、それはまだ「乗り越え」られていないという認識に基づけば、搾取、支配、不平等、戦争を齎らす状況を「乗り越え」ることが課題となる。これはまさに、支配と搾取による貧困のために教育が受けられず、その結果、無知や偏見やイデオロギーによって暴力を応酬しあう構造的暴力としての戦争を「乗り越え」て、平和な社会を確立するという平和教育、平和学習の課題である。既に、国連やユネスコが「平和の文化」を提唱し、国際的に様々な実践が展開されてきているが、この課題はこれに対応したものと言える。

第二に、他に還元し得ない人間が個として存在する限り、何よりも人間を中核に位置づける思想であるヒューマニズムを、これからの社会の変化の中でも保持することが課題となる。とりわけ、民主主義や平和主義の広がりにもかかわらず、宣伝技術や情報システムの発展により戦争のプロパガンダがますます巧妙で大規模になっており、様々な情報操作やレトリックによって非人間的な戦争の現実が捉え難くなってきている。これに対して、あくまでも人間を中核に据えた視座から、人間を殺し、殺させ、富を奪い、破壊する戦争の本質を見抜き、主体的能動的に反戦平和を進めることが重要な課題となる。宮原が繰り返し論じたように、戦争とプロパガンダの問題を現代に即して同時代の課題として捉え、これに対する人間教育を基礎にした平和教育を追究していくことがさらに求められる。その中で、特にプロパガンダと分からないように隠されたプロパガンダにより知らず知らずに非人間化させられるという問題に注意し、人間性を奪還し、他に還元されない自己自身を追究する「人間化」の自己教育の研究が課題となる。

第三に、本書では宮原や五十嵐の思想と実践の継承・発展を秋田という地域やアウシュヴィッツを通した平和運動などに視点を据え、平和教育、平和学習の側面から考察したが、宮原や五十嵐の継承・発展は他にもある。その中で、宮原研究室第一期生の藤田秀雄（立正大学名誉教授、都立第五福竜丸展示館理事）は、かつて群馬県島村でアクション・リサーチを進め、その後、学習権保障の国際的な動向の研究を踏まえて平和教育の研究と実践を進めてきた。これについて、藤田は以下のように述べている[11]。

一九五二年、私が四年生で、学生自治会の中央常任委員であった時、自治会は破壊活動防止法（破防法）反対のストライキを実行した。その結果、常任委員の四人が処分されたが、自分は免れた。教育学部では、このストライキに参加せず、教官と学習会を行っていたからではないか。

この学習会を始めるにあたり宮原先生のところに相談に行ったが、最初は「うん」と言わなかった。それで勝田先生のところに行き、応諾を得た。翌日、雨が降る中、傘を差していく宮原先生を見かけ、私は傘がなかったが、雨の中をかけよって、濡れながら学習会についてお願いした。すると応諾を得た。このようにして学習会を行い、ストには参加しなかったので、自分は処分を免れたのだろうが、しかし、処分された友人は就職できなかった。常任委員として全学的に責任がありながら、自分だけ普通に卒業して就職することはできないと思った。それでどこかの農村に行きたいと宮原先生に相談したら、島村（当時は群馬県佐波郡島村、現在は同県伊勢崎市境町島村）を紹介してくれた。

宮原先生が島村を選んでくれたのは、島村小学校校長の斉藤喜博氏を知っていたからである。そして、先生は島村総合教育計画（東大教育学部紀要論文）を立て、私を東大からの現地駐在員として島村に送りこんだ。

宮原が最初に学習会を応諾せず、勝田の後でしたのは、躊躇や反対と言うよりも、学習会ではなく教育学部もストに参加すべきか否かについて考えていたためと推論できる。それは、これまでの考察からだけでなく、その後の宮原と藤田の関係性からも確かめられる。また、教育学部では破防法に反対する教官が多く、学生がストを実施して、教官と対立や分裂を引き起こす必要はなかった。だからこそ、藤田はストではなく学習会を選択し、また勝田や宮原はそれに応じたのである。

そして、藤田は一九五三年五月から島村で四年半生活し、その後も通い続けて調査研究を行った（合わせて一二年間）[12]。これは藤田の研究と実践の原点と言うことができる。彼自身も、二〇〇三年一一月一六日に立命館大学国際平和ミュージアムで開催された「平和のための博物館・市民ネットワーク」第三回全国交流会において「平和博物館の方向」というテーマで報告した時、自分自身にとって平和教育の研究と実践は、この島村での学習サークル運動の研究と実践に深く結びついていると発言した。それ故、反戦平和や平和教育の側面で宮原の継承・発展について考える場合、藤田の存在は極めて大きいが、しかし、本書ではあまり取り上げることができなかった。

確かに、これまで、筆者は「平和学習論における学習権と非暴力――藤田秀雄による Think Globally, Act Locally の統合」で藤田の研究と実践についてまとめ、一九九〇年代から強まった日本の植民地支配や侵略戦争の歴史の認識を回避し、あるいは美化する状況に対して、藤田が社会教育の研究と実践を踏まえ、国際的な視野と“Think Globally, Act Locally”という立場で進めてきた学習権論と平和学習論の意義を述べた[13]。それでも、藤田の思想と実践の全体像をまとめるには至っていない。そのため、これを今後の研究の重要な課題とし、ここではその着手のために、以下に島村における藤田のアクション・リサーチに関する文献を挙げておく。

・「島村総合教育の発足と第一年目の藤田の活動」（一九五六年五月、東京大学教育学部社会教育研究室と記されたB４サイズのわら半紙にガリ版印刷された全一一頁の報告書）

・「青年団における小集団学習の問題点」『小集団学習』（日本社会教育学会年報第三集）、一九五八年

・「島村における青年・婦人の学習活動」（宮原誠一、上岡安彦、木下春雄、宮坂広作との共著）『東京大学教育学部紀要』第四巻（地域と職場の学習集団の研究）、一九五九年

・「サークル活動の方法」宮原誠一編著『青年の学習―勤労青年教育の基礎的研究』国土社、一九六〇年

・「学生は農民と何によって結びつけるか」『月刊社会教育』一九六二年三月号

・『島村のサークル活動―サークル活動の方法』一九六五年（『月刊社会教育』一九六四年一月号から六月号まで連載した論文を訂正してまとめたもの）

・「研究と教育の軌跡」（上中下）『立正大学教育学研究』第八、九、一〇号、一九九九－二〇〇一年（特に上において島村の実践が取り上げられている）

そして、これらの文献の研究と、藤田や島村の関係者へのインタビューを行い、本書をさらに発展させるための課題とする。

最後に、アウシュヴィッツ平和博物館の実践について見ると、この博物館建設で重要な役割を担った塚田一敏は、長野県伊那地方における社会教育実践を通して宮原や藤岡と出会い、意見を交わしていた。それは、信濃生産大学以前の段階であり、また、宮原や藤岡の立場ではアクション・リサーチであり、塚田にとっては社会変革の自己教育運動であったと言える。そして、この時の経験が、その後の塚田の思想形成や実践に大きな位置を占めている。(14) 実際、

信濃生産大学の時期には、「民青大学」を実践していた（塚田は一九六〇年九月から六一年一二月まで担当）。

この「民青大学」は、民主青年同盟長野県委員会が提唱したが、系統的に組織だって開学したのは塚田が活動していた「伊那」だけであった。学生は一般公募で、圧倒的に「労働者」が多く、国鉄、日通、郵便局、電話局、教師など官公労働者の他、オリンパス、興亜電工、農協、信英通信など約二〇名が参加していた。週一回、六ヶ月を一期とし、講師は、哲学が渡辺義晴（信州大学人文学部教授）、経済が菊池謙一（経済学者、アメリカ黒人史研究）、歴史が藤森啓助（伊那市立図書館長・司書、後に市議、「宮原誠一教室」出身と呼ばれた）、社会・政治・青年運動（小笠原忠統、松本市公民館長、小笠原流宗家）などであった。

そして、宮原の理論と実践を「最も実践的な末端」で体験し、それを「改良主義」と見なして藤岡と議論した塚田が、「今日に至って振りかえってみると、『青年の学習』『社会教育』の果たした役割は限りなく大きいと痛感しています」という発言は注目すべきである[15]。さらに、塚田によれば、上記の藤森の他にも宮原や藤岡と出会い、共に社会教育実践やアクション・リサーチを進めた者が伊那や近辺に在住している。それ故、塚田を始めとして関係者にインタビューし、この側面からも本書をさらに発展させることに努める。

終章　注

（1）op. cit., “Question de methode”, p.25。前掲『方法の問題』p.29。訳文は変えているところがある。
（2）ibid., p.28。同前、p.35。強調原文（イタリック体や大文字による）。
（3）同前『方法の問題』p.46の訳註。
（4）op. cit., “Question de methode”, p.29。同前『方法の問題』p.37。
（5）ibid., p.71。同前、p.91。
（6）Althusser, Louis, 1965/86, *Pour Marx*, Edition la decouverte, Paris（河野健二・田村俶・西川長夫訳『マルクスのため

に』平凡社、一九九四年

（7）その一端は「社会主義ヒューマニズム」に示されている。エリッヒ・フロム編／城塚登監訳『社会主義ヒューマニズム』紀伊國屋書店、一九六七年、ケン・コーツ編／日本ラッセル協会訳『社会主義ヒューマニズム―バートランド・ラッセル生誕百年論文集』理想社、一九七五年。

（8）Althusser, Louis, 1994, *Sur la philosophie*, Gallimard, Paris. 今村仁司訳『哲学について』筑摩書房、一九九五年、p.60。

（9）前掲『査問』p.210。

（10）同前、p.233。

（11）前述した二〇〇六年四月一九日、「金田」における藤田の発言を筆者が記録し、その後、藤田自身によって加筆修正した手記。『「生涯教育実践研究」の実施に関する研究』（4）大阪教育大学生涯教育計画論講座、二〇〇六年、pp.23-24に収録。

（12）宮原の島村総合教育計画発足における講演記録（一九五三年）「全村教育の新旧―教育の社会計画について」参照（『宮原誠一教育論集』第二巻所収）。

（13）『月刊社会教育』二〇〇二年八月号（No.562）。

（14）塚田は信州大学農学部を卒業後、林百郎衆議院議院（共産党）の秘書となるが、病に倒れ、回復後に環境や資源を意識して家を建築する大工となり、現在ではアウシュヴィッツ平和博物館理事を務めている。前掲『希望への扉』pp.160ff、参照。

（15）塚田への手紙、電話、ファックスによるインタビュー（二〇〇五年～二〇〇六年）をまとめた「ライフヒストリーとヒストリカル・モメントの研究――塚田一敏」（『社会教育学研究』第一二号、大阪教育大学社会教育研究室、二〇〇七年）。

参照文献一覧

1　和書（アイウエオ順）

＊『宮原誠一教育論集』に収録された論文、対談等は含めていない。
＊執筆者が特定できない文献は書名によった。
＊中国語の文献も含む。その読み方は日本語読みに準じている。


青木進々、イヴァニツカ・カタジナ、ドバス・マレク訳編『子どもの目に映った戦争』グリーンピース出版会、一九八五年
秋田県教育委員会『秋田県の生涯学習・社会教育五〇年のあゆみ―社会教育法制定五〇周年に寄せて』一九九九年
芥川竜之介『侏儒の言葉』『芥川龍之介集』角川書店、一九七〇年
浅野研真「書評：世界経済年報九輯（ヴァルガ）」『新興教育』第一巻第二号（一九三〇年一〇月号）
アムルンク、ウルリヒ／対馬達雄、佐藤史浩訳『反ナチ・抵抗の教育者』昭和堂、一九九六年
アラゴン、ルイ／大島博光訳『フランスの起床ラッパ』三一書房、一九五五年
家永三郎『新日本史』（高校教科書、検定不合格）三省堂、一九六二年
家永三郎、日高六郎「歴史と責任」『家永三郎集』第一二巻、一九九八年、岩波書店
伊ヶ崎暁生「サンフランシスコ体制下の教育反動と平和教育のたたかい」五十嵐顕、伊ヶ崎暁生編『戦後教育の歴史』青木書店、一九七〇年
――「遠藤芳信『近代日本軍隊教育史研究』の書評」『教育学研究』第六三巻第一号、一九九六年
五十嵐顕「壮行の辞」『敢闘』（ガリ版刷り文集、後に『雲山万里―南方軍幹部候補生隊の活動と戦後五十年の回顧』スマラン会、一九九五年に収録）
――「日誌」一九四五－六七年

――「教師のための教育財政学」講座『教育』第四巻、岩波書店、一九五二年
――「日本の教育費はどうなっているか」宗像誠也編『日本の教育』毎日新聞社、一九五七年
――『民主教育―教育と労働』青木書店、一九五九年
――「社会教育と国家―教育認識の問題として」日本社会教育学会編『社会教育行政の理論』日本の社会教育第四集、国土社、一九五九年
――「教育費と社会」『教育学概論』Ⅱ（岩波講座現代教育学3）一九六一年
――「むすび―教育財政における運動と研究」同前
――「序文―教育研究における帝国主義の観点について」『東京大学教育学部紀要』第六巻（戦前の日本の国家権力と教育）、一九六三年
――「民主的主体を形成するという観点」五十嵐顕、伊ヶ崎暁生編『戦後教育の歴史』青木書店、一九七〇年
――『国家と教育』明治図書、一九七三年
――『民主教育とはなにか』青木書店、一九七六年
――「宮原理論の教育学的骨格」『宮原誠一教育論集』第三巻『月報』Ⅲ、一九七七年
――「社会教育と国家―教育認識の問題として」への「追記」島田修一編『社会教育の自由』教育基本法文献選集6、学陽書房、一九七八年
――「教育の本質における矛盾について―五〇年代宮原論文の意味について」『教育』一九七八年一二月号
――「戦争体験と教育改革―教科書攻撃のなかで考える」『文化評論』一九八一年九月号
――「教育の課題―その覚書」『科学と思想』No.40、一九八一年
――「歴史の岐路と教育の課題」『科学と思想』No.43、一九八一年
――「今月のことば」『学習の友』一九九一年七月号
――「第三中隊の日日」『雲山万里―南方軍幹部候補生隊の活動と戦後五十年の回顧』スマラン会、一九九五年
――「国民・国家の責任と人間の罪との間、平和の出発点―『わだつみのこえ』をいかに聴くか」同前

――『「わだつみのこえ」を聴く―戦争責任と人間の罪との間』青木書店、一九九六年
――「戦後教育改革の精神―矢内原忠雄にそくして」(名古屋大学教育改革研究会第一四回記録)名古屋大学教育学部『教育改革研究』第六号、一九九七年
――「研究ノート」(遺稿)『社会教育学研究』第九号、大阪教育大学社会教育論ゼミ、二〇〇四年
――「教育費と社会」(草稿)『社会教育学研究』第八号、第九号、第一〇号、大阪教育大学社会教育学研究室、二〇〇四年三月、一一月、〇六年二月
――「宮本百合子・教育学(論)ノート」(遺稿)
――他「『総合的人間の科学としての教育学』の構想をめぐって―現代の教育原理を求めて第一回」『教育』一九八〇年九月号
――編著『岩波講座現代教育学』第一八巻、岩波書店、一九六〇年
――共編『社会教育』講座日本の教育9、新日本出版社、一九七五年
五十嵐茂「残された企画書」『五十嵐顕追悼集』同時代社、一九九六年
五十嵐芳雄「五十嵐先生と福井　出生について」『五十嵐顕追悼集』同時代社、一九九六年
石田雄「『戦争責任論の盲点』の一背景」『みすず』編集部編『丸山眞男の世界』一九九七年
石川皇「片山内閣の社会主義政策の危機」稲城村青年団(東京都南多摩郡)『稲城』第二号(一九四七年七月)稲城社会教育史研究会(代表大橋謙策)『稲城青年団機関誌復刻』第一巻(創刊号~第一二号)一九八〇年
石川達三『生きてゐる兵隊』中央公論社、一九三八年(『尾崎士郎、石川達三、火野葦平集』筑摩書房、一九五五年)
――「武漢作戦」『中央公論』一九三九年一月号(文春文庫、一九七六年)
――『風にそよぐ葦』新潮社、一九五〇年
伊藤俊夫、河野重男、辻功編『新社会教育事典』第一法規、一九八三年
稲城村青年団(東京都南多摩郡)『稲城』創刊号「巻頭言」(一九四七年六月)前掲『稲城青年団機関誌復刻』第一巻
――第二号「巻頭言」(一九四七年七月)同前

井野川潔「『新教』の教育運動」『新興教育復刻版月報』No.2、一九七五年
井野川潔、森谷清、柿沼肇編『嵐の中の教育―一九三〇年代の教育』新日本出版社、一九七一年
今澤慈海「公共図書館の使命と其達成―人生に於ける公共図書館の意義」『図書館雑誌』第四三号、一九二〇年
――「公共図書館は公衆の大学なり」『市立図書館と其事業』第一号、一九二一年
ヴァイツゼッカー／永井清彦訳『荒れ野の四〇年』岩波ブックレット55、一九八六年
ヴェーバァ、マックス／木本浩造監訳『社会学・経済学の「価値自由」の意味』日本評論社、一九七二年
上田三郎「連帯」『稜線』一九八六年三月号
上原専禄「平和」『社会と人倫』新倫理講座Ⅳ、創文社、一九五二年
碓井正久編『社会教育』教育学叢書第一六巻、第一法規出版、一九七〇年
――編『社会教育』戦後日本の教育改革第一〇巻、東京大学出版会、一九七一年
――編『社会教育の学級・講座』講座現代社会教育第五巻、亜紀書房、一九七七年
――「海外の社会教育に学ぶもの」『月刊社会教育』一九七八年四月号（No.249）
――編『日本社会教育発達史』講座現代社会教育第二巻、亜紀書房、一九八〇年
――編『社会教育―文化の自己創造へ』講談社、一九八一年
――共編『新社会教育』学文社、一九八六年、改訂版一九九六年
――「宮原誠一」『社会教育論者の群像』社会教育連合会、一九九三年
――『社会教育の教育学』碓井正久教育論集第一巻、国土社、一九九四年
――『生涯学習と地域教育計画』碓井正久教育論集第二巻、国土社、一九九四年
――「止揚をためらう弁証法」『五十嵐顕追悼集』同時代社、一九九六年
内田弘『三木清―個性者の構想力』御茶の水書房、二〇〇四年
内山完造「一歩天国に近い世界」『平和憲法学習会会報』第二号、一九五三年
海老原治善「解説」山下徳治・海老原治善編『明日の学校』世界教育学選書76、明治図書、一九七三年

エマソン、ラルフ・W／斉藤光訳『超越主義』アメリカ古典文庫17、研究社、一九七五年
エンゲルス、フリードリッヒ／寺沢恒信訳『空想から科学へ』マルクス＝エンゲルス全集（大月書店版、一九五九－九一年）第一九巻
——／村田陽一訳『オイゲン・デューリング氏の科学の変革（反デューリング論）』同前第二〇巻
遠藤芳信『近代日本軍隊教育史研究』青木書店、一九九四年
——伊ヶ崎の「書評」（前掲）への反論『教育学研究』第六三巻第二号、一九九六年
大江健三郎『状況へ』岩波書店、一九七四年
大熊信行「大日本言論報国会の異常的性格—思想史の方法に関するノート」『文学』一九六一年八月号
太田堯「弔辞」『五十嵐顕追悼集』同時代社、一九九六年
大谷敬二郎『軍閥』図書出版社、一九七一年
荻野富士夫編・解題『特高警察関係資料集成』第二〇巻、不二出版
御崎陸平（菅忠道）「一年間の少年運動情勢の概観」『新興教育』第一巻第四号（一九三〇年一二月号）
小田実『状況から』岩波書店、一九七四年
小畑勇二郎『秋田の生涯教育』全日本社会教育連合会、一九七九年
小畑勇二郎顕彰会編『大いなる秋田を—『小畑勇二郎の生涯』補遺選』二〇〇一年
勝海舟『氷川清話』角川文庫、一九七二年
勝田守一『勝田守一著作集』第四巻（人間形成と教育）一九七三年
——「学校の機能と役割」『勝田守一著作集』第五巻（学校論・大学論）国土社、一九七二年
——「能力と発達と学習—教育学入門Ⅰ」『勝田守一著作集』第六巻（人間の科学としての教育学）国土社、一九七三年
勝田守一、五十嵐顕、大田堯、山住正己編『岩波小辞典・教育』（第二版）一九七三年
加藤敬事「解説」『特高と思想検事』（続・現代史資料7）みすず書房、一九八二年
加藤周一「近代日本の文明的位置」『加藤周一セレクション』5、平凡社、一九九九年

蒲生芳郎、小和田武紀、田中彰、平沢薫編『社会教育事典』岩崎書店、一九五五年
神山順一「解題」『宮原誠一教育論集』第七巻「母と子のための教育論」国土社、一九七七年
苅谷剛彦「書評『言論統制』」二〇〇四年一〇月三日付朝日新聞
ガルブレイス、ジョン・K／鈴木哲太郎訳『ゆたかな社会』岩波書店、一九七〇年
川上徹「学生の要求と組織」城丸章夫、船山謙次編『教育運動』講座現代民主主義教育第五巻、青木書店、一九六九年
――「その精神の姿勢」『五十嵐顕追悼集』同時代社、一九九六年
――『査問』ちくま文庫、二〇〇一年
河村望『日本社会学史研究』（上・下）人間の科学社、一九七三年、七五年。
――『国家と社会の理論』青木書店、一九七九年
広東、広西、湖南、河南辞源修訂組、商務印書館編輯部編『辞源』（修訂本・合訂本）商務印書館、北京、一九八八年
菊池一隆『日本人反戦兵士と日中戦争―重慶国民政府地域の捕虜収容所と関連させて』御茶の水書房、二〇〇三年
菊池臣平「国内政治と平和憲法」秋田県連合青年会『秋田の青年』一九六二年七月号（No.4）復刻版『秋田の青年』第一巻、一九七二年
『木下順二戯曲集』Ⅲ、岩波文庫、一九八二年
北田耕也『日本国民の自己形成』国土社、一九七一年
――『大衆文化を超えて―民衆文化の創造と社会教育』国土社、一九八六年
――『自己という課題―成人の発達と学習文化活動』学文社、一九九九年
――「五十嵐顕先生の声」『五十嵐顕追悼集』同時代社、一九九六年
許介鱗『中国人の視座から―近代日本論』そしえて、一九七九年
許広平／安藤彦太郎訳『暗い夜の記憶』岩波新書、一九五五年
楠山通『不屈のあしあと―ある金属労働者の回想』（治安維持法下の体験第二集）治安維持法犠牲者国家賠償要求同盟、一九九二年

工藤綏夫「我々が平和を要求する理論的根拠について」『平和憲法学習会会報』第二号、一九五三年
久野収「人道主義」『社会と人倫』（新倫理講座Ⅳ）創文社、一九五二年
――編『中井正一全集』全四巻、美術出版社、一九六四〜一九八一年（第一巻「哲学と美学の接点」、第二巻「転換期の美学的課題」、第三巻「現代芸術の空間」、第四巻「文化と集団の論理」）
――編『三木清』現代日本思想大系33、筑摩書房、一九六六年
――「八〇年代社会教育への期待―久野収氏に聞く」『月刊社会教育』一九七九年一二月号
――「推薦」『宮原誠一教育論集』リーフレット、一九七六年
グリーンピース出版会訳編『ちいさな瞳の証言者』サンリオ、一九八七年（『子どもの目に映った戦争』改訂縮小版）
クルプスカヤ、ナデツダ／五十嵐顕訳『幼児教育と集団主義』明治図書、一九六九年
黒崎勲「あとがき」五十嵐顕『「わだつみのこえ」を聴く―戦争責任と人間の罪との間』青木書店、一九九六年
――「身心自在」『五十嵐顕追悼集』同時代社、一九九六年
コーツ・ケン編／日本ラッセル協会訳『社会主義ヒューマニズム―バートランド・ラッセル生誕百年論文集』理想社、一九七五年
孔子／金谷治訳注『論語』岩波文庫、一九六三年
河野重男、田代元弥、林部一二、藤原英夫、吉田昇編『社会教育事典』第一法規、一九七一年
北御牧青年会（長野県北佐久郡北御牧村）「檄文」『北御牧時報』第一号（戦後復刊、一九四六年六月一五日）
「研究をとおして組織の統一へ」『教育』一九六〇年二月号「主張」
国民教育研究所編『国民教育小事典』草土文化社、一九七三年
――『民研三〇年のあゆみ―国民教育の創造をめざして』一九八八年
心に刻むアウシュヴィッツ下関展実行委員会『ぼくくるしかったよ―「心に刻むアウシュヴィッツ」下関展感想・記録集』一九八九年
心に刻むアウシュヴィッツ・秋田展報告集『心に刻み、未来を見据え―世界遺産の博物館活動とボランティア』一九九七年

小坂国継「注解」『西田幾多郎全集』第六巻、岩波書店、二〇〇三年
湖南省長沙市第一師範青年毛沢東紀念館『毛沢東在第一師範（第一師範における毛沢東）』（発行年なし）
斎藤喜博「三M教授のこと」『宮原誠一教育論集』月報Ⅶ、一九七七年一一月
斉藤重一「ひとつの立場から」『平和憲法学習会会報』第二号、一九五三年
――『高教組運動とともにあゆんで』秋田県高等学校教職員組合、一九九二年
――「憲法記念日を祝う」『秋田魁新報』一九九八年四月二七日文化欄
坂元忠芳「解説」『矢川徳光教育学著作集』第六巻、一九七四年
桜井忠温『肉弾』丁未出版社・英文志社、一九〇六年（黄郛訳、新学社・武学編訳社、一九〇九年）
佐藤一子「宮原教育学に寄せる想い」『五十嵐顕追悼集』同時代社、一九九六年
――「宮原誠一教育論の今日的検討課題」『東京大学大学院教育学研究科紀要』第三七巻、一九九八年
――「社会教育研究とアクション・リサーチ―参加的アクション・リサーチ国際ネットワークの展開における宮原誠一の位置」『社会教育学会紀要』No.41、二〇〇五年
佐藤憲一「戦前の社会教育と戦後の社会教育―社会教育の変遷」秋田県連合青年会『秋田の青年』一九六二年七月号（No.4）復刻版『秋田の青年』第一巻、一九七二年
佐藤広美『総力戦体制と教育科学』大月書店、一九九七年
――「戦争責任をいま考えることの意味」『月刊社会教育』No.543、二〇〇一年一月号
佐藤卓己『言論統制―情報官・鈴木庫三と教育の国防国家』中央公論新社、二〇〇四年
――「『言論統制官』の誕生―新資料発見鈴木庫三と二・二六」『中央公論』二〇〇四年一二月号
佐藤卓己・原武史対談「言論統制、天皇制、戦後責任、占領期……」『中央公論』二〇〇五年一月号
佐藤稔「『武装平和』断乎反対す」『平和憲法学習会会報』第二号、一九五三年
辞海編輯委員会編『辞海』（一九六五年新編本）中華書局、香港
重松敬一、品川孝子、平井信義編『ＰＴＡ事典』第一法規、一九六四年

司法省刑事局『我国に於けるプロレタリア教育運動』思想研究資料特輯第六号、一九三三年九月（社会問題資料研究会編『我国に於けるプロレタリア教育運動』社会問題資料叢書第一輯、東洋文化社、一九七一年）
島田修一「民衆教育運動と公民館像の創造過程―公民館史研究方法論への提起を含んで」日本社会教育学会特別年報編集委員会『現代公民館の創造』東洋館出版社、一九九九年
清水幾太郎、丸山眞男、松村一人、真下信一、林健太郎、宮城音弥、古在由重座談会「唯物史観と主体性」『世界』一九四八年二月号（日高六郎編『近代主義』現代日本思想体系34、筑摩書房、一九六四年所収）
清水川正子「記念講演と映画演劇の会の報告」『平和憲法学習会会報』第二号、一九五三年
シュワルツ、ベンジャミン（Benjamin I. Schwartz）／陳玮訳『中国的共産主義与毛沢東的崛起』中国人民大学出版、二〇〇六年
昭和天皇「勅語」一九四六年三月七日付『朝日新聞』
城丸章夫「五十嵐顕の死にかかわって」『五十嵐顕追悼集』同時代社、一九九六年
『「新教」複製版月報』No.1、一九六五年
『社会科事典』（補遺新装版）平凡社、一九五五年（編集委員代表は海後宗臣）
鈴木庫三『軍隊教育学概論』目黒書店、一九三六年
鈴木庫三・宮本百合子他座談会「新体制を語る座談会―鈴木少佐を囲んで」『婦人朝日』一九四〇年一〇月号
鈴木修次『孟子』（中国の人と思想）集英社、一九八四年
鈴木健次郎文庫懇談会編『鈴木健次郎集』全三巻、一九七四－七六年
鈴木健次郎記念会編『鈴木健次郎の生涯』秋田県青年会館、一九九〇年
鈴木大拙「禅に就いて」『鈴木大拙全集』別巻一、岩波書店、一九七一年
鈴木安蔵『憲法制定前後：新憲法をめぐる激動期の記録』青木書店、一九七七年
須長茂夫『どぶ川学級』正・続・完結編、労働旬報社、一九六九－一九七五年
スノー、エドガー／木下秀夫訳一九四六年『ソヴェト勢力の形態』時事通信社

スノー、エドガー／松岡洋子訳『中国の赤い星』増補改訂版（エドガー・スノー著作集2）筑摩書房、一九七二年
『聖書』（一八八七年文語訳）日本聖書協会、二〇〇一年
全国解放研究会編、川向秀武担当『部落解放教育資料集成』第五巻（融和教育の理論と運動Ⅰ）明治図書、一九七九年
同『部落解放教育資料集成』第六巻（融和教育の理論と運動Ⅱ）明治図書、一九七九年
戦争被害調査会法を実現する市民会議「改めて、国立国会図書館長の重責達成に期待して」『市民会議通信』No.32、二〇〇五年七月一五日
全貌社内外文化研究所編『学者先生戦前戦後言質集』一九五四年
全貌編集部編『進歩的文化人―学者先生戦前戦後言質集』一九五七年
宋恩栄編著／鎌田文彦訳『晏陽初：その平民教育と郷村建設』農文協、二〇〇〇年
ダイキューゼン、ジョージ／三浦典郎、石田理訳『ジョン・デューイの生涯と思想』清水弘文堂、一九七七年
高石邦男「都道府県教育委員会の会議に関する規則について」『教育委員会月報』一九五七年二月号
高木市之助、久松潜一校注『近世和歌集』（日本古典文学大系93）岩波書店、一九六六年
竹内実『毛沢東―その詩と人生』文藝春秋、一九六五年（武田泰淳との共著）
――『毛沢東ノート』新泉社、一九七一年
――『毛沢東』岩波新書、一九八九年
――『日本人にとっての中国像』（同時代ライブラリー120）岩波書店、一九九二年
竹内好『竹内好全集』第八巻、筑摩書房、一九八〇年
――『竹内好全集』第一四巻、一九八一年
竹内好他座談会「混沌の中の未来像―若い世代の貌」『世界』一九五九年一二月号
竹田篤司『パスカル』河出書房新社、一九七三年
『田澤義鋪選集』田澤義鋪記念会、一九六七年
田辺保『パスカルの世界像』勁草書房、一九七四年

――――『パスカルの信仰』教文館、二〇〇六年
谷崎潤一郎『細雪』中公文庫、一九八三年
治安維持法国家賠償要求同盟『抵抗の群像』白石書院、一九七六年
――――『治安維持法下の体験』一九九二年
――――『ふたたび戦争と暗黒政治をゆるすな―いまも生きている治安維持法』一九九三年
中央融和事業協会『融和問題論叢』一九二九年
「朝鮮人強制連行真相調査団調査」二〇〇五年三月一五日付朝鮮新報、〇五年四月八日付朝鮮時報
土屋基規「解説」①『新興教育復刻版月報』No.1、白石書店、一九七五年
――――「解説」②『新興教育復刻版月報』No.2、白石書店、一九七五年
ツェトキン、クララ／五十嵐顕訳『民主教育論』明治図書、一九六四年
鶴見俊輔「講演記録」『平和友の会ニュースレター』第一四〇号、二〇〇五年九月一〇日
『抵抗の学窓生活』要書房、一九五一年
程兆奇「六十余年前的特殊〝口述歴史〟―《中共諜報団李徳生訊問記録》書后」『史林』二〇〇五年第五期、上海社会科学院歴史研究所
デューイ、ジョン／上野陽一訳『學校と社會』東京書肆（三松堂、井冽堂）一九〇一年
――――文部省翻譯（馬場是一郎委嘱）『學校と社會』日本書籍、一九〇五年
――――田制佐重訳『學校と社會』文教書院、一九二三年
――――頼順生訳『學校と社會』世界教育文庫刊行会、一九三五年
――――宮原誠一訳『学校と社会』春秋社、一九五〇年
――――宮原誠一訳『学校と社会』岩波文庫、一九五七年
――――毛利陽太郎著訳（長尾十三二監修）『学校と社会』（世界新教育運動選書10）明治図書、一九八五年
――――市村尚久訳『学校と社会・子どもとカリキュラム』講談社（学術文庫）一九九八年

――――河村望訳『学校と社会』(『デューイ＝ミード著作集』第七巻所収)、人間の科学新社、二〇〇〇年
デュマ、アレクサンドル(ペール)／生島遼一訳『三銃士』岩波文庫、一九三八年
寺中作雄『公民館の建設―新しい町村の文化施設』『社会・生涯教育文献集Ⅴ』(企画編集小川利夫、寺崎昌男、平原春好、編集上田幸夫)日本図書センター二〇〇一年
――――「公民館の振興と公民館の構想」同前
――――『公民館の経営』同前
寺中作雄・鈴木健次郎『公民館はどうあるべきか』同前
寺中作雄・鈴木健次郎・宮原誠一「公民館創設のおもいでと忠告」『月刊社会教育』一九六一年一一月号
土合竹次郎「内山先生を迎う」『平和憲法学習会会報』第二号、一九五三年
鄧相揚／魚住悦子訳、下村作次郎監修『抗日霧社事件の歴史』機関紙出版センター、二〇〇一年
匿名論文「倡尋中国現代新教育思想的先行者―毛沢東」(インターネット「中国韶山」、http://www.china-shaoshan.com/bbs/shotopic.asp、二〇〇五年九月六日発表、二〇〇六年三月三一日検索)
戸田金一「秋田における戦争と教育の歴史」秋田県教職員組合編『戦争と教育』無明舎出版、一九八一年
――――『真実の先生』教育史料出版会、一九九四年
富永正三『あるB・C級戦犯の戦後史―ほんとうの戦争責任とは何か』水曜社、一九七七年
永井荷風『ふらんす物語』(『永井荷風』1、2、中央公論社、一九六五年)
――――『歓楽』同前
――――「花火」『永井荷風集』日本近代文学大系第二九巻、角川書店、一九七〇年
中島健蔵「戦争直前の『文化人』」『文学』一九六一年八月号
中野卓編著『口述の生活史―或る女の愛と呪いの日本近代』御茶ノ水書房、一九七七年
長浜功「教育の戦争責任」『東京学芸大学紀要』(教育科学部門)第二七集、一九七六年
――――『教育の戦争責任』大原新生社、一九七九年(一九八四年に明石書店から再版され、一九九二年に増補版が明石書店か

ら出版）
中原賢治『基督者学生運動史—昭和初期のＳＣＭの闘い』日本ＹＭＣＡ同盟出版部、一九六二年
中村信男「内山完造氏と中国」『平和憲法学習会会報』第二号、一九五三年
中村雄二郎『パスカルとその時代』東京大学出版会、一九六五年
――『日本文化における悪と罪』新潮社、一九九八年
――「西田幾多郎の場合―〈ハイデガーとナチズム〉問題に思う―」『現代思想』一九八八年三月号（特集ファシズム〈精神の宿命〉、『中村雄二郎著作集』第Ⅶ巻、岩波書店、一九九三年に収録）
西田幾多郎「場所の自己限定としての意識作用」『西田幾多郎全集』第五巻、岩波書店、二〇〇二年
――「現実の世界の論理的構造」『西田幾多郎全集』第六巻、岩波書店、二〇〇三年
――「弁証法的一般者としての世界」同前
『西根町史』下巻、一九八九年
日本教職員組合編『教研活動の一〇年』一九六一年
『日本基督教団秋田楢山教会百年史』一九八八年
日本生涯教育学会編『生涯学習事典』東京書籍、一九九〇年、増補版、一九九二年
日本青年団協議会青年団研究所『共同学習の手引』一九五四年
日本戰歿學生手記編集委員會編『きけわだつみのこえ―日本戰歿學生の手記』東大協同組合出版部、一九四九年
日本戦没学生記念会監修『きけわだつみのこえ―日本戦没学生の手記』光文社、一九五九年
日本戦没学生記念会編『きけわだつみのこえ―日本戦没学生の手記』岩波書店、一九九七－二〇〇四年
橋本徹馬『天皇と叛乱将校』日本週報社、一九五四年
――『日米交渉秘話』増補第四版、紫雲荘出版部、一九五二年
長谷川一「既に用意された教員の大衆的馘首」『新興教育』第一巻第三号（一九三〇年一一月号）
波多野完治「テレビは社会教育をどう変えるか」（日本社会教育学会第五回記念講演）宮原誠一編集兼発行『日本社会教育学

会第五回大会報告書』一九五八年
――『生涯教育論』小学館、一九七二年
――「生涯教育の底流、足りぬ平和への視点」一九七五年一一月一四日付朝日新聞夕刊文化欄
――「交遊五十年―その幕あき」『宮原誠一教育論集月報』Ⅱ、一九七七年一月
――『続・生涯教育論』小学館、一九八五年
初田弥助「戦友としての五十嵐さん」『五十嵐顕追悼集』同時代社、一九九六年
羽仁五郎『図書館の論理―羽仁五郎の発言』日外アソシエーツ、一九八一年
パスカル、ブレーズ／由木康訳「罪びとの回心について」『パスカル全集』第一巻、白水社、一九五九年
ハックスリー、ジュリアン「ユネスコ、その目的と哲学」『世界』一九四七年七月号
春山作樹『日本教育私論』国土社、一九七九年
版の会編『コーヒータイムの哲学塾』同時代社、一九八七年
日高六郎『戦後思想を考える』岩波新書、一九八〇年
平出禾『増補戦時下の言論統制―言論統制法規の綜合的研究』（昭和一九年刊、奥平康弘監修『言論統制文献資料集成』第一一巻、日本図書センター、一九九二年）
福島要一「平和は必ず勝つ」『平和憲法学習会会報』第二号、一九五三年
藤岡貞彦「解題」『宮原誠一教育論集』第一巻、国土社、一九七六年
――他「シンポジウム・子どもを守る地域づくりと社会教育」『月刊社会教育』一九七八年一一月号、No.256
藤田秀雄「島村総合教育の発足と第一年目の藤田の活動」（一九五六年五月、東京大学教育学部社会教育研究室と記されたB4サイズのわら半紙にガリ版印刷された全一一頁の報告書）
――「青年団における小集団学習の問題点」『小集団学習』日本社会教育学会年報第三集、一九五八年
――共著「島村における青年・婦人の学習活動」『東京大学教育学部紀要』第四巻（地域と職場の学習集団の研究）一九五九年

――「サークル活動の方法」宮原誠一編著『青年の学習―勤労青年教育の基礎的研究』国土社、一九六〇年
――「学生は農民と何によって結びつけるか」『月刊社会教育』一九六二年三月号
――『島村のサークル活動―サークル活動の方法』一九六五年（『月刊社会教育』一九六四年一月号から六月号まで連載した論文を訂正してまとめた）
――「研究と教育の軌跡」（上中下）『立正大学教育学研究』第八、九、一〇号、一九九九―二〇〇一年
――「手記」『「生涯教育実践研究」の実施に関する研究』（4）大阪教育大学生涯教育計画論講座、二〇〇六年
藤原彰、姫田光義編『日中戦争下中国における日本人の反戦活動』青木書店、一九九九年
部落問題研究所編集部編『部落問題の手引き』一九五七年
フロイト、ジクムント／土井正徳、吉田正己訳「人間モーセと一神教」『宗教論―幻想の未来』（フロイド選集第八巻）日本教文社、一九七〇年
――／森川俊夫訳「人間モーセと一神教」高橋義孝、生松敬三他訳『フロイト著作集』第一一巻（文学・思想篇2）一九八四年
フロム、エリッヒ／日高六郎訳『自由からの逃走』東京創元新社、一九五一年
――編／城塚登監訳『社会主義ヒューマニズム』紀伊國屋書店、一九六七年
「平和問題討議会議事録」『世界』一九四九年三月号
ヘルンレ、エドウィン／五十嵐顕訳『プロレタリア教育の根本問題』明治図書、一九七二年
帆足計「新興教育のあけぼの」井野川潔、森谷清、柿沼肇編『嵐の中の教育―一九三〇年代の教育』新日本出版社、一九七一年
――（村田徹夫）「世界資本主義の危機の増大」『新興教育』第一巻第四号（一九三〇年一二月号）
彭幹梓「毛沢東早期教育思想溯源」（インターネット「二十一世紀」二〇〇四年七月号、総第二八期、http://www.ihns.ac.cn/readers/2004、二〇〇六年三月三一日検索）
法政大学大原社会問題研究所編著『日本労働年鑑』一九五一年版（第二三集）時事通信社

――『太平洋戦争下の労働運動』（日本労働年鑑特集版）労働旬報社、一九七一年
朴慶植「治安維持法による朝鮮人弾圧」『季刊現代史』通巻第七号、一九七六年夏季号
堀田悦博「弔辞」『五十嵐顕追悼集』同時代社、一九九六年
堀江正男「現象の奥にあるもの」『平和憲法学習会会報』第二号、一九五三年
前田陽一「小品集、解説」『パスカル全集』第一巻、白水社、一九五九年
――『パスカル『パンセ』注解』岩波書店、一九八〇年
マーシャル、ジェイムス「ユネスコにおけるフロイトとマルクス」『世界』一九四八年一月号
枡谷優『鳶ヶ尾根（とっぴやご）』近代文藝社、一九八六年
増山太助「談話」『自然と人間』二〇〇五年七月号
松本清張「北原二等卒の直訴」『昭和史発掘』2、文藝春秋、一九六五年
――「革命を売る男・伊藤律」『日本の黒い霧』文藝春秋、一九七三年
丸山健「第一回学習会報告」『平和憲法学習会会報』第二号、一九五三年
丸山眞男「戦争責任論の盲点」『丸山眞男集』第六巻、岩波書店、一九九五年
――『日本の思想』『丸山眞男集』第七巻、岩波書店、一九九六年
三木清『パスカルにおける人間の研究』『三木清全集』第一巻、岩波書店、一九六六年
――「人間学のマルクス的形態」『三木清全集』第三巻、一九六六年
――「文化の力」『三木清全集』第一四巻、一九六七年
――「国民文化の形成」同前
――「国民的性格の形成」同前
――「文化政策論」同前
――「政治の論理と人間の論理」『三木清全集』第一五巻、一九六七年
――「汪兆銘氏に寄す」同前

――「現代の記録」『三木清全集』第一六巻、一九六八年
――「再発足の翼賛会に望む」『三木清全集』第一九巻、一九六八年
――「ナチスの文化弾圧」同前
――「全体主義批判」同前
――「思想確立の基礎」同前
――「革新と常識」同前
宮川透『三木清』近代日本の思想家10、東京大学出版会、一九五八年
宮原誠一「思想善導と学生運動」『新興教育』創刊号（一九三〇年九月）
――「書評：マルクス主義と婦人問題（レーニン、リヤザノフ著、新城新一郎訳）」『新興教育』第一巻第二号（一九三〇年一〇月号）
――「労農党解消運動について」『新興教育』第一巻第三号（一九三〇年一一月号）
――「国際的国内的諸対立の尖鋭化：政治」『新興教育』第一巻第四号（一九三〇年一二月号）
――「言語政策と言語教育―アメリカに於ける二重言語児童」『教育』第七巻第四号、岩波書店、一九三九年
――「ソ聯邦の青年教育」『教育思潮研究』第三〇巻第一輯「青年教育」一九三九年（復刻版、雄松堂、一九七九年）
――「新文化体制と教育」『日本評論』一九四〇年一〇月号
――「放送新体制への要望」『中央公論』一九四〇年一二月号
――「錬成の新性格」『日本評論』一九四二年五月号
――「政治の新方向と青年教育」『青少年指導』一九四二年
――「勤労青年の教育について」日本教育学会『教育学論集』第二輯、発行所玉川学園出版部、配給所日本出版配給株式会社、一九四三年
――『文化政策論稿』新経済社（配給元日本出版配給株式会社）、一九四三年
――「教師の倫理」『社会と人倫』（新倫理講座Ⅳ）創文社、一九五二年

――「教育の感覚」宮原誠一編著『教育史』現代日本史大系、東洋経済新報社、一九六三年に付いていたリーフレット
――編『社会教育』光文社、一九五〇年
――編『生産教育』国土社、一九五六年
――編『青年の学習―勤労青年教育の基礎的研究』国土社、一九六〇年
――編『教育史』（日本現代史大系）東洋経済新報社、一九六三年
――編『農業の近代化と青年の教育』農産漁村文化協会、一九六四年
――編『生涯学習』東洋経済新報社、一九七四年
宮原誠一他編『資料日本現代教育史』全四巻、三省堂、一九七四－七九年
『宮原誠一教育論集』第一巻「教育と社会」（編集解説碓井正久・藤岡貞彦）国土社、一九七六年
同第二巻「社会教育論」（編集解説小川利夫・島田修一）一九七七年
同第三巻「青年期教育の創造」（編集解説木下春雄・千野陽一）一九七七年
同第四巻「家庭と学校」（編集解説千野陽一・室俊司）一九七七年
同第五巻「教師と国民文化」（編集解説北田耕也・神山順一）一九七七年
同第六巻「教育時論」（編集解説碓井正久・宮坂広作）一九七七年
同第七巻「母と子のための教育論」（編集解説北田耕也・神山順一）一九七七年
『夕陽：宮原誠一遺稿』（三回忌の時の出版）
東京大学大学院宮原研究室「労働者教育運動の現段階」『月刊社会教育』一九六七年七月号～一一月号
――「地域と職場の学習集団の研究」『東京大学教育学部紀要』No.4、一九五九年
――「事業内職業訓練と公立工業高校との連携」簡易製本、一九六一年
――「トヨタ自工と豊田市における教育」および「技術革新にともなう地域変動と地域の教育」日本人文科学会『技術革新の社会的影響―トヨタ自動車・東洋高圧の場合』東京大学出版会、一九六三年
――「技術の高度化と現場作業員の学力」『東京大学教育学部紀要』No.7、一九六四年（その補充調査

は六五年にまとめられている）
――――「共同研究：労働組合教育活動の現段階」『東京大学教育学部紀要』No.11、一九七一年
対談・周郷博「平和と対決する教師」『六・三教室』一九五一年三月号
――・羽仁説子「道徳教育としつけ」『ＰＴＡ教室』一九五一年四月、五月号
座談会「平和のための教育」『世界』一九四九年七月
――「教育界における近代と前近代」『教育』一九五〇年一月号、世界評論社
――「日本人の道徳」『教育』一九五二年三月号、教育科学研究全国連絡協議会編
――「政治と教育」『岩波講座教育』第八巻、一九五二年
宮原の関わった宣言や声明
――「新興教育研究所創立宣言」『新興教育』一九三〇年九月号
――「日本に於ける教育労働者組合運動に就いての一考察」『新興教育』一九三〇年一一月号
――「戦争と平和に関する日本の科学者の声明」（一九四九年三月）日高六郎編集・解説『近代主義』筑摩書房、一九六四年
――「講和問題についての平和問題談話会声明」（一九五〇年一月）同前
――「三たび平和について」（一九五〇年九月）『世界』一九五〇年一二月号
日本教育学会「全世界の教育学者に送る日本の教育学者の平和の呼びかけ」（一九五〇年五月）
同「再度全世界の教育学者の平和の呼びかけを送る」（一九五一年五月）
同「全世界の教育学者に送る日本の教育学者の平和の呼びかけ」第三次声明（一九五二年五月）
平和問題懇談会「五十万教職員諸君に訴える」平和声明書（一九五一年九月）
同「再び全教職員に訴える」平和声明書（一九五二年一二月）
教育学者有志「（吉田茂首相の私的諮問機関「政令改正諮問委員会」が一九五一年七月に発表した）教育制度の改革に関する答申に対する意見」（一九五一年一〇月）
――「『教育』で手をつないで教育科学運動を育てよう」『教育』創刊号（一九五一年一一月）

――日本教職員組合第九回定期大会「教師の倫理綱領」（一九五二年六月、中央執行委員会決定の草案は五一年六月）
――「文教政策の傾向に関する十大学長声明」（一九五六年三月）
――日本社会教育学会の教育政策第一委員会の教育委員会法廃止などの文教政策に対する「意見書」（一九五六年四月）
――「国民教育研究所設立趣旨」（一九五七年七月）
――日本社会教育学会特別委員会の「社会教育法改正法案に関する報告」（一九五八年一〇月）
――日本社会教育学会の文部省社会教育審議会「急激な社会構造の変化に対処する社会教育のあり方について」の「中間発表」に対する「意見」（一九七〇年一一月）
宮原先生を偲ぶ会編『社会教育研究の方法―宮原誠一先生最終講義（大学院演習）』一九九〇年
宮本百合子「ラジオ時評」『宮本百合子全集』第九巻、河出書房、一九五二年
――「主婦の政治的自覚」『教育』第九巻第一号、四〇年一二月印刷、四一年一月発行
――「傷だらけの足」『宮本百合子全集』第一一巻、河出書房、一九五二年
民主党『うれうべき教科書の問題』（パンフレット、一～三集）一九五五年八－一一月
メルロー－ポンティ、モーリス／滝浦静雄、木田元共訳『見えるものと見えないもの』みすず書房、一九八九年
毛沢東「工人夜学招学広告」（一九一七年）竹内実監修『毛沢東選集』第一巻、北望社、一九七二年
――「湘江評論創刊宣言」（一九一九年七月一四日）同前
――「民衆的大聯合」（一九一九年七月二一日／二八日／八月四日）同前
――「われわれの学習を改革しよう」『毛沢東選集』第三巻、外文出版社、一九六八年
森鷗外「沈黙の塔」全集第七巻、岩波書店、一九七二年
森有正『デカルトとパスカル』筑摩書房、一九七一年
森有義『青年と歩む後藤文夫』日本青年館、一九七九年
森川友義編『六〇年安保―六人の証言』同時代社、二〇〇五年
師井恒男「実践記録・平和のための教育計画―学校の実践と教組活動」『教育』一九五二年七月号

文部省「あたらしい憲法のはなし」一九四七年（日本平和委員会による解説付きの復刻版）
――「学習指導要領」（昭和三〇年度改訂版）社会科編、一九五五年九月
文部省社会教育審議会中間発表「急激な社会構造の変化に対処する社会教育のあり方について（案）」一九七〇年九月二二日
――答申「急激な社会構造の変化に対処する社会教育のあり方について」一九七一年四月三〇日
矢川徳光『マルクス主義教育学試論』明治図書、一九七一年
安田武「翼賛会文化部と岸田国士」『文学』一九六一年八月号
柳田謙十郎『わが思想の遍歴』創文社、一九五一年
山下（森）徳治「書評：マルクス主義宗教論（プレハノフ）」『新興教育』第一巻第二号（一九三〇年一〇月号）
――「大島プロ小学校の解散に直面して」『新興教育』第一巻第三号（一九三〇年一一月号）
――「教育界の経済的危機」『新興教育』第一巻第四号（一九三〇年一二月号）
――「社会教育批判」『プロレタリア科学』一九三〇年七月号
――「社会教育―現代における社会的教育学の史的概観」『教育』一九三三年創刊号
――「新興教育研究所創立当時の回想」『日本教育運動史』三一書房、一九六〇年
――「新興教育研究所の創立のころ」井野川潔、森谷清、柿沼肇編『嵐の中の教育―一九三〇年代の教育』新日本出版社、一九七一年
矢内原忠雄『マルクス主義とキリスト教』角川文庫版、一九三二・一九六九年
――「大陸経営と移植民教育」『教育』第六巻第一号、岩波書店、一九三八年
――「植民政策に於ける文化」同第七巻第四号、一九三九年
『矢内原忠雄全集』第一巻、岩波書店、一九六三年
同第二〇巻、岩波書店、一九六四年
同第二一巻、一九六四年
――『国家の理想―戦時評論集』岩波書店、一九八二年

柳河瀬精「教育基本法改悪の源流と特高官僚」『治安維持法と現代』二〇〇三年秋号
――『告発戦後の特高官僚：反動潮流の源泉』日本機関紙出版センター、二〇〇五年
矢部貞治編著『近衛文麿』弘文堂、一九五二年
山口良二「憲法に於るキリスト教的精神」『平和憲法学習会会報』第二号、一九五三年
山田正行「バザーとノートづくり」『少年・少女を育てるために』一四七号、一九七七年六月
――「地域のつながりと『だんだん村』の子どもたち」『子ども会少年団』（『少年・少女を育てるために』改称）通巻一五四号、一九七七年一一月
――「葛飾の地域センター運動」同前
――「戦後日本労働者教育研究における自己教育論の展開と意義―東京大学社会教育学研究室労働者教育共同研究の場合」『社会教育学・図書館学研究』No.6、一九八二年
――「社会教育実践分析の過程とアクション・リサーチ」『日本社会教育学会紀要』第二〇集、一九八四年
――「生涯教育論における再生産と主体形成」『生涯教育政策と社会教育』日本社会教育学会年報第三〇集、一九八六年
――「高齢者の学習とアイデンティティの問題―社会教育実践分析論としてのアクション・リサーチ」『社会教育実践の現在（1）』叢書生涯学習第三巻、雄松堂、一九八八年
――「伝えたい命の尊さ」『秋田魁新報』一九九六年八月五日
――「高齢者の学習課題と戦闘的非暴力―元日本軍「慰安婦」のライフサイクルの完結とその世代継承の実践」『日本社会教育学会紀要』第三五集、一九九九年
――「宮原誠一平和教育論の現代的継承のために」『月刊社会教育』二〇〇〇年九月号
――「市民のつくるアウシュヴィッツ平和博物館」（佐藤一子編『ＮＰＯと参画型社会の学び』エイデル研究所、二〇〇一年
――『アイデンティティと戦争―戦中期における中国雲南省滇西地区の心理歴史的研究』グリーンピース出版会、二〇〇二年（劉燕子、胡慧敏訳、呉広義監訳『自我認同感与戦争』昆侖出版社、北京、二〇〇四年）

――「学習者の足を洗う社会教育実践を目指して――『鈴木イズム』の継承と発展」『社会教育―来し方、行く末』秋田県社会教育委員連絡協議会結成三〇周年記念誌、二〇〇二年

――「歴史の共通認識と未来の共同的創造――『アイデンティティと戦争』から」『人間の尊厳と共生教育研究』日本教育学会課題研究報告書、二〇〇二年

――「平和学習論における学習権と非暴力―藤田秀雄による Think Globally, Act Locally の統合」『月刊社会教育』二〇〇二年八月号（No.562）

――「歴史の共通認識と国立国会図書館の役割―戦争被害調査会法を実現する市民会議の生成と展開」『日本図書館情報学会誌』Vol.48, No.4、二〇〇二年一二月

――「ハビトゥスと象徴的暴力の概念による象徴天皇制問題の分析」『民主教育研究所年報』第四号、二〇〇三年

――「国境を越える教育支援」『シャクナゲ』第八号、二〇〇三年五月、雲南の子どもたちの教育を支援する会

――「生涯学習と大学の地域貢献」『秋田大学教養基礎教育研究年報』第五号、二〇〇三年

――『希望への扉―心に刻み伝えるアウシュヴィッツ』同時代社、二〇〇四年

――「戦争の罪責を認め尊厳の回復へ」『婦人通信』No.551、二〇〇四年五月

――「平和文化の創造をめざして―平和と非暴力の二一世紀における平和学習の課題」日本社会教育学会五〇周年記念講座刊行委員会『現代的人権と社会教育の価値』（講座現代社会教育の理論Ⅱ）二〇〇四年

――「五十嵐顕『教育費と社会』を自己教育の視点から読む（1～3）」『社会教育学研究』第八～十号、二〇〇四～〇六年

――「足を洗う社会教育実践」『あきた青年広論』第八七号、二〇〇五年一月

――「地域から世界へ―命と平和の情報発信」『文化福島』二〇〇五年六月号

――「資料・太平洋戦争終結六〇周年を省みる国際シンポジウム」『社会教育学研究』第一〇号、大阪教育大学社会教育研究室、二〇〇六年

――共編『アウシュヴィッツの「囚人」六八〇四』グリーンピース出版会、二〇〇六年

――「記憶の風化と歴史認識に関する心理歴史的研究―抵抗と転向の転倒」『社会教育学研究』第一二号、大阪教育大学

社会教育研究室、二〇〇七年
――編「ライフヒストリーとヒストリカル・モメントの研究―塚田一敏」『社会教育学研究』第一二号、大阪教育大学社会教育研究室、二〇〇七年
由利忠四郎他「鈴木健次郎と青少年教育論」前掲『鈴木健次郎集』第三巻、一九七六年
――他「鈴木イズムと今後の展望」同前
――『青年団体の組織と運営』日常出版、一九八九年
――編著『ふるさとを拓く―若者たちの実践』近代文芸社、一九九五年
――『生涯学習の企画・実践』日常出版、二〇〇二年
吉田昇「共同学習の本質」『吉田昇著作集』第二巻（共同学習・社会教育）三省堂、一九八一年
「読売争議の解決（社説）」『読売報知』一九四五年一二月一二日号
ラングラン、ポール／波多野完治訳『社会教育の新しい方向―ユネスコの国際会議を中心として』日本ユネスコ国内委員会
――／波多野完治訳『生涯教育入門』全日本社会教育連合会、初版、一九七一年、同改訂版、一九七六年
リンカーン、エイブラハム／高木八尺、斉藤光訳『リンカーン演説集』岩波文庫、一九五七年
レヴィット、カール／柴田治三郎訳『パスカルとハイデッガー―実存主義の歴史的背景』未来社、一九六七年
レーニン、ウラジミール・イリイチ／マルクス＝レーニン主義研究所レーニン全集刊行委員会訳「マルクス主義の三つの源泉と三つの構成部分」『レーニン全集』第一九巻、大月書店、一九五六年
――／マルクス＝レーニン主義研究所レーニン全集刊行委員会訳『青年同盟の任務』『レーニン全集』第三一巻、大月書店、一九五九年
――／五十嵐顕訳『教育論』大月書店国民文庫、一九七三年
『論語』金谷治訳注、岩波文庫、一九六三年
『和歌文学大系』2（万葉集2）明治書院、二〇〇二年
和辻哲郎、古川哲史校訂『葉隠』岩波書店、一九四〇－四一年

## 2　洋書（アルファベット順）

＊括弧内は対応する日本語訳

Adult Education Committee, Ministry of Reconstruction, 1919, *Final Report*, His Majesty's Stationery Office, London

Althusser, Louis, 1965/86, *Pour Marx*, Edition la decouverte, Paris（河野健二・田村俶・西川長夫訳『マルクスのために』平凡社、一九九四年）

———, 1970, "Ideologie et appareils ideologique d'etat", *Pensee*, juin, 1970. *Positions*, 1976, Editions sociales, Paris（西川長夫訳「イデオロギーと国家のイデオロギー装置―探求のためのノート」『思想』一九七二年七、八月号。後に『国家とイデオロギー』福村出版、一九七五年所収）

———, 1994, *Sur la philosophie*, Gallimard, Paris（今村仁司訳『哲学について』筑摩書房、一九九五年）

Bourdieu, Pierre, 1972, *Esquisse d'une theorie de la pratique, precede de trois etudes d'ethnologie kabyle*, Librairie Droz, Geneve/Paris

———, Translated by Richard Nice with Bourdieu's revisions, 1977, *Outline of a Theory of Practice*, Cambridge University Press, Cambridge

———, 1980, *Le sens pratique*, Minuit, Paris（今村仁司、港道隆他訳『実践感覚』1、2、みすず書房、一九八八－九〇年）

———, 1984, *Homo academicus*, Minuit, Paris

———, 1989, *La noble d'Etat: Grandes ecoles et esprit de corps*, Minuit, Paris

———, 1992, *Les regles de l'art: Genese et structure du champ litteraire*, Seuil, Paris（石井洋二郎訳『芸術の規則』I、

Ⅱ、藤原書店、一九九五－九六年）
————, 1997, *Meditation pascalienne*, Seuil, Paris
————, 1998, *La domination masculine*, Seuil, Paris
Bourdieu, Pierre et Jean-Claude Passeron, 1964, *Les heritiers: Les etudiants et la culture*, Minuit, Paris
Bourdieu, Pierre et Jean-Claude Passeron, 1970, *La reproduction: elements pour une theorie du systeme d'enseignement*, Minuit, Paris（宮島喬訳『再生産―教育・文化・社会』藤原書店、一九九一年）
Couchoud, P-L., 1948, *Blaise Pascal, Discours de la condition de l'homme*, Albin Michel, Paris
Dewey, John, 1915, *The School and Society*, University of Chicago Press（日本語訳は和書に列記）
————, translated and edited by Robert W. Clopton and Tsuin-chen Ou, *Lectures in China*, 1919-1920, The University Press of Hawaii, Honolulu, 1973.
Emerson, Ralph Waldo, *Lectures and Biographical Sketches*, AMS Press, New York, 1968
Erikson, Erik, H., *Young Man Luther: A Study in Psychoanalysis and History*, 1958, Norton, New York（大沼隆訳『青年ルター―精神分析的・歴史的研究』教文館、一九七四年、及び西平直訳『青年ルター』1、2、みすず書房、二〇〇二－〇三年）
————, *Gandhi's Truth: On the Origins of Militant Nonviolence*, 1969, Norton, New York（星野美賀子訳『ガンディーの真理―戦闘的非暴力の起源』みすず書房、一九七三年）
————, *Life History and the Historical Moment*, Norton, New York, 1975
Erikson, Erik H., and Joan M. Erikson, 1997, *The Life Cycle Completed: A Review*（Extended version with new chapters on the Ninth Stage of Development by J. M. Erikson）, Norton, NY（村瀬孝雄、近藤邦夫訳『ライフサイクル　その完結』増補版、みすず書房、二〇〇一年）
Foucault, Michel, 1969, *L'archeologie du savoir*, Gallimard, Paris（中村雄二郎訳『知の考古学』河出書房新社、一九七〇年）
————, 1975, *Surveiller et punir: naissance de la prison*, Gallimard, Paris（田村俶訳『監獄の誕生―監視と処罰』新

潮社、一九七七年）

———, 1976, *La volonte de savoir*（Histoire de la sexualite 1), Gallimard, Paris（渡辺守章訳『知への意志』性の歴史1、新潮社、一九八六年）

———, 1984, *L'usage des plaisirs*（Histoire de la sexualite 2）, Gallimard, Paris（田村俶訳『快楽の活用』性の歴史2、新潮社、一九八六年）

———, 1984, *Le souci de soi*（Histoire de la sexualite 3）, Gallimard, Paris（田村俶訳『自己への配慮』性の歴史3、新潮社、一九八七年）

Jarvis, Peter, 1990, *An International Dictionary of Adult and Continuing Education*, Routledgé, London

———, 1999, *The International Dictionary of Adult Education*, Kogan Page, London

Knowles, S. Malcolm, 1962, *The Adult Education Movement in the United States*, Holt, Rinehart and Winston, New York（岸本幸次郎訳『アメリカの社会教育—歴史的展開と現代の動向』全日本社会教育連合会、一九七七年）

Nitobe, Inazo, 1899, *Bushido: the Soul of Japan*, The Leeds and Biddle Company, Philadelphia（矢内原忠雄訳『武士道』岩波文庫、一九三八年）

Marx, Karl, "Thesen ueber Feuerbach", *Karl Marx-Friedrich Engels Werke*, Band 3, 1958/69, Institut fuer Marxismus-Leninismus, Dietz Verlag, Berlin（真下信一訳「フォイエルバッハにかんするテーゼ」大内兵衛、細川嘉六監訳『マルクス・エンゲルス全集』第三巻、大月書店、一九六三年）

———, *Das Kapital: Kritik der politischen Oekonomie*, Karl Marx-Friedrich Engels Werke, Band 23, Dietz, Berlin, 1962（大内兵衛、細川嘉六監訳『資本論』大月書店、一九六八年）

Pascal, Blaise, 1963, *Pensees*, Preface d'Henri Gouhier, Presentation et notes de Louis Lafuma, Seuil, Paris. Pascal, Blaise, 1964, *Pensees*, introduction et notes par Ch.-M. des Granges, Garnier Freres, Paris（津田穣訳『パンセ』新潮社、一九五二年。松浪信三郎訳『パンセ』筑摩文学大系13（デカルト・パスカル）、一九五八年。松浪信三郎訳『パンセ』パスカル全集第三巻、人文書院、一九五九年。松浪信三郎訳『パンセ』世界文学全集第一一巻、筑摩書房、一九七〇年）

Read, Herbert, 1950, *Education for Peace*, Routledge & Kegan Paul, London（周郷博訳『平和のための教育』岩波書店）

Russell, Bertrand, 1938, *Power: A New Social Analysis*, George Allen and Unwin（東宮隆訳『バートランド・ラッセル著作集』第五巻「権力―その歴史と心理」みすず書房、一九五九年）

————, 1926, *On Education: Especially in Early Childhood*, George Allen & Unwin, London（魚津郁夫訳『バートランド・ラッセル著作集』第七巻「教育論」一九五九年）

Sartre, Jean-Paul, 1960, "Question de methode", dans *Critique de la raison dialectique*, Gallimard, Paris（平井啓之訳『方法の問題』サルトル全集第二五巻，人文書院、一九六五年）

Starr, John B., *Continuing the Revolution: The Political Thought of Mao*, Princeton University Press, Princeton, 1979（中国語訳、曹志為、王晴波訳『毛沢東的政治哲学』中国人民大学出版社、北京、二〇〇六年）

Titmus, Colin et als.（eds.）,1979, *Terminology of Adult Education*, UESCO（東京大学大学院教育学研究科社会教育学研究室比較成人教育ゼミナール訳『ユネスコ成人教育用語集』一九九五年、この改訂版はパオロ・フェデリーギ／佐藤一子、三輪建二監訳『国際生涯学習キーワード事典』東洋館出版社、二〇〇一年に収録）

Tuijnman, Albert C., 1996, *International Encyclopedia of Adult Education and Training*（2ed edition）, OECD, Paris

Veblen, Thorstein, 1899, *The Theory of the Leisure Class: An economic study in the evolution of institutions*, Macmillan, New York（小原敬士訳『有閑階級の理論』岩波書店、一九六一年、及び高哲男訳『有閑階級の理論』筑摩書房、一九九八年）

# あとがき

## 一

本書は、佐藤一子教授の指導で東京大学に提出し、合格した学位論文に、以下の機会で得られた教示や知見に基づき加筆したものである。

二〇〇六年二月一〇日に学位論文審査委員会の面接において、二〇分程レジュメに基づき概略を発表した後、一時間半ほど五人の先生がたからご教示やご質問を受けることができた。私はかつてのゼミや研究会を思い出したが、ご教示、ご質問のいずれも深く、鋭いもので、水準ははるかに高く、文字どおり最高に充実した時間だった。そして、そこで得られた知見は出来る限り本書に取り入れた。お名前は記さないが心より感謝申し上げる。

その後も、佐藤教授は継続して学位論文を発展させる機会を与えてくださった。〇六年四月一九日、佐藤教授のご配慮で、東京東横線自由が丘駅近くの宮原先生ゆかりの「金田」で千野陽一、藤田秀雄、藤岡貞彦、川上徹の諸先生からお話を聞くことができた。予約名は「宮原」であった。諸先生からは、これだけでなく以前から様々な機会にご指導をいただいた。改めて深く感謝申し上げる。

また、佐藤教授は北田耕也先生、島田修一先生にもお声をかけてくださったが、両先生ともご都合がつかなかった。しかし、その後それぞれご教示をいただき、それも取り入れた。心から感謝申し上げる。

さらに、佐藤教授は〇六年七月三〇日に宮原夫人の喜美子氏とお会いする機会を設けてくださった。その内容も本書に取り入れている。

佐藤教授は私の指導教官ではなかったが、それにもかかわらず、一〇年以上にわたって拙い草稿を何度もお読みいただき、ご指導してくださった。その中で、学位論文では削除した草稿もあった。その一部は、ご指導に基づき改善して「P・ブルデュにおける実践の社会教育的研究」（I～III、『大阪教育大学紀要』第IV部門教育科学、第五三巻第一号～第五六巻第一号、二〇〇四～〇七年）や「記憶の風化と歴史認識に関する心理歴史的研究―抵抗と転向の転倒―」『社会教育学研究』第一二号（大阪教育大学社会教育研究室、二〇〇七年四月）などにまとめた。

## 二

第一章の注(1)で引用した「なるほど思想的にはファナティックで偏狭で始末におえないとはいえ、右翼の方が民衆とどうつながるかを真剣に求めていた。学校教育の秀才ばかりあつめる結果になった左翼よりも民衆とつながってその思想をどう変えるかにとりくんでいた。めずらしく宮原君にはその点のきちんとした理解があった」の後で、久野氏は「だから彼は、学者として偉くなるというより新しい社会教育をどう打ち出せるかに自分をかけたとおもうんですよ。だから東大教授になったのはまずかったですね」と続けている。確かに、これも一つの見解だが、要点は「最も実践的な末端」にあると私は考えている。即ち、宮原先生は「東大教授」という高層の文化資本を十分に活用して、「最も実践的な末端」で自己教育としての社会教育を展開しようと努めたのである。従って、「東大教授になったのはまず」くはなく、宮原先生は「東大教授」などに制約されず、むしろ、「最も実践的な末端」で自分の思想と実践を展開するための道具として十分に利用したと言える。そして、これは五十嵐先生でも同様である。

第二章では、中田貞蔵時代の宮原先生が「現場から浮き上がっているという強い批判をうけた」ことを引用したが、これも「最も実践的な末端」に関わる点である。そして、時代状況や批判の厳しさは比較にならないが、私が葛飾で自主的な少年団の実践や教育運動に関わっていたとき、それと同様の批判を「現場」の人たちから受けた経験がある。また、宮原先生のように投獄された経験はないが、大した活動などしていないのに、群馬の親に警察が来て質問したり、保証人になっていた機動隊員（東京在住の知人は彼だけであった）から、「俺の立場も考えてくれ」と言われたことがある（威圧的ではなかった）。当時、私は若くて気にとめなかったが、後になって私と保証人との間には警察だけでなく東大当局も介在していることに気づいた。

これらの体験は私にとって原点となった。自分なりに地域の実践に努力したが、[1] 限界は歴然とし、結局、研究者として進むことを選択した。そして、大学院に入学し、一生の仕事として学問を始めた。大学院進学を考え始めていた頃、碓井先生の「海外の社会教育に学ぶもの」（前掲）を読み、社会教育学研究室を訪れ、進学の希望を話したが、私が社会学を専攻していると聞いて、宮坂先生の指導を受けるように言われた。[2]

当時の研究室では、宮原社会教育学からの脱却や発展の試行錯誤が試みられ、批判とまではいかないにしても、その対象化がしばしば見られた。この脈絡で宮坂先生のゼミでは長浜氏に注目すべきだと聞いたこともあった。また、碓井先生が宮原社会教育学の継承・発展に努められたことを理解したのは文献からで、ゼミなどでそのようなことをお聞きしたことはなかった。

それだけでなく、他大学の院生たちと作った社会教育基礎理論研究会でも、類似した議論がなされていた。その時期、私は明確に宮原社会教育学の意義を提示することはできず、叢書生涯学習第一巻『自己教育の思想史』で藤岡先生の意義を示しただけであった。それでも、宮原社会教育学を取り上げなければ不十分であり、それは課題として残されていると自覚していた。

一九九二年一二月出版の叢書生涯学習第四巻『社会教育実践の現在（二）』では、宮原社会教育学が取り上げられたが、これに私は何も関われなかった。九〇年に老父が倒れ、九一年に私は秋田に転任し、その後も単身赴任の中で老父の看病、介護、転院、老母の引っ越し等々が重なり、叢書の編集には集中できなかった。しかも元々、研究会の中で私は第四巻を担当していなかった。担当でなくも執筆でき、また意見も交換できるが、最終的に編集内容を作るのは担当者であった。そして、私は上記の理由で意見を出す余裕はなかった。まことに力不足をかみしめていた。
奥付に代表者と記されているにもかかわらず、無責任なことだが、私は出版後に第四巻を読んだ。出版社が第四巻を送ってきたとき、編集者が電話で次のように説明した。

第四巻では、執筆者名を記しませんでした。それは執筆者が、編集の要請に応えていないからです。第四巻は、二部から構成され、第一部では戦後の社会教育実践史を論評し、叢書の実践分析の到達点と課題を示し、第二部では一つの実践を通して「学習過程研究」が提示されています。ここでは、その評価には立ち入りませんが、『社会教育実践の現在』というタイトルならば、「現在」についてもっと触れなければなりません。そう求めましたが、しかし執筆者は応えませんでした。それでも全十巻を完結しなければなりませんでした。それは社会的責任です。また、編集者は読者の一人です。そのため、しかたなく編集側が「あとがきにかえて」を執筆しました。『社会教育実践の現在』というタイトルを使うのなら、これくらいは必要だと考えたからです。そして、第一部も、第二部も、「あとがきにかえて」も、執筆者名を明記せずに出版しました。(当時のメモ)

私は上記の状況で力不足を詫び、事後承諾をしただけだった。なお、これによって、読者は第一部と第二部に続いて全く異質な「あとがきにかえて」がつけ加えられているという編集内容の理由が分かると思う。また、以上の理由から、本書では第四巻を参考文献には加えていない。

雄松堂編集者は、タイトルと内容の相違を指摘しただけで内容まで言及しなかったが、私としては、その中の宮原先生への批判について釈然としなかった。しかし、当時はそれを明確に論じられるまでには至っていなかった。鈴木敏正氏への批判についても同様である。奥付に私の名前があることから、その責任を回避しようとは思わないが、これらは私が積極的に論じようとしたものではないことを述べておく。

このようなわけで、宮原社会教育学を深く理解しようと戦前の文献にも取り組もうと考え始めた。しかし、これにより戦前の「転向」が明確になり、ますます評価を低めなければならなくなるのではないかと危惧し、なかなか始められなかった。しかし、その頃に佐藤一子先生が学位論文に取り組むことを勧めてくださった。そして、ご指導をいただく中で宮原先生の継承を語られ、これに励まされて戦前の文献を読めるようになった。

また、それ以前、院生であった頃、藤岡先生からご指導を受けた時、宮原先生の思い出に触れ、宗像先生の最終講義で一部の学生が「戦争責任」を追及して困ったので、宮原先生の時は、大学院の最終講義にされたと語った。私は、宗像先生、宮原先生の著書を読み、何故「戦争責任」が追及されるのか、どうしても釈然としなかった。確かに、戦時中の言論に問題があったろうが、それはとても複雑な状況下で起きたことであり、単純に追及して済むことではないと考えた。そして、これは一つの宿題となっていた。

他方、九〇年代に「自由主義史観」の名称で侵略戦争や植民地支配の歴史の美化や改竄が主張され、これに対して歴史の実態を調査・研究しなければならないと考えた。それに取り組む中で、国外の侵略・支配の暴力と国内の圧制の暴力は密接不可分であることが分かり、叢書生涯学習第四巻のタイトル「社会教育実践の現在」に改めて取り組むとすれば、「自由主義史観」への批判と平和教育が課題になると考えた。こうして前掲『アイデンティティと戦争』、「歴史の共通認識と未来の共同的創造――『アイデンティティと戦争』から」、『希望への扉――心に刻み伝えるアウシュヴィッツ』をまとめた。なお、フロイト＝エリクソンの観点では、これはタナトスの問題であり、タナトスにはエロスが密接に相関しており、これについては『トランスジェンダーとして生きる』（共編著、同時代社、二〇〇六年）で論じた。宮原先生と五十嵐先生の差異があるのと同様に、お二人と私にも差異があり、それはパスカル、アルチュセール、ブルデュ、フロイト、エリクソン、及び西田、三木の思想的理論的な位置づけにあると認識している。

## 三

本書で取りあげた五十嵐先生の未発表の資料は黒崎氏が整理し、川上氏が保管している。宮原先生の理解を深めることも、五十嵐先生の思想形成の全体像に迫れたことも、両氏のおかげであり、心から感謝している。

前掲『「わだつみのこえ」を聴く――戦争責任と人間の罪との間』の「あとがき」で、黒崎氏は「突然の、そして早すぎる死の二か月前に書かれた」青木書店編集部末松篤子宛の書信で、五十嵐先生が「解決などありえない」と記していたことを紹介している（二四六頁）。これは、先生が極めて奥深く困難な問題に取り組んでいたことを示している。「解決などありえない」と書きながらも、五十嵐先生は最後まで「解決」を得ようと努力を続けた。先述した通り、先生の最後は「高校生と映画『きけ、わだつみの声』を観よう」集会で高校生の質問に答えて「心情を吐露」していた時であった。五十嵐先生は最後まで戦争を告発し、平和を訴え続けていたのであった。確かに、その途上で先生は倒れたが、それは「解決」を求め続け前に向かって倒れたと、私は考えている。

そして、このように宮原先生から五十嵐先生へと継承・発展させられた平和教育の思想と実践を、本書でまとめたことは、お二人の意義を学説史に銘記するだけでなく、さらに継承し、発展させるための試みである。確かに五十嵐先生の世代では「解決などありえない」問題であるだろうが、解決のための努力をいくつもの世代を通して続けるなかで、最終的には「解決」される問題と考える。そして、この努力は本書に止まらず、さらに次世代へと続けられるべきことが分かる。

森輝子氏（五十嵐先生のご息女）は「山田先生の文章の質感から、宮原先生と父の生きている呼吸と存在が、たしかにあたたかく感じられわくわくしています。……若者にこのご本の実践がうけつがれて行くように願っております」と書いてくださった（二〇〇六年一月付の書簡）。微力だが、この願いに少しでも応えられるよう、今後も努力していきたい。そして、五十嵐先生にならい、倒れるときも前に倒れたいと念願している。

最後に、同時代社の川上徹氏、高井隆氏には大変お世話になった。本書の出版だけでなく、同社に収蔵されている前記五十嵐先生の資料の閲覧などでもとても助けられた。心から感謝申し上げる。

二〇〇七年二月

注

（1）当時の実践記録に「バザーとノートづくり」（『少年・少女を育てるために』一四七号、一九七七年六月）や「地域のつながりと『だんだん村』の子どもたち」、「葛飾の地域センター運動」（『こども会少年団』『少年・少女を育てるために』改称、通巻一五四号、一九七七年一一月）がある。執筆者は私一人となっているが、「現場」の人たちとの共著である。

（2）宮坂先生にもご指導いただいた。先生の立場や観点は、ご自身が「近代日本における労働者教育の遺産」（山梨学院生涯学習センター研究報告第三輯、一九九八年、三〇～三四頁）で端的に述べられている。先生は極めて大量の文章を生産され、それはここに集約できると言える。

## キーワード（目次・文献などの他に参考とするため）

**山田正行**（やまだ まさゆき）
大阪教育大学教授。1953年、群馬県桐生市生まれ。東京大学大学院修了、教育学博士。ＮＰＯ法人アウシュヴィッツ平和博物館理事長（福島県白河市）、ポーランド共和国功績勲爵十字勲章叙勲。編著書に叢書「生涯学習」（雄松堂）、『アイデンティティと戦争』（グリーンピース出版会）、『希望への扉―心に刻み伝えるアウシュヴィッツ』、『トランスジェンダーとして生きる』（同時代社）等。

**平和教育の思想と実践**

2007年6月20日　初版第1刷発行

著　者　山田正行
装　幀
制　作　有限会社閏月社
発行者　川上　徹
発行所　株式会社同時代社
〒101-0065　東京都千代田区西神田2-7-6
電話 03-3261-3149　FAX 03-3261-3237
印　刷　モリモト印刷株式会社

ISBN978-4-88683-607-6　Printed in Japan